अमोल पालेकर

ऐवज

एक स्मृतिकोष

First published in English as *Viewfinder: A Memoir* in 2024 by Westland Books, a division of Nasadiya Technologies Private Limited

Published in Hindi as *Amaanat: Ek Smritikosh* in 2025 by Westland Books, a division of Nasadiya Technologies Private Limited

No. 269/2B, First Floor, 'Irai Arul', Vimalraj Street, Nethaji Nagar, Alapakkam Main Road, Maduravoyal, Chennai 600095

Westland and the Westland logo are the trademarks of Nasadiya Technologies Private Limited, or its affiliates.

ISBN: 9789360452742

10 9 8 7 6 5 4 3 2 1

Translation: Amol Palekar
Concept, book design and curation: Sandhya Gokhale
Cover photo: ©Mrunal Kalsekar
Cover design: Saurabh Garge
Title calligraphy: Shirish Shirsat
Endpaper and chapter illustrations: Narasimma Balaji
QR code development: Srujan Deshpande
Typeset by Neo Software Consultants, Prayagraj

Printed at Thomson Press (India) Ltd

विरोध करने पर विश्वास
रखने वाले सभी को...

QR Codes के बारे में

ज़िंदगी में एक समय आता है, और आना भी चाहिए, जब हर कारोबार से आर्थिक फ़ायदा कमाने की उम्मीद मिट जाती है। पिछले दो दशकों से मैंने परोपकारी काम करने का प्रयास किया है, हालाँकि आज भी गाँधी जी के अपरिग्रह को अपनाने की आकांक्षा बनी हुई है। इस यात्रा के एक हिस्से के रूप में और हमारे साझा रास्ते का जश्न मनाने के लिए मैंने अपने इस संस्मरण को अपनी कम-ज्ञात कृतियों से सजाया है। मेरे चाहने वालों के लिए इस स्मृतिकोष के माध्यम से यह एक भेंट है।

इस दूरदर्शी विचार का श्रेय संध्या गोखले को जाता है पर इस विचार को सृजन देशपांडे के अविचल समर्थन के बिना साकार करना मुश्किल था।

हालाँकि इस किताब में जिन फ़िल्मों के लिए QR कोड उपलब्ध करवाए गए हैं उन सभी के अधिकार मेरे पास नहीं थे किंतु अधिकार-धारकों ने मेरे आग्रह का सम्मान करते हुए इन फ़िल्मों को निःशुल्क ऑनलाइन साझा करने के लिए अपनी अनुमति दे दी। लगभग सभी फ़िल्में राष्ट्रीय पुरस्कार विजेता हैं, जिसके कारण राष्ट्रीय फ़िल्म विकास निगम/राष्ट्रीय फ़िल्म संग्रहालय (एनएफ़डीसी/एनएफ़एआई) के समर्पित अधिकारियों ने महीनों लगाकर इनका अंकीकरण (*digitisation*) किया और फिर उन्हें अपलोड किया। मैं इन सभी का हृदय से आभारी हूँ।

इस किताब में आपको QR कोड्स मिलेंगे जो आपको विभिन्न पोस्टरों, तस्वीरों, फ़िल्मों और ऑडियो-विजुअल रिकॉर्डिंग तक ले जाएंगे। हर कोड को एक अंक दिया गया है, जिसकी सूची भी इस किताब में दी गई है। आपको बस उस QR कोड को अपने मोबाइल से स्कैन करना है और आप सही वेबसाइट पर पहुँच जाएंगे। उस लिंक पर क्लिक करने से आप संबंधित कला-कृति देख पाएंगे। इसका और भी लुत्फ़ उठाने के लिए आप इन्हें अपने टीवी पर भी कास्ट कर सकते हैं।

इन QR कोड्स के माध्यम से आप मेरा जो काम देख पाएंगे, वह आपके और मेरे बीच एक अविस्मरणीय रिश्ता बनाएगा। उसे मैं हमेशा संजोकर रखूँगा।

QR Code	विवरण	पृष्ठ सं.
# १	भारत जोड़ो यात्रा की फ़ुटेज और फ़ोटो	३०
# २	३१ अक्टूबर १९८७ को *इंडिया टुडे* में छपा लेख और अन्य साक्षात्कार	४६
# ३	हाथ से बने दुर्लभ होर्डिंग्स, बैनर्स, रिकॉर्ड कवर्स आदि	११४
# ४	तपन सिन्हा द्वारा निर्देशित फ़िल्म *आदमी और औरत*	१३४
# ५	अगस्त २००४ में पुणे में आयोजित बादल सरकार महोत्सव के कुछ प्रस्तुतीकरण	१३८
# ६	अमोल पालेकर और संध्या गोखले द्वारा निर्देशित, गान सरस्वती किशोरी अमोणकर जी पर एक वृत्तचित्र *भिन्न षड्ज*	१४८
# ७	श्याम बेनेगल द्वारा निर्देशित हिन्दी फ़िल्म *भूमिका*	२०९
# ८	कुमार साहनी द्वारा निर्देशित हिन्दी फ़िल्म *तरंग*	२१३
# ९	'*ज़हर देता है मुझे कोई*' भूपिंदर सिंह और आशा भोसले की आवाज़ में हिन्दी फ़िल्म *वही बात* का गीत	२३३
# १०	अमोल पालेकर द्वारा निर्देशित मराठी फ़िल्म *वी आर ऑन, होऊन जाऊ द्या*	२४४
# ११	अमोल पालेकर द्वारा निर्देशित हिन्दी बाल फ़िल्म *दुमकटा*	२४९
# १२	अमोल पालेकर द्वारा हिन्दी फ़िल्म *अनकही*	२५७
# १३	अमोल पालेकर द्वारा मराठी फ़िल्म *अनाहत*	२६०
# १४	अमोल पालेकर द्वारा मराठी फ़िल्म *बनगरवाडी*	२६८
# १५	अमोल पालेकर द्वारा हिन्दी फ़िल्म *कैरी*	२७१
# १६	अमोल पालेकर द्वारा हिन्दी फ़िल्म *थोड़ा सा रूमानी हो जायें* का रेडियो विज्ञापन और फ़िल्म	२७१
# १७	अमोल पालेकर द्वारा हिन्दी नाटक *कुसूर* की प्रस्तुति	२७६
# १८	अमोल पालेकर द्वारा मराठी फ़िल्म *थांग*	२८३
# १९	अमोल पालेकर द्वारा अंग्रेज़ी फ़िल्म *क्वेस्ट*	२८४
# २०	अमोल पालेकर द्वारा अंग्रेज़ी फ़िल्म *एंड वन्स अगेन*	२८६
# २१	अमोल पालेकर द्वारा मराठी फ़िल्म *ध्यासपर्व*	२८७
# २२	अमोल पालेकर द्वारा मराठी फ़िल्म *धूसर*	२८८
# २३	अमोल पालेकर द्वारा मराठी फ़िल्म *समांतर* के गीत	२८९
# २४	२००४-२००८ के बीच पुणे में आयोजित तीन नाट्य महोत्सवों के दौरान प्रस्तुत कुछ कार्यक्रमों की लाइव रिकॉर्डिंग	२४८

आभार

वेस्टलैंड बुक्स • गौतम पद्मनाभन • मीनाक्षी ठाकुर
• सौरभ गर्गे • अमृता तलवार • शत्रुघ्न पांडे
• पल्लवी मोहन • पल्लवी सिंह • मीरा बिष्ट
• तपन अग्रवाल • अशोक शहाणे • सृजन देशपांडे
• उषा और सत्याशील देशपांडे • मृणाल काळसेकर
• अभिनव काफरे • ओसांजा • आर.जे. अनिरुद्ध • सतीश नाईक
• शिरीष शिरसाठ • नरसिंह बालाजी • उमा-गणेश नटराजन
• सबीना संघवी-हेमंत पचमिया • सुनील खरे
• बी. बालाजी राव/अमित रोपालेकर
• जसबीर सिंह बैदवान/भावेश प्रताप सिंग (एनएफ़डीसी-एनएफ़एआई)
• सुहिता थत्ते • सुनील शानभाग • संजय पेठे
• उन्नति क्षीरसागर • एनसीपीए आर्काइव्ज़

• संध्या गोखले • समीहा दाभोलकर

सिगरेट के बिखरे ठूंठों के बीच...

अपनी ज़िंदगी को समेटकर उस पर लिखना एक बेहद थकाऊ और अनचाहा प्रयास लगता है। ऐसा लगता है जैसे मेरे हाथ में एक बड़ा सा थैला है जिसका आकार लगातार बड़ा होता जा रहा है और वह खमीर उठे आटे की तरह आकारहीन होकर फैल रहा है। ऊपर से भरी जा रही अनगिनत घटनाएं, लोग, भावनाओं का उफ़ान, विचारों-कल्पनाओं की निरंतर धारा, जाने-पहचाने और अनजान चेहरे, अच्छे-बुरे स्वाद, साफ़ और धुंधले दृश्य, दुख-वेदना, तरह-तरह की गंध और न जाने कितना कुछ और, जिसे भरने का कोई अंत ही नहीं है। इन सबकी अनगिनत बारीकियों को ठूँसना भी अपरिहार्य है, जैसे मेरे कंधे पर बैठे मेरे बिल्ले 'रानटु' का 'लपलप' आवाज़ करते हुए मेरे कान के निचले हिस्से को चाटना, बेशुमार पानी पूरी खाने के बावजूद अगली पानी पूरी के स्वाद के बारे में मन में उभरने वाली उत्सुकता, नाटक का पर्दा उठते समय होने वाली 'घर्रर्रर' की आवाज़ से हर बार मन में उठने वाली घबराहट, हर सुबह आईने में नज़र आने वाला मोदिग्लियानी (*Amedeo Modigliani*) की शैली में पिघलता हुआ ख़ुद का चेहरा... कितना और क्या-क्या भरूँ?

और इन छोटे-छोटे, फ़िज़ूल विवरणों का क्या करूँ? पहली बार ताड़देव कचिन्स में सिलवाई शर्ट का शरीर से हुआ स्पर्श, दौड़ते-दौड़ते थक चुके मेरे पालतू कुत्ते, जूनियर के मुँह से लटकती लार को हाथ से पोंछते समय मन में उमड़ी ममता, टाटा द्वारा ख़रीदे गए मेरे पहले कैनवास को पैक करते समय महसूस हुई अंदरूनी कसक... ये कैसे महत्वपूर्ण नहीं हैं? यह सब वास्तव में फ़िज़ूल नहीं हैं, पर किताब की भौतिक सीमाओं में इन बिखरी बातों के लिए जगह शायद नहीं होगी। इतनी सारी जी हुई, भोगी हुई, महसूस की गई, संजोई गई, गढ़ी गई

चीज़ें—मैं कैसे तय करूँ कि क्या चाहिए और क्या नहीं? क्या ये उन असंख्य जिए गए क्षणों के साथ नाइंसाफ़ी होगी जो यहाँ जगह नहीं बना पाए?

क्या इस प्रयास को यहीं छोड़ दूँ? जीवन जीते वक़्त भी ये उलझनें नहीं हुईं, तो अब क्यों सामना करूँ? जीना आसान था एक तरह से—शून्य गुरुत्वाकर्षण में पाँव आगे बढ़ाते हुए, फिर तैरते, गोते खाते, ख़ुद-ब-ख़ुद दूर किनारों तक पहुँच गए; कभी हल्के से, तो कभी धड़ाम से। पर तब भी कहाँ सबकुछ सहज और सरल लग रहा था? पहली पंक्ति में बैठने वाला हो या आख़री कुर्सी पर बैठा हुआ शख्स, उसके लिए शो शुरू होने से पहले पर्दे के पीछे के अंधकार में हो रही हलचल देख पाने की ख़्वाहिश ही तो काफ़्काएस्क दुविधा (*Kafkaesque conundrum*) के समान है। मेरे हर निर्णय के साथ नई उलझनें आती थीं, या फिर कभी बेपरवाही के कारण बिल्कुल भी नहीं आती थीं। नक़द साइनिंग अमाउंट बैग में भरकर लाए निर्माता को मना करते हुए कभी रोटी मिलने की चिंता नहीं की, न ही कभी ख़ुद के अभिनय से मोहित होकर एक ही तरह के रोल स्वीकार करता चला गया। प्रायोगिक नाटकों से हिन्दी फ़िल्मों की ओर जाते समय, दुबे (सत्यदेव दुबे) का साथ छूटने की संभावना की कभी परवाह नहीं की। मुझे शाल्मली के शब्द सुनाई देते हैं, 'बाबा, क्या हालत बना रखी है तुमने ख़ुद की? छोड़ दो वो सिगरेट!' उसकी आवाज़ में छिपी उस गहरी चिंता की चुभन को मैं कैसे व्यक्त करूँ? इन सारी छटाओं का क्या करूँ? इन सब भावनाओं में गुथे हुए अपने आपको बाहर निकालकर सामने रख देना और दूसरों के सामने परोस देना—बहुत ही कष्टदायक है।

शायद उन भूली-बिसरी या जान-बूझकर दफ़नाई गई घटनाओं को भी इस थैले में खींचा जा सकता है। मेरे भीतर गूँजती हुई आहों, सिसकियों और विलाप की प्रतिध्वनियाँ, बगोटा में खाए गए रानी मक्खी के कुरकुरे पेटों का मिट्टी जैसा स्वाद, शोर-शराबे वाली पार्टियों में थोपे गए बेकार कॉकटेल्स, सत्तर के ऑक्सीजन-स्तर पर थमी हुई सांस, चिरेबंदी से उठाया गया आख़री क़दम, *नक्षत्रांचे देणे* की मंच पर प्रस्तुति के दौरान भूली गई पंक्तियों के कारण दिल में उठी घबराहट, चार दिन की शूटिंग के बाद ठंडे बस्ते में डाल दी गई *अश्वमेधेर घोड़ा*, या पूरी तरह तैयार होकर भी प्रदर्शित न हुई *पेपर बोट्स, निर्वाण, कल* और *अंकुश* जैसी कई फ़िल्मों से भावनात्मक लगाव, चौदह साल तक संभालकर रखी *कैरी* की जर्जर फ़ाइल का जर्जर स्पर्श, जन्मांध व्यक्तियों की संवेदनाएं समझने के लिए आँखें कसकर बाँधकर की गई दिवाकर जी द्वारा लिखे गए *आंधळे* की रिहर्सल, संध्या के अस्पष्ट शब्द '*हैंग इन देयर*'... आख़िर क्यों अपने भीतर के इस तूफ़ान को शांत वर्तमान में खलबली मचाने दी जाए?

इतना सबकुछ थैले में ठूँसकर भरने के बाद भी, बिखरा हुआ अतीत चारों ओर फैला हुआ ही रह जाता है! इसे कैसे समेटा जाए? यह चालीस सालों में हर दिन फूँकी गई बहत्तर सिगरेटों के ठूंठों और लगातार उड़ाए गए धुएं को इकट्ठा करने जैसा प्रयास है। कहाँ-कहाँ फेंके होंगे वो सिगरेट के ठूंठे—आइफ़िल टॉवर के नीचे, प्राग की किसी पत्थरों वाली छोटी गली में, सिडनी के तास्मान सागर में, डेनमार्क की क्रूज़बोट के गंदे शौचालय में। और किस दिशा में ढूँढ़ूँ वो धुआँ? कितनों की छाती में घुस चुका होगा; कैसे ढूँढ़ सकता हूँ मैं उसे? क्या अलादीन का जिन्न भी वो फेंफड़े ढूँढ़ सकता जो चिता पर लेटे हों या उसके आगे चले गए हों? शायद यह काम आर्टिफ़िशियल इंटेलिजेंस (एआई) कर सकेगी—कुछ इलेक्ट्रोड्स को फेफड़ों से जोड़कर, कुछ को दिमाग़ से और बाक़ी सबकुछ को विशालकाय क्लाउड डेटाबेस से जोड़कर। लेकिन उसे भी 'कंप्यूटर विज़न' तो मुझे ही देना होगा। वरना मेरे डिजिटल अवशेषों का अर्थ मशीन कैसे समझेगी? तो क्या यह प्रक्रिया भी मेरी सीमाओं में फँस जाएगी! फिर वह मशीन मुझसे पूछेगी, 'तुम कैसे दिखना चाहते हो? तुम्हारी स्टार्च की हुई शर्ट की तरह एकदम चकाचक, या स्नोमैन की तरह बेढंगा? या फिर कैनवास पर पुते रंगों की परतों जैसा?' मशीन तो असंख्य विकल्प देगी पर अंतिम निर्णय तो मुझे ही लेना होगा।

'हर कलाकार का अपना एक वर्ग-चरित्र होता है,' मेरे पसंदीदा समकालीन कवि नामदेव ढसाळ का यह वाक्य मुझे हमेशा सत्य (*tautologous*) लगता है। इस वास्तविकता को न वे टाल सकते थे, न ही मैं। अपने अस्तित्व की वह शाश्वत सीमा कोई टाल नहीं सकता; मेरा लेखन भी उससे बंधा रहेगा। तो क्या मैं अपने अस्तित्व और कार्यों की विस्तृत सामाजिक-सांस्कृतिक प्रतिध्वनियों को दरकिनार कर केवल अपने निजी प्रयासों को ही चुनूँ?

मेरे पास यादों का बेशक़ीमती ख़ज़ाना है जिसे मैंने साठ साल से अधिक समय में जुटाया है:

...दुबे को दिनेश ठाकुर के घर ले जाने के बाद उनकी अंतिम इच्छा पूरी करने का संतोष; '...अमोल और उत्पल अभी की सबसे लोकप्रिय रोमांटिक जोड़ी हैं' यह हेडलाइन पढ़ते वक़्त आँखों में उभरे आँसू; ...मेरे बनाए एक चित्र के सामने प्रसिद्ध पेंटर गायतोंडे जी का 'बहुत पसंद आया' कहकर दस-पंद्रह मिनट तक ठहरना; ...सत्यजीत रे का मेरी फ़िल्म *आक्रीत* देखने के बाद मुझे घर पर बुलाकर बातें करना; ...वह स्वप्निल लम्हा जब संध्या ने मुझे 'हाँ' कहा; ...वह दिन जब राजेश खन्ना, अमिताभ बच्चन, संजीव कुमार जैसे दिग्गजों को पीछे छोड़कर मुझे पहला फ़िल्मफ़ेयर अवॉर्ड मिला; ...वह अविस्मरणीय अलस्सुबह जब किशोरी-ताई ने मुझे रियाज़ सुनने के लिए बुलाया और राग ललित सुनाकर

मंत्रमुग्ध कर दिया; ...वह अनमोल क्षण जब मेरे साथ अपने घर में बैठे हुए हृषि दा ने मेरे साथ पाँच फ़िल्में करने की इच्छा जताई; राजश्री पिक्चर्स के राजबाबू बड़जात्या जी की पीठ पर दी हुई प्रशंसा से भरी थपकी; ...*क़ुसूर* के पच्चीस हाउसफुल शोज़, जिसमें मैंने पचहत्तर साल की उम्र में लगातार अस्सी मिनटों तक रंगमंच पर एसीपी दंडवते का किरदार निभाया था!

इन सभी अत्यंत संतोषजनक पलों को यदि बाहर निकालता गया, तो गगनचुम्बी इमारत खड़ी हो जाएगी। पर फिर अपरिहार्य अनगिनत निर्णायक और दर्द से भरे क्षण यदि भरना चाहें, तो उनकी चुभती हुई नोकों से थैला फट जाएगा। शायद अच्छा ही होगा, यह तूफ़ान रुक जाएगा। और वही क्षण क़ैद करने लायक़ होगा—जब थैला फटेगा... भरे हुए सारे टुकड़े स्लो मोशन में बर्फ़ के फाहों की तरह हवा में तैरते हुए, धीरे-धीरे ज़मीन पर गिरेंगे। इनसे जो आकार बनेगा, वही मेरा आकार होगा—ब्लॉटिंग पेपर पर इधर-उधर फैलते अल्ट्रामरीन ब्लू के धब्बे की तरह, आकारहीन, फिर भी गीला। मौत के कुएं में चक्कर लगाने वाले और बाहर से उन चक्करों को देखने में मग्न व्यक्ति—दोनों का अनुभव और भावना एक जैसी कैसे हो सकती हैं? क्या कठिन परीक्षा से गुज़र रहे लोगों की गति दूर से देखने वालों की गति से मेल खा सकती है?

क्या रखना है, क्या नहीं की अपनी बात पर वापस आते हुए, क्या एआई टूल इस झमेले को सुलझाने में मेरी मदद कर सकता है? कंप्यूटर एक आदेश आसानी से मान सकता है: 'सबसे पहले ज़मीन को छूने वाली मेरी यादों के सौ टुकड़ों को सामने रखो।' क्या इस तरह का एकाएक किया गया चयन वास्तविक सत्य साबित होगा! चलो किसी और को यह गुत्थी सुलझाने दो... शायद प्रकाशक; उन्हें निकालने दो उन सारी यादों को, जो उनकी अपेक्षित पृष्ठ संख्या में समा नहीं सकतीं। 'बिन कही गईं', 'चीज़ें जो छूट गईं' या 'की गई ग़लतियाँ' अधिक बिकाऊ होंगी, शायद। *वासनाकांड* नाटक में समर्पण की तृप्ति का क्षण अधिक विस्तार से न कर पाना, कई कलाकारों को 'वे साधारण हैं' बोलने का मौक़ा गंवाना, बी.आर. चोपड़ा जी के ख़िलाफ़ केस जीतने पर उन्हें अंगूठा न दिखा पाना, माँ को माफ़ कर देने की बात उनसे कहनी रह गई, कई दोस्तों-गुरुओं-मार्गदर्शकों को अंतिम बार देखना रह गया... कौन जानता है किन अवशेषों की अधिक मांग होगी।

क्या मेरे पास इनमें से किसी के लिए भी जिस अनासक्ति की ज़रूरत है, वह है? क्या यह सब निस्वार्थ रूप से पूरा होगा? क्या मैं सच में ईमानदार रह सकूँगा? क्या मैं इस तरह की बायोप्सी के बाद भी निर्विकार रह सकूँगा—सिसिफ़स की तरह? यूरेनियम पर शोध करते समय मेरी क्यूरी ने रेडियम और पोलोनियम की

खोज की जिसके लिए उन्हें दूसरा नोबेल पुरस्कार मिला। लेकिन वही प्रयास उनकी मौत का कारण भी बना। उनकी मृत्यु अप्लास्टिक एनीमिया से हुई। इतना ही नहीं, कहा जाता है कि उनकी नोटबुक, शोध-पत्र भी अगले पंद्रह सौ साल तक विकिरण छोड़ते रहेंगे।

ये सब मुझे अभी क्यों याद आ रहे हैं? *This stream of consciousness...* आकस्मिक, उतनी ही अनियंत्रित, बेतुके प्रस्फुटन...

आठ दशकों की यह समग्रता यदि किसी को व्यर्थ लगे तो?

मेरे चाहने वालों की क्या अपेक्षा होगी मेरे इस प्रयास से? अभिनेता के किरदार के पीछे छिपे इंसान की तलाश सड़कों-स्टेशनों-इमारतों-घरों में करने वाला '*एक अकेला शहर में*'! क्या यह इतना सरल और सीधा हो सकता है? फ़िल्म बनाने से पहले मैंने कभी यह नहीं सोचा कि उसका दर्शक वर्ग क्या होगा; विषय पसंद आया, फ़िल्म बनती गई, मेरी शैली में बनती गई और साथ में अपना दर्शक वर्ग भी लेकर आई। कुछ ऐसा ही इस मामले में भी होगा। *गोल माल* का हीरो मेरा एक छोटा सा हिस्सा है, पर मुझमें केवल वही नायक दिखाई दे, यह अपेक्षा ग़लत है। पर यह द्वंद्व तो हमेशा मेरे साथ जुड़ा है, इतने दशकों से! मैंने पहले ही इसे स्वीकार किया है, जिन्हें स्वीकार हो वे ही साथ चलेंगे, जैसे अब तक एक-दूसरे के साथ चलते आए हैं...

रेने मग्रीथ (*Rene Magritte*) के इस वाक्य से, जो मुझे प्रोत्साहित करता है, मैं यह समाप्त करता हूँ: 'सिर्फ़ इसलिए कि दिन की रोशनी इस दुखी संसार को उजागर कर देगी, हमें उसका भय नहीं होना चाहिए।'

मैंने सबकुछ आपके समक्ष रख दिया है।

मैं भार-मुक्त हो गया हूँ, सुंदर युवती को नदी के बीच से उठाकर दूसरी तरफ़ पहुँचाकर आगे बढ़ जाने वाले उस ज़ेन गुरु की तरह।

अपनी नई फ़िल्म को दर्शकों के सामने रखते समय, हम '*Happy Viewing*' कहते हैं; उसी तरह इस पल मैं अपने पाठकों से '*Happy Reading*' कहते हुए यह *अमानत* सौंप रहा हूँ।

अमोल पालेकर

पुणे

2024

डबल रोल की गोची...

वह दिन मुझे अच्छी तरह से याद है जब मैंने तय किया था कि 'विरोध करने पर विश्वास रखने वाले सभी को...' यही वाक्य मेरी पुस्तक का समर्पण होगा।

८ फ़रवरी २०१९, यानी प्रभाकर बर्वे की मृत्यु के चौबीस वर्ष पश्चात उनके काम के अवलोकन के उद्देश्य से एक प्रदर्शनी *इन्साइड द एम्प्टी बॉक्स* के नाम से मुंबई की सुप्रसिद्ध नेशनल गैलरी ऑफ़ मॉडर्न आर्ट (एनजीएमए) में आयोजित की गई थी। इस प्रदर्शनी का उद्घाटन मुझे करना था, इसलिए मैं और संध्या कुछ समय पहले ही वहाँ पहुँच गए। बर्वे जी के चित्र और दैनंदिनी को नज़र भरकर देखते-देखते एक घंटा कहाँ बीत गया, पता ही नहीं चला। इसके अलावा मुंबई स्थित मेरे अनेक हमउम्र कलाकारों से भी वहाँ मुलाक़ात हुई। हाल ही में नियुक्त म्यूज़ियम की संचालिका, श्रीमती अनीता रूपवतरम ने हमें कार्यक्रम की ओर ले जाते हुए ये बात क़ुबूल की, 'केवल बर्वे जी ही क्या, दृश्यकला का कोई भी पहलू मेरे तो ज़रा भी पल्ले नहीं पड़ता है। मेरा तबादला तो आयकर विभाग से यहाँ हुआ है।'

अल्प समय में अपने सभी मुद्दे बिना भूले बोल पाऊँ इसके लिए मैं भाषण लिख कर ले गया था। मैंने शुरुआत बर्वे जी की विशिष्ट शैली की बारीकियाँ बताते हुए की और फिर विशेष रूप से मिति-सापेक्षता (*dimensional constraints*) को जान-बूझकर परे रखकर उनकी रेखाओं की सृजनात्मक पेशकश के पीछे के उनके विचार, रंग-संगति का ब्यौरा, तीन विभिन्न कालावधियों में उनके द्वारा किए गए काम के अनोखेपन के विषय में बात करने के बाद मैंने बर्वे जी की एक हृदयस्पर्शी स्मृति बताई। वैसे तो मैं अक्सर सार्वजनिक रूप से निजी क़िस्से

सुनाने से बचता हूँ, मगर इस याददाश्त में बर्वे जी की ख़ासियत छिपी थी: एक कलाकार की दूसरे कलाकार को दी हुई दाद, जो कि दुर्लभ है।

सन १९७३ में प्रभाकर बर्वे, गायतोंडे, प्रफुल्ला डहाणूकर, पं. जसराज, पं. जितेन्द्र अभिषेकी जैसे दिग्गज मेरा प्रयोगात्मक नाटक *गोची* देखने ख़ासतौर पर आए थे। नाटक के बाद विनोद और सरयू दोशी के पेडर रोड के दीवानख़ाने में 'चौथा अंक' शुरू हुआ (उस समय मराठी नाटक में अधिकांशत: तीन अंक होते थे। अक्सर किसी कलात्मक प्रस्तुति के बाद कलाकार और रसिक इकट्ठा होकर काव्य-शास्त्र-विनोद का आनंद लेते हुए विमर्श करते थे। इस दौरान कभी-कभार मद्य का यथोचित सेवन भी हुआ करता था, जिसे कुमार गंधर्व 'रसरंजन' और कवि कुसुमाग्रज 'ग्रंथवाचन' कहा करते थे। इसे ही यहाँ चौथा अंक कहा गया है।)। इसी दौरान बर्वे मुझसे कह बैठे, 'आपके नाटक की प्रस्तुति में दाली (*Salvador Dali*) के *मेल्टिंग टाइम* की निरंतर याद आ रही थी। आपके नाटक के प्रस्तुतीकरण में जिस तरह से मिति (*dimension*) और अंतराल एक-दूसरे से जुड़ जाते हैं, यह तारीफ़ के क़ाबिल है।' बर्वे की तारीफ़ से मुझे संकोच लगा था। उनकी आगे की बातों को मैं सुन तो रहा था पर समझ नहीं पा रहा था। मुझे आज भी इतना ही याद है कि मैं केवल बर्वे के हिलते हुए चेहरे की तरफ़ नज़र गढ़ाए बैठा रहा।

अपने भाषण में आगे बोलते हुए मैंने बर्वे की शैली में रेने मग्रीथ (*Rene Magritte*) का प्रभाव होने की वजह से मग्रीथ का यह वाक्य उद्धृत किया, 'प्रत्यक्ष चीज़ें अप्रत्यक्ष चीज़ों को हमसे छुपाए रखती हैं; असलियत में हमें इन छुपी हुई चीज़ों को ही देखना होता है।' इसके बाद, मैं अपने अगले मुद्दे पर आ गया। जिस एनजीएमए में अनेक दिग्गज तथा नवोदित कलाकारों के कलाविष्कार इतने वर्षों से बिना किसी रोक-टोक के प्रदर्शित हो रहे थे, उस गैलरी पर केंद्र सरकार ने अपना शिकंजा कसने हेतु दो आदेश निकाल दिए। पहला आदेश था कि किस कलाकार की प्रदर्शनी कब लगानी है इत्यादि का निर्णय लेने वाली स्थानिक कलाकारों की समिति को बर्ख़ास्त कर आगे से वे निर्णय दिल्ली से ही लिए जाएंगे। इसके अलावा यह आदेश भी दिया गया कि नवोदित कलाकार व स्थापित कलाकारों के नए काम को एनजीएमए के बस छठे भाग में ही प्रदर्शित किया जाएगा, अर्थात गैलरी के ऊपर के गुंबज में ही वे सीमित रहेंगे। बाक़ी जगह में किसका काम प्रदर्शित करना है इसका निर्णय दिल्ली में लिया जाएगा। इस आदेश का अनुसरण करते हुए, वरिष्ठ चित्रकार सुधीर पटवर्धन और वरिष्ठ छायाचित्रकार मेहली गोबाई, के पहले से तय रेट्रोस्पेक्टिव रद्द कर दिए गए थे। कला और कलाकारों की स्वतंत्रता पर लगातार होने वाले आक्रमणों का यह

एक नया स्वरूप था। ऐसे 'फ़तवे' अक्सर सुविधानुसार चुपचाप लागू कर दिए जाते हैं और जिन्हें इनके विषय में पता भी होता है, वे भयवश या स्वार्थवश 'जी हुज़ूर' कहकर चुप रहते हैं।

जैसे ही मैंने इन फ़तवों के बारे में बोलना शुरू किया तो संचालिका जी ने बीच में ही टोकते हुए कहा कि इस बात का इस कार्यक्रम से कोई संबंध नहीं है। और मुझे बर्वे से संबंधित बातें ही करनी चाहिए। दुःख तो इस बात का है कि कलाकारों की स्थानीय समिति के पूर्व अध्यक्ष, वरिष्ठ चित्रकार सुहास बहुलकर भी मैडम की हाँ में हाँ मिलाकर मुझे रोकने की कोशिश करने लगे। उन्होंने कहा, 'औचित्य भंग मत कीजिए।' और तो और, सभागृह में बैठे हुए ख़ुद सुधीर पटवर्धन और अनेक अन्य कलाकारों में से किसी ने भी मुझे चुप कराए जाने पर आपत्ति नहीं जताई। कलाकारों की यह दयनीय अवस्था देखकर मुझे बहुत दुःख हुआ। इतना दब्बूपन क्यों? जीवन के इस पड़ाव में भी यदि सिर उठाकर न जी पाएं तो क्या फायदा? अनुदान, सम्मान, सरकारी कोटे से घर, समितियों की सदस्यता, ईनाम वग़ैरह पाने के लालच में व्यवस्था के सामने इतनी लाचारी व्यक्त करते समय क्या परास्त होने जैसा अनुभव नहीं होता है? इस घटना का वीडियो दूर-दूर तक फैल गया। अगले पूरे सप्ताह मुझे समर्थन देने वालों के फ़ोन और संदेश आते रहे। यहाँ तक कि वहाँ उपस्थित अनेक कलाकारों, जिनमें उस समय आपत्ति जताने की हिम्मत नहीं थी, ने भी बाद में मुझे बधाई देने के लिए ख़ुद फ़ोन किए। इतना ही नहीं, रविवार होते हुए भी दिल्ली के सांस्कृतिक विभाग ने तुरंत पत्र भेजकर फ़तवे के लागू होने पर अस्थाई रोक लगा दी।

आजकल हम ऐसे लोगों को देखते ही हैं जो 'राजसी कृपा' पाने के लिए 'राजा के चारण भाट' (जिन्हें आज चमचे भी कहा जाता है) की तरह कुछ भी करने को तैयार रहते हैं। यदि उस दिन मुझे मेरा भाषण पूरा करने दिया गया होता और बीच में मेरा विरोध नहीं किया गया होता तो मेरे वक्तव्य की किसी ने परवाह नहीं की होती। मुस्लिम विरोधी प्रचार और हिंदुत्व का एजेंडा चलाने के लिए योजनाबद्ध तरीक़े से अभिव्यक्ति की स्वतंत्रता को दबाया जा रहा है। एक सच्चे देशप्रेमी भारतीय होने के नाते व्यक्तिगत तौर पर इन बातों के विरोध में कुछ नहीं कर पाने की घुटन मुझे बेचैन करती रहती है। ऐसी परिस्थिति में शासकीय मनमानी का विरोध करने का मौक़ा मिलने पर उस मौक़े का उपयोग करने को 'औचित्यभंग' कहना कहाँ तक ठीक है? मैं चुप रहता तो स्वयं अपनी नज़रों से गिर जाता। अवज्ञा मेरा मूल स्वभाव नहीं है और बचपन में तो यह बिल्कुल ही नहीं था। मुझे याद नहीं आता कि माता, पिता व तीनों बहनों की किसी बात पर मैंने कभी कोई शिकायत भी की हो, लड़ाई-झगड़ा और मारपीट तो दूर की

बात है। शैक्षणिक जीवन में भी मैं हमेशा सोहोनी बाई, रावले, दुग्गल, मलेकर, अमृते, सावेसर अथवा चित्रे गुरुजी से दबकर ही रहता था। मुझे याद नहीं कि बोर्डी (महाराष्ट्र का एक क़स्बा) के स्कूल के शारदाश्रम हॉस्टल में रहने के दौरान पास वाले बगीचे से कच्चे चीकू चुराने के अलावा मैंने कभी कोई बग़ावत का कार्य किया हो।

सन १९५८ रहा होगा जब मैंने शिवाजी पार्क के बालमोहन स्कूल से नौवीं कक्षा पास की। अगले दो वर्षों के लिए मुझे बोर्डिंग स्कूल में भेजना तय हुआ। शायद आई-बाबा ने सोचा होगा कि इसी तरह मैं परिपक्व इंसान बनूँगा। मुझे दादर स्टेशन पर छोड़ने के लिए मेरी दो बड़ी बहनें, नीलन ताई और आक्का आई थीं। हम प्लेटफ़ॉर्म पर खड़े थे तभी आक्का अचानक कुछ बेचैन सी हो गईं। नीलन ताई के बार-बार पूछने पर वह कुछ फुसफुसाईं। नीलन ताई तेज़ी से एक पुरुष की ओर गईं, उसे घुमाकर आक्का से पूछा, 'यही है?' आक्का के हामी भरते ही नीलन ताई ने उसकी कनपटी पर एक जमा दिया। 'लड़कियों से ऐसे बर्ताव करते हैं?' यह कहकर एक और तमाचा जड़ दिया। इस घटना का मुझ पर गहरा प्रभाव पड़ा।

संकट, चुनौतियाँ या दुविधाएं—चाहें आप इन्हें कुछ भी कहें पर ये आपके अंदर एक प्रतिक्रिया जगाती हैं जिसके अनुसार आप कार्य करने पर मजबूर हो जाते हैं। एक आज्ञाकारी बेटा होने के नाते विरोध करने का जो पहला प्रसंग मुझे याद है वह है, आई के कट्टर विरोध के बावजूद चित्रा मुर्डेश्वर से मेरा विवाह करना! मुर्डेश्वर परिवार की आर्थिक स्थिति का हमसे बेहतर होना और चित्रा के हृदय के छिद्र का हाल ही में ऑपरेशन होना, इन दो कारणों की वजह से आई ने चित्रा को स्वीकार करने से इंकार किया था। किसी प्रकार की बहस के बिना मैं अपने फ़ैसले पर अटल रहा। बाईस वर्ष की उम्र में मुझे वह ताक़त शायद नीलन ताई से मिली थी।

मेरी इच्छा कोर्ट मैरिज करने की थी। परंतु आई और चित्रा की इच्छानुसार मुझे पारंपरिक पद्धति से पूरे ताम-झाम के साथ विवाह करना पड़ा। इतना ही नहीं, आई ने चित्रा का नाम बदलकर 'अनुया' रख दिया। आई केवल विवाह विधि में उपस्थित रहीं, शाम के प्रीतिभोज में उन्होंने बाबा को भी नहीं आने दिया। विवाह करने के निर्णय के बाद का क़दम था, अपनी अलग स्वतंत्र गृहस्थी बसाने का मेरा निश्चय। गामदेवी के दो कमरों के हमारे घर में बाबा बड़े चाव से आया करते थे, परंतु आई ने वहाँ कभी अपने पैर नहीं रखे।

आई के इस कड़वे व्यवहार से नहीं दबने के बल पर ही शायद मैं आगे चलकर सत्यदेव दुबे जैसे कठोर और तानाशाह व्यक्ति से जूझ पाया; फिर भी उन्हें

गुरुस्थान से कभी ढलकने नहीं दिया। दुबे से दो-तीन बार विरोध करने का महापाप मुझे आज भी अच्छी तरह याद है।

१९७० में, भारतीय रंगभूमि को नया मोड़ देने वाले श्रेष्ठ नाटककार बादल सरकार का लिखा *वल्लभपूरची दंतकथा* (मूल बंगाली नाटक *बल्लभपुरेर रूपकोथा* का मराठी रूपांतरण) पहला नाटक था जिसका निर्देशन मैंने सत्यदेव दुबे के साथ मिलकर किया। मैंने बांग्ला से मराठी में इसका अनुवाद किया था। इसके बाद साल भर में ही दुबे ने घोषणा की कि हम *पगला घोड़ा* का निर्देशन करेंगे। मैंने सह-निर्देशन के लिए हामी भर दी पर यह शर्त भी रख दी कि दुबे मंचन से पहले रिहर्सल के दौरान टाँग नहीं अड़ाएंगे। एक दिन अचानक रिहर्सल के दौरान दुबे प्रकट हो गए। कुछ ही देर में उन्होंने झुंझलाते हुए मुझे और मेरे एक अभिनेता को पास के कमरे में बुलाया।

'तुम जो संवाद बोल रहे हो, क्या उसका अर्थ भी पता है तुम्हें?'

दुबे के इस आक्रामक लहजे से मेरा अभिनेता, गजानन बंगेरा, सहम गया; उसने दबी ज़बान में कहा, 'उसमें व्यंग्य है।'

वाक्य ख़त्म होते ही गरजती हुई आवाज़ में दुबे बोले, 'तो फिर लाओ ना!' यह बात वो शांति से भी कह सकते थे।

घबराए हुए बंगेरा की हालत देखकर मैं बोल पड़ा, 'तुम उसके आत्मविश्वास की धज्जियाँ मत उड़ाओ और तुमने रिहर्सल के दौरान न आने का वादा किया था, उससे मुकर क्यों गए?'

जैसे ही मैंने सवाल किया, दुबे के साथ आए गोविंद निहलानी बोले, 'अमोल बिल्कुल ठीक कह रहा है। अब हम चलते हैं।'

दुबे से इस तरह से बात करने की हिम्मत मेरे अलावा किसी और की नहीं थी। उन्होंने मुझे यह छूट दी थी। इसी के साथ, उन्हें 'दुबे जी' कहकर संबोधित किए बिना 'ए दुबे' कहकर बुलाने की स्वतंत्रता भी मुझे दी थी। शायद इसीलिए दुबे की नाट्य संस्था 'थिएटर यूनिट' के अन्य कलाकार कठिन समय में मेरा ही आसरा ढूँढ़ते थे।

दूसरा प्रसंग तब का है जब दुबे ने *एवम् इंद्रजीत* की रिहर्सल चित्रा को लेकर शुरू की थी। एक दिन अचानक उन्होंने चित्रा को निकाल दिया और उसकी जगह अनुभवी अभिनेत्री सुलभा देशपांडे के साथ रिहर्सल शुरू कर दी। तब मैंने उनसे कहा, 'चित्रा को निकालने का अपना निर्णय चाहे मत बदलो, पर उसे कारण तो बताना ही चाहिए।' मेरे इस सीधे विरोध पर दुबे ने एलान किया, 'इसे कट करो

जी!' और इसके बाद काफ़ी समय तक हमारी दूरी बनी रही। दुबे की ऐसी बहुत सी छोटी-मोटी बातों और निर्णयों के पीछे छिपी राजनीति को समझने के लिए ज़रूरी अनुभव और अक्ल, दोनों ही उस समय मुझमें नहीं थे। विजया मेहता के साथ चल रही उनकी स्पर्धा इसके पीछे का महत्वपूर्ण कारण थी जिसे उजागर होते-होते कई मौसम गुज़र गए।

तीसरी बार तो एक घाव लगा और दो टुकड़े ही हो गए। अस्सी के दशक में दुबे ने अपने लिखे हिन्दी नाटक *संभोग से संन्यास* तक की रिहर्सल रत्ना पाठक और नसीरुद्दीन शाह के साथ शुरू की थी। 'तुम्हारी अनिकेत संस्था की ओर से इस नाटक का निर्माण तुम मराठी में करो!' दुबे ने मुझे आदेश दिया और मैं मान गया। उनके निर्देशन में मराठी नाटक की रिहर्सल भी शुरू हो गई। एक बार रात को ड्रिंक्स के दौरान मैंने दुबे से कहा, 'तुमने बहुत ही साधारण नाटक लिखा है।' यह सुनते ही उनका पारा चढ़ गया; ज़बरदस्त बहस छिड़ गई। उन्होंने मुझसे कहा कि मैं स्टार बन गया हूँ इसलिए ऐसी धृष्टता कर रहा हूँ और यदि मुझे यह नाटक नहीं करना तो न करूँ। पर मैं पीछे नहीं हटा क्योंकि मेरे कलाकारों ने बहुत मेहनत की थी। मैंने कहा, 'कुछ भी हो यह नाटक तो होगा ही,' और हमने ऐसा किया भी। इस वाक़ये के बाद दुबे ने मुझसे कई वर्षों के लिए नाता तोड़ लिया।

इस समय तक मेरी सोच और विचारधारा की दिशा तय हो रही थी। पिता की हैसियत से शाल्मली को बड़ा करते हुए मैंने सोच-समझकर अपनी एक भूमिका तय की थी। धर्म, जाति और अन्य सामाजिक अधिकारों की उसे पहचान कराते समय इस बात का ध्यान रखा कि व्यक्तिगत जीवन में वे बाधाएं न बनें। किसी भी निर्णय में मैंने उसके मत का हमेशा सम्मान किया। अंग्रेज़ी स्कूल में पढ़ने के बावजूद मराठी साहित्य, विशेषत: कविता और वाचन का शौक पैदा करना, ऐसी बातें मैंने सजगता से अपनाईं। हम जो नाटक करते उनमें उसे भी शामिल कर लिया करते थे। वह जब आठवीं या नौवीं कक्षा में थी तब का एक वाक़या याद आ रहा है।

एक बार जुहू स्थित जमनाबाई नरसी स्कूल के प्रिंसिपल ने मुझे बुलाया। 'आपकी बेटी ने एक शिक्षक को "मेल शॉवनिस्ट" कहा और वह इस बात के लिए माफ़ी मांगने से भी इंकार कर रही है।' उन्होंने शिकायत की।

शाल्मली ने उस प्रसंग की पूरी जानकारी देते हुए शिक्षक की महिलाओं से नफ़रत करने वाली प्रवृत्ति का खुलासा किया। 'बाबा, यदि मैंने मेल शॉवनिस्ट "पिग" कहा होता तो वह गाली होती परंतु मैंने ऐसा नहीं कहा।'

एक बुद्धिमान लड़की का पिता होने के नाते मुझे तब उसके प्रति अभिमान महसूस हुआ। कई साल बाद उसने अपने समलैंगिक आकर्षण के बारे में उसी

दृढ़ता के साथ मुझे बताकर अपना मन हल्का किया। इतना ही नहीं, उसने एक समर्थ साथी के साथ गृहस्थी बसाकर एक बुद्धिमान तथा प्यारे से बच्चे को जन्म भी दिया। प्रवाह के विरुद्ध जाकर अपने स्वयं के निर्णय पर अडिग रहकर जिस सशक्त तरीक़े से उसने ज़िंदगी जी है, इससे अधिक संतोषजनक बात क्या हो सकती है?

केवल विरोध के लिए विरोध न करना और अपनी भूमिका में विवेकपूर्ण विचार और तथ्य का होना, ऐसे अनुशासन मैंने अपनाए। दुबे ने न केवल मेरी कला को तराशा बल्कि मुझमें ख़ुद को वास्तविक रूप में अभिव्यक्त करने का आत्मविश्वास भी जगाया। मैंने हमेशा दुबे की स्पष्ट सोच और निर्भीक प्रवृत्ति का सम्मान किया है। उनका क्षेत्रीय थिएटर, ताज़ा कहानियों की तलाश और अभिव्यक्ति के नए तरीक़ों की खोज के प्रति उत्साह बेमिसाल था। बंबई के इंडियन नेशनल थिएटर, रंगायन, आविष्कार तथा पुणे के पीडीए और महाराष्ट्रीय कलोपासक जैसे थिएटर ग्रुपों की तुलना में दुबे की थिएटर यूनिट का योगदान अलग और ख़ास रहा है। और इसका कारण था उनकी स्वतंत्र प्रवृत्ति। दुबे ने ही सिखाया कि किस तरह से विविध दृष्टिकोणों और व्याख्यायों से एक ही कृति का कई अलग तरीक़ों से प्रस्तुतीकरण किया जा सकता है। थिएटर यूनिट के कारण ही मुझे कलकत्ता, दिल्ली, बैंगलोर जैसे शहरों में रंगमंचकर्मियों से जुड़ने के अवसर मिले। केवल मराठी नाटक के या शिवाजी मंदिर जैसे अड्डों के छोटे कुएं में डूबकर कूप-मंडूक बनने के बजाय, अन्य भाषाओं में होने वाले प्रयोग और उनसे होने वाले मंथन से मैं परिचित हो पाया।

सन १९७०-७१ में दुबे ने संपादन क्षेत्र में प्रवेश करने वाली प्रिया आडारकर से विवाह किया। जैसे-तैसे कुछ महीने टिकी हुई उस विवाहित कालावधि में, हर रविवार की सुबह उनके विशाल घर में मित्रमंडली जुटती थी। कभी नाट्यवाचन, कभी हाल ही में हुई चित्र प्रदर्शनी के चित्रकारों से चर्चा, तो कभी काव्यवाचन, और इन सबका समापन बीयर और भोजन से हुआ करता था।

एक दिन सुबह, जाने-माने हिन्दी कवि भवानी प्रसाद मिश्र से बातचीत की योजना थी। उनकी कुछ कविताएं और ख़ासतौर पर *'गीत-फ़रोश'* कविता दुबे ने अपनी अनोखी शैली में पेश की। कवि की विवशता, अपने आश्रयदाता को जो चाहिए वह देने की बेबस कोशिश और आस-पास की बाज़ारू दुनिया में टिके रहने की लाचारी, ऐसे अनेक पहलू दुबे ने बड़े प्रभावी ढंग से उजागर किए। मैंने भवानी जी से वही कविता उन्हीं की ज़बान से सुनाने की विनती की। खादी का कुर्ता और कड़क उजली धोती पहने हुए वह लंबा-चौड़ा कवि ठहाका मारकर हँसने लगा और एक गर्जना के साथ सुनाने लगा, *'जी हाँ हुज़ूर मैं गीत बेचता हूँ'*।

इतने सशक्त स्वरों से कवि क्या-क्या लिख सकता है, यह बड़े अभिमान से बता रहे थे और उसमें विवशता, लाचारी जैसी भावनाओं का ज़रा भी अनुभव नहीं हुआ। इतना ही नहीं, कविता के उस प्रस्तुतीकरण में एक आक्रामक छटा भी थी कि क्या मेरी कविताओं की ऊँचाई, श्रेष्ठता और व्याप्ति को परखने की क्षमता तुम लोगों में है?

जी, गीत जनम का लिखूँ, मरण का लिखूँ,
जी, गीत जीत का लिखूँ, शरण का लिखूँ,
यह रेशमी है, यह खादी का, यह गीत पित्त का, यह बादी का!
कुछ डिज़ाइन और भी हैं, यह इल्मी
यह लीजे चलती चीज़, नई फ़िल्मी,
यह सोच-सोचकर मर जाने का गीत, यह दुकान से घर जाने का गीत।
मैं लिखता ही तो रहता हूँ दिन-रात, तो तरह-तरह के बन जाते हैं गीत।

मत-भिन्नता होना, उसे व्यक्त करना, उसका आदर करना और सृजनशील प्रवाही होने के लिए उसकी ज़रूरत होना जैसी महत्वपूर्ण संवेदनाओं का अनुभव मुझे उस समय हुआ।

सन १९६८ की एक शाम बंबई के तेजपाल ऑडिटोरियम में दुबे द्वारा निर्देशित मोहन राकेश के नाटक *आधे अधूरे* का मंचन होना था। खचाखच भरा हॉल ऐसे क्षण का साक्षी बना जहाँ सावित्री का चरित्र हनन करते हुए जुनेजा की भूमिका में अभिनेता बोला, 'जाते हुए तुम्हारे सामने थी एक पूरी ज़िंदगी और लौटने तक का कुल हासिल? उलझे हुए हाथों का गिजगिजा पसीना?' इस पर सावित्री तमतमाते हुए ऊँची आवाज़ में बोली, 'बस! आप सब एक जैसे हैं! मुखौटे अलग-अलग, पर चेहरा सबका एक ही है!'

तब जुनेजा बिना रुके आक्रामकता से बोला, 'फिर भी तुम्हें लगता है कि तुम चुनाव कर सकती हो? लेकिन बाएं से हटकर दाएं, इस कोने से उस कोने तक—क्या सचमुच कोई चुनाव नज़र आया है तुम्हें? बोलो आया है?'

पूरा ऑडिटोरियम तालियों की गड़गड़ाहट से गूँज उठा। सावित्री पर किए गए उस आख़री निर्णायक प्रहार को दर्शकों से जैसी अपेक्षा थी, वैसी ही प्रतिक्रिया मिली।

पर्दे के गिरते ही दुबे ने समूची नाटकमंडली को एक कोने में बुलाया। अमरीश पुरी, ज्योत्स्ना कार्येकर, भक्ति बर्वे, दीपा बसरूर और मैं जैसे ही वहाँ पहुँचे, तो सराहना करने के बजाय दुबे ने सीधे पुरी साहब पर निशाना साधा, जिन्होंने चार अलग-अलग भूमिकाएं सशक्त रूप से निभाई थीं।

'आपके जुनेजा को अकारण ही ज़बरदस्त तालियाँ मिलीं,' उन्होंने तर्क देते हुए कहा कि 'पुरुष-प्रधान संस्कृति को ध्वस्त करने वाली स्त्री, इस नाटक का केंद्र है।' उन्होंने विस्तार से यह भी समझाया कि निठल्ला पति, दिशाहीन बेटा, बहकी हुई स्कूल जाने वाली बेटी और पति से हुई अनबन के कारण घर वापस आई हुई बड़ी बेटी जैसे आधे-अधूरे परिवार का संपूर्ण भार अपने कंधों पर जिसने उठा रखा है, उस स्त्री को इस तरह से नीचा दिखाने का प्रयत्न पुरुष-प्रधान संस्कृति द्वारा होता ही रहेगा। उन्होंने बोलना जारी रखा, 'जुनेजा को वो तालियाँ मिलना अव्यक्त पुरुषत्व को मान्य ठहराना और उसकी सराहना करना है। और एक निर्देशक की हैसियत से मुझे वह प्रोत्साहन नहीं चाहिए; वो तालियाँ भी नामंज़ूर हैं।'

दूसरे दिन रिहर्सल के समय दुबे ने पुरी साहब को उनके डायलॉग बोलने के तरीक़े पर काम करने को कहा। इसके अलावा सावित्री के डायलॉग में कुछ नई लाइनें भी जोड़ीं, 'चुनाव न कर सकी तो क्या? चुनाव की संभावना भी मिट चुकी तो क्या? मेरी खोज मेरा हक है।'

कुछ दिनों बाद *आधे अधूरे* के लेखक मोहन राकेश जी ख़ासतौर पर हमारी प्रस्तुति देखने के लिए दिल्ली से आए। उस रात उन्हें जुनेजा की जगह सावित्री के लिए बजाई गई तालियाँ सुनाई दीं। उन्हें भी प्रस्तुति अच्छी लगी। प्रथा के अनुसार 'चौथे अंक' के दौरान मोहन राकेश जी ने दो महत्वपूर्ण और अलग प्रश्नों पर ग़ौर किया। उनकी अनुमति के बग़ैर दुबे द्वारा सावित्री से कहलवाए हुए संवादों पर उन्होंने ज़ोरदार आक्षेप किया। 'ऐसी थिगली लगाने का हक तुम्हें किसने दिया?' ऐसा स्पष्ट प्रश्न पूछकर उन्होंने सावित्री की ओर झुकाव देते हुए पुरुष-प्रधान नाटक का स्वरूप बदलने पर भी एतराज़ जताया।

उनकी अनुमति के बिना संवाद लिखने के लिए दुबे ने क्षमा मांगते हुए विनती की, 'कृपया आप सावित्री के लिए उस आशय के नए संवाद लिखकर दीजिए।' लेकिन पुरुष-प्रधान संस्कृति को समर्थन देने से दुबे ने तगड़ा विरोध किया। बहुत बहस के बाद मोहन राकेश ने उदार-हृदय से निर्देशक द्वारा अलग व्याख्या करने के अधिकार को स्वीकार कर लिया, इसके अलावा दुबे की 'थिगली' का उपयोग करने की अनुमति भी दी। प्रातःकाल तक चली बहस से जो बुनियादी प्रश्न उभरे, उनका मेरे युवा मन और मेरी भविष्य की कलात्मक यात्रा पर बहुत प्रभाव पड़ा। यूँ कहिए कि नाटक-सिनेमा के माध्यम से अलग-अलग रास्ते खोजने के मेरे प्रयत्नों को दिशाएं दिखाने वाली खिड़की खुल गई।

सन १९७२ के आसपास, युवा नाटककार सुरेन्द्र वर्मा के *सूर्य की अंतिम किरण से सूर्य की पहली किरण तक* नाटक से निर्देशक की कलात्मक स्वतंत्रता की बहस एक बार फिर छिड़ गई। नाटक के कथानक के अनुसार, जो कि दसवें

दशक की सामाजिक प्रथा, नियोग पद्धति, पर आधारित था, रानी शीलवती को एक रात के लिए राज्य का उत्तराधिकारी प्राप्त करने के लिए किसी पुरुष के चयन का अधिकार दिया जाता है। रानी अपने पूर्व प्रेमी को चुनती है। नाटक की रिहर्सल शुरू होने पर एक निर्देशक के तौर पर यह प्रेम त्रिकोण मुझे घिसा-पिटा और उबाऊ लगा तो मैंने प्रेमी के चयन और उसके साथ शयन के दृश्य को हटा दिया।

नाटक की प्रस्तुति इन बदलावों के साथ हुई। इसके लिए सुरेन्द्र वर्मा की अनुमति नहीं ली गई थी। उस समय मेरी यह धारणा थी कि निर्देशक के तौर पर वह मेरा अधिकार था। परंतु आज मैं मानता हूँ कि रिहर्सल शुरू होने के पहले ही सभी बदलावों की चर्चा करके लेखक की सहमति लेना आवश्यक है। सन २००१ में जब हमने उस नाटक पर आधारित फ़िल्म *अनाहत* के निर्माण का निश्चय किया तो कथानक में बदलाव करने के संबंध में संध्या ने सुरेन्द्र वर्मा से लिखित रूप में पहले ही अनुमति ले ली थी। वकील होने की वजह से ऐसी बातों में वह बहुत सतर्क रहती है।

बादल सरकार के *पगला घोड़ा* को मैंने तीन बार—१९७०, १९९२ और २००७ में—अलग-अलग पद्धति से निर्देशित किया। पहली बार जब मैं उनके पास स्क्रिप्ट में बदलाव करने की अनुमति लेने गया तो वे खुले दिल से बोले, 'मुझे जो लिखना था वह मैंने लिख दिया, अब निर्देशक के नाते तुम्हें जो करना है, वह तुम अवश्य करो। अगर मुझे वह पसंद नहीं आया तो मैं खुलेआम यह कहने का अधिकार अपने पास सुरक्षित रखूँगा कि तुमने मेरे नाटक का ख़ून कर दिया!' सवा दो घंटे के नाटक को जब मैंने नब्बे मिनट में किया, तब वे तारीफ़ करते हुए बोले, 'वाह! मैं सौ मिनट से कम नहीं कर पाता।'

नाटक से पहली पहचान मुझे दुबे ने कराई। उंगली पकड़कर चलना सिखाया; उड़ान लेने का साहस भी दिया। उसी समय अपरिचित क्षितिज की खोज करने की दृष्टि बादल सरकार ने दी। नाटक के परिचित व्याकरण को बदलकर नई भाषा, नए बोल खोजने का बल और साहस भी बादल दा ने ही दिया। पारंपरिक रंगमंच और उसकी चौखट से आगे बढ़ने को उत्सुक, बादल दा वैकल्पिक आकाश की खोज की इच्छा रखते थे। मैंने उस दिशा में अपनी यात्रा *गोची* से शुरू की। बादल दा से मेरी मित्रता साल-दर-साल घनिष्ठ होती गई। मोहन राकेश और बादल सरकार के प्रति मेरी श्रद्धा केवल इसलिए नहीं थी कि वे श्रेष्ठ नाटककार थे, बल्कि निर्देशक के प्रति उनकी विनम्रता और सम्मान के कारण भी थी।

मेरे इन तीन पक्के समर्थकों ने मेरी कलात्मक यात्रा को गढ़ने में जितनी सहायता की, उतनी ही मराठी के जाने-माने कवि-नाटककार सदानंद रेगे जी ने भी की।

वैकल्पिक दृष्टिकोणों की पहचान करने में मुझे सक्षम बनाने में उन्होंने महत्वपूर्ण भूमिका निभाई। १९७३ के आसपास मैंने सदानंद रेगे जी का नाटक *गोची* पढ़ा। उन्होंने इसे साधारण रंगमंच के लिए लिखा था पर मैंने इसके प्रस्तुतीकरण की एक अतियथार्थवादी कल्पना की। मैंने नाटक में बड़ी मात्रा में बदलाव किए। संवादों का क्रम बदल दिया; भरपूर काट-छाँट भी की। पात्रों को थोड़ी कल्पना के साथ फिर गढ़ा। 'समीप रंगमंच' जैसी रचना करके बंबई के साहित्य संघ के पुरंदरे ऑडिटोरियम के छोटे रंगमंच पर दर्शकों के बैठने के लिए तीन तरफ़ दरियाँ बिछाईं और बची हुई जगह में नाटक पेश किया। समीप रंगमंच की अवधारणा से अनभिज्ञ सत्तर के दशक में *गोची* एक मील का पत्थर साबित हुआ। इसी पद्धति के क़रीब साठ शोज़ करने का हमें अवसर मिला जो पुणे और बंबई के अलावा विभिन्न मराठी व ग़ैर-मराठी शहरों में, छोटे-बड़े गाँवों में, बंगलों के बगीचों में, ऑफ़िस की कैन्टीनों में और यहाँ तक कि किसी के गैराज में भी!

शो से पहले मैं एक निवेदन किया करता था।

'इस नाटक के बारे में आपने बहुत कुछ सुना या पढ़ा होगा। "यह नाटक ही नहीं है" या "समानांतर" तथा "गहन" जैसे विशेषणों से वर्णित इस नाटक को आप किसी भी प्रकार के पूर्वाग्रह के बिना देखिए। यही मेरी आपसे विनती है। इसके अलावा प्रायोगिक होने की वजह से गंभीर चेहरा करके देखने की कोई ज़रूरत नहीं है। आपको यदि कहीं हँसी आए तो बेशक ज़ोर से और दिल खोलकर हँसिए, हमें कोई एतराज़ नहीं है।'

पहले प्रयोग के बाद रेगे जी ने हमारे पूरे सहयोगी दल की तारीफ़ की, विशेष रूप से मेरी अलग व्याख्या की। मुझे लगा जैसे मैंने सातवाँ आसमान छू लिया हो। हालाँकि मैं उनकी आगे की प्रतिक्रिया पर अवाक् रह गया। रेगे जी ने आग्रह किया कि *गोची* मूल नाटक की जगह मेरे द्वारा काट-छाँटकर तैयार किया गया नाटक छपना चाहिए। मुझे यह बात ठीक नहीं लगी और मैंने मना कर दिया।

'आपकी लिखी हुई मूल स्क्रिप्ट का प्रस्तुतीकरण यदि कोई निर्देशक आपके दृष्टिकोण से अथवा किसी तीसरी पद्धति से करना चाहे, तो उस पर मेरे विचारों की छाया नहीं पड़नी चाहिए। स्वतंत्र विचार करने का अवसर उसे मिलना ही चाहिए।' मेरे इस आग्रह को सुनकर रेगे जी ने सुझाव दिया कि दोनों को ही एक साथ छापना चाहिए। उनका यह प्रस्ताव पॉप्यूलर प्रकाशन के रामदास भटकळ जी ने पूरी तरह नकार दिया। 'प्रायोगिक नाटक की प्रति बिकना अत्यंत कठिन है; ऊपर से उसमें दो अलग दृष्टिकोणों को छापने पर पुस्तक अधिक महँगी हो जाएगी, तो कितने लोग उसे ख़रीदेंगे भला?' रामदास जी के इस निर्णय से वह क़िस्सा ख़त्म हो गया। बहरहाल, लेखक-निर्देशक के बीच तालमेल को देखने

के लिए *गोची* एक बहुत महत्वपूर्ण उदाहरण था, जिसे समझा गया और सराहा भी गया। इससे संतोषजनक और क्या हो सकता है?

गोची की रिहर्सल के दौरान लिखित शब्दों की उच्चारण-ध्वनि का क्या परिणाम हो सकता है, यह विचार मेरे मन में उठ रहा था। विशेषत: स्क्रिप्ट में लिखे हुए, *कापा, मापा, रापा, थापा, हपापा, गपापा* जैसे निरर्थक पर लयबद्ध शब्दों का उपयोग किस तरह किया जाए, इस बात की खोज और उसके लिए ध्वनि संकल्पना पर मैं कुछ अधिक गहराई से सोचने लगा। अभिनय को और निखारने के लिए मैंने विराम और मौन की छुपी हुई शक्तियों का उपयोग करना सीखा। फ़िल्मों में हम वास्तविक दुनिया की आवाज़ों, ऑफ़-स्क्रीन ऑडियो और रिकॉर्डेड पार्श्वसंगीत बनाते हैं। संवाद और गानों के आधार से कथानक को आगे बढ़ाते हैं। ऐसी पारंपरिक तकनीकें समकालीन रंगमंच में प्रचलित हैं। उदाहरण के लिए, रात के दृश्यों के लिए झींगुरों की पहले से रिकॉर्डेड ध्वनि और भावनात्मक तनाव दर्शाने के लिए पार्श्वसंगीत का उपयोग करना। इस पृष्ठभूमि में मुझे लगने लगा कि *गोची* के प्रस्तुतीकरण में यदि मैं वास्तविक ध्वनियों का इस्तेमाल करूँ तो यह नाट्य सौंदर्यशास्त्र में एक बड़ा बदलाव लाएगा और इस शैली को एक नई परिभाषा देगा।

सन १९७५-७६ में दुबे ने युवा नाटककार अच्युत वझे के *सोफा-कम-बेड* नाटक की रिहर्सल शुरू की पर उन्होंने नाटक का नाम बदलकर *धाडसी धोंडूच्या धांदली* रख दिया। उन्होंने इस नाटक में एक ही अभिनेता से मध्यवर्ती भूमिका करवाने की बजाय, तीन अभिनेताओं द्वारा मुख्य किरदार को दर्शकों तक पहुँचाने का निर्णय लिया। परिणामस्वरूप नाराज़ होकर अच्युत ने अपना अलग शो बनाने का निर्णय लिया। प्रायोगिक रंगमंच के नाट्यकर्मियों में खलबली मच गई; दो गुट बन गए। नाटक में निर्देशक द्वारा किए हुए बदलाव यदि लेखक को अमान्य हैं और यदि वह अपने नाटक का निर्माण और निर्देशन ख़ुद करना चाहता है तो उसमें क्या ख़राबी है? अच्युत के इस निर्णय के समर्थन में डॉ. लागू, नाट्य समीक्षक पुष्पा और अनंतराव भावे आगे आए। यह मतभिन्नता और बढ़ गई। इस विवाद का समाधान निकालने के लिए पुष्पा जी के घर पर हुई मीटिंग में दुबे की ओर से मैंने दो मुद्दे पेश किए।

पहला था, 'क्या निर्देशक के पास कोई कलात्मक स्वतंत्रता नहीं है कि वह किसी कृति को अपने नज़रिए से प्रस्तुत कर सके, बेशक वह मूल पाठ के लेखक की अवधारणा से अलग हो? और दूसरा यह कि क्या यह उचित है कि एक ही समय में एक ही नाटक के दो समानांतर मंचनों से प्रायोगिक थिएटर के पहले से ही कम दर्शकों को भी बाँट दिया जाए?'

डॉ. लागू और अनंतराव लेखक के पक्ष में ही रहे पर पुष्पा जी के मौन ने मुझे अधिक परेशान किया। मैंने एक और बहुत महत्वपूर्ण मुद्दा उठाया। दुबे ने राज्य परिनिरीक्षण मंडल द्वारा अच्युत की स्क्रिप्ट के कुछ संवादों पर आपत्ति जताए जाने का विरोध किया था। दुबे ने इस बात पर ज़ोर देते हुए कहा कि लेखक का लिखा हुआ हर शब्द कलात्मक दृष्टि से आवश्यक और अपरिहार्य है इसलिए किसी भी प्रकार की काट-छाँट के बग़ैर स्क्रिप्ट को मंज़ूरी दे दी जाए। किंतु लेखकों की अभिव्यक्ति की स्वतंत्रता की लड़ाई लड़ रहे अच्युत ने सेंसर बोर्ड के सामने घुटने टेक दिए और उनकी सुझाई गई कटौतियाँ मान लीं। अच्युत का यह निर्णय अनैतिक ही नहीं बल्कि अभिव्यक्ति की स्वतंत्रता की व्यापक लड़ाई में एक बड़ी असफलता भी था। मेरी यह बात सुनकर कमरे में एक असहज ख़ामोशी छा गई। फिर डॉ. लागू उठे और चले गए। डॉ. लागू के जाने से ज़्यादा इस विषय में भी पुष्पा जी का मौन मुझे परेशान कर गया। पुष्पा जी पर लिखी हुई किताब की प्रस्तावना में, मैंने इस घटना का ज़िक्र किया है।

सन १९७६ में मैंने युवा नाटककार महेश एलकुंचवार के नाटक *पार्टी* का निर्देशन किया। तब तक मैंने दृढ़ निश्चय कर लिया था कि पूर्व-रिकॉर्डेड ऑडियो का इस्तेमाल मैं उसी स्थिति में करूँगा जब बहुत ज़रूरत होगी या कोई दमदार कारण होगा। *पार्टी* में मैंने घड़ी की टिक-टिक और फ़ोन की घंटी के अलावा किसी भी प्रकार के पूर्व-रिकॉर्डेड ऑडियो का इस्तेमाल नहीं किया। मंचन के दौरान बाक़ी सभी ध्वनियाँ मंच पर कलाकारों द्वारा ही निकाली गईं: *चीयर्स* करने पर गिलास की खनक, बर्फ़ के टुकड़े गिलास में डालने की आवाज़, सोडे की बोतल खुलने पर निकलने वाली आवाज़। सरकाई हुई कुर्सी की शांत वातावरण को चीरती ध्वनि और बैठे-बैठे उँगलियों से टेबल को बजाना आदि। अटपटे-असहज घुटन भरे क्षणों को भंग करना मेरा उद्‌देश्य था।

दृश्यात्मकता के स्तर पर मेरा लक्ष्य ढलती हुई शाम के साथ वातावरण में होने वाले बदलावों को दिखाना था। पार्टी शुरू होने से पहले मेहनत से सजा घर दिखता है, पर जैसे-जैसे पार्टी ख़त्म होने लगती है, सारी सजावट बिखरने लगती है। पार्टी में शामिल रिश्तेदार, मित्र, सहकर्मियों आदि के आपसी संबंध भी इसी तरह बिखरने लगते हैं। इन बदलावों को प्रतीकात्मक रूप से दिखाने के लिए सेट को डिज़ाइन करने के बारे में मैंने पूरे मंच को इस्तेमाल करने का सोचा था। पार्टी एक जगह तक सीमित नहीं रहती, पूरे घर में फैल जाती है—बंगले के ड्रॉइंग रूम में शुरू होती है और धीरे-धीरे एक कोने में स्थित बार की ओर सरकती जाती है, कभी बाहर बगीचे में फैल जाती है, तो कभी बेडरूम तक पहुँच जाती है! ये सब एक साथ ही घटित होते हैं, मतलब एक ओर अगर कोई दृश्य दो पात्रों के बीच

बेडरूम में दर्शाया जा रहा है, तो उसके साथ-साथ बंगले की अन्य जगहों पर भी पात्रों की गपशप चलती रहेगी। उस समय के नाटकों में साधारणत: जो दृश्य दर्शाए जाते थे उन पर स्पॉटलाइट पड़ती थी और बाक़ी सब अंधेरे में रखा जाता था, सिर्फ़ बेडरूम के दृश्य वाले पात्र ही अभिनय कर रहे होते थे, अन्य सभी पात्रों को स्थिर रहना होता था। पर मैंने एक अलग तरीक़ा अपनाया। मैंने सभी पात्रों को अपना अभिनय करते रहने को कहा और रोशनी की तीव्रता के ज़रिए दृश्य सीमाओं और स्थानों को अलग-अलग करके दर्शाया। जैसे, बेडरूम के दृश्यों पर ज़्यादा प्रकाश डाला गया पर उसी समय अन्य जगहों पर पड़ने वाली रोशनी को मद्धम कर दिया गया। पात्रों का अभिनय जिस तरह चल रहा था, वह जारी रहा। मेरा यह विचार शायद सिनेमा से अधिक मेल खाता था, पर रंगमंच के लिए अपरिचित था।

पार्टी की स्क्रिप्ट में किरदारों को इस तरह लिखा गया था कि उन्हें दर्शकों ने आसानी से समझ लिया। उदाहरण के लिए, 'क' सफल नाटककार विजय तेंडुलकर थे, 'ख' यशस्वी नाटककार वसंत कानेटकर, 'ग' तो स्वयं महेश थे, और जिनके घर पार्टी है, वे थिएटर स्कॉलर कुमुदबेन मेहता थे। मुझे यह अनावश्यक लगा। मेरे ख़्याल से महेश की नाट्य लेखन प्रक्रिया की कलात्मक सूक्ष्मताओं और जटिलताओं को गहराई से समझना चाहिए था। इस परिप्रेक्ष्य के साथ ताल-मेल बैठाने के लिए मैंने स्क्रिप्ट में काट-छाँटकर बेकार की लफ्फाज़ी को हटाते हुए उसे चुस्त और स्पष्ट बना दिया। स्वाभाविक था, महेश को यह बिल्कुल भी पसंद नहीं आया।

इस समय तक हम क़रीब पाँच या छह शोज़ कर चुके थे। जल्द ही महेश और मेरे बीच गर्मागर्मी हो गई। महेश ने कहा, 'यदि निर्देशक को इतने बदलाव चाहिए थे तो उसे नाटक ख़ुद ही लिख लेना चाहिए था।' महेश के इस ताने पर मुझे ग़ुस्सा आ गया और मैंने करारा जवाब देते हुए कहा, 'स्टेज के लिए लेखक द्वारा दिए गए हर निर्देश के अनुसार यदि नाटक पेश होना अपेक्षित हो, तो लेखक को ख़ुद ही नाटक का निर्देशन करना चाहिए।' हमारी इस बहस के बाद मैंने कहा, 'यदि नाटक का यह प्रयोग तुम्हें इतना अप्रिय लगा, तो तुम अपनी अनुमति रद्द कर दो।' मेरी इस बात से सभी अभिनेता और पर्दे के पीछे रहने वाले तकनीशियनों को बहुत ग़ुस्सा आया क्योंकि इस प्रयोग में काफ़ी समय और प्रयास लगे थे। आख़िरकार हमने *पार्टी* के प्रयोग को समाप्त करने का निर्णय लिया क्योंकि अब उसे करने में वह उत्साह नहीं था। महेश को मैंने इसकी सूचना दे दी और इस अध्याय को यहीं ख़त्म कर दिया।

पर मज़े की बात यह है कि वह मामला अभी ख़त्म नहीं हुआ था। नामी प्रकाशन समूह, मौज़ प्रकाशन ने *पार्टी* को प्रकाशित करने के लिए मेरी संपादित स्क्रिप्ट मंगवाई। ज़ाहिर है कि मैंने देने से मना कर दिया। तब अनंतराव भावे जी के पास जो प्रति थी, वह मौज़ प्रकाशन को दे दी। मैंने सुना कि मेरी वह संपादित स्क्रिप्ट, जो लेखक को बिल्कुल पसंद नहीं आई थी, किताब के रूप में छपी। एक और मज़ेदार बात यह हुई कि गोविंद निहलानी द्वारा निर्देशित *पार्टी* फ़िल्म पर टीका हुई कि वह बहुत ही 'नाटकीय' है, जबकि मेरी नाट्य प्रस्तुति पर महेश ने 'बहुत फ़िल्मी' होने का आरोप लगाया था। तब मैंने महेश तक यह बात पहुँचाई कि 'फ़िल्मी या सिनेमाई' और 'नाटकीय या ड्रामैटिक' में व्यापक विश्लेषण की ज़रूरत होती है। इस संदेश के बाद मेरे लिए *पार्टी* आख़िरकार समाप्त हो गई।

एक बार कोंकणी थिएटर के पथ-प्रदर्शक मच्छिंद्र कांबली और वरिष्ठ लेखक गंगाराम गवाणकर मेरे पास एक प्रस्ताव लेकर आए कि गवाणकर के लोकप्रिय कोंकणी नाटक *वस्त्रहरण* पर मैं एक हिन्दी फ़िल्म बनाऊँ। उनके पास इस फ़िल्म के लिए निर्माता भी था। इस नाटक को मज़ेदार बनाने के महत्वपूर्ण तत्व इसके हास्य संवाद, मंच पर पात्रों के बीच मज़ाक़िया नोक-झोंक और ज़बरदस्त कॉमिक टाइमिंग थी। मुझे यक़ीन था कि सिनेमा के माध्यम में उस जीवंतता को पकड़ पाना मुमकिन नहीं होगा। तीन-चार बैठकों के बाद ही मैं उन्हें मना कर पाया। मेरी इस बात की पुष्टि युवा नाटककार विवेक बेळे के लिखे मराठी नाटक *अलीबाबा आणि चाळीशीतले चोर* (अलीबाबा और चालीस की उम्र में चोर) से की जा सकती है। स्क्रिप्ट और उसका नाट्य-प्रस्तुतीकरण जितना विलक्षण और प्रभावी था, फ़िल्म बिल्कुल प्रभाव नहीं डाल पाई। फ़िल्म के लिए इस नाटक में किए गए बदलावों ने इसकी नाटकीयता भंग कर दी।

जैसे-जैसे मेरी उम्र बढ़ी, मुझ पर कामू (एल्बर्ट कामू) के *द मिथ ऑफ़ सिसीफ़स* के एक प्रेरणादायक उद्धरण का प्रभाव पड़ने लगा—'बंधनों में जकड़े हुए जीवन से दो-दो हाथ करने के लिए इतना बंधनमुक्त हो जाओ कि अपना पूरा अस्तित्व ही विद्रोही साबित हो जाए।' प्रवाह के विरुद्ध जाने की या अलग होने-बोलने-करने की निरंतर क़ीमत चुकानी पड़ती है। आप हमेशा सीमा पर ही रहते हैं। आपको समाज में अपनाया नहीं जाता। कई बार सामाजिक विरोध इतना बढ़ जाता है कि आपको पुलिस या अदालत से सहायता लेनी पड़ती है। *गिधाड़े* (गिद्ध), *अवध्य* (अपराजित), *वासनाकांड, घाशीराम कोतवाल, सखाराम बाइंडर* जैसे मराठी नाटकों के लिए और मेरी निर्देशित मराठी फ़िल्म *थांग* के लिए सेंसर बोर्ड के विरुद्ध की गई लड़ाइयाँ मैंने नज़दीक से देखी हैं। असल में अभिव्यक्ति की स्वतंत्रता के लिए व्यवस्था के अन्यायकारी नियमों के विरुद्ध आवाज़ उठाने की

ज़िम्मेदारी केवल कलाकारों की न होकर तमाम नाटक-प्रेमियों की भी है। परंतु जूझना पड़ता है तो केवल नाटक से संबंधित व्यक्तियों को ही! यह बड़े खेद की बात है। संध्या की सहायता से मैंने आज तक मुंबई उच्च न्यायालय और सर्वोच्च न्यायालय में सेंसरशिप के विरुद्ध तीन जनहित याचिकाएं प्रस्तुत की हैं। इन पर जब तक निर्णय सुनाया जाएगा तब तक शायद मैं न रहूँ।

केवल दो राज्यों, महाराष्ट्र और गुजरात, में नाटक के मंचन के पहले स्टेट परफ़ॉरमेंस स्क्रूटिनी बोर्ड का प्रमाण पत्र लेना पड़ता है। बोर्ड यदि कोई बदलावों की सिफ़ारिश करता है तो उसके अनुसार स्क्रिप्ट में बदलाव करने पड़ते हैं। समाचार पत्रों में छपी हुई सामग्री, किताब में प्रकाशित होने वाला साहित्य, कॉन्सर्ट में गाए हुए गाने, दृश्यकला प्रदर्शनी में रखी हुई कलाकृतियों को पूर्व अनुमति लेने की कोई ज़रूरत नहीं होती है। यदि इन शैलियों को सूक्ष्म-परीक्षणों से होकर नहीं गुज़रना पड़ता तो थिएटर के साथ यह नाइंसाफ़ी क्यों? इतना ही नहीं, सार्वजनिक सभाओं में हज़ारों लाखों लोगों के समक्ष उत्तेजक भाषण देने वाले धार्मिक राजनेताओं के भाषणों के हर एक शब्द के लिए पूर्वानुमति लेनी नहीं पड़ती; उनके लिए इस तरह का कोई नियम नहीं है तो थिएटर के लिए इस क़िस्म के अलग नियम अन्याय कारक हैं। और जब भारत के किसी अन्य राज्य में स्क्रिप्ट को प्री-स्क्रीनिंग सर्टिफ़िकेट की आवश्यकता नहीं है, तो केवल महाराष्ट्र और गुजरात में ही उसे किसी मंडल की पूर्व-स्वीकृति क्यों चाहिए? क़ानून के दायरे में रहने वाला कोई भी संतोषजनक उत्तर आज तक सरकार की ओर से अदालत में पेश नहीं किया गया है। आपत्ति के कारण होते हैं—किसी की भावना को ठेस पहुँचने की संभावना, सामाजिक सभ्यता की मर्यादा भंग करने का आरोप और इन कारणों से न्याय-व्यवस्था बिगड़ने की संभावना इत्यादि! विचार, जो किसी को अमान्य हों; भाषा, जो अच्छी न लगे; आविष्कार, जो न भाए, इन सब बातों का विरोध करने के लिए प्रतिबंध लगाना, ये सब सत्तावादी व्यवस्था के हथियार हैं। ताक़तवरों का कमज़ोरों पर अत्याचार लोकतंत्र के बुनियादी मूल्यों के सिद्धांतों का उल्लंघन है।

सरकारी दबाव एक बात है पर आजकल परेशान करने का अलग तरीक़ा अपनाया जा रहा है—हिंसा भड़काने के लिए प्रतिनिधि समूहों का इस्तेमाल हो रहा है। यह व्यवस्थित निर्दयता विशिष्ठ समूहों में डर फैलाने के उद्देश्य से उन्हें निशाना बनाती है और इसे राजनैतिक हथियार के रूप में इस्तेमाल किया जा रहा है। इस वातावरण में, कलाकारों को पीछे हटने को विवश होना पड़ता है, विशेषकर तब जब नाटक और सिनेमा-प्रेमी प्रगतिशील दर्शक इसके विरुद्ध आवाज़ नहीं उठाते। २ फ़रवरी २०२४ को, नाटक व संगीत कला के लिए

अमूल्य योगदान देने वाले पुणे के ललित कला केंद्र के विद्यार्थियों पर 'धार्मिक भावना को ठेस पहुँचाने' के आरोप लगने पर काफ़ी हंगामा हुआ। जब इस तरह से गाली-गलौच, मार-पीट, धमकियों जैसी गुंडागर्दी दिन-दहाड़े होती है, तब इन गुंडों को सुरक्षा कौन देता है, यह तो हम जानते ही हैं। इन दिनों के नए तरीक़े हैं—शिक्षकों और विद्यार्थियों को ही गुनाहगार माना जाता है और पुलिस में न्यायिक तरीक़े से शिकायत दर्ज करवाई जाती है। ऐसा ही २३ जनवरी को पुणे के एफ़टीआईआई में भी घटित हुआ था। आक्रामक भीड़ ने संस्था के प्रांगण में घुसकर वहाँ की संपत्ति को नुक़सान पहुँचाया; विद्यार्थियों पर हमला किया। संस्था और विद्यार्थियों को संरक्षण देना तो दूर, पुलिस ने उनके ख़िलाफ़ ही ग़ैर-ज़मानती वारंट जारी कर उन्हें क़ैद कर लिया। सत्ता के दलाल इतने बढ़ गए हैं कि शोषणकर्ता ही शोषित होने का दावा करने लगे हैं! नेता अपने इस दुखड़े का इस्तेमाल सोशल-मीडिया में झूठी ख़बरें फैलाने के लिए करते हैं। सहमे हुए मुट्ठीभर लोगों को चुप करा दिया जाता है। उनके नाम व घटित प्रसंग डर फैलाने के लिए उदाहरण के रूप में इस्तेमाल में लाए जाते हैं। न जनता, न नाट्य संस्था, न कलाकार और न ही कोई अन्य, ऐसी बातों के ख़िलाफ़ आवाज़ उठाता है।

कई वर्ष पहले, विवेक बेळे का लिखा नाटक *मारुतीच्या हाती शॅम्पेन* (मारुति के हाथ में शैम्पेन) का नाम बदलने के लिए कुछ गुंडों ने शोर मचाया। वानर देवता, मारुति, के नाम को एक मदिरा के साथ जोड़ने पर आपत्ति जताई गई थी। नाटक में मारुति एक किरदार का उपनाम था। पूरा थिएटर समुदाय उनके विरुद्ध क्यों नहीं खड़ा हुआ? क्यों नाट्यकर्मियों ने विरोध करने के बजाय, डर के मारे नाटक का नाम बदलकर *माकडाच्या हाती शॅम्पेन* रख दिया? इतिहास को तोड़-मरोड़कर दर्शाने के लिए *बाजीराव मस्तानी* जैसी फ़िल्म के ख़िलाफ़ हिंसक विरोध प्रदर्शनों और निर्देशकों पर किए गए हमलों, जैसा कि *पद्मावत* के सेट पर हुआ था, की ख़बरें सुनना आम बात हो गई है। यह बहुत चिंताजनक है।

जनवरी २०१७ में पुणे में चरमपंथियों द्वारा संभाजी उद्यान में स्थित महान मराठी लेखक राम गणेश गड़करी की प्रतिमा को उखाड़कर फेंक दिया गया। महान नाटककर को अपमानित करने के इस प्रयास में यह दावा किया गया कि सौ वर्ष पहले गड़करी जी के लिखे हुए *राजसंन्यास* नाटक में संभाजी महाराज का चित्रण अपमानजनक तरीक़े से किया गया था। तथाकथित 'नाटक की दीवानी' मराठी जनता ने इस गुंडागर्दी का भी विरोध नहीं किया। रंगभूमि की और रंगमंच से जुड़े लोगों की ऐसी अवहेलना रोकने के लिए फैन्स ने क्यों आवाज़ नहीं उठाई?

वह घाव अभी ताज़ा ही था कि २०१९ में, जनवरी के पहले सप्ताह में अखिल मराठी साहित्य सम्मेलन के उद्घाटन के लिए प्रसिद्ध लेखिका नयनतारा सहगल

को दिया गया निमंत्रण वापस ले लिया गया। सरकार के विरुद्ध मुखर इस ग़ैर-मराठी आलोचक को समर्थन देने के बजाय, बहुसंख्यक मराठी जनता ने चुप रहना बेहतर समझा और इस तरह सम्मलेन के आयोजकों का ही समर्थन किया। यह विडम्बना ही है कि ऐसा महाराष्ट्र में हुआ, वह राज्य जिसे उसके प्रगतिशील विचारों के लिए जाना जाता है। निश्चित ही इस घटना ने राज्य की छवि को धूमिल किया। इस दूषित सांस्कृतिक वातावरण में अभिव्यक्ति की स्वतंत्रताओं को पुनः प्रभावकारी बनाने के लिए मैंने ही प्रतिरोध का झंडा उठाया। संध्या और मैंने समान विचारधारा वाले लेखकों, कलाकारों और समाज-सेवकों से एकजुट होने का आवाहन किया। २९ जनवरी २०१९ को मुंबई के खचाखच भरे शिवाजी मंदिर हॉल में भालचंद्र नेमाडे, पुष्पा भावे, जयंत पवार, समीना दलवाई, टी.एम. कृष्णा, सिद्धार्थ वर्दराजन, किशोर कदम, प्रवीण बांदेकर, येशू पाटील, अशोक शहाणे, निखिल वागळे जैसे जाने-माने साहित्यिक कलाकार और अन्य कई लोगों ने एक साथ आकर महाराष्ट्र की ओर से वहाँ उपस्थित श्रीमती सहगल से प्रतीकात्मक माफ़ी मांगी। इस एकजुटता का यह प्रदर्शन ज़रूरी था; एक सुदृढ़ लोकतंत्र में क़ानून के नियमों और उसके शिष्टाचारों की रक्षा करने के लिए लोगों और समुदायों की दृढ़ प्रतिबद्धता वांछनीय है।

महाराष्ट्र में कलात्मक अभिव्यक्ति की स्वतंत्रता की लड़ाई मुख्य रूप से प्रायोगिक-थिएटर के कलाकारों द्वारा ही लड़ी गई। मुख्यधारा सिनेमा के बहुत ही कम लोगों ने इसके लिए आवाज़ उठाई: उनमें से एक थे महान कलाकार दादा कोंडके। दादा को दु:ख-तकलीफ़ों को दर्शाने के लिए व्यंग्यात्मक कला के इस्तेमाल में महारत हासिल थी। अपनी फ़िल्मों में वे द्वि-अर्थी शब्दों का प्रयोग करते जो फ़िल्में देखने वालों को काफ़ी पसंद आता। सेंसर बोर्ड उनसे परेशान था और उनकी अभिव्यक्ति की शैली से निपटने के लिए काफ़ी संघर्ष कर रहा था। 'अश्लीलता व्यक्ति के दृष्टिकोण में होती है, "लेना", "सरकाना", "ठोकना", "मारना" आदि, यदि चाहें तो इनमें से किसी भी क्रियापद को अश्लीलता का ठप्पा लगाकर रद्द किया जा सकता है।' इस तरह की चतुर दलील देकर दादा ने फ़िल्म के शीर्षक *अंधेरी रात में दीया तेरे हाथ में* को मंज़ूर करवाया। परंतु २०१५ में भाजपा सरकार ने अध्यक्ष पहलाज निहलानी द्वारा उन शब्दों की सूची जारी करवा दी जिन्हें प्रदर्शन कलाओं और सिनेमा में इस्तेमाल करने की मनाही थी। मैंने अन्य कई याचिकाओं के साथ-साथ इस सूची को भी सुप्रीम कोर्ट में चुनौती दी।

इस वर्तमान समय में हाथ बाँधकर, होंठ सिलकर रखने वाले वातावरण की अपेक्षा सत्तर और अस्सी के दशक में रंगकर्मियों द्वारा मचाई गई ये खलबली आंदोलनकारी थी। यदि समानांतर थिएटर आंदोलन का समग्र इतिहास लिखा

जाता तो आज अवश्य ही रचनात्मक उत्पीड़न के ख़िलाफ़ हमारी विजय को सराहा जाता। बेशक यह भी उतना ही सत्य है कि उस समय के कई सक्रिय कलाकारों ने अब मौन धारण कर लिया है क्योंकि उन्होंने या तो समझौता कर लिया है या राजनीतिक संरक्षण और सरकारी अनुग्रह स्वीकार कर लिए हैं। कुछ सरकारी अनुदानों से चलने वाले फ़िल्म महोत्सव आयोजित करते हैं; तो कुछ ने राजनेताओं के अनुदान से चलने वाले कॉलेजों के मीडिया विभाग में नौकरी स्वीकार कर ली है—मार्ग चाहे अलग हों, पर मक़सद एक ही है।

सन १९७० में विजय तेंडुलकर द्वारा लिखा गया नाटक *गिधाड़े* परिनिरीक्षण मंडल के शिकंजे में आ गया। इसके निर्माता सत्यदेव दुबे और निर्देशक डॉ. श्रीराम लागू थे। इन लोगों ने साथ मिलकर काफ़ी लंबे अर्से तक लड़ाई लड़ी और उसके बाद सुझाए गए पैंतीस कट्स में से वे केवल एक ही कट स्वीकार करने को राज़ी हुए। मूसलाधार बारिश के बावजूद *गिधाड़े* के पहले शो के समय तेजपाल ऑडिटोरियम खचाखच भरा हुआ था। तीसरी घंटी बजने पर हॉल में रोशनी मंद करते समय पात्रों की श्रेय नामावली की घोषणा होने लगी। उसके बाद एक विशेष सूचना सुनाई दी—'सेंसर बोर्ड के आदेशानुसार स्त्री-पात्र की साड़ी पर लाल रंग का दाग़ नहीं दिखाया जाएगा। इसके स्थान पर उनकी साड़ी पर जो नीले रंग का दाग़ दिखेगा, उसे लाल रंग समझिएगा।' दर्शक ठहाका मारकर हँस पड़े, सीटियाँ बजाने लगे और तालियों का शोर सुनाई पड़ने लगा। उस समय जीत के बाद की शांति का अनुभव हुआ और पर्दा उठा। इस शो के बाद *गिधाड़े* के अनेक हाउसफुल शोज़ का मंचन हुआ। कला को स्वतंत्र और मुक्त रखने के अथक प्रयत्न करने वालों के उस ज़माने के और कितने उदाहरण दूँ?

सन १९७१-७२ में एक बार फिर कला के विभिन्न व्याख्याओं के लिए खुले होने का मुद्दा गर्म हुआ। इस बार जिस नाटक पर बहस हो रही थी वह था, जाने-माने कवि और लेखक सी.टी. खानोलकर द्वारा लिखित मराठी नाटक *अवध्य*। एक दिन अचानक कुमुद मेहता जी का मेरे पास फ़ोन आया और उन्होंने शाम को मुझे अपने घर आने को कहा। जब मैं वहाँ पहुँचा तो देखा जाने-माने कवि सी.टी. खानोलकर बेचैन अवस्था में बरामदे में बैठे थे। मैंने ख़ुद का परिचय देते हुए कहा, 'हमारे जे.जे. स्कूल के संभाजी कदम सर ने मुझे आपकी लिखी एकांकी *जेव्हा आरसा बोलतो* (जब आईना बोलता है) में मुख्य भूमिका दी थी।' कुछ और भी यहाँ-वहाँ की बातें करने पर उनकी बेचैनी कम हुई और फिर उन्होंने *अवध्य* की स्क्रिप्ट पढ़नी शुरू की। मुझे विजय तेंडुलकर और पी.एल. देशपांडे जैसे नामचीन नाटककारों की आवाज़ों में अत्यंत प्रभावशाली कथन सुनने की आदत थी इसलिए खानोलकर के नीरस वाचन से मैं ऊब गया। पर नाटक के विषय ने मेरे अंदर के निर्देशक को चुनौती दी।

छोटे से गाँव की एक लॉज के दो कमरों में यह नाटक घटित होता है। गंगाधर नामक मुख्य पात्र के कमरे की दीवार में छेद बना हुआ है। उस छेद से बग़ल के कमरे में हो रही युवक-युवती की प्रणय क्रीड़ा को चोरी-छुपे देखने के लिए लॉज में रहने वाले दो-तीन लोग बार-बार आते हैं। जैसे-जैसे उस जोड़े की रतिक्रीड़ा बग़ल के कमरे में सुनाई देती है वैसे ही गंगाधर का अव्यक्त दोहरा व्यक्तित्व सामने आता है। (सिज़ोफ्रैनिक जैसे शब्द का प्रयोग नाटक में नहीं किया गया है।) संवादों में कठोर भावनाओं और काव्यात्मक कुशलता का मिश्रण उभरकर आता है। अंत में गंगाधर शराब की टूटी हुई बोतल को अपने पेट में घुसाकर आत्महत्या कर लेता है। खानोलकर की काव्यात्मक भाषा—वे 'आरती प्रभु' के छद्मनाम से कविताएं लिखा करते थे—और लेखक खानोलकर के कठोर संवादों ने एक अनोखा मिश्रण बना दिया था। वास्तविकता की चौखट को सहजता से पार कर अनेक अंगों से उजागर होती हुई घटनाएं और चौंका देने वाला आशय! काम भावना, शारीरिक प्रेम, संभोग जैसे स्पष्ट शब्दों का प्रयोग पहली बार रंगमंच पर हुआ था—इन्हें मंच पर पहले कभी इस्तेमाल नहीं किया गया था, न मराठी में और न ही किसी भी अन्य भारतीय भाषा में।

पड़ोस के कमरे में प्रणय दृश्य दिखाना तो था परंतु वह अश्लील और उच्छृंकल न लगते हुए प्रामाणिक और प्राकृतिक लगना चाहिए, मेरे लिए यह एक चुनौती थी। मैंने दीपा बसरूर, दिलीप कोल्हटकर और एकनाथ हट्टंगड़ी, जो कि अद्भुत अभिनेता थे, के साथ रिहर्सल की शुरुआत की। एक ऐसी अभिनेत्री को ढूँढ़ना चुनौतीपूर्ण था जो निःशब्द प्रणय दृश्यों में बग़ैर कुछ बोले, केवल हाव-भाव द्वारा अभिनय कर सके। पर एल्फ़िन्स्टन कॉलेज की प्रोफ़ेसर ज्योति रणदिवे के रूप में इस समस्या का हल मिल गया। इस किरदार के लिए वे एकदम सही चुनाव थीं।

ऐसी अफ़वाहें भी मेरे कानों में पड़ीं कि बहुत सी आपत्तियाँ उठाकर नाट्य परिनिरीक्षण मंडल द्वारा नाटक के मान्यता-पत्र को रद्द करने की संभावना है। इन बातों पर ध्यान न देते हुए मैंने रिहर्सल जारी रखी। नाटक के मंचन पर रोक लगाने के लिए कोई ठोस कारण न मिलने पर परिनिरीक्षण मंडल ने किसी प्रकार की काट-छाँट नहीं की और इसे 'केवल वयस्कों के लिए', का मान्यता-पत्र दे दिया। दिलचस्प बात यह थी कि कुछ आपत्तिजनक मिलने की अपेक्षा में मंडल के सभी सदस्य इस नाटक के पहले मंचन में हाज़िर रहे। अगले दिन माधव मनोहर जैसे वरिष्ठ समीक्षक ने नाटक के लिए 'पहला परिपक्व मराठी नाटक' शीर्षक इस्तेमाल कर दो पन्नों की समीक्षा लिखी। मैंने सुना कि शो देखने के बाद बोर्ड के सदस्यों को भी तसल्ली हो गई। प्रसिद्ध नाटककार, वसंत कानेटकर, ने *अवध्य* की आलोचना की। उनकी आलोचनात्मक समीक्षा के बावजूद नाटक

बुलंदी के शिखर तक पहुँचा और इसका मंचन कई बार हुआ, सभी शोज़ हाउसफुल रहे। नाटक आर्थिक रूप से भी बहुत सफल रहा।

इस प्रयोगात्मक नाटक की ज़बरदस्त सफलता के बाद प्रमोद धुरत नामक निर्माता ने इसे मुख्यधारा थिएटर में प्रस्तुत करने के लिए पैसे लगाने का प्रस्ताव रखा, जिसमें जाने-माने अभिनेताओं, सतीश दुभाषी और सुलभा देशपांडे, शामिल होंगे। उन्होंने मुझे इसका निर्देशन करने को कहा। जब इस नाटक का मंचन हुआ तो सारे शोज़ हाउसफुल रहे। ऐसे ही एक हाउसफुल शो के बाद मैंने अपनी अस्वीकृति ज़ाहिर की कि अभिनेता लेखक के मूल संवादों से हटकर अपने अलग ही संवाद बोल रहे हैं, यह ठीक नहीं था। सतीश ने मेरा कहना हँसी में उड़ा दिया इसलिए मैंने खानोलकर से बात की। जब तक निर्माता उन्हें उनकी रॉयल्टी समय से दे रहे थे तब तक वे इस तरह की रियायत देने के लिए तैयार थे। मेरी भूमिका साफ़ थी। प्रत्येक नाटककार की एक ख़ास शैली होती है जो उसके लिखे संवादों, शब्दों के चयन, लय और नाद से विशेष रूप से झलकती है। मेरा मानना है कि अभिनेताओं को नाटककार के लिखे हुए संवाद ही बोलने चाहिए और वे भी एकदम सही! नियमों का पालन नहीं करने से नाटककार की अवहेलना तो होती ही है; पर उससे अधिक, कलाकार द्वारा कला का अपमान भी होता है। मैंने लिखित में निर्माता से अनुरोध किया कि निर्देशक के रूप में मेरा नाम न दिया जाए और बात वहीं ख़त्म कर दी।

पीछे मुड़कर देखता हूँ तो सोचता हूँ कि क्या दर्शक *अवध्य* के प्रणय दृश्य को देखने की अपेक्षा से खिंचे चले आते थे? और ऐसा है तो उनके हाथ घोर निराशा ही लगती होगी! क्या रंगभूमि में इतना अभाव था कि जो भी दिखे वही रसपूर्ण लगने लगे? एक बात पक्की है कि हमने कभी *अवध्य* का प्रचार उस तरह नहीं किया जिस तरह मराठी नाटक *काचेचा चन्द्र* (काँच का चन्द्रमा) का प्रचार किया गया, जो प्रभात फ़िल्म कंपनी की सुपरस्टार शांता आपटे और उनके सगे भाई के बीच अनैतिक संबंधों पर आधारित है। इसे सुरेश खरे ने लिखा था और डॉ. श्रीराम लागू मुख्य भूमिका में थे। मुझे अभिमान है कि लोगों को आकर्षित करने के लिए इस तरह का घटिया प्रचार हमने नहीं किया।

दुर्भाग्य से कलात्मक स्वतंत्रता की खोज के कारण कुछ अवांछनीय चूक भी हुईं।

सन १९७२ के क़रीब, विजय तेंडुलकर के *सखाराम बाइंडर* का परिनिरीक्षण मंडल ने विरोध किया। इससे अधिक गंभीर बात तो यह थी कि कुछ लोगों और समूहों ने भी नाटक के विरुद्ध सार्वजनिक रूप से आवाज़ उठानी शुरू कर दी। मेरे समकालीन निर्देशक कमलाकर सारंग ने एक दिन शिवसेना प्रमुख बालासाहेब ठाकरे के लिए एक ख़ास शो का आयोजन किया। जब मुझे पता

चला तो मैंने कमलाकर को फ़ोन किया। किसी भी परिस्थिति में कलाकार को कला के लिए राजनीतिक आश्रय लेने का प्रयास नहीं करना चाहिए। मैंने उनसे ये भूल न करने का अनुरोध किया पर नि:संदेह मेरे और उनके इस विषय पर विचार अलग थे। बालासाहेब, जो स्वयं थिएटर के प्रशंसक थे, को नाटक बहुत अच्छा लगा और उनके द्वारा किसी प्रकार की खोट नहीं निकालने पर मंडल के सदस्यों के लिए मुँह छुपाना मुश्किल हो गया। अभिव्यक्ति की स्वतंत्रता की लड़ाई में ऐसे भी मोड़ आए।

सन १९७४ के अगस्त में मेरे द्वारा निर्देशित महेश एलकुंचवार के नाटक *वासनाकांड* पर लगाए गए प्रतिबंध के विरुद्ध मैंने पहली बार अदालत का दरवाज़ा खटखटाया। सन १९७० में दुबे द्वारा आयोजित नाटककारों के शिविर में मैंने जब महेश द्वारा लिखित उनका नया नाटक उन्हीं से सुना, तो उसी समय निश्चय किया कि यह नाटक करना चाहिए। उसके लिए परिनिरीक्षण मंडल की सहमति के लिए अर्ज़ी दी। उन्होंने उसे नामंज़ूर कर दिया जो किसी हद तक अपेक्षित ही था। हमने फिर भी नाटक का मंचन करने की ठानी। रवीन्द्र नाट्य मंदिर की तीन तारीख़ें १९, २० और २१ बाक़ायदा पैसे भरकर आरक्षित कर लीं। फिर समाचार पत्रों में भी विज्ञापन दिया। उधर विधान सभा में तुरंत प्रश्न खड़े हो गए कि सेंसर बोर्ड के मान्यता नहीं देने पर भी सरकारी थिएटर में वह नाटक कैसे प्रस्तुत हो सकता है? फिर १६ अगस्त, शुक्रवार की शाम को रवीन्द्र नाट्य मंदिर की ओर से हमें क़ानूनी नोटिस के ज़रिए सूचित किया गया कि उन्होंने हमारी बुकिंग रद्द कर दी है। दूसरे ही दिन हमने उच्च न्यायालय में गुहार लगाई और सोमवार १९ अगस्त की सुबह 'तत्काल सुनवाई' का आदेश प्राप्त किया। सुप्रसिद्ध वकील अतुल सेतलवाड ने मेरा पक्ष रखते हुए दलील दी कि 'हालाँकि प्रबंधन के पास इस बुकिंग को रद्द करने का पूरा अधिकार है किंतु उन्हें ऐसा करने के लिए स्पष्टीकरण तो देना ही होगा। अत: प्रबंधन मनमाने ढंग से शो रद्द नहीं कर सकता।' इस पर सरकार की ओर से कहा गया कि बहन-भाई के अनैतिक संबंधों पर आधारित नाटक के मंचन से समाज पर इसके दुष्प्रभाव पड़ने की संभावना है। कुछ अन्य कारण भी दिए गए कि हो सकता है कि कुछ लोग थिएटर में तोड़फोड़ कर दें जिससे क़ानून व्यवस्था भी भंग हो सकती है। न्यायमूर्ति ने हमारे युक्तिवाद को मान्यता दी और सरकार की तरफ़ से कोई ठोस प्रमाण नहीं मिलने की वजह से प्रयोग करने की अनुमति दे दी। चित्रा और हमारी टीम के अन्य सदस्य रवीन्द्र नाट्य मंदिर में सुबह से ही डेरा डाले हुए थे। मैंने तुरंत ही कोर्ट से फ़ोन किया और मंचन की स्वीकृति मिल जाने की ख़बर सुनाकर स्टेज और लाइटिंग का काम शुरू करने के लिए कहा। अब क्योंकि यह सरकार के लिए प्रतिष्ठा का प्रश्न बन गया था इसलिए उन्होंने दोपहर में दिए गए निर्णय

को तुरंत चुनौती दे दी। उस पर दूसरे दिन सुनवाई और बहस होनी थी इसलिए हमारे नाटक का मंचन तय योजना के अनुसार हो सकता था।

अदालत का अंतिम फ़ैसला हाथ में आने तक शाम के पाँच बज गए। इसके बाद की सभी घटनाएं आज भी मेरी स्मृति में जस की तस बनी हुई हैं। मैं उच्च न्यायालय से निकला और मंचन के केवल आधे घंटे पहले थिएटर पहुँचा। इस नाटक में केवल मैं और चित्रा ही थे। सारे तनाव और थकान को एक ओर रखकर मैंने ठंडे पानी से मुँह धोया; तीसरी घंटी की प्रतीक्षा करते हुए विंग में खड़ा रहा। मुझे आज भी अपने दोस्त दिलीप कुलकर्णी की बात याद है कि मुझे इस बात को नहीं सोचना चाहिए कि ग्रैंड रिहर्सल नहीं हुई है। मंचन के बाद 'चौथे अंक' में हिस्सा न लेकर मैं सीधा घर चला गया। दूसरे दिन अदालत में हाज़िर हुआ। दो जजों की बेंच ने सरकार के प्रस्ताव को पूरी तरह से अस्वीकार कर दिया और *वासनाकांड* पर लगाई हुई पाबंदी हट गई।

अपने फ़ैसले में न्यायमूर्ति चंद्रशेखर धर्माधिकारी ने प्रबलता से एक और मुद्दा सामने रखा: 'यदि कुछ विध्वंसक तत्वों ने नाटक बंद करने के प्रयत्न किए भी तो ऐसे तत्वों के आगे झुके बिना, कलाकारों और कला की रक्षा करना पुलिस और सरकार का कर्तव्य है और प्रशासन को बाहरी दबाव के सामने घुटने नहीं टेकने चाहिए।'

समानांतर थिएटर के कई कलाकार, जैसे रेखा सबनीस, विनय आपटे, अच्युत वझे, कमलाकर नाडकर्णी, हेमू अधिकारी, दिलीप कोल्हटकर, बापू लिमये, अशोक साठे, बोंद्रे दम्पती, जयराम हर्डीकर और सुबोध गाडगिल आदि, तीनों शोज़ में उपस्थित रहे ताकि मंचन के दौरान किसी तरह का व्यवधान न आए। इतना ही नहीं अनेक नाट्य संस्थाओं ने हमारे नाटक को आर्थिक सहायता भी दी। अमूमन एक-दूसरे के विरुद्ध स्पर्धा करने वाली सभी नाटक मंडलियाँ अभिव्यक्ति की स्वतंत्रता के मुद्दे पर एकजुट रहीं। यह भी उस युग की विशेषता थी।

उन्हीं दिनों में आपातकाल की घोषणा हुई थी। यह हम सब कलाकारों के लिए प्रतिरोध की मशाल जलाने का समय था। *जुलूस* का मंचन करना आपातकाल के ख़िलाफ़ अवज्ञा का मेरा तरीक़ा था।

संभ्रांत शहरी थिएटर हो या साधारण से ग्रामीण थिएटर, दर्शकों और मंच के कलाकारों के बीच एक दूरी रहती ही है। इन पारंपरिक तरीक़ों को थिएटर अनुभवी बादल सरकार ने बंगाल में 'तीसरी रंगभूमि' (*Third Theatre*) स्थापित कर चुनौती दे डाली। उनके नाटक *मिच्छिल* की संक्षिप्त स्क्रिप्ट मेरे हाथ लग गई। उसका ढाँचा पारंपरिक नाटक का नहीं था। न उसमें नायक था, न नायिका, न उनके आपसी टकराव, न सालोंसाल ज़ुबान पर रहने वाले संवाद। हेनरी इब्सन

के साँचे से पहले से ही दूर जा चुके बादल दा ने केवल एक ढाँचा ही सामने रखा था। उन्होंने प्रतीकात्मक रूप से रोज़मर्रा की ज़िंदगी की एकरसता और भीतर के ख़ालीपन को दर्शाया। आम जनता की बेबसी को उजागर करने के लिए उन्होंने पुलिस या धार्मिक नेताओं जैसे सत्ता के प्रतीकों का इस्तेमाल किया। उस स्क्रिप्ट ने मुझे बाँध लिया। मुझे इस नाटक को मराठी में प्रस्तुत करना बेहद ज़रूरी लगा। चित्रा ने मूल बंगाली स्क्रिप्ट का हिन्दी से मराठी में बहुत अच्छा अनुवाद किया। *मिच्छिल* ही *जुलूस* बना। जैसे-जैसे रिहर्सल शुरू हुई वैसे-वैसे कलाकार के शरीर को ही अभिव्यक्ति के रूप में प्रयोग करने का विचार भी मेरे मन में पक्का होता चला गया। रिहर्सल दो महीनों तक चली।

सन १९७५ में राज्य नाट्य स्पर्धा में *जुलूस* का पहला मंचन हुआ। इसमें एक अलग ही जोश था। आपातकालीन दिनों में सरकारी मंच पर सरकार विरोधी नाटक प्रस्तुत करने की मेरी और हेमू अधिकारी की तरक़ीब सफल हुई। मंचन के चार-पाँच दिन पहले ही हाउसफुल का बोर्ड लग गया और मंचन के दिन तो थिएटर में दर्शकों की बाढ़ आ गई। सच में, एक चींटी तक के लिए जगह नहीं बची थी! इस तरह के ऊर्जामय और खचाखच भरे हुए वातावरण में तीसरी घंटी बजी। जैसे ही थिएटर में रोशनी कम हुई, तभी बाल्कनी और पीछे की कुर्सियों पर बैठे हुए कलाकार नारेबाज़ी करते हुए मंच की ओर बढ़ने लगे। दर्शकों में बेचैनी सी बढ़ गई। मंच पर आकर कलाकारों ने प्रदर्शन करना शुरू कर दिया। अचानक सभी बत्तियाँ बुझ गईं और घुप्प अंधेरा छा गया। थिएटर के दरवाज़ों पर 'प्रस्थान' बोर्ड की बत्ती भी बंद हो गई। इतने में ही टॉर्च की रोशनी सभी जगह घूमने लगी और उसी के साथ एक दमदार आवाज़ भी आई, 'साइलेंस! कुछ भी नहीं हुआ है। सब ठीक है।' मंच पर जब रोशनी वापस आई, ख़ाकी वर्दी में एक विशालकाय पुलिस अफ़सर अपने हाथ में पकड़ी हुई टॉर्च से मंच पर खड़े उस जत्थे को वहाँ से निकालता हुआ नज़र आया। मंच पर केवल एक वृद्ध और एक युवक ही बचते हैं! नाटक इतना सम्मोहक था कि दर्शकों को पता तक नहीं चला कि मध्यांतर हुआ ही नहीं। अंत में वृद्ध, युवक और कलाकारों का वह समूह मंच से नीचे उतरकर दर्शकों में घुल-मिल गए। दर्शक भी कलाकारों का साथ देते हुए 'जुलूस' में शामिल हो गए।

परीक्षकों की दो आपत्तियों की वजह से यह नाटक उस स्पर्धा के अंतिम दौर तक नहीं पहुँचा। पहला, इस नाटक की अवधि दो घंटे से कम होने की वजह से प्रस्तुतीकरण की न्यूनतम कालावधि का पालन नहीं हुआ था; दूसरा, वे अनिश्चित थे कि इसे नाटक की श्रेणी में रखा जा सकता है या नहीं। निःसंदेह हममें से किसी के लिए भी इस असफलता के कोई मायने नहीं थे। आपातकाल के विरोध में उठाई हुई हमारी आवाज़ हज़ारों दर्शकों तक पहुँच गई और वह बाढ़

की तरह चारों ओर फैल गई। मंचन के दौरान समाजवादी नेता मृणाल गोरे और दो-तीन भूमिगत नेता वेश बदलकर आए थे। उन्होंने इस नाटक की बहुत प्रशंसा की। इसके बाद *जुलूस* के क़रीब डेढ़ सौ मंचन महाराष्ट्र के कोने-कोने में हुए। पवई-आईआईटी में तो अधिकतर ग़ैर-मराठी युवाओं के समक्ष जब *जुलूस* प्रस्तुत किया गया तो नाटक के अंत में निकलने वाले जुलूस में डेढ़ हज़ार युवा शामिल हो गए। दिल्ली के जे.एन.यू. में भी हमने हज़ार छात्रों के समक्ष चिलचिलाती हुई धूप में इसका मंचन किया। इसके अलावा निजी गैराजों में, तहखानों में, खेल के मैदानों में, स्विमिंग पूलों के आसपास की खुली जगहों में और जहाँ भी लोगों के बैठने की जगह बन जाए, ऐसी कई जगहों में *जुलूस* के अनेक मंचन किए। ये मेरी ज़िंदगी के बहुत ही संतुष्टि देने वाले पल थे।

नासिक में हमारे नाटक *जुलूस* के मंचन पर जाने-माने थिएटर समीक्षक, कमलाकर नाडकर्णी, ने अपनी किताब *नाटकी नाटक चाकोरीतली आणि बिनचाकोरीतली* में लिखा—

> १९७५ की नासिक की एक घटना। छोटा सा साहित्य सम्मेलन था। एक ही दिन का। भाषण और परिचर्चा ख़त्म हुई। सम्मेलन के पास की एक दो-मंज़िला इमारत के सामने के मैदान में एक खंभे पर एक बोर्ड लगा हुआ था। लिखा था—
>
> ‘रात आठ बजे बहुरूपी के नाटक, *जुलूस*, का प्रयोग।
> निर्देशक: अमोल पालेकर।’
>
> हम नाट्यकर्मी जब नाटक के स्थान पर पहुँचे तब शाम के छह बज चुके थे। नाटक करने वाले तो हाज़िर थे, परंतु देखने वाले कहीं नहीं थे। सात बजे एक पुलिस वाले ने टॉर्च की रोशनी मैदान में दिखाई। धीरे-धीरे बोर्ड के इर्द-गिर्द दर्शक इकट्ठा होने लगे, जब उन्होंने उस पर ‘अमोल’ लिखा देखा। किंतु वे असमंजस में थे कि यदि घंटे भर में शो शुरू होना है तो स्टेज, लाइट और कलाकार दिखाई क्यों नहीं दे रहे।
>
> अचानक भीड़ में से ज़ोर-ज़ोर से बात करते हुए कुछ युवा निकले। फिर अचानक धड़धड़ करता हुआ, टॉर्च की रोशनी बिखेरता हुआ एक पुलिस वाला आया। सबको फटकारने लगा और चुप कराने लगा। दर्शक देखते ही रह गए। गणेश विसर्जन के जुलूस, ट्रेन के डिब्बे में बढ़ती हुई भीड़ जैसे प्रसंगों के लिए ज़ोरदार तालियाँ मिलीं। शो ख़त्म होने पर दर्शकों को अहसास हुआ कि जो कुछ वे देख रहे थे दरअसल वही नाटक था।

> इस नाटक में राजनीतिक व्यंग्य था, आध्यात्मिक गुरुओं की आलोचना थी, उत्पीड़न पर चर्चा थी। सरकार-विरुद्ध होने के बावजूद हम *जुलूस* को कई राज्यों में सार्वजनिक मंचों पर प्रदर्शित करने में सफल रहे। इसके मंचन पर किसी ने प्रतिबंध नहीं लगाया। मुंबई दूरदर्शन ने भी इस नाटक को रिकॉर्ड किया और आपातकाल में इसे पूरे महाराष्ट्र में प्रसारित किया गया।

नाटक के अभूतपूर्व यश और सराहना से प्रायोगिक थिएटर के आलोचकों के मुँह पर ताला लग गया। वे प्रयोगवादियों को 'मंच पर परेड करने वाली मंडली' कहकर उनकी आलोचना करते थे। *जुलूस* में मैंने यह सिद्ध कर दिया कि सभी तरह की वास्तविक रूपरेखाओं को बाहर रखकर, संभावनाओं की सरहदें पार करके एक नई दृश्यात्मकता से नाटक की समृद्ध अनुभूति दी जा सकती है।

अगस्त २००४ में पुणे की जागर संस्था के युवा कलाकारों की जीवंत ऊर्जा और उत्साह के साथ एक बार फिर मुझे *जुलूस* का निर्देशन करने का अवसर मिला। आज के युवा वर्ग की बदली हुई भाषा, टी.वी. और अन्य सामाजिक माध्यमों का उन पर असर, अपने आसपास बढ़ते धार्मिक-सामाजिक दुराव का उपयोग कर एक प्रभावशाली समकालीन *जुलूस* को साकार किया। मेरे लिए यह भावुक क्षण था, विशेषरूप से इसलिए कि बादल-दा वहाँ उपस्थित थे।

लोकतांत्रिक मूल्यों को दबाया जाना राजनीति में सत्ता के लिए संघर्ष का स्वाभाविक परिणाम होता है और इसी से विरोध और बग़ावत के निरंतर अवसर मिलते रहते हैं। सत्ताधारी अलग-अलग रूपों में होते हैं; दलगत राजनीति के चलते अपने राजनीतिक चिह्न बदलते रहते हैं। बस उनका एकमात्र लक्ष्य जन-सामान्य पर हुकूमत बनाए रखना ही होता है। मुझे अभिमान है कि जीवनभर मैं सत्ताधारियों, चाहे वो किसी भी पार्टी के हों, के इन छिपे उद्देश्यों को उजागर करता रहा।

ऐसे कई हैं जिन्हें अपने मामूली और न के बराबर योगदान के लिए पद्म और ऐसे ही अन्य सम्मानों से सम्मानित किया गया है। ये कोई छिपी बात नहीं है कि पुरस्कार अक्सर पैसा ख़र्च कर या किसी की चापलूसी कर सुरक्षित किए जाते हैं। कला के तीन क्षेत्रों में पचास वर्षों से निरंतर काम करने वाले कलाकार अमोल पालेकर को एक भी सरकारी पुरस्कार नहीं मिला है; यही वसीयतनामा है—इसे कोई सम्मान का तमगा भी कह सकता है—अडिग और विद्रोही अमोल पालेकर का। जब मैं, एक विद्रोही, लूर्माराँ के क़ब्रिस्तान में खड़ा हुआ, जहाँ एल्बर्ट कामू, जिन्होंने लिखा था '*I rebel therefore I exist*', को दफ़नाया गया था, तब मेरा रोम-रोम धन्य महसूस कर रहा था।

इक्कीसवीं सदी में दुनिया के अनेक देशों में, तानाशाही लागू करने के लिए लोकतांत्रिक माध्यमों का सफलतापूर्वक प्रयोग किया जा रहा है। २०२१ में एल साल्वाडोर में, राष्ट्रपति बुकेले की पार्टी को संसद में बहुमत मिलने पर दो सौ से अधिक न्यायाधीशों को हटा दिया गया। अगले चुनावों में, नई सरकार के समर्थन करने वाले न्यायाधीशों ने बुकेले के पुन:चुनाव के निर्णय को संवैधानिक घोषित किया। अठारह वर्षों के कालखंड में, इर्दोग़ान ने तुर्की में अपनी ज़िद से तानाशाही स्थापित की। २०१५ में पोलैंड की लॉ एंड ऑर्डर दल पार्टी के आने पर सरकार समर्थक न्यायाधीशों की नियुक्तियाँ की गईं। नवंबर २०२१ में पोलैंड की सर्वोच्च अदालत ने, बेलारूस से आए हुए शरणार्थियों पर होने वाले ज़ुल्म के विरुद्ध दायर मुक़दमे के दौरान एक चौंका देने वाला फैसला सुनाया, 'पोलिश राज्य के लिए यूरोपियन यूनियन के क़ानूनों का पालन करना ज़रूरी नहीं है'। हंगरी के विक्टर ऑरबॉन ने खुलेआम अपने समर्थकों की भर्ती अदालत में करते समय संविधान का उल्लंघन न किए जाने का ध्यान रखा था।

यहाँ तक कि चुनाव प्रणाली का दुरुपयोग तो इस तरह से किया जाता है मानो वह उनका अधिकार है। २०२१ में निकारागुआ के राष्ट्रपति के चुनाव के पहले पचास से अधिक नागरिक-समाज संगठनों के प्रमाण-पत्र रद्द करके, सभी सात विरोधी नेताओं पर देशद्रोह का आरोप थोप, उन्हें जेल भेज दिया गया। २०१८ के राष्ट्रपति चुनाव के समय वेनेज़ुएला में चावेज़ को मत न देने पर जनता को अनाज पर मिलने वाली छूट रद्द करने की ही धमकी दे डाली। बोसनिया, लेबनन, उत्तर आयरलैंड, श्रीलंका, ज़िम्बाब्वे, बेलारूस जैसे देशों के हाल ही में हुए चुनाव दर्शाते हैं कि लोकतंत्र ख़तरे में है। भारत में तानाशाही का नया रूप 'लोकतंत्र की आड़ में तानाशाही' में नज़र आ रहा है।

इसी संदर्भ में एक और अवलोकन है, विभिन्न देशों में आई फ़ासीवादी आंदोलनों में तेज़ी, जो एक-दूसरे को समर्थन देते नज़र आते हैं। हंगरी के ऑरबॉन ने यूक्रेन को शस्त्र देने पर प्रतिबंध लगाकर पुतिन को समर्थन दिया। २०१८ के चुनावों में हुए दुराचारों के विरुद्ध पश्चिमी राष्ट्रों के वेनेज़ुएला पर लगाए हुए आर्थिक प्रतिबंधों को महत्व न देते हुए रूस-चीन-तुर्की ने वेनेज़ुएला को अरबों-खरबों की मदद दी। २०२० में बेलारूस के चुनावों में होने वाली अनियमितताओं के ख़िलाफ़ लोकतंत्र की रक्षा करने के लिए हुए विद्रोह को दबाने के लिए रूसी पुलिस को भेजा गया। उत्तर पश्चिम चीन की उईग़ुर मुस्लिम जनजाति के भगोड़े नेता और बुद्धिजीवी २०१९ से पहले तक तुर्की में राजनीतिक आश्रय लेते थे, पर राष्ट्राध्यक्ष इर्दोग़ान ने इस नीति पर रोक लगा दी और तुर्की में रहने वाले उईग़ुर मुसलमानों को बंदी बना लिया।

इस पृष्ठभूमि में २०१४ के बाद से भारतीय राजनीति में आए परिवर्तन भी स्पष्टता से अनुभव हो रहे हैं। ऐसा लगता है कि सत्ताधारी पार्टी लोकतांत्रिक माध्यमों का इस्तेमाल कर व्यवस्थित तरीक़े से तानाशाही लाने में सफल रही है। भारतीय संस्कृति के प्रगतिशील, मानवीय और धर्मनिरपेक्ष मूल्यों पर सरकार के निरंतर बहु-आयामी हमलों के कारण आज लोकतंत्र ख़तरे में है। पक्षपाती, ज़हरीले वातावरण में, दबाए जाने के डर से परे, राहुल गांधी जैसे युवा नेता फिर एक बार आपसी प्रेम, सहिष्णुता और बंधुत्व स्थापित करने का प्रयास कर रहे हैं। उनका सपना एक धर्म-निरपेक्ष और लोगों के लिए एक संयुक्त समाज की आकांक्षा है, जहाँ अंतिम लक्ष्य भारतीय संवैधानिक मूल्यों की रक्षा और संरक्षण हो। वे पैंतीस सौ किलोमीटर चलकर डेढ़ सौ दिनों में तेरह राज्यों की जनता से मिले। नवचैतन्य की इस ज्योति को दूर-दूर तक ज्वलंत रखने का यह प्रयत्न तारीफ़ के क़ाबिल है; और ज़रूरी भी था। मैं और संध्या भी इस भारत जोड़ो यात्रा में इस विश्वास से शामिल हुए कि अंगारों की तरह जलते हुए वर्तमान को शांत करने का सामर्थ्य उन्हें साथ देने वाले जनसागर में निश्चित ही होगा। हालाँकि मुझे कांग्रेस समर्थक होने का तमगा दिए जाने की संभावनाएं थीं फिर भी मैं इस यात्रा को लेकर आशावादी था।

सिनेमा में मेरा करियर स्वायत्तता के प्रति मेरा जुनून प्रतिबिंबित करता है। मैंने हमेशा ही लीक से हटकर काम किया है और जोख़िम लेने में पीछे नहीं हटा। मैंने वही अवसर चुने जहाँ मेरी कलात्मक स्वतंत्रता सुरक्षित रहे। इस तथ्य को जानते हुए भी कि फ़िल्म उद्योग लाभोन्मुख है और सिद्धांतों के ऊपर कलेक्शन को महत्व देता है और निश्चित सिद्धांतों के प्रति सहनशक्ति भी कम रखता है। परंपरा से हटकर चलने की क़दम-क़दम पर व्यक्तिगत क़ीमत चुकानी पड़ती है। मैं इंडस्ट्री में पाँच दशक तक टिका रहा और विवेकी बनकर उभरा। चुनौतियाँ आईं और गईं, पर मैंने सफलता और विफलता के हर क्षण का भरपूर आनंद लिया। न मुझे थकान महसूस हुई और न मैंने ख़ुद को खोया हुआ या उद्देश्यहीन माना; यही, मेरी नज़र में सबसे बड़ी जमा-पूंजी है!

मेरे करियर की शुरुआत में मैंने *चितचोर* फ़िल्म की। राजकमल स्टूडियो में कुछ दृश्यों और एक गाने के छोटे से भाग की शूटिंग के लिए सेट लगाया गया था। शूटिंग के पहले दिन मेरे मेकअप रूम के दरवाज़े पर खटखटाहट हुई; खोलने पर देखा 'चॉकलेट बॉय' शशि कपूर खड़े थे। उनके चेहरे पर लाखों महिलाओं के दिल की धड़कन बंद करने वाली मुस्कान थी। उन्होंने कहा, 'मुझे शशि कपूर कहते हैं। पता चला कि आप यहाँ हैं तो सोचा कि व्यक्तिगत रूप से आपको मुबारक़बाद दे दूँ, *and also welcome to the world of cinema*।'

नरेन्द्र दाभोलकर की हत्या के विरोध में, बाबा अधव, नसीरुद्दीन शाह, भाई वैद्य, मुक्ता मनोहर और अन्य समान विचारधारा वाले लोगों के साथ

भारत जोड़ो यात्रा (२० नवंबर २०२२), राहुल गांधी और संध्या गोखले के साथ

थिएटर में मेरे काम की उन्हें जानकारी थी, इस बात से मैं थोड़ा आश्चर्यचकित था। पर पृथ्वी थिएटर के लिए अंत तक उनके, उनकी पत्नी जेनिफ़र के और बाद में उनकी बेटी संजना के योगदान को देखते हुए लगा कि हैरानी की बात नहीं है कि उन्हें मेरे काम के बारे में जानकारी थी। पहली भेंट के बाद उनका और मेरा एक ख़ास संबंध बन गया। जे.जे. स्कूल ऑफ़ आर्ट की एक सौ पचासवीं वर्षगाँठ पर आयोजित एक ख़ास अवसर पर मैंने उनका पोर्ट्रेट भी बनाया था।

ऐसे ही एक बार मैं उनके पास सलाह-मशवरा करने गया था। उस दिन मुझे उनकी प्रभावशाली व्यावसायिक कुशलता का पता चला। हमारी बातचीत कुछ इस प्रकार रही:

> शशि: सुना है कि आप एक के बाद एक फ़िल्म मना करते जा रहे हैं? आपको ऐसा नहीं करना चाहिए।
>
> मैं: पर एक ही क़िस्म के किरदार निभाने में मुझे दिलचस्पी नहीं; हल्की-फुल्की कहानियों के परे और भी ढेरों सब्जेक्ट हैं। मैं नहीं चाहता कि इंडस्ट्री मुझे टाइपकास्ट करे।
>
> शशि: पर इसी का तो तुम्हें फ़ायदा उठाना चाहिए... तुम्हारी लोकप्रियता ही तो तुम्हारी पूँजी है। प्रोड्यूसर को दूसरी कहानी लाने को मत कहो।
>
> मैं: पर कोशिश करने में क्या हर्ज़ है? हाल ही में मैंने *अगर* नाम की फ़िल्म साइन की है। *चितचोर* की सफलता के बाद यही प्रोड्यूसर उसी स्टार कास्ट को लेकर एक कॉमेडी फ़िल्म बनाना चाहते थे। पर मेरे कहने पर अब वो एक मर्डर मिस्ट्री बनाएंगे।

बहुत देर तक शशि मुझे बहुत गहराई से इंडस्ट्री की चाल-ढाल समझाते रहे। एक हिट फ़िल्म के बूते पर दस फ़िल्में स्वीकार करना ज़रूरी है; तभी स्टार का मूल्य अधिक बढ़ता है। साइन की हुई दस में से तीन-चार अधूरी ही रह जाती हैं; जो पूरी होती हैं उनमें से एकाध सफल होती हैं। और उसके बाद इस प्रक्रिया को ऐसे ही चलाते रहना होता है। खेल में खिलाड़ी की तरह रहो, प्यादे की तरह नहीं। हिन्दी फ़िल्म इंडस्ट्री में अपना सिक्का जमाए रखने का यही सच्चा मूलमंत्र है जिसका मैंने कभी पालन नहीं किया।

मैं कभी 'फ़िल्मी' हीरो नहीं बन सका और बन जाना टालता भी रहा। कुछ अपवादों को छोड़कर मैं कभी प्रीमियर में या अन्य पार्टियों में नहीं गया या

सामाजिक शिष्टाचार नहीं माने। उदाहरण के लिए दीवाली के दिनों में मदिरापान और जुआ खेलने के लिए पाँच सितारा होटल के कमरों को बुक किया जाता था, पर मुझे यह सब उबाऊ लगता था। मैं विभिन्न निर्माताओं के ऑफ़िसों के चक्कर भी नहीं लगाता था और न ही ताड़देव स्थित नाज़ बिल्डिंग में सभी वितरकों के ऑफ़िस में उपहार और मिठाई भेजता था। मैंने ऐसी कोई कोशिश नहीं की जिससे वे लोग मुझे अपने में शामिल कर लें। सच पूछो तो मुझे उस बात की कोई ख़ास फ़िक्र भी नहीं थी। इस कारण से मैं 'बाहर का' ही बना रहा और मैंने वैसे ही अपने आपको रखा।

जिस तरह स्टार्स को, विशेष रूप से हिन्दी फ़िल्म इंडस्ट्री में, पलकों पर रखा जाता था, मुझे यह देखकर बहुत निराशा होती थी। सुबह नौ बजे की शिफ्ट के लिए स्टार्स का चार बजे आना, स्टूडियो में देरी से पहुँचने के बाद भी मेकअप रूम में दरबार लगा कर बैठना, किसी दूसरे निर्माता को नए ऑफ़र्स की चर्चा करने के लिए सेट पर बुलाना और पूरी यूनिट को इंतज़ार करवाना... इस तरह का व्यवहार मेरी दृष्टि में अक्षम्य है। इस तरह निर्माता के पैसे का और पूरी यूनिट के समय का नुक़सान करना, यह सरासर अव्यावसायिक तरीक़ा है।

उसी तरह, तय की हुई रक़म को काम ख़त्म होने पर भी नहीं देना, इसके लिए मैंने एक बड़ा झगड़ा मोल लिया था। बी.आर. चोपड़ा जैसे बड़े बैनर के साथ मुझे, रामेश्वरी और परीक्षित साहनी जैसे कलाकारों के साथ *अग्नि परीक्षा* फ़िल्म मिली। सन १९८१ में शूटिंग का पहला सत्र समाप्त हुआ। उसके बाद राजश्री पिक्चर्स की एक फ़िल्म की शूटिंग के दौरान रामेश्वरी के आँख पर चोट लग गई। अभी वे ठीक ही हो रही थीं कि प्रसिद्ध निर्देशक राम गबाले जी की फ़िल्म *शिवाजी* की शूटिंग के दौरान, जीन लगाए बिना घोड़े पर सवार होने से परीक्षित गिर पड़े और ज़ख़्मी हो गए। एक बार फिर से सबकी तारीख़ों के हिसाब से शूटिंग में बदलाव लाना पड़ा। अंत में जैसे-तैसे *अग्नि परीक्षा* की शूटिंग पूरी हुई। पूरी फ़िल्म तैयार हो गई पर मेरी सम्मान-राशि के पैसे आने बाक़ी थे। आज-कल करते-करते डबिंग का काम भी ख़त्म हो गया। मैंने चोपड़ा साहब को मिलकर बताया कि बची हुई अंतिम क़िस्त मिले बिना ही मैंने डबिंग भी पूरी की है; इंडस्ट्री की प्रथा के अनुसार केवल फ़िल्म लैबोरेटरी का आश्वासन-पत्र दे दीजिए कि मेरी बकाया राशि दिए बिना फ़िल्म रिलीज़ नहीं होगी। ऐसे अवसरों पर इंडस्ट्री में यही होता था, पर मेरे यह कहने पर उस वरिष्ठ निर्माता के अहंकार को ठेस पहुँच गई। वे मुझ पर खीझ कर बोले, 'तुम्हारी हिम्मत कैसे हुई मुझसे आश्वासन-पत्र मांगने की!'

उन्होंने मुझे इंडस्ट्री से निकाल बाहर करने की धमकी भी दे डाली। पर मेरी मांग जायज़ थी इसलिए मैं पीछे नहीं हटा।

'चोपड़ा साहब, मैं इस इंडस्ट्री में अपने पैरों पर खड़ा हूँ, न किसी गॉडफ़ादर का हाथ है और न ही किसी घराने से आया हूँ। और इससे भी अधिक महत्वपूर्ण है कि यह इंडस्ट्री आपके बंगले के पीछे का बगीचा नहीं है!' अंत में मैं अदालत में गया।

सवाल पैसों का नहीं था परंतु मुझे कमज़ोर समझकर दबाने का था। अदालत ने निर्देश दिया कि देय रक़म उच्च न्यायालय में जमा करने के बाद ही फ़िल्म रिलीज़ हो सकती है। इस ख़बर से इंडस्ट्री में ज़ोरदार खलबली मच गई। किसी ने दावा वापस लेने की सलाह दी, किसी ने 'पानी में रहकर मगरमच्छ से बैर नहीं लेने' का सुझाव दिया। संजीव कुमार ने मुझे तसल्ली देने की कोशिश करते हुए कहा, 'मेरे साथ भी *पति, पत्नी और वो* के समय यही हुआ था।' लेकिन मैंने हिम्मत नहीं हारी। देय राशि चालीस हज़ार रुपए थी। क़रीब तीस वर्ष बाद मुझे ब्याज सहित पाँच गुना अधिक रक़म मिली, जिसे मैंने दान कर दिया। मेरे लिए मुद्‌दा तानाशाही के विरुद्ध न झुकने का था!

अब ऐसा लगता है कि उस समय फ़िल्मी पत्रिकाओं और गॉसिप कॉलमों में मेरे ऊपर जितनी कीचड़ उछाली गई, उसके उत्तर में मेरी ओर से सफ़ाई देना आवश्यक था। परंतु मैं अपनी छवि सुधारने के लिए किसी एजेंट या सेक्रेटरी को रख, नई संभावनाओं को पाने के जाल में नहीं फँसना चाहता था। अपने चारों ओर नकारात्मकता से घिरे रहने के बावजूद मैं अपने भीतर शांति पाने में सफल रहा। मैं इस बात को नहीं नकारूँगा जिस तरह से दूसरे कलाकारों को रोल मिल रहे थे, वह देखकर मैं अशांत हो जाता था। और फिर इस आक्रोश के चलते मैं व्यक्तिगत स्तर पर अपने ही पैरों पर कुल्हाड़ी मारने वाला निर्णय ले लिया करता था। संक्षेप में कहूँ तो दूसरों के ऊपर की नाराज़गी स्वयं अपने ऊपर ही निकला करती थी।

सन १९७१ में जहांगीर आर्ट गैलरी के सामोवार कैफ़े में बासु चटर्जी मुझसे मिलने आए। उन्होंने मेरे नाटक में मेरा काम देखा था। 'मराठी की *मुंबईचा जावई* पिक्चर तो देखी होगी न? उसे हिन्दी में *पिया का घर* नाम से बना रहा हूँ, उसमें काम करना पसंद करेंगे?' मेरे 'हाँ' कहने पर बासु दा ने कहा, 'लेन-देन के विषय में राजश्री पिक्चर्स के ताराचंद जी से जाकर मिलो, वे निर्माता हैं।'

इसके लिए मेरे मना करने पर बासु दा बहुत ही बेचैन हुए। मैंने कहा, 'निर्देशक के नाते यदि आपने मुझे चुना है, तो आपको ही मुझे निर्माता के पास सम्मान से

लेकर जाना होगा। सेठजी के ऑफ़िस में उभरते कलाकारों के जमावड़े की भीड़ में भेट की आस लगाकर बैठना मुझे अच्छा नहीं लगेगा।'

मेरे इस अनपेक्षित उत्तर से नाराज़ होकर बासु दा उठ गए। देखा जाए तो नए कलाकार की हैसियत से निर्माता के पास मेरे जाने में कोई हर्ज़ नहीं था, परंतु मैं ऐसा ही सनकी था! इसके बावजूद बासु दा फिर उसी सामोवार कैफ़े में *रजनीगंधा* का प्रस्ताव लेकर आए, वह भी निर्माता को साथ लेकर, अब इसे क्या कहा जाए?

यदि कोई मेरा करियर देखे तो पाएगा कि मेरा करियर मेरे अपने नुक़सान पहुँचाने वाले निर्णयों की श्रृंखलाओं से भरा पड़ा है। मैं निरंतर ही ख़ुद को एक ही तरह के रोल कर एक श्रेणी में बाँधने से बचाता रहा। मैंने कई ऐसी भूमिकाओं के लिया मना कर दिया जो मुझे चुनौतीपूर्ण नहीं लगीं, चाहे उसके लिए बहुत अच्छा पैसा मिल रहा था।

एक बहुत बड़ी भूल मैंने की, जिसके लिए न मैं तब पछताया और न अब दुखी होता हूँ, वह थी एरियल वॉशिंग पाउडर जैसे पैसों की बरसात करने वाले विज्ञापन को छोड़ देना। यह मेरी ग़ैर-व्यावसायिक मानसिकता की चरम सीमा थी। प्रॉक्टर एंड गैम्बल जैसी अग्रणी और शक्तिशाली कंपनी ने विज्ञापन बनाने के लिए मुझे बुलाया। दरअसल इस विज्ञापन को वास्तविक बनाने के लिए गृहिणियों के साथ साक्षात्कार करने की योजना थी। किसी जाने-पहचाने चेहरे को न लेकर, बिना किसी सेट के वास्तविक लोकेशन पर शूटिंग करने के मेरे प्रस्ताव को उन्होंने मान लिया। मैंने यह भी प्रस्ताव दिया कि हावी होकर या आक्रामक तरीक़े से दर्शकों पर माल थोपने के बजाय, सहज और लुभावने तरीक़े से ग्राहक को मनाया जाए तो अधिक प्रभावशाली होगा। साथ ही यह भी कहा कि वॉशिंग पाउडर के पैकेट को बार-बार दिखाने के बजाय अंत में दिखाया जाए और उसमें भी मॉडल के हाथ में न दिखाया जाए। शुरुआत में तो कंपनी लीक से हटकर इस सोच को अपनाने में उत्सुक नहीं दिखी पर बाद में वे मेरे सुझाव से सहमत हो गए। मेरे बनाए हुए पायलट विज्ञापनों का कंपनी ने बाज़ार में परीक्षण किया। इस पर बहुत बढ़िया प्रतिक्रिया मिलने पर मुझे अगले तीन वर्षों का कॉन्ट्रेक्ट दिया गया। मुंबई, दिल्ली, कोलकता और चेन्नई में हर साल अलग-अलग विज्ञापन बनाने के लिए ढेर सारे पैसे मिल जाया करते थे। फिर मैं उससे बहुत उकता गया। जब तीन साल बाद मैंने कॉन्ट्रैक्ट रिन्यू करने से मना कर दिया तो कंपनी के अधिकारी चौंक गए। अंत में काफ़ी लंबी चली चर्चा के बाद मैंने बांग्लादेश के बाज़ार में एरियल वॉशिंग पाउडर को लाने के लिए पहला विज्ञापन बनाने के

लिए हामी भर दी। इसके बाद मैंने विज्ञापन बनाने छोड़ दिए। फ़िल्म के निर्माण के असुरक्षित क्षेत्र में अपनी आय निरंतर बनी रहे, इसलिए विज्ञापनों से धनराशि मिलने का महत्व रहता था। समय को बर्बाद किए बिना, अति विचार किए बिना, एकरसता से यह चक्र जारी रखना ज़रूरी था—इस जंजाल में मैं न तो कभी घुसा और न ही फँसा।

इंडस्ट्री में मैंने अक्सर देखा है कि छोटे कलाकारों और स्पॉट बॉयज़ की पसीने की कमाई देने का वक़्त आता तो फ़िल्म पिट गई है या चली नहीं, जैसे बहाने बनाना या अगली फ़िल्म में एडजस्ट कर लेंगे, यह आश्वासन देकर उन्हें बाँधकर रखने की प्रथा थी। पर फ़िल्म की सफलता-असफलता से उनका क्या लेना-देना? फ़िल्म का निर्माण ख़त्म होते ही यदि उनको उनका मेहनताना मिल गया होता तो उन्हें भी यह छूट मिलती कि किस निर्माता के साथ काम दोबारा करना है और किसके साथ नहीं। मुझे यह पसंद नहीं था। बहुत लोग मेरे पास पैसे दिलवाने की गुहार लेकर आते। तब मुझे बहुत बुरा लगता और मैं सेट पर हाज़िर निर्माता के चमचे पर गरज पड़ता।

उन दिनों नक़द रुपए पेटी में भरकर देने की प्रथा थी पर मैं नक़द न लेकर चेक की मांग किया करता। बेमन से मेरी मांग स्वीकार की जाती। जुहू में अपना ख़ुद का बंगला ख़रीदने पर भी आयकर विभाग की ओर से एक बार भी जिस पर रेड नहीं पड़ी, ऐसा शायद मैं इकलौता स्टार था। वैसे देखा जाए तो उन दिनों रेड पड़ना गौरव की बात समझी जाती थी!

मैं जब ख़ुद निर्माता बना तब जो बातें मुझे अखरती थीं, उनसे मैंने जान-बूझकर दूरी बनाए रखी। शुरुआत में संध्या से मिलने के पहले निर्माता होने के दौरान हम जब कभी आर्थिक तंगी से गुज़रे, तब भी कभी किसी का भुगतान करने में देरी नहीं की। संध्या ने, वकीली दृष्टिकोण और उससे भी अधिक वामपंथी विचारधारा के प्रति झुकाव के चलते तकनीशियनों और उपकरण मुहैया करने वालों को काम ख़त्म होते ही मेहनताना देने का अनुशासित तरीक़ा अपनाया। यदि बजट कम हो तो यूनिट के सदस्यों के पैसे कम करने के बजाय अभिनेताओं को पहले से स्पष्ट कर कम सम्मान-राशि में काम करने के लिए राज़ी करवा लेती थी। उसने सभी तकनीशियनों की लाइफ़ इंश्योरेंस पॉलिसी करवाई, यूनिट के सबसे वरिष्ठ सदस्यों के साथ लिखित अनुबंध द्वारा भुगतान की रक़म और तारीख़ तय करती और फिर निश्चित समय पर बिना देरी भुगतान कर देती। सन २००१ में *अनाहत* फ़िल्म से हमने बहुत अधिक मुनाफ़ा कमाया और मेरी यूनिट के सदस्यों को बोनस मिला। जया बच्चन ने मेरे आग्रह का सम्मान करते हुए उनके चेक उन्हें सौंपे।

एक तरफ़ मुख्यधारा सिनेमा, जिसे बॉलीवुड कहा जाता है, में मैं कभी घुल-मिल नहीं सका, दूसरी तरफ़, समानांतर सिनेमा में भी एनएसडी या एफ़टीआईआई से प्रशिक्षण लेकर आए लोगों के समूहों में ही मैं शामिल हो सका। समानांतर धारा में मेरा लोकप्रिय अभिनेता होना आड़े आ जाता। मुझे *गोल माल* के लिए फ़िल्मफ़ेयर का सर्वोत्कृष्ट अभिनेता पुरस्कार मिला—सबसे बड़ा सम्मान और अपार लोकप्रियता का प्रतीक—इसलिए मुझे राष्ट्रीय फ़िल्म पुरस्कार नहीं दिया गया। ऐसा मुझे प्रसिद्ध सिनेमेटोग्राफ़र तथा ज्यूरी के सदस्य सुब्रतो मित्रा ने बताया। मेरी स्थिति चक्रव्यूह से बाहर निकलने का कोई रास्ता नहीं मिलने वाले अभिमन्यु जैसी थी। फ़िल्म इंडस्ट्री में गुटबाज़ी सर्व विदित है। इंडस्ट्री के अंदर के आदमी होने के नाते अपने नेटवर्क्स से अक्सर उन्हें हर चीज़ की जानकारी होती है। फ़िल्मफ़ेयर से लेकर स्क्रीन पुरस्कार और राष्ट्रीय फ़िल्म पुरस्कार भी गुटबाज़ी से बाहर नहीं हैं। एक बार स्क्रीन पुरस्कार की ज्यूरी के अध्यक्ष पद पर काम करते समय हमारी समिति ने *उड़ान* को सर्वोत्कृष्ट फ़िल्म के पुरस्कार के लिए चुना था। उस समय *माय नेम इज़ .ख़ान* जैसी बिग बजट वाली फ़िल्म को प्राथमिकता नहीं देने से मेरी बहुत निंदा हुई। कुछ वर्षों बाद इंडियन एक्सप्रेस समूह के उस वक़्त के मुख्य संपादक, शेखर गुप्ता, ने खुलासा किया कि कैसे पुरस्कार समारोह का बहिष्कार करने की धमकियाँ मिल रही हैं, कैसे ज्यूरी के सदस्यों पर कुछ विशेष फ़िल्मों को किसी न किसी वर्ग में चुनने के लिए दबाव डाला जा रहा है आदि। विक्रमादित्य मोटवानी जैसे युवा निर्देशक के समर्थन में खड़े रहने का हमारा सामूहिक निर्णय मेरे लिए दिलासा देने वाला था।

ऐसा ही एक प्रसंग कुछ वर्षों बाद फिर हुआ। ऑस्कर के लिए भारतीय फ़िल्म के चुनाव के लिए जो समिति गठित हुई थी उसका अध्यक्ष मुझे बनाया गया। हिन्दी, बांग्ला सिने जगत के जाने-माने लोग और दक्षिण फ़िल्म जगत की मुख्यधारा के समर्थक इस समिति में थे। पहले से ही दो समूह साफ़ नज़र आ रहे थे। चैतन्य ताम्हाणे की मराठी फ़िल्म *कोर्ट* और एक तमिल फ़िल्म समिति की शॉर्टलिस्ट तक पहुँची। इन दोनों फ़िल्मों के सर्वसम्मति से इस चरण तक पहुँचने पर बॉलीवुड की एक बड़ी फ़िल्म की प्रचारक लॉबी के मुखिया मुश्किल में आ गए। उन्होंने खुलेआम मुझ पर पक्षपात करने का आरोप लगाने का प्रयत्न किया परंतु समिति ने बहुमत से *कोर्ट* को ऑस्कर के लिए भेजे जाने को अपनी मान्यता दी।

मैं अक्सर सोचता था कि मराठी थिएटर और फ़िल्म जगत ने हिन्दी फ़िल्मों की मेरी लोकप्रियता का उपयोग क्यों नहीं किया। पर अब मैं मानता हूँ कि हो सकता है मेरे करियर की शुरुआत में ही *बाजीरावचा बेटा* और *तूच माझी राणी*, दोनों फ़िल्मों की असफलता के कारण मराठी फ़िल्म जगत ने हिन्दी फ़िल्मों

में मेरी सफलता को नज़रअंदाज़ कर दिया। एक बार महान मराठी अभिनेता राजा गोसावी जी से मैंने कहा, 'बासु चटर्जी मेरे साथ अच्छी, हल्की-फुल्की फ़िल्में बना रहे हैं न; वरिष्ठ अभिनेता-निर्देशक राजाभाऊ परांजपे तो आपके साथ ऐसी मनोरंजक फ़िल्में मराठी में पहले से ही बना रहे हैं। आपने ही शालीन कॉमेडी का मार्ग प्रशस्त किया है और मेरे दिमाग़ पर अमिट छाप छोड़ी। इसे ही मैंने अपने करियर में विकसित किया।' यह सुनकर राजा गोसावी जी बहुत भावुक हो गए और हमारे साथ ही बैठे हुए प्रतिष्ठित निर्माता शरद पिळगांवकर से बोले, 'मुझे और अमोल को लेकर एक मज़ेदार कॉमेडी फ़िल्म बनाओ!' इस पर पिळगांवकर ने जिस जोश के साथ चीयर्स किया वह तुरंत हवा में फुर्र भी हो गया।

अद्वितीय संगीत निर्देशक और मेरे पड़ोसी, सुधीर फड़के उर्फ़ बाबूजी ने हिन्दी के लोकप्रिय स्टार की हैसियत से ख़ासतौर पर मुझे बुलाया। अखिल भारतीय चित्रपट महामंडल के अध्यक्ष होने पर उन्होंने फंड इकट्ठा करने के लिए पूरे महाराष्ट्र में कार्यक्रम आयोजित किए। दादा कोंडके, निळू फूले जैसे दिग्गज कलाकारों के साथ मुझे भी आमंत्रित किया। फंड इकट्ठा करने के इस उपक्रम का समापन अमेरिका में एक फ़िल्म महोत्सव में होना था जहाँ *अयोध्याचा राजा* से लेकर *आक्रीत* तक मराठी सिनेमा की यात्रा को शामिल करने का निर्णय लिया गया था। तत्कालीन सूचना और प्रसारण मंत्री वसंत साठे ने *आक्रीत* के विदेश में प्रदर्शन पर रोक लगा दी। चित्रपट महामंडल को भी आदेश दे दिए गए। दिल्ली में जब इस फ़िल्म का प्रदर्शन हुआ था तब साठे जी ने इसे देखा था। उनका आक्षेप था कि फ़िल्म में जो ग़रीबी और क्रूरता दिखाई गई थी उससे देश की छवि ख़राब होगी।

मैंने इसके ख़िलाफ़ इस मामले में प्रधानमंत्री श्रीमती इंदिरा गांधी से हस्तक्षेप का अनुरोध करने के लिए उन्हें एक पत्र भेजने का निर्णय लिया। महान विदुषी दुर्गा भागवत, पी.एल. देशपांडे, विजय तेंडुलकर, शंभू मित्रा, कुमुद बेन मेहता और अन्य बहुत से नामचीन कलाकारों द्वारा मेरे समर्थन में किए हस्ताक्षरों सहित वह पत्र एनसीपीए के प्रमुख डॉ. नारायण मेनन ने इंदिरा जी को व्यक्तिगत रूप से दिया। दिल्ली से लौटने पर डॉ. मेनन ने जो क़िस्सा सुनाया वह इस प्रकार है: पत्र और सब नाम पढ़कर इंदिरा जी ने हँसते हुए कहा, 'लगता है हमने सारे सही लोगों को ग़लत जगह धकेल दिया है (*We seemed to have pushed all the right people to the wrong side.*)।' उन्होंने तुरंत फ़ोन उठाया और फटकार लगाते हुए साठे को प्रतिबंध हटाने का आदेश दिया। डॉ. मेनन के वहाँ से बाहर निकलने से पहले ही उन्हें रोककर इंदिरा जी ने कहा, 'यह वही अमोल

पालेकर है जिसने *हयवदन* नाटक में काम किया था?' डॉ. मेनन के हाँ में सिर हिलाने पर वे बोलीं, 'वह अभिनय आज भी मेरे ज़ेहन में है। उन्हें मेरी हार्दिक शुभकामनाएं दीजिएगा।' डॉ. मेनन के यहाँ पहुँचने से पहले ही दिल्ली से प्रतिबंध उठाने का फ़ोन आ गया था।

हालाँकि मेरे साथ बाक़ी लोग जिन्होंने पत्र पर हस्ताक्षर किए थे, सभी आपातकाल की खुलेआम ख़िलाफ़त करने वालों में से थे, फिर भी इंदिरा जी ने अभिव्यक्ति की स्वतंत्रता के मुद्दे पर हमारा साथ दिया। आज मुझे महसूस होता है कि उस समय का राजनीतिक वातावरण आज से कितना भिन्न था। आज तो विरोध करने वालों पर शत्रु या देशद्रोही का ठप्पा लगा दिया जाता है। इंतक़ाम लेने वाली दूषित मानसिकता के कारण सांस्कृतिक, सामाजिक, राजनीतिक वातावरण कितना ज़हरीला होता जा रहा है इसके उदाहरण क़दम-क़दम पर मिल रहे हैं ।

शायद राजनीति से दूरी बनाए रखने के मेरे स्वभाव के चलते, या फिर किन्हीं अनजान वजहों से मैंने कभी भी किसी नेता का किरदार नहीं निभाया, न ही राजनीति पर आधारित कोई फ़िल्म ही बनाई—एक मात्र अपवाद *काळा वजीर, पांढरा राजा* नाटक था।

काळा वजीर, पांढरा राजा (१७ अप्रैल १९९२),
राहुल सोलापूरकर और किशोर कदम के साथ

तत्कालीन प्रधानमंत्री श्रीमती इंदिरा गांधी द्वारा १९६९ में एनसीपीए की स्थापना हुई। (शुरुआत में यह संस्थान भुलाभाई देसाई इंस्टीट्यूट से संचालित होता था, बाद में नरीमन पॉइंट में अपने वर्तमान स्थान पर स्थानांतरित हो गया)। यहाँ एक हफ़्ते तक चले एक महोत्सव के दौरान मुझे पंडित रवि शंकर, गुरु कृष्णननकुट्टी, पी.एल. देशपांडे जैसे दिग्गज कलाकारों और जमशेद भाभा जी की मौजूदगी में अपना नाटक *वल्लभपूरची दंतकथा* खेलने का मौक़ा मिला। डॉ. नारायण मेनन, पी.एल. देशपांडे, विजया मेहता और बाद में डॉ. अशोक रानडे जैसी महान हस्तियों के नेतृत्व में एनसीपीए में आए बदलावों को मैंने बहुत नज़दीक से देखा है। सन १९९२ में एनसीपीए ने डॉ. समीर कुलकर्णी द्वारा लिखित नाटक *काळा वजीर, पांढरा राजा* का निर्माण करने का फ़ैसला लिया।

सन १९८९ में महाराष्ट्र के एक प्रमुख नेता को अपने प्रतिद्वंद्वी की खुलेआम हत्या के इल्ज़ाम में गिरफ़्तार किया गया। इस घटना पर आधारित एक नाटक में मुझे मुख्य भूमिका निभाने का प्रस्ताव मिला। हालाँकि, नाटक की अनलंकृत भाषा प्रभावशाली थी, पर मैं उसकी विषयगत संरचना से परेशान हो गया जहाँ रूढ़िवादी विचारधाराओं को मज़बूती मिल रही थी। एक लंबी बातचीत के बाद डॉ. समीर कुलकर्णी स्क्रिप्ट में कुछ बदलाव करने को राज़ी हो गए और हम आगे बढ़े। हालाँकि, रिहर्सल के दौरान सही निर्देशन की कमी के चलते मुझे अपने किरदार की बारीकियों को ख़ुद ही ढूँढ़ना पड़ रहा था। निर्देशक वामन केंद्रे की तरफ़ से बस एक ही आदेश होता था, 'और जोश, पालेकर!' अपने व्यावसायिक अनुशासन के भरोसे किसी तरह मैंने सभी शो पूरे किए। कई साल बाद मुझे अहसास हुआ कि इस नाटक के निर्माण के पीछे की अदृश्य ताक़तों ने नाटक के शो की बुकिंग में दिलचस्पी लेना ही छोड़ दिया था क्योंकि स्क्रिप्ट अपने मूल उद्देश्य से भटक गई थी जहाँ रूढ़िवादी विचारधारा को बढ़ावा देते हुए उस केसरिया राजनेता का गुणगान किया जाना था।

सन १९८३ में बाबूजी ने स्वातंत्र्य वीर सावरकर पर फ़िल्म के निर्देशन का मेरे समक्ष प्रस्ताव रखा। वे शिवाजी पार्क में मेरे पड़ोसी थे और उनका बेटा श्रीधर मेरे बचपन का दोस्त। उन्होंने कहा, 'हमें *गांधी* फ़िल्म के मुक़ाबले की अंतरराष्ट्रीय स्तर की फ़िल्म बनानी है। इसे बनाने के लिए आवश्यक सृजनशीलता जिसमें हो, ऐसा निर्देशक चाहिए। और यह ज़िम्मेदारी उठाने में तुम सक्षम हो, यह राय केवल मेरी ही नहीं है बल्कि सावरकर प्रतिष्ठान के सभी न्यासियों की भी है।' उनके मुँह से यह बात सुनकर मैं कुछ संकोच के साथ अचंभित हो गया। मुझे लगा कि *आक्रीत* को जो अंतरराष्ट्रीय सम्मान मिला और निर्देशन के लिए राष्ट्रीय

महोत्सवों में मेरे नाम को पहचान मिली, इसने ही मेरी सक्षमता पर मुहर लगाई होगी। तब तक सुनने में आया था कि हृषि दा, बासु भट्टाचार्य, राम गबाले जैसे सम्माननीय निर्देशकों ने इस प्रोजेक्ट पर थोड़ा काम करके इसे छोड़ दिया था। बावर्चियों से लेकर धनवानों तक से धन इकट्ठा करके क्राउड-फंडिंग से ही इस भव्य फ़िल्म का निर्माण करने का जुनून बाबूजी के सिर पर सवार हो गया था। इस बात का एक अलग ही दबाव मैं महसूस कर रहा था।

मैंने बाबूजी से कहा, 'पहले मैं सावरकर जी के साहित्य का अध्ययन करूँगा; फिर नामचीन लेखक विश्राम बेडेकर की लिखी हुई पटकथा, संवाद पढ़ने के बाद हम इस फ़िल्म की भव्यता पर चर्चा करेंगे—'

मेरी बात ख़त्म होने के पहले बाबूजी ने पूछा, 'अमोल, अपनी सम्मान-राशि की अपेक्षा बता दो।'

मैंने कहा, 'पटकथा पर चर्चा किए बिना निर्माता के तौर पर न मैं आपके दृष्टिकोण को समझ पा रहा हूँ और न ही निर्देशक के तौर पर "सावरकर" के बारे में अपना दृष्टिकोण विकसित कर पा रहा हूँ। एक बार यह हो जाए फिर इस काम के लिए राष्ट्रीय व अंतरराष्ट्रीय स्तर के उत्कृष्ट तकनीशियनों को जुटाना पड़ेगा। उसके बाद ही मैं आपको फ़िल्म के बजट की और मेरी सम्मान-राशि का अंदाज़ा दे पाऊँगा। पर पहले फ़िल्म के कलात्मक मूल्यों की चर्चा करने में मुझे अधिक दिलचस्पी है।'

मेरी इस स्पष्ट बातचीत के बाद अगले कई दिनों तक मैंने सावरकर जी के विपुल साहित्य, उनकी हिन्दुत्व की संकल्पना, अंदमान में गुज़ारे हुए दिन इत्यादि के बारे में पढ़ा। बेडेकर जी द्वारा लिखी हुई पटकथा पढ़ी। उसके बाद मैंने न्यासियों के साथ एक मीटिंग का अनुरोध किया।

मेरा मानना था, 'उन्होंने [विश्राम बेडेकर] केवल मराठी दर्शकों को ज़ेहन में रखकर पटकथा लिखी है; और वह भी कमर्शियल सिनेमा के ढाँचे में। बेडेकर की लिखी पटकथा सावरकर जी की असाधारण महानता को साकार करने में असमर्थ है।'

हालाँकि मेरी बात सुनकर सावरकर प्रतिष्ठान के न्यासी परेशान हो गए पर मैंने अपनी बात जारी रखी—

'प्रोफ़ेट मुहम्मद के जीवन पर आधारित मुस्तफ़ा अक्कड़ द्वारा निर्देशित फ़िल्म द *मैसेज* जिसमें एन्थनी क्वीन जैसे हॉलीवुड के स्टार ने काम किया था या लिबिया

में मुसोलिनी के विरुद्ध असफल युद्ध करने वाले ओमर मुख्तार जैसे क्रांतिकारी नेता के जीवन की कहानी को पर्दे पर लाने वाली फ़िल्म *लायन ऑफ़ द डेज़र्ट*, या रिचर्ड बर्टन जैसे अभिनेता की फ़िल्म द *बैटल ऑफ़ सुजेस्का*, जिसने मार्शल टीटो के जीवन पर एक अलग ही प्रकाश डाला, मेरे लिए बेंचमार्क हैं।' इस तरह की अंतरराष्ट्रीय फ़िल्मों के तीन-चार उदाहरण देकर मैं अपनी बात उन्हें समझा रहा था। वे मुझसे सहमत नहीं थे पर मेरी ईमानदारी उन तक पहुँच रही थी। इसके बाद बाबूजी मुझे बेडेकर जी के घर ले गए। मैंने जब पटकथा अच्छी नहीं लगने के कारण बताए तो वे बोले, 'अमोल के बताए हुए एक अलग दृष्टिकोण से पटकथा पर नई तरह से काम करने के लिए जो उत्साह आवश्यक है, उतना मुझमें नहीं है और न ही उतना मैं समय दे पाऊँगा।' यह कहकर मंद-मंद मुस्कुराते हुए बेडेकर जी ने मेरी ईमानदार और विश्लेषणात्मक समीक्षा की सराहना भी की।

इसके बाद, न्यासियों के साथ एक और बैठक में मैंने अपनी निर्देशकीय दृष्टि और कलात्मक दृष्टिकोण उनके समक्ष रखा। सावरकर जी के जीवन की मुख्य घटनाओं और उनके व्यक्तित्व की किन विशेषताओं को अधोरेखित किया जा सकता था—काले पानी की सज़ा निर्भीकता से झेलने वाले क्रांतिकारी, कोमल कवि मन कलाकार, दृढ़ राजनीतिक विचारों वाले दूरदर्शी नेता, और हिन्दुत्व की संकल्पना के उद्‌गाता के रूप में दिखाया जाना चाहिए? मैंने कहा कि जब यह सब सुनिश्चित हो जाएगा तब हम पटकथा और फ़िल्म की लंबाई पर विचार कर सकते हैं। मैंने न्यासियों को यह भी स्पष्ट रूप से कह दिया कि एकांगी, प्रचार की डुगडुगी पीटने वाली, भड़काऊ फ़िल्म का निर्माण करने में मुझे रुचि नहीं है।

सावरकर प्रतिष्ठान के न्यासियों के साथ हुई चार-पाँच बैठकों के बावजूद हम सबकी एक राय नहीं बन पाई। विशेष रूप से महान इतिहासकार बाबासाहब पुरन्दरे को लगता था कि सावरकर के जीवन के सभी प्रसंगों को लिया जाना चाहिए और भरपूर नाटकीयता के साथ फ़िल्म को बनाना चाहिए, भले ही उसकी लंबाई चार-पाँच घंटे की क्यों न हो जाए। इस पर मैंने उनसे पूछा, 'सावरकर जी की कमियाँ या उनके ऐसे विचार जिनसे आप सहमत न हों, उन्हें उतनी ही स्पष्टता से पेश करने के लिए एक निर्माता की हैसियत से क्या आप मान्यता देंगे?' मुझे मेरे प्रश्न का कोई स्पष्ट उत्तर नहीं मिला।

एक निर्देशक होने के नाते मुझे निर्माताओं से यह स्पष्टता चाहिए थी कि उन्हें भावनाओं को जगाने वाली फ़िल्म चाहिए या बौद्धिकता को आकर्षित करने वाली। मैंने बाबूजी के संगीत क्षेत्र का ही उदाहरण देते हुए समझाया: गाने या

धुन की रचना करते समय संगीत निर्देशक को यह तय करना होता है कि कौन सा वाद्य कब और कहाँ इस्तेमाल किया जाना चाहिए, किस वाद्य को आगे रखना है, किस समय और कौन से बिंदु पर कौन सा वाक्यांश गाया जाए तथा धुन करुणामय होगी या आनंदमयी। हर निर्णय बहुत सोच-समझकर लिया जाना चाहिए। यदि निर्माताओं के विचारों की स्पष्टता मिल गई होती तो मैं एक यादगार फ़िल्म बना सकता था और वो भी बिना सम्मान-राशि लिए।

कुछ समय बाद मैंने वेद राही के निर्देशन में बनी फ़िल्म *स्वातंत्र्य वीर सावरकर* देखी। अंतरराष्ट्रीय स्तर की फ़िल्म बनाने के स्वप्न और वास्तविक फ़िल्म के अंतर को देखकर मन आहत हुआ। पर इस बात से यह राहत महसूस हुई कि इस फ़िल्म को न बनाने का निर्णय लेकर मैंने अपनी सृजनात्मक प्रामाणिकता को बचाकर रखा। आगे चलकर मैंने परिवार नियोजन के क्षेत्र में आर.डी. कर्वे के आजीवन युद्ध पर एक उत्कृष्ट फ़िल्म *ध्यासपर्व* बनाई। इस फ़िल्म पर मुझे अभिमान है।

जब मैंने और संध्या ने *थांग* बनाई तब सेंसर बोर्ड ने हमें बहुत परेशान कर दिया। पत्नी और पुत्र के होते हुए एक पुरुष के समलैंगिक संबंध का पता चलने पर उस पत्नी के जीवन में आए तूफ़ान पर बनी इस फ़िल्म को 'ए' सर्टिफ़िकेट अपेक्षित था। मृणाल कुलकर्णी, ऋषि देशपांडे, शिशिर शर्मा, सचिन खेड़ेकर और विजया मेहता जैसे दमदार अभिनेताओं के साथ दो भाषाओं—मराठी में *थांग* और अंग्रेज़ी में *क्वेस्ट* शीर्षक वाली दो फ़िल्में बनीं। दोनों फ़िल्मों के लिए दो विभिन्न समितियाँ बैठी थीं जिनके सदस्य भी अलग थे। *क्वेस्ट* को 'ए' सर्टिफ़िकेट मिल गया। *थांग* के समीक्षक दल ने उस पर प्रतिबंध लगाए जाने का प्रस्ताव रखा। कहा गया कि 'यह विषय प्रक्षोभक है और ऐसे विषयों का उजागर होना समाज के हित में नहीं है'।

अपनी दलील देते हुए हमने मराठी साहित्य से समान विषयों पर आधारित कृतियों का उदाहरण दिया जिनमें से कई तो कम से कम तीन दशक पहले लिखी गई थीं। जब हमें अहसास हुआ कि समिति के सदस्य अपने निर्णय पर अड़े हुए हैं तो हमने आक्रामक तरीक़ा अपनाया। हमने उनसे लिखित निर्णय की मांग की ताकि हम अदालत में गुहार लगा सकें। हमारी समझ में ये बहुत ही हास्यास्पद बात थी कि एक भाषा में फ़िल्म को 'ए' सर्टिफ़िकेट के साथ दिखाने की मंज़ूरी मिल गई परंतु उसी फ़िल्म को मराठी में दिखाने के लिए नहीं मिली। काफ़ी गर्मा-गर्मी के बाद बोर्ड ने 'ए' सर्टिफ़िकेट देकर *थांग* के प्रदर्शन को इजाज़त दे दी।

अरे हाँ! *दायरा* का क़िस्सा तो रह ही गया। टोरोन्टो, लंदन और फ्रांस में आयोजित १९९६ के अंतरराष्ट्रीय फ़िल्म महोत्सव में मेरी फ़िल्म *दायरा* को अपार

सफलता मिली परंतु भारत में प्रति वर्ष होने वाले अंतरराष्ट्रीय फ़िल्म महोत्सव (आईएफ़एफ़आई) के इंडियन पेनोरमा जैसे सम्मानित विभाग में इस फ़िल्म को नहीं चुना गया। चुनाव समिति के एक सदस्य, दिल्ली के एक पत्रकार, ने *दायरा* का सख़्त विरोध किया। 'जिस फ़िल्म में गाने हों उसे समानांतर सिनेमा कैसे कहा जा सकता है?' ऐसी बचकाना हरकत करके उसने अपनी ही हँसी उड़वाई। गुलज़ार साहब की *माचिस* फ़िल्म भी इसी कारण बाहर निकाल दी गई। ऐसी चार-पाँच बहिष्कृत फ़िल्मों को लेकर मैंने तिरुअनंतपुरम में एक समानांतर महोत्सव आयोजित करने की पहल की। हमारे इस छोटे से महोत्सव को स्थानीय लोगों और देशभर से आए फ़िल्मों के शौकीन लोगों का ज़बरदस्त समर्थन मिला। कुछ समय बाद सन १९९७ में *दायरा* को राष्ट्रीय पुरस्कार का स्पेशल ज्यूरी पुरस्कार भी मिला।

मीडिया से मैं दूरी बनाए रखता हूँ, इसके पीछे का कारण शायद वर्षों पहले हुई एक घटना भी हो सकती है। जिस रात मेरी फ़िल्म *आक्रीत* रिलीज़ हुई, उस रात मेरे एक वरिष्ठ पत्रकार मित्र, सुधीर नांदगांवकर का फ़ोन आया। 'जाने-माने समीक्षक इसाक मुजावर [प्रतिष्ठित पत्रिका *रसरंग* के संपादक] ने *आक्रीत* की समीक्षा में तारीफ़ के पुल बाँध दिए हैं। मुख्यपृष्ठ पर विज्ञापन के लिए तुरंत *रसरंग* को पैसे भिजवा दो।'

मैंने सुधीर को फटकारते हुए कहा, 'इसाक जैसे वरिष्ठ पत्रकार यदि इस तरह की लेन-देन की मांग रखते हैं तो निश्चित रूप से मैं तुम्हारी सलाह नहीं मानूँगा।'

कुछ ही समय में मेरे दोस्त जयंत धर्माधिकारी का भी फ़ोन आया। '*रसरंग* का पाठक वर्ग ही तुम्हारी फ़िल्म का दर्शक है। इसाक मुजावर का लेख मध्यम वर्ग के शिक्षित समाज को आकर्षित करता है। इस लाभ का महत्व समझकर ही विज्ञापन दे दो।'

परंतु मैंने अपना निर्णय नहीं बदला। इसाक ने रातोरात अपनी समीक्षा तीखी और कटु आलोचना में बदल डाली। पर्दे के पीछे की इस तरह की घटनाएं लोगों के सामने नहीं आती हैं। मन पर लगी ठेस और फ़िल्म पर हुई कटु टिप्पणियाँ आज भी दिल दुखाती हैं। कई बार ख़ुद से सवाल करता हूँ, आख़िर क्या सिद्ध किया मैंने, और किसके लिए? क्या यह मेरी अव्यावहारिक प्रवृत्ति थी या झूठा अहंकार? भुगतान द्वारा करवाया गया प्रचार या पुरस्कार वितरण में शामिल रिश्वतखोरी को जब देखता हूँ तो राहत महसूस करता हूँ कि अच्छा हुआ मैं बहुत पहले ही इस क्षेत्र से दूर हो गया।

किसी के हाथ की कठपुतली न बनने वाले मेरे स्वभाव के फलस्वरूप या तो मैं लड़ाई-झगड़ा मोल ले लेता या फिर उस परिस्थिति से ही अपने हाथ छुड़ा लेता। कठपुतली की यह डोर किसी के हाथ में भी हो सकती थी—कभी सरकारी अधिकारियों के हाथ में, कभी सत्ताधारी नेताओं के हाथ में या कभी इंडस्ट्री के दबंगों के हाथ में। अप्रैल १९८५ में एक बार तत्कालीन सूचना एवं प्रसारण मंत्री विठ्ठलराव गाडगील जी ने मुझे बुलाया और मुझे चिल्ड्रन्स फ़िल्म सोसाइटी ऑफ़ इंडिया (सीएफ़एसआई) के अध्यक्ष पद को स्वीकार करने का अनुरोध किया। मैं उस पद की पेशकश पर स्तब्ध था जिस पर वी. शांताराम और राम गबाले जैसे दिग्गज रहे थे। मेरी प्रतिक्रिया थी, 'मैं क्यों?' मेरे यह प्रश्न पूछते ही गाडगील जी ने उतनी ही स्पष्टता और सरलता से उत्तर दिया।

'युवा पीढ़ी के लिए कुछ अच्छी फ़िल्मों का निर्माण करने के उद्देश्य से और छोटी उम्र में फ़िल्मों से परिचित करवाने के लिए १९५५ में बालचित्र समिति की स्थापना की गई थी। दुर्भाग्यवश उस संस्था द्वारा उतना संतोषजनक काम नहीं हो पाया जितना अपेक्षित था। बेकार की बातों में डूबी हुई इस संस्था को पुनः विकसित कर, एक सम्माननीय स्थान देने के लिए युवा, उत्साही और नए विचारों की ज़रूरत है। तुम देश की आम जनता के चहेते हो; समिति को तुम्हारी लोकप्रियता और तुम्हारे कलात्मक दृष्टिकोण से फ़ायदा होगा। इसलिए तुम्हारा नाम दिया! हालाँकि अध्यक्ष पद की अवधि तीन वर्ष होती है पर मैंने प्रधानमंत्री जी से अनुरोध किया है कि तुम्हें छह वर्ष तक इस पद पर नियुक्त किया जाए।'

मैंने गाडगील जी को दो शर्तों पर मेरी सहमति दी: अध्यक्ष के नाते मैं इस काम के लिए कोई भी सम्मान-राशि नहीं लूँगा और दूसरा, समिति की बनी किसी फ़िल्म में अभिनेता या निर्देशक के नाते काम नहीं करूँगा। मैंने अपने से उम्र में बड़े और फ़िल्म जगत से जुड़े चार सहकर्मियों के साथ काम शुरू कर दिया। हमने पहला अंतरराष्ट्रीय बाल-चित्रपट महोत्सव बैंगलोर में बड़े शानदार तरीक़े से आयोजित किया। कांग्रेस विरोधी होते हुए भी जनता पार्टी के रामकृष्ण हेगड़े ने महोत्सव को पूर्ण सहयोग दिया। क़रीब ढाई वर्ष काम करने के बाद वार्षिक बैठक में मंत्रालय के एक वरिष्ठ अधिकारी ने कहा, 'हमारे लिए बालचित्र समिति की गतिविधियाँ प्राथमिकता नहीं हैं।' उनके ऐसे बयान से माहौल अच्छा-ख़ासा उत्तेजित हो गया। यदि सरकार की दृष्टि में यह अभियान महत्वपूर्ण ही नहीं है तो हमें अपना समय और शक्ति लगाने के लिए लाया ही क्यों गया है? लंबे वाद-विवाद के बाद भी वह अधिकारी अपने शब्दों से पीछे नहीं हटा। उसका निषेध करने के उद्देश्य से मैंने सितंबर १९८७ को त्यागपत्र दे दिया। मेरे त्यागपत्र देते ही मेरे सहकर्मियों और समिति के तमाम सदस्यों ने भी अपने त्यागपत्र दे दिए।

कुछ ही महीनों के पश्चात मुझे मुंबई हवाईअड्डे पर प्रधानमंत्री राजीव गांधी जी से मिलने का संदेश मिला। तब तक उन्होंने हमारे त्यागपत्र स्वीकार नहीं किए थे और मैं समझ गया था कि वह इसी विषय में बात करना चाहते हैं। हवाईअड्डे पर उपस्थित महाराष्ट्र के मुख्यमंत्री शंकरराव चव्हाण और अन्य मंत्रियों को पता ही नहीं था कि मैं एक कोने में क्यों खड़ा था।

{२} हवाई जहाज़ से उतरने पर राजीव जी पुष्प गुच्छ वग़ैरह स्वीकार करने के बाद सीधा मेरी तरफ़ आए। मेरे कंधे पर हाथ रखकर दूसरी तरफ़ ले जाकर बोले, 'आपके सीएफ़एसआई के कामों में यदि किसी प्रकार की भी बाधा आए तो आप सीधे मुझे फ़ोन कीजिए।' उनके चेहरे पर मेरे लिए आत्मीयता साफ़ झलक रही थी। 'प्रशासकीय पेच सुलझाने की कुशलता और कूटनीति से मैं कोसों दूर हूँ और उसमें मुझे कोई रुचि भी नहीं है।'

'यदि छोटी-छोटी बातों के लिए सीधे प्रधानमंत्री के पास दौड़ना पड़े तो क्या व्यवस्था में ही कोई त्रुटि नहीं है?' मैंने उनसे पूछा और मैं अपने निर्णय पर दृढ़ रहा। हालाँकि मैंने और मेरी टीम ने इस्तीफ़ा दे दिया था पर हम जानते थे कि भुवनेश्वर में होने वाले अगले अंतरराष्ट्रीय बाल-चित्रपट महोत्सव को हमारे बिना आयोजित करना सरकार के लिए असंभव था, इसलिए हमने वह महोत्सव कुशलता से संपन्न किया। आज सोचता हूँ तो लगता है कि चर्चा, सामंजस्य और युक्तिवाद द्वारा हर छोटी-मोटी समस्या का हल निकालना चाहिए। पीछे हटना आसान है। नन्हे-मुन्नों के लिए कुछ अच्छा काम करने का अवसर मैंने खो दिया, इस बात का खेद मुझे आज भी है।

आश्चर्य की बात तो यह है कि इतना सब होने पर भी मुंबई में आयोजित दूसरे अपना उत्सव की ज़िम्मेदारी उठाने के लिए राजीव जी ने मुझ पर फिर ज़ोर डाला। दिल्ली का पहला अपना उत्सव हर ग़लत कारण की वजह से सुर्ख़ियों में बना रहा, चाहे आर्थिक अव्यवस्था हो या आम आदमी को प्रवेश नहीं मिल पाना। इस सबसे इसकी ख़ूब निंदा हुई। देशभर की विलुप्त होने वाली स्थानिक लोक-कलाओं का पुनरुत्थान और नई पीढ़ी को लोक-कलाओं से परिचित करवाने के उद्देश्य से १९८६ में अपना उत्सव की शुरुआत की गई थी। मुझे वह विचार बहुत अच्छा लगा इसीलिए किसी प्रकार का वेतन न लेते हुए उसके कलात्मक कार्यक्रमों की रूपरेखा बनाने के लिए मैं राज़ी हो गया। यह निर्णय हुआ कि मुझे 'क्रिएटिव डाइरेक्टर' कहा जाएगा। देश को सात सांस्कृतिक विभागों में विभाजित किया गया और प्रत्येक विभाग-प्रमुख को साथ लेकर उत्कृष्ट कलाकारों के विविध कार्यक्रम अंकित किए गए।

मुंबई उत्सव का उद्घाटन कार्यक्रम अँधेरी क्रीड़ा स्थल में और समापन वानखेड़े स्टेडियम में करना तय हुआ। इसके अलावा सभी कार्यक्रम एक ही जगह करने के बजाय पूर्व-पश्चिम मुंबई की कई जगहों में भी करना तय हुआ। समाज के निचले पायदान पर खड़े कलाकार असल में अपनी कला में कितने ऊँचे स्तर पर हैं, इसकी झलक तब मिली जब इन्होंने तल्लीन होकर अपनी कला प्रस्तुत की। पूरा कार्यक्रम निर्विघ्न संपन्न हुआ, इस बात की प्रसन्नता और ख़ुशी बहुत दिनों तक बनी रही।

भुवनेश्वर में बाल फ़िल्म महोत्सव की तैयारी करते समय एक रात महाराष्ट्र के तत्कालीन वित्त मंत्री डॉ. वी. सुब्रह्मण्यम का फ़ोन आया। उन्होंने कहा, 'हमने शिवाजी पार्क से शिवसेना के विरुद्ध आपको उम्मीदवार का टिकट देने का निर्णय लिया है।' सन १९८५ के विधानसभा चुनाव क़रीब थे। हवाईअड्डे पर जो हुआ, उसे तत्कालीन कांग्रेस के वरिष्ठ लोगों ने देखा था। मैं समझ गया था कि इसीलिए मेरा नाम आगे आया होगा। मेरा इंकार सुनकर डॉ. सुब्रह्मण्यम नाराज़ होकर बोले, 'आप बड़ा मौक़ा गँवा रहे हैं।'

मेरे मुंबई लौटते ही बालासाहेब ठाकरे का फ़ोन आया। 'मैंने सुना है कि तुमने कांग्रेस का ऑफ़र अस्वीकार कर दिया है, अगर तुम चाहते हो तो हम तुम्हें टिकट देंगे।' उन्हें भी मैंने विनम्रता से कहा कि मुझे राजनीति में कोई दिलचस्पी नहीं है। इसके बावजूद वे बोले, 'सोच कर बताना।' उनकी ख़ास शैली की आवाज़ में कही हुई वह बात आज भी मुझे याद है। राजनीति से बाहर रहकर ही सही मायनों में व्यवस्था से प्रश्न करने का बल मिलता है, मेरे इस विश्वास पर मैं दृढ़ था। जितनी बार भी बालासाहेब से मेरी बातचीत हुई, महसूस हुआ कि मुझसे बात करते समय वे हमेशा विचारशील दृष्टिकोण अपनाते थे। ज़रूरत पड़ने पर अपना निर्णय बदल भी देते थे, ऐसा मेरा अनुभव था।

उनके संदर्भ में मुझे दो प्रसंग अच्छी तरह याद हैं: सन १९९६ में महाराष्ट्र सरकार ने कलाकारों को उनके योगदान के लिए गौरवान्वित करने का निर्णय लिया। महाराष्ट्र के लाड़ले कलाकार पी.एल. देशपांडे जी को पहला महाराष्ट्र गौरव पुरस्कार दिया गया। पुरस्कार स्वीकार करते समय पी.एल. जी ने 'लोकतंत्र से अधिक ठोकतंत्र पसंद करने वाले दल की' कटु आलोचना की। यह बात रास नहीं आने पर पी.एल. जी की तीखी आलोचना करते हुए बालासाहेब ने उन पर हमला बोल दिया, जिससे मराठी बौद्धिक और सांस्कृतिक क्षेत्रों में काफ़ी नाराज़गी फैल गई। पी.एल. के विरुद्ध दिए गए उनके एक वक्तव्य के विरोध में मैंने एक पुरस्कार अस्वीकार (नाम याद नहीं है) कर दिया जो बालासाहेब ही देने वाले थे।

कुछ दिन बाद ही अचानक मेरी उनसे मुलाक़ात हो गई। वरिष्ठ नाट्य निर्देशक दामू केंकरे द्वारा निर्देशित एक मराठी फ़िल्म के गाने की रिकॉर्डिंग के लिए मैं ख्याति प्राप्त सुरेश वाडकर के स्टूडियो में गया। वहाँ अचानक बालासाहेब आ गए। मैं वहाँ से जाने के लिए उठा तो उन्होंने मुझे वापस बैठने को कहा। रिकॉर्डिंग समाप्त होने के बाद वे मुझे सुरेश के घर की ऊपरी मंज़िल पर ले गए। बीयर पीते हुए उन्होंने कहा कि पी.एल. के विषय में उनके द्वारा कहे गए शब्दों को तोड़-मरोड़कर पेश किया गया। उनका कहना था कि जिस सरकार की इतनी आलोचना की, उसी सरकार के दिए हुए पुरस्कार को पी.एल. ने स्वीकार ही क्यों किया? उनके तर्क और विचारशील तथा स्पष्ट बोलने के अंदाज़ ने मेरी शिकायत दूर कर दी।

फिर 'मामी' की घटना हुई।

भारत में अंतरराष्ट्रीय फ़िल्म महोत्सव सरकार द्वारा आयोजित किए जाते थे। केंद्र और राज्य सरकार की व्यवस्था में महोत्सव के आयोजन में त्रुटियों को देखकर फ़िल्म इंडस्ट्री के कुछ वरिष्ठ लोगों ने अपने बलबूते पर प्रतिवर्ष शानदार अंतरराष्ट्रीय फ़िल्म महोत्सव के आयोजन की कल्पना पेश की। हृषि दा, यश चोपड़ा, श्याम बेनेगल, अमित खन्ना, मनमोहन शेट्टी, किरण शांताराम जैसे दिग्गज अनुभवी कलाकारों के साथ मेरा भी चयन संस्थापक न्यासी के रूप में हुआ। महोत्सव के उद्घाटन समारोह को शानदार बनाने की ज़िम्मेदारी मुझे सौंप दी गई। मुंबई अकैडमी ऑफ़ मूविंग इमेजिज़—संक्षिप्त में मामी—नाम रखते समय शहरों के नाम से पहचाने जाने वाले, वेनिस-कान-बर्लिन जैसे अंतरराष्ट्रीय महोत्सवों के उदाहरण ज़ेहन में थे। उद्घाटन समारोह की रूपरेखा अंकित करते समय मैंने सुझाव दिया कि कोई भाषण नहीं देगा, न ही मंच पर राजनेताओं की और सरकारी अधिकारियों की उपस्थिति होगी। मेरे इस सुझाव को अन्य माननीय न्यासियों ने ख़ूब सराहा।

उद्घाटन के एक दिन पहले हमें संदेश मिला कि मुख्यमंत्री मनोहर जोशी और सांस्कृतिक मंत्री प्रमोद नवलकर की मंच पर उपस्थिति आवश्यक है, अन्यथा कार्यक्रम रद्द कर दिया जाएगा। इससे प्रबंधकों में खलबली मच गई। हमने न्यासियों की आपात बैठक बुलाई जिसके दौरान किरण शांताराम के लिए फ़ोन आया; उन्होंने काँपते हुए हाथों से फ़ोन मुझे दिया। दूसरी तरफ़ फ़ोन पर बालासाहेब थे। उन्होंने मुझसे हमारे इस सरकार विरोधी कृत्य के बारे कठोर शब्दों में पूछा। मैंने सरलता से स्पष्ट कहा, 'सरकारी अनुदान और किसी प्रकार की आर्थिक सहायता लिए बिना, सिनेमाजगत के कलाकारों द्वारा आयोजित

किया गया यह पहला प्रयत्न है। हमें विश्वास है कि आपको एक कलाकार होने के नाते हमारे इस प्रयत्न पर अभिमान होगा। इसमें किसी को अपमानित करने का हमारा मक़सद नहीं है। महोत्सव के मंच पर प्रायोजकों की उपस्थिति भी नहीं होगी और दर्शकदीर्घा की पहली दो पंक्तियाँ मंत्रीगण, सरकारी अधिकारियों और अन्य गणमान्य व्यक्तियों के लिए आरक्षित हैं।' मेरा स्पष्टीकरण सुनकर बालासाहेब शांत हो गए। 'ठीक है, जल्दी ही बीयर पीने के लिए मिलेंगे।' इस के बाद फ़ोन कट गया। उद्घाटन समारोह और महोत्सव जैसे तय किया था, वैसे ही अच्छे से संपन्न हुआ।

सन २००० में संध्या और मैं जब पुणे शिफ्ट हुए तो समान विचारधारा वाले लोगों ने शहर के मध्यवर्ती इलाक़े की भलाई और पर्यावरण संरक्षण के लिए स्थानीय प्रशासन के साथ मिलकर एक योजना बनाई। हालाँकि यह पहल जल्द ही एक बड़ी लड़ाई में तब्दील हो गई। यह कहानी भी रोचक है।

प्रतिदिन घूमने जाते हुए एक दिन देखा कि प्रभात रोड के अत्यंत रम्य, शांत परिसर में एक ओर से दूसरी ओर तक बहुत ही संकरी और लंबी गली थी। चारों तरफ़ कचरा, गंदगी, गृह निर्माण के कंकड़-पत्थर वग़ैरह फेंकने की मानो वह सार्वजनिक कचरापेटी ही बन गई थी। स्वास्थ्य की दृष्टि से हानिकारक और सुनसान होने से असुरक्षित भी हो गई थी। अठारहवीं शताब्दी के अंत में पुणे की शहरी जल-योजना के अंतर्गत इस जगह को 'बाईं नहर' के लिए आरक्षित किया गया था। एक समय था जब पुणे दस-बारह पहाड़ियों के बीच बसा हुआ था। उन पहाड़ियों का नैसर्गिक सौन्दर्य पुणे का प्राकृतिक वैभव था। इन पहाड़ियों से बहकर आता हुआ बारिश का पानी पूरे शहर में पहुँचाने के लिए इन छोटी-छोटी नहरों को बनाया गया था। पर जैसे-जैसे शहर का विकास होता गया वैसे-वैसे इन पहाड़ियों पर क़ब्ज़ा करके अवैध तरीक़े से इन पर इमारतों का निर्माण होता गया। नहरों को हटाकर अतिक्रमण किया गया। सीमेंट-कंक्रीट के रास्ते बन गए। सुंदर स्थान बदसूरत हो गए।

२००२ में गांधी जयंती के अवसर पर हमने एक सफ़ाई अभियान चलाया जिसमें स्थानीय निवासियों की सहायता से, नहर के कुछ भागों को साफ़ किया। अगले कुछ सप्ताह हर रविवार को यह अभियान जारी रखा। देखते ही देखते एक से डेढ़ किलोमीटर का भाग कचरा मुक्त हो गया। विदेशों में केवल पैदल चलने वालों के लिए वॉकिंग ज़ोन होते हैं, जॉगर्स पार्क होते हैं। इन सबका आदर्श रखकर हमारे मन में उस साफ़ की हुई जगह को सुंदर बनाने की इच्छा जागृत हुई। समान विचार वाले स्थानीय नागरिकों और पुणे के कुछ प्रतिष्ठित नागरिकों

ने एक साथ मिलकर 'हिरवाई' नामक ट्रस्ट की स्थापना की। एक नागरिक के रूप में स्वयं कोई ज़िम्मेदारी न उठाकर केवल प्रशासन पर उंगली उठाने की प्रवृत्ति के विरुद्ध एक आदर्श स्थापित करने के उद्देश्य से, सन २००२ में हमने पुणे महानगरपालिका के साथ दस वर्षों का क़रार किया। उस जगह पर अपना अधिकार जमाए बग़ैर शहर के बीचोबीच केवल घने पेड़ लगाकर शहर के निवासियों के फेफड़ों को स्वस्थ रखने का स्वप्न हम सबने मिलकर देखा था। अन्य चीज़ों के साथ-साथ वरिष्ठ नागरिकों के लिए शुद्ध हवा में बैठने की व्यवस्था करना, युवा कलाकारों के रिहर्सल के लिए एक स्थान बनवाना, बच्चों के लिए खेलकूद और शारीरिक व्यायाम के साधन उपलब्ध करवाना, नहर के दोनों छोर पर सार्वजनिक शौचालय बनवाना, ओपन-एयर लाइब्रेरी बनवाने जैसे अनेक मनसूबे बाँध रखे थे। इन सबके लिए सुप्रसिद्ध लैंडस्केप डिज़ाइनर नियुक्त किया गया और उनसे एक रूपरेखा भी बनवाई गई। अगले दस वर्षों तक उस भाग की देख-रेख करने की ज़िम्मेदारी 'हिरवाई' ने ख़र्च उठाने के साथ ली थी। इस काम के लिए सभी ने पैसों की अपेक्षा किए बिना अपना समय देकर श्रमदान भी दिया। हम जैसे कुछ लोगों ने एक-एक लाख रुपए का योगदान भी दिया। यह सब कार्य अत्यंत उत्साह से हुआ। पूरी परियोजना का ख़र्च चालीस लाख रुपए था। इसमें से बीस लाख 'हिरवाई' से मिलने वाले थे। बची राशि जुटाने के लिए संध्या ने 'हिरवी बोली' नामक प्रकृति केंद्रित सुंदर कार्यक्रम की रूपरेखा बनाई। प्रसिद्ध मराठी कवि-संगीतकार एन.डी. महानोर की कुछ कविताओं को संगीत निर्देशक आनंद मोड़क ने संगीतबद्ध किया; पुणे के कुछ कला प्रेमी डॉक्टर्स के समूह ने वे गीत पेश किए, मैंने और नाना पाटेकर ने महानोर जी की कुछ कविताएं प्रस्तुत कीं। हमने तो बस एक ही कार्यक्रम करने का सोचा था पर लोगों के आग्रह पर एक ही शाम को 'हिरवी बोली' के दो कार्यक्रम हुए। कार्यक्रम के आधे घंटे पहले, मुझे मुंबई में मेरे निकटतम कलाकार मित्र दिलीप कुलकर्णी के निधन की ख़बर मिली; मेरे पैरों तले ज़मीन खिसक गई। संध्या और नाना ने संभाला नहीं होता, तो कार्यक्रम मुश्किल में पड़ जाता। लोगों को संकल्पना और प्रस्तुतीकरण बेहद पसंद आया।

मीडिया और स्थानीय निवासियों ने भी बहुत तारीफ़ की। उस शाम क़रीब सोलह लाख रुपए जमा हो गए। वह रक़म हमने महानगरपालिका के पास जमा कर दी। और फिर जैसा अक्सर होता है, हमारी सफलता और बड़ी राशि ने मौक़ा परस्त राजनेताओं और बिल्डरों का ध्यान आकर्षित कर लिया; फिर क्या होता? वही हुआ जो होता है।

समाज के गिद्धों की नज़र उस मौक़े की जगह पर पड़ गई। स्थानीय सरकार की ओर से वह जगह हड़पने के प्रयत्न शुरू हो गए। जगह को गटककर वहाँ रास्ता बनाकर टी.डी.आर. बेचने का प्रस्ताव पालिका में प्रस्तुत किया गया। नागरिकों को अंधेरे में रखकर, आंतरिक गोपनीयता का पालन करते हुए रातोरात निर्णय लेने के लिए सूत्रों द्वारा स्थाई समिति के समक्ष प्रस्ताव रख दिए। सभी राजनीतिक दलों के प्रतिनिधि प्रकल्प के विरोध में खड़े हो गए। कुछ स्थानीय नेताओं के धमकी भरे फ़ोन आए; कुछ ने तो तीन फ़िल्में बनाने का प्रलोभन देते हुए बैग भरकर नक़द राशि भेजने का साहस भी किया। मेरे घर के सामने व्यक्तिगत हमले करने वाले बैनर्स लगाए गए—'पालेकर जी ने साइकिल को कभी हाथ तक लगाया है क्या? उन्हें ट्रैफ़िक में फँसकर ऑफ़िस पहुँचने में देर हुई है क्या?' आम आदमी के लिए इस तरह की अवैध हिंसक गुंडागर्दी का जवाब देने के लिए एक ही उपाय होता है और वह है अदालत का दरवाज़ा खटखटाना।

एक नामचीन बिल्डर हेमन्त नाइकनवरे 'हिरवाई' के एक न्यासी थे। उन्होंने और संध्या ने मिलकर निष्ठापूर्वक अदालत में लड़ते-लड़ते सात वर्षों तक उस जगह को बचाए रखा। परंतु उन सात वर्षों में अदालत के 'जैसी थी, वैसे ही रहनी चाहिए' हुक्म से इस जगह का क़ब्ज़ा मिल गया, लेकिन तब तक चालीस लाख की परियोजना अस्सी लाख तक पहुँच गई। इतना ख़र्च 'हिरवाई' के बस की बात नहीं थी, इसलिए पहले दी हुई रक़म नगरपालिका के पास ही रखकर 'हिरवाई' ने अपने हाथ खींच लिए। नगरपालिका ने कोई ढंग की योजना बनाए बग़ैर ही साधारण तरीक़े से काम कर दिया। कम से कम इतना किया कि पैदल चलने वालों के लिए मार्ग आरक्षित रखा। आज हज़ारों नागरिकों को रोज़ इसका फ़ायदा मिल रहा है।

आश्चर्य तो इस बात का है कि विधानसभा और महानगरपालिका के हर चुनाव में खड़े होने वाले उम्मीदवारों के योगदान की सूची में इसका श्रेय लिया जाता है; मानो उनके ही योगदान से वह काम हुआ था। हालाँकि हमारे कई न्यासी आज इस दुनिया में नहीं हैं, पर 'हिरवाई' के रूप में वे हमारी स्मृति में आज भी जीवित हैं, ऐसा हम मानते हैं।

प्रत्येक व्यक्ति की, समूह की, समाज की लड़ाई अलग होती है। बस विद्रोह के कारण अलग होते हैं। विरोध करने का तरीक़ा अलग होता है। लक्ष्य भी अलग होते हैं। महत्व की बात होती है प्रवृत्ति! नामचीन दलित कवि नामदेव ढसाळ ने अपनी पुस्तक *गोलपीठा* के समर्पण में कहा है—

सामान्य व्यक्ति को सत्ता-संपत्ति-प्रतिष्ठा से वंचित रखने वाली
शोषण-व्यवस्था को ध्वस्त करने वाले
तमाम छोटे-बड़े आंदोलनों को...
प्रवृत्तियों को...

सिनेमा के रुपहले पर्दे पर दिखने वाले सीधे-सादे लुभावने से, बातों में लड़खड़ाने वाले 'बॉय नेक्स्ट डोर' की छवि वाले और प्रत्यक्ष जीवन में अपने विचारों पर दृढ़, किसी की मान्यता या प्रशंसा न चाहने वाले, भीड़-भाड़ से दूर रहने वाले, ज़्यादा भावनात्मक प्रतिक्रिया न देने वाले, चुपचाप रहने वाले अमोल पालेकर को समझना लोगों के लिए मुश्किल हो जाता है। उनको यह विरोधाभास अच्छा नहीं लगता है। इस बात का मुझे अक्सर अनुभव होता रहता है। 'अपना रामप्रसाद/लक्ष्मणप्रसाद' अपेक्षा से अलग है, यह बात लोगों को समझने में मुश्किल होती है। कुछ हद तक निराशा होती है। संभव है कि एक ही इंसान की दो विरोधाभासी भूमिकाएं उन्हें स्तब्ध कर देती हैं। मेरे डबल रोल की यही 'गोची' (उलझन) है। इस तरह की विरोधाभासी आंतरिक उलझन के बावजूद, जिस तरह से हर आयुवर्ग और भौगोलिक सीमा पार के लोग मुझ पर प्रेम बरसाते रहते हैं, मैं उनके समक्ष नतमस्तक हूँ। चाहे उत्तर-पूर्व का बस ड्राइवर हो या लखनऊ का पुलिस अधिकारी, महाराष्ट्र का तमाशबीन, केरल का शिक्षक, कर्नाटक का दुकानदार, राजस्थान का पहरेदार, दिल्ली का सरकारी अधिकारी, कलकत्ते का कलाकार, हंगरी का युवा प्रोफ़ेसर या फिर स्टैनफ़ोर्ड का तीस की उम्र का विद्यार्थी... सभी की आँखों में आदरयुक्त प्रशंसा और स्पर्श में प्रेम झलकता है। बीते सालों में जितना प्यार मुझे मिला है यही मेरे जीवन की सबसे बड़ी पूँजी है।

फिर मुझे और क्या चाहिए?

आकस्मिकताओं के चक्रव्यूह में...

जीवन की जटिलताओं के बारे में जब भी मैं सोचता हूँ, तो मेरी आँखों के सामने हमेशा एक अर्धगोलाकार मौसमी का दृश्य उभरता है, जिसे धारदार ब्लेड वाले क्रशर पर दबाया जा रहा है। वह छोटा सा कांच का उपकरण जो फल के गूदे और बीज को छानकर सिर्फ़ रस निकालता है। गूदे के बिना, ऐसा छना हुआ रस मुझे नीरस लगता है... बिल्कुल एक बंजर, सूखे जीवन की तरह। तो फिर इस निर्जीव प्रक्रिया में ख़ुद को क्यों झोंकना? यह जीवन जीने के तरीक़े का, यानी चुनाव का सवाल है। मैं मानता हूँ कि स्वतंत्र निर्णय लेकर जीने में 'निचुड़ना' ज़रूरी होता है। जीवन के प्रति मेरे नास्तिक दृष्टिकोण ने मेरे मस्तिष्क को धारदार बनाया है। ज़्यादा मशक्कत के बिना जीवन हमेशा स्वादिष्ट बना रहा, ये उसी धार की वजह से है।

नास्तिकता अपने आप में ही अमूर्त धारणा है। एक बार जब इस अमूर्तता का जुनून चढ़ जाता है, तो आप अपनी ही कल्पनाशक्ति पर सवार होकर, एकांत में कैनवास के सामने डूब जाते हैं। मैं यह आग्रह नहीं करता कि जीवन में हर चीज़ को *डीकोड* करना चाहिए, या हर समस्या का समाधान ज़रूरी है। अधूरी छोड़ी गई कितनी ही चीज़ें कहीं अंतरिक्ष में तैरती रहती हैं; उनमें से कुछ मेरे सपनों में आकर मूर्त रूप ले लेती हैं। जब मैं जागता हूँ, तो वे छवियाँ मेरी आँखों के सामने होती हैं, लेकिन मैं उन्हें अपनी मुट्ठी में नहीं पकड़ सकता। *It's an absurd dance of blurred images without articulation* (यह धुंधली छवियों का एक अजीब सा नृत्य होता है, जिसमें कोई स्पष्टता नहीं होती)। मैं तुरंत स्टूडियो पहुँचता हूँ और ब्रश हाथ में ले लेता हूँ। जो कुछ भी कैनवास पर उतरता है, वह पूरी तरह से मेरा होता है। फिर भी, इसकी शुरुआत कहीं न कहीं

अमूर्तता से हुई होती है। इसका उद्‌गम मुझसे होता है, लेकिन इसके अदृश्य खुले छोर आकाश में ही तैरते रहते हैं। इसमें कोई स्पष्ट संगति नहीं होती, फिर भी इसकी नाल मेरे आकाश से जुड़ी होती है। मज़े की बात यह है कि यह सब स्वप्नवत अधूरापन *अल्ट्रामरीन ब्लू* रंग में ही होता है।

नास्तिक होना भी आसान नहीं है।

बचपन से ही 'ईश्वर है' इस अवधारणा पर मुझे कभी यक़ीन नहीं हुआ। आई-बाबा ने कभी उपवास रखने की या धार्मिक अनुष्ठानों में शामिल होने की ज़िद नहीं की। उन्होंने हम चारों भाई-बहनों पर किसी भी धार्मिक विधि में शामिल होने का दबाव भी नहीं डाला। वे किसी बाबा या साधु के पीछे नहीं भागते थे, न ही किसी मठ की यात्राएं करते थे, न मंदिरों में दर्शन के लिए जाते थे। लेकिन हमारे दो कमरे के घर में एक छोटा सा मंदिर था। उसमें शिवलिंग और कुछ अन्य मूर्तियाँ थीं। भगवान मंगेश की तस्वीर भी थी। मुझे याद नहीं आता कि घर में कभी नियम से पूजा होती हो, या सत्यनारायण, ग्रह शांति जैसे अनुष्ठान किए गए हों। हाँ, आई हर शाम मंदिर में तेल का दीपक ज़रूर जलाती थीं। मेरी *मुंज* (उपनयन संस्कार) भी हुई थी, लेकिन मैंने कभी जनेऊ पहना हो, ऐसा मुझे याद नहीं। हर साल हम गणपति लाते, घर को सजाते और भव्य आरती करते। आई कहती, 'यह खेल का गणपति है, पूजा का नहीं।' यह तो पक्का है कि वे दोनों नास्तिक नहीं थे।

सन १९५२ के आसपास, बाबा की तबीयत बहुत बिगड़ गई और उन्हें पहले ही सेवानिवृत्ति लेनी पड़ी। उस समय मेरी छोटी बहन उन्नति केवल पाँच साल की थी। घर का ख़र्च चलाने के लिए आई ने नौकरी शुरू की। उस दौर में एक महिला का घर से बाहर जाकर नौकरी करना, दूसरों के लिए उंगली उठाने वाली बात थी। उसी दौरान, 'साढ़ेसाती', 'शनिदशा' जैसे शब्द कानों में पड़ने लगे और फिर कुछ दिनों के लिए एक व्यक्ति घर आकर मंत्रोच्चार करने लगा। यह सब कुछ दिनों तक चलता रहा। मुझे याद है कि मेरी मामी के बीमार होने पर उनके घर में, हाजी मलंग जाकर दुआ मांगना, चादर चढ़ाना, जप-तप जैसे अनुष्ठान बहुत समय तक होते रहे, लेकिन मेरे आई-बाबा ने कभी इनमें हिस्सा नहीं लिया।

शिवाजी पार्क में ज़्यादातर हिन्दू आबादी थी जो उस इलाक़े को हिन्दू बहुल इलाक़ा बनाती थी। वहाँ कुछ कैथोलिक परिवार और एक-दो यहूदी परिवार भी थे। तिलक पुल पार करने के बाद पारसी कॉलोनी थी। कैडल रोड के एक छोर पर, माहिम की तरफ़ मुस्लिम बहुल इलाक़ा था जिसे आज भी कापड़ बाज़ार के नाम से जाना जाता है; दूसरा छोर सामाजिक सद्‌भाव का एक अनोखा प्रतीक

था जहाँ गणेश-मारुति मंदिर, एक मस्जिद और एक चर्च एक ही कोने में स्थित थे। हमारे ज़्यादातर पड़ोसी कोकणस्थ ब्राह्मण थे, कुछ सारस्वत ब्राह्मण और सोमवंशी क्षत्रिय थे; अपवाद स्वरूप एक कैथोलिक परिवार भी था।

६ दिसंबर को चैत्यभूमि, बाबासाहब अंबेडकर का समाधि स्थल, पर श्रद्धांजलि देने के लिए असंख्य बौद्ध भिक्षु आते थे। बालमोहन स्कूल के मेरे दोस्त ब्राह्मण थे। लेकिन जे.जे. स्कूल ऑफ़ आर्ट में पहले ही साल में मेनन-आर्या-पालेकर की तिकड़ी बनी। फिर इसमें डॉस, पटेल और सिद्दीक़ी भी शामिल हो गए। हम सब एक साथ खाते। पटेल के डिब्बे का स्वादिष्ट मटन, डॉस के लाए सीरियन-क्रिश्चन स्टाइल का बीफ़, आर्या का राजस्थानी शाकाहारी खाना और मेरे घर की सारस्वती मछली की आमटी हम बड़े ही मज़े से खाते थे। बैंक में भी मेरे कई सहकर्मी अलग-अलग जाति-धर्म से थे। शादी के बाद, मेरे ससुराल में भी सभी धर्मों के त्योहार समान उत्साह से मनाए जाते थे।

पर गुज़रते समय के साथ हम एक परेशान करने वाले दौर के साक्षी बने, जहाँ राजनीतिक कारणों से सार्वजनिक स्थलों को धार्मिक स्थलों में बदला जाने लगा। सन १९९४-९५ के दौरान, शिवाजी पार्क में एक रात अचानक उग आई उद्यान-गणेश की मूर्ति! सिद्धिविनायक का जान-बूझकर बढ़ाया गया महत्व और उस छोटे से मंदिर का विशाल देवस्थान में बदलना, वह भी एक व्यस्त सड़क पर... समय के साथ इन सभी घटनाओं के पीछे की राजनीतिक प्रेरणाएं कई साल बाद मेरी समझ में आईं।

मैंने ऐसा कभी नहीं माना कि रोज़मर्रा के जीवन में जो कुछ भी होता है, वह राशियों या देवता, या किसी दिव्य शक्ति के कारण होता है; या अमुक दिन शुभ होता है, पितृपक्ष या अमावस्या अशुभ होती है। मेरा दृढ़ विश्वास था और है कि जो कुछ भी मेरे जीवन में घटित होता है, वह मेरे ख़ुद के संदर्भों, कार्यों, निर्णयों और विकल्पों का परिणाम होता है। इसलिए अपने विश्वास के साथ व्यक्ति को अपनी असफलताओं और खामियों की ज़िम्मेदारी उठानी चाहिए और बहानेबाज़ी से बचना चाहिए। हमेशा सतर्क रहना चाहिए। आत्म-चिंतन मेरी आदत बन चुकी है। जैसे मूल को बरक़रार रखने के लिए मृत त्वचा को छीलकर अलग कर देते हैं वैसे ही मैं अपने कार्यों और निर्णयों का निरंतर आकलन करता रहता हूँ। इससे दूसरों पर अपनी असफलता का दोष मढ़ने की गुंजाइश नहीं रहती। न ख़ुद को क़िस्मत के हवाले कर सकते हैं, न कोई आपको संकट से बाहर निकालने वाला होता है और न ही किसी से कोई मिन्नत करने की इच्छा होती है। इस तरह जीने के बावजूद, दुख का पलड़ा कभी भारी नहीं हुआ। लेकिन कई बार कसौटी पर

ख़ुद को ही तौलने का मोह होता है; और कई बार अन्य लोग भी आपकी परीक्षा लेते हैं। ऐसे कई वाक़ये याद आते हैं।

सन २००१ में जब *अनाहत* प्रदर्शित हुई, तो हमें लोगों से पता चला कि वह सर्वपितृ अमावस्या का दिन था। हमारी फ़िल्म-इंडस्ट्री में पितृपक्ष के दौरान नई फ़िल्में प्रदर्शित नहीं की जातीं और इसलिए उन पंद्रह दिनों के लिए सभी सिनेमाघरों में मनचाही तारीख़ें और शोज़ उपलब्ध होते हैं। केवल इसी वजह से हमने *अनाहत* के प्रदर्शन की तारीख़ तय की। शुभ मुहूर्त देखने का ख्याल भी हमारे ज़ेहन में नहीं आया। हमने फ़िल्म को नए मल्टीप्लेक्सेस में ही प्रदर्शित करने का निर्णय लिया। निमंत्रण बांटने के बाद, कई दोस्तों ने बताया कि शुभ कार्य के लिए वह दिन सबसे ख़राब था। बाद में *अनाहत* पचास हफ़्तों तक सिनेमाघरों में चली और उससे अच्छा-ख़ासा आर्थिक लाभ हुआ; फ़िल्म की काफ़ी प्रशंसा भी हुई। मज़े की बात यह थी कि वही दोस्त कहने लगे, 'तुम्हें तो अमावस्या फलती है...'

डॉ. अतुल बिनीवाले, संध्या के कॉलेज के दिनों के दोस्त, पुणे के एक कुशल डॉक्टर हैं। वे ख़ुद राष्ट्रीय स्तर के बैडमिंटन खिलाड़ी रह चुके हैं, इसलिए मेरे मन में उनके प्रति एक अलग ही स्नेह भाव है। सितंबर २०२१ के तीसरे हफ़्ते में, मैं वार्षिक चेकअप कराने के लिए उनके पास गया था। वैसे तो मुझे कोई तकलीफ़ नहीं थी, बस बातों-बातों में मैंने कहा, 'दिल की धड़कनें मुझे पेट से आ रही महसूस हो रही हैं।' इतना सुनते ही अतुल ने तुरंत *एब्डॉमिनल एओर्टिक एन्यूरिस्म* (*abdominal aortic aneurysm*) की आशंका जताई और जाँच करवाने को कहा। जाँच के बाद जब इसकी गंभीरता का अहसास हुआ, तो तुरंत ऑपरेशन की ज़रूरत आन पड़ी। ऑपरेशन करने वाले डॉक्टर्स गिने-चुने होते हैं और उनमें से दो मुंबई के थे, जिनका अपॉइंटमेंट कई महीनों पहले लेना पड़ता है। लेकिन जिस समय मुझे ऑपरेशन करवाना था उस समय वे दोनों ही पितृपक्ष होने के कारण आसानी से उपलब्ध थे। २९ सितंबर को ऑपरेशन सफलतापूर्वक हो गया और चार दिनों में मैं घर वापस आ गया। बारहवें दिन, संध्या को किसी काम से सोलापुर जाना था और मैं ख़ुद ड्राइव करके उसे वहाँ ले गया। शायद मैं कह सकता हूँ, 'पितृपक्ष ही हमें रास आता है।'

हालाँकि मेरा पूरा जीवन एक विवेकशील यात्रा रही है, लेकिन आकस्मिक घटनाओं का अनुभव मुझे बार-बार हुआ है। जो लोग क़िस्मत में विश्वास करते हैं, शायद इसे 'संयोग' कहेंगे। मैं नियतिवादी नहीं हूँ। नियतिवाद और स्वतंत्र इच्छा पर इमैनुअल कांट (*Immanuel Kant*) की धारणा की जटिल दार्शनिक बहस में उलझे बिना, मैंने अपने अंतर्ज्ञान और अनुभवों पर आधारित अंतर्दृष्टि

पर भरोसा करना चुना है। बिना किसी योजना या प्रयास के, कल्पना से परे जीवन को एक नया मोड़ देने वाली ये चार घटनाएं, मैं मानता हूँ कि ये महज़ आकस्मिक घटनाएं थीं। एक घटना ने मेरे लिए दृश्य कला के द्वार खोल दिए, दूसरी ने मुझे नाटक और फ़िल्म में अभिनय का रास्ता दिखाया, तीसरी ने मुझे निर्देशन के क्षेत्र में उतार दिया और चौथी घटना के कारण मिला पच्चीस सालों का समृद्ध ख़ज़ाना!

फ्रायड (*Sigmund Freud*) ने शायद इस वक़्त मुझे नकार दिया होता। वे कहते, 'आकस्मिक घटना जैसा कुछ नहीं होता जीवन में। तुम्हें जो आकस्मिक घटना लग रही है, वह तुम्हारी अव्यक्त सुप्त इच्छा या अप्रकट कलह है।' लेकिन किसी इच्छा को प्रेरक शक्ति बनने के लिए क्या किसी अव्यक्त संबंध या अंतर्निहित संदर्भ का होना ज़रूरी नहीं है? किसी भी समानता से परे ये चार घटनाएं मेरे सामने आती रहती हैं—जैसे यांचो के किसी फ़िल्म के दृश्य उलट-पलट होते हैं, शून्य गुरुत्वाकर्षण में तैरते हैं। जब मैं इन्हें समझने की कोशिश करता हूँ, तो यांचो के न रुकने वाले लंबे शॉट्स की तरह, जितनी अस्पष्टता उनमें होती है, उतनी ही दूरी तक मुझे इनमें कोई तार्किक संगति नहीं मिलती।

यहाँ संदर्भ आया है तो मैं अपने पसंदीदा हंगेरियन निर्देशक मिखलोश यांचो, (*Miklós Jancsó*) के बारे में ज़रूर कुछ लिखना चाहूँगा। मुझे लगातार महसूस होता है कि अलग-अलग स्तरों पर मेरा उनसे एक अजीब तरह का जुड़ाव है। दूसरे विश्वयुद्ध के बाद नव-यूरोपियन सिनेमा उभरा। यांचो का नाम उसमें अग्रणी था। सन २०१४ में, उनके निधन से एक साल पहले, मैं और संध्या, बुडापेस्ट में उनसे उनके घर पर मिलने गए थे। नब्बे साल के अपने जीर्ण शरीर के बावजूद, यांचो की आँखों में चमक आ गई जब मैंने उन्हें बताया कि उनकी फ़िल्मों का मुझ पर कितना प्रभाव पड़ा है और इसका मुझे बेहद संतोष है। चालीस से अधिक कलाकृतियों का निर्देशन करने के बावजूद, और सन १९७२ में *रेड साल्म* के लिए कान में सर्वश्रेष्ठ निर्देशक का पुरस्कार पाने के अलावा, उन्हें

और कोई भी वैश्विक सम्मान नहीं मिला। यह बात मुझे खलती रहती है। मुझे लगता है कि मुंबई के मामी इंटरनेशनल फ़िल्म फ़ेस्टिवल में उन्हें *लाइफ़टाइम अचीवमेंट अवॉर्ड* मिलना चाहिए था; पर मेरे सभी प्रयास असफल रहे।

यांचो की ज़्यादातर फ़िल्में राजनीतिक विषयों पर आधारित थीं। सत्ता के दमन, संघर्ष और शोषण पर ध्यान केंद्रित करते हुए, वे सामूहिक राजनीतिक वास्तविकताओं को पकड़ने के साथ-साथ विरोध के स्वर भी पकड़ते थे। लेकिन उनकी शैली अपने समकालीनों से बिल्कुल अलग थी। कल्पना करें, जब डिजिटल तकनीक का प्रसार भी नहीं हुआ था, तब ३५ एमएम की एक रील पर वे आठ-दस मिनट के लंबे शॉट्स की योजना बनाते थे। हर एक शॉट के लिए कई दिनों तक रिहर्सल कर अथक परिश्रम करते। उदाहरण के लिए, *द राउंड अप* (१९६६), *द रेड एंड द व्हाइट* (१९६७), *विंटर विंड* (१९६९), *रेड साल्म* (१९७२), *इलेक्ट्रा, माय लव* (१९७४), ऐसी पाँच-छह फ़िल्मों को देखते ही उनकी अनूठी शैली समझ में आ जाती है। सत्तर से नब्बे मिनट की लंबाई वाली ये फ़िल्में केवल दस-बारह शॉट्स में ही फ़िल्माई गई थीं। फ़िल्म माध्यम की तकनीकी जानकारी न रखने वाले साधारण दर्शकों को भी इसमें छिपी अद्‌भुत मेहनत का अहसास हो सकता है।

एक ही लंबे शॉट में व्यक्ति और समूह, व्यक्ति और प्रकृति, सत्ताधारी और सत्ताविहीन, शोषक और शोषित जैसे कई विरोधाभासी तत्वों को एक साथ लाकर, एक अमूर्त अभिव्यक्ति (*surreal dance*) तैयार करने की उनकी तकनीक ने मुझे हमेशा प्रभावित किया।

'मैं लंबे शॉट्स का उपयोग करता हूँ ताकि दर्शक समझें कि वे जो देख रहे हैं वह वास्तविकता नहीं है; वे जो देख रहे हैं वह अवास्तविक है... एक फंतासी है। तभी वे अंतर्निहित अर्थ के बारे में सोचने के लिए मजबूर होते हैं।' उनके वक्तव्य ने मुझे सिखाया कि दर्शकों को हर चीज़ थाली में परोस कर नहीं देनी चाहिए, और यह कि फ़िल्म निर्देशन में संयम होना चाहिए। कुछ सिरे अनसुलझे छोड़ देने से कहानी प्रतिबिंब, बहस और व्यक्तिगत व्याख्या का मुख्य स्रोत बन सकती है जो दर्शकों के दिमाग़ में लंबे समय तक घूमते रहते हैं। यांचो की शैली की अप्रत्याशितता दर्शकों को बाँधे रखती, क्योंकि हर नया शॉट एक आकस्मिक घटना लेकर आता। हर आने वाला शॉट पिछली घटना का परिणाम होता था, जिससे तत्क्षण अलिखित प्रतिक्रियाओं की झड़ी लग जाती थी।

मेरी ज़िंदगी के लंबे-लंबे शॉट्स की शुरुआत हुई मेरी दृश्य कला की रुचि से। शिवाजी पार्क में हमारे घर से दादर स्टेशन जाने वाले दो अलग-अलग रास्ते थे। उनमें से एक पर समर्थ आर्ट स्टूडियो और दूसरे पर पैम आर्ट स्टूडियो पड़ते थे।

ये वो जगहें थीं जहाँ फ़िल्मों के बड़े-बड़े बैनर बनाए जाते थे। मैं इन स्टूडियो में झांककर, थोड़ी देर तक वहाँ रुके बिना आगे बढ़ ही नहीं पाता था। ये वही जगह थीं जहाँ मैंने पहली बार सीखा कि कैसे छोटे-छोटे फ़ोटोज़ को ग्रिड के वर्गों में डालकर, कई गुना बड़ा कर उन्हें पेंट किया जाता है। अलसी के तेल और टरपेंटैन को मिलाकर बने रंगों में चित्रित वो पोस्टर देखते हुए वक़्त का पता ही नहीं चलता था।

मैं बालमोहन स्कूल में सातवीं-आठवीं कक्षा में था। एक दिन हमारे आर्ट के टीचर, सिन्नरकर सर, हमें गुड़हल के फूल और पत्ते को रंगने का तरीक़ा सिखा रहे थे। मैंने जिस तरह फूल और पत्ते बनाए, वह उन्हें पसंद नहीं आया। उन्होंने कहा, 'क्या तुमने कभी गुड़हल के पत्ते को छुआ है? उसकी खुरदुरी बनावट और तुम्हारे बनाए हुए चिकने पत्ते में कितना फ़र्क़ है, ये देखो।' फिर उन्होंने वॉटर कलर से तुरंत पत्ता बनाकर दिखाया। उस दिन से रंग और बनावट (*texture*) का महत्व मेरे मन में बस गया। मेरी रुचि को ध्यान में रखते हुए, हर साल गर्मी की छुट्टियों में आई मुझे आर्ट क्लासेस में भेजती थी। मेरे दोस्त प्रदीप जोग के पिता एक नामचीन शिल्पकार थे। उनसे मैंने कई बार बात की और तभी मैंने चित्रकार बनने का फ़ैसला किया। आई-बाबा ने भी मुझे पूरा समर्थन दिया।

सन १९६० में मैंने जे.जे. स्कूल ऑफ़ आर्ट में दाखिला लिया। उस समय ड्रॉइंग और पेंटिंग विभाग के हेड थे शिरगांवकर सर। उनसे और सोलापुरकर सर से मुझे यह सीखने को मिला कि पेंसिल स्ट्रोक्स कैसे दिए जाते हैं और कैसे पेंसिल से अपनी कलाकृति में गहराई भी लाई जा सकती हैं। पळशीकर, बाबूराव सडवेलकर, सुखड़वाला और संभाजी कदम जैसे मेरे कुछ और शिक्षक थे जिन्होंने मुझे ऑयल पेंटिंग और ख़ासकर पोर्ट्रेट बनाने की बारीकियाँ सिखाईं। पहले हफ्ते में ही हमारे डीन, धोंड सर, आठ-दस छात्रों को वी.टी. स्टेशन पर लेकर गए। उन्होंने वहाँ एक फ़ोल्डिंग चेयर खोली, छोटा सा ईज़ल रखा, उस पर पेपर लगाया और चालीस मिनट के अंदर वॉटर कलर्स से वी.टी. स्टेशन का एक चित्र बना डाला। इसमें सबसे संजीदा बात यह थी कि उन्होंने बारिश के तुरंत बाद के गीले रास्ते और नमी को भी सही ढंग से पकड़ा था। कुछ साल बाद जब मैं मॉस्को गया, तो मुझे उनकी यह पेंटिंग याद आई क्योंकि मैं विज्ञापनों की भीड़ से दूर, कल्पना से परे एक शहर देख रहा था। मुंबई की पुरानी इमारतें, उनकी वास्तुकला, उनका इतिहास सभी को विज्ञापनों के होर्डिंग्स, राजनेताओं के पोस्टरों और बिजली के तारों ने छुपा दिया है। एक कलाकार होने के नाते कई चीज़ों को नकारते हुए, सर ने वही दिखाया जो उन्हें दिखाना था। ये शक्ति

कलाकार की कला में होती है, ये अहसास मुझे युवावस्था में जे.जे. में शिक्षा के दौरान हुआ।

मेरी ज़िंदगी को दिशा देने वाली कई घटनाएं उसी दौरान घटीं। उनमें से एक थी: सुबह दस बजे के क़रीब हमारी पोर्ट्रेट की क्लास शुरू हुई थी। लगभग ग्यारह बजे पळशीकर सर आए। वो एक बहुत ही सख़्त और अनुशासित व्यक्ति थे। जब वो क्लास का निरीक्षण कर रहे थे, तो मेरे पीछे आकर रुक गए और बोले, 'पालेकर, क्यों बिगाड़ दिया तुमने अपने चित्र को? कल शाम जब मैंने यह देखा था तब तो काम सही चल रहा था।' उन्होंने पेंटिंग नाइफ़ उठाया, पूरी पेंटिंग को खुरच दिया और बोले, 'फिर से शुरू करो।' मुझे रोना आ गया। मैं पंद्रह मिनट तक यूँ ही सुन्न बैठा रहा। फिर मैंने एक गहरी सांस ली और एक बार फिर पेंटिंग शुरू की। उसी शाम को सर ने मुझे बुलाया और कहा, 'अब देखो, रंगों का संतुलन कैसा बेहतर हो गया है। छटाओं की बारीकियों को समझो। ब्लैक एंड व्हाइट का मज़ा सिर्फ़ काले या सफ़ेद में नहीं है, बल्कि उसमें छुपे हुए ग्रे शेड्स में है। उन शेड्स की कितनी बारीकियाँ लाने में आप सक्षम हैं, यही आपकी कला की ताक़त को दर्शाता है।' उस घटना से मैंने यही सीखा कि धैर्य और लगन से ग़लतियों को सुधारते हुए आगे बढ़ना चाहिए। ये सीख मेरी रंगमंच और फ़िल्मी यात्रा में हमेशा मार्गदर्शक बनी रही।

जे.जे. स्कूल ऑफ़ आर्ट के तीसरे साल में मुझे 'ग्लैडस्टन सोलोमन' अवॉर्ड मिला। गोपाल देऊसकर और प्रफुल्ला डहाणूकर जैसे प्रसिद्ध चित्रकारों ने मुझे चुना, यह मेरे लिए बहुत बड़ी बात थी। आर्ट स्कूल में अपने पाँचवें साल तक के.एच. आरा, के.के. हेब्बर, वासुदेव गायतोंडे, एम.एफ़. हुसैन जैसे महान अंतरराष्ट्रीय कीर्ति प्राप्त दिग्गज चित्रकारों से मेरा परिचय हो गया था। इससे मेरी समझ, परिपक्वता और समग्र दृष्टिकोण व्यापक हो गए।

जे.जे. स्कूल ऑफ़ आर्ट से ग्रेजुएशन की डिग्री लेने के बाद, मैंने पैसे कमाने के लिए हाथ-पैर मारना शुरू किया। पैसे कमाने के बारे में आई-बाबा ने कभी कुछ नहीं पूछा इसलिए मुझे और भी ज़्यादा बेचैनी महसूस होने लगी थी। अप्लाइड आर्ट के बजाय फ़ाइन आर्ट चुनने की वजह से मुझे पता था कि पैसा कमाने में वक़्त लगेगा, फिर भी मैंने उसी राह को चुना। अब मेरे पास दो विकल्प थे: एक, जे.जे. स्कूल ऑफ़ आर्ट में प्रोफ़ेसर के रूप में नौकरी और दूसरा, एम.आर. आचरेकर के नक्शे-क़दम पर चलते हुए फ़िल्मों के कला निर्देशन क्षेत्र में सहायक के रूप में प्रवेश। मुझे ये दोनों ही विकल्प पसंद नहीं आए, इसलिए मैंने उन्हें छोड़ दिया।

बाबा, आई, उन्नति, आक्का और नीलन ताई के साथ (१९५० के दशक में)

(बाएं से दाएं) बी.एस. पाटकर और आक्का, अरुण मंत्री और नीलन ताई,
(बैठे हुए) अद्वैत मंत्री, बाबा, आई और उन्नति (१९७० के दशक में)

शाल्मली के साथ
ऑस्ट्रेलिया में

क्रिस्टीन, शाल्मली, कारिन, संध्या और समीहा के साथ

संध्या, समीहा और
श्यामांग के साथ

बोर्डी स्कूल के अपने सहपाठियों और शिक्षकों के साथ (१९५९)—मोरपंख का पंखा हाथ में लिए हुए मैं

सर जे.जे. स्कूल ऑफ़ आर्ट की तिकड़ी (१९६१) जगदीश आर्य और यू.जी. मेनन के साथ

एक साल तक कुछ विज्ञापन कंपनियों के दरवाज़े खटखटाए। कुछ समय एक विज्ञापन एजेंसी में काम भी किया। वहाँ मन नहीं लग रहा था, यह समझ में आने के बाद किसी ने मुझे बैंक में नौकरी करने का सुझाव दिया। मेरे रिश्तेदार वामनराव वर्दे बैंकिंग क्षेत्र और दलाल स्ट्रीट की बड़ी हस्ती थे। उनकी सिफ़ारिश पर मुझे सारस्वत बैंक में नौकरी मिल गई। और कुछ महीनों बाद ही मुझे बैंक ऑफ़ इंडिया में नौकरी मिल गई। दिनभर नौकरी करने के बाद रात में पेंटिंग करने का रूटीन शुरू हो गया। शाम को आर्ट गैलरी में घूमना, विभिन्न कला क्षेत्रों के कलाकारों से मिलना, चर्चा करना मेरा रूटीन बन गया।

एक बार ताज आर्ट गैलरी में अपनी पेंटिंग्स की प्रदर्शनी लगाने के लिए मैं पूछताछ करने गया। वहाँ की मैनेजर ने कहा, 'अपना काम दिखाओ, पसंद आया तो आगे विचार करेंगे।' मुझे ग़ुस्सा आ गया, मैंने कहा, 'अगर मैं प्रदर्शनी लगाने की जगह के लिए किराया दे रहा हूँ तो आपको मेरा काम पसंद आए या न आए, क्या फ़र्क़ पड़ता है? फ़र्क़ तो तब पड़ता, जब आप मुझे गैलरी मुफ़्त में दे रहे होते या फिर आप मेरे काम को स्पॉन्सर कर रहे होते!' मेरी इस बेबाकी पर वह चौंक गई। शाम को महान चित्रकार के.एच. आरा के साथ बातें हो रही थीं। उन्होंने मेरे निराश चेहरे को देखकर कारण पूछा। मैंने पूरा क़िस्सा सुना दिया। उसके बाद उन्होंने जो प्रश्न पूछा उसने मुझे निःशब्द कर दिया, 'ठीक है, तुमने उसे तो अपना काम नहीं दिखाया, पर मुझे दिखाओगे?' आरा जैसे दिग्गज कलाकार को अपना काम दिखाने की संभावना से मैं हड़बड़ा गया था। जब वो हमारे शिवाजी पार्क के छोटे से घर में आए और छोटी-सी गैलरी में आड़े-तिरछे खड़े मेरे तैयार कैनवास देखे, तो उन्होंने अपने शुरुआती जीवन की एक बेहद निजी स्मृति मुझसे साझा की। उनके पिता हैदराबाद में कार मैकेनिक थे। जब आरा कम उम्र में बंबई आए, तो जीविका के लिए उन्होंने भी गैराज में काम करना शुरू कर दिया। अपने ख़ाली समय में वे गैराज की दीवारों पर कोयले से चित्र बनाते थे। उनकी ड्रॉइंग देखकर उनके फ़िरंगी बॉस वॉल्टर लँगहॅमर, जो ख़ुद भी प्रसिद्ध पेंटर और *टाइम्स ऑफ़ इंडिया* के आर्ट डायरेक्टर थे, ने उन्हें काग़ज़, रंग और ब्रश लाकर दिए। वहीं से शुरुआत हुई और आरा ने भारतीय दृश्य कला में अपनी स्वतंत्र शैली के साथ अंतरराष्ट्रीय कला क्षेत्र में अनोखा स्थान बनाया। दरअसल वे इस क़िस्से के ज़रिए मुझे निराश न होने की सलाह दे रहे थे। अगली सुबह उन्होंने ताज आर्ट गैलरी की मैनेजर को फ़ोन लगाया। 'क्या आप मई के महीने में मेरे लिए रखी तारीख़ें रद्द करने के बजाय एक युवा चित्रकार को दे सकती हैं?' वहाँ से हाँ में जवाब आते ही आरा ने मेरी तरफ़ मुस्कराकर देखा। मुझे आज भी याद है, उनके चेहरे पर फैली स्नेह भरी मुस्कान में मेरे प्रति उनका विश्वास झलक

रहा था। अगले ही दिन, मैं उनके द्वारा लिखे प्रशंसा पत्र को लेकर उस मैनेजर से मुलाक़ात के लिए पहुँच गया।

मैं अपनी पहली प्रदर्शनी की तैयारी में लग गया, लेकिन बैंक से छुट्टी कैसे मिलेगी, यह एक परेशानी थी। सुपरवाइज़र ने छुट्टी देने से साफ़ मना कर दिया। क्योंकि मेरी नौकरी पक्की नहीं थी इसलिए उन्होंने मुझे विभाग प्रमुख से दरख्वास्त करने को कहा। आख़िरकार, मैंने साहस जुटाकर हमारे सीनियर ऑफ़िसर बी.एन. अटल से मुलाक़ात की। मैं जानता था कि कैसे उनकी आहट पाते ही पूरी मंज़िल पर सन्नाटा पसर जाता था। उन्होंने पूछा, 'दस दिन की छुट्टी क्यों चाहिए?' थोड़ी टालमटोल के बाद मैंने उन्हें असली कारण बताया। तब अटल साहब ने पहली बार सामने के काग़ज़ों से नज़र उठाकर मुझे देखा। उन्होंने मुझे बैठने को कहा और तफसील से पूरी जानकारी ली। 'ऑफ़िशियली छुट्टी नहीं दे सकते; लेकिन दिनभर में जब भी मुमकिन हो, आकर हाज़री रजिस्टर में दस्तख़त करके चले जाइएगा।' ऐसा कहकर उन्होंने फिर से अपने काग़ज़ों में ध्यान लगा लिया। मुझे दस दिन की ये अनौपचारिक छुट्टी मिल गई। नौकरी भी बची रही और मेरी प्रदर्शनी भी हो सकी। उनका ऋण मैं आज तक चुका नहीं पाया हूँ।

मेरी उस पहली प्रदर्शनी को देखने मेरे प्रोफ़ेसर्स, अन्य चित्रकार, बैंक के सहकर्मी और कई कला प्रेमी आए। उसके कुछ महीनों बाद, मुझे बॉम्बे पोर्ट ट्रस्ट के नए अस्पताल में दो *म्यूरल पेंटिंग* (भित्ति चित्र) बनाने का अवसर मिला। एक बार फिर आरा जी ने प्रशंसा पत्र देकर मेरे उस आवेदन को मज़बूती दी। दूसरा प्रशंसा पत्र मेरे प्रोफ़ेसर, पळशीकर सर का था। *म्यूरल* के लिए बनाए स्केचेज़ में मैंने यथार्थवादी शैली का इस्तेमाल नहीं किया था, ये देखकर पळशीकर सर ख़ुश हुए थे। 'अमोल जैसे सर्जनशील युवा कलाकार को प्रोत्साहन देना उचित और आवश्यक है।' उस पत्र को देखने के बाद पोर्ट ट्रस्ट के बोर्ड के सदस्यों का मेरे प्रति नज़रिया बदल गया। अगले दो महीनों की अथक मेहनत से मैंने समय पर दोनों *म्यूरल्स* पूरे किए।

फिर जल्दी ही मुझे समयबद्ध असाइंमेंट मिला जहाँ मुझे जॉन्सन एंड जॉन्सन कंपनी के चेयरमैन का पोर्ट्रेट बनाने का मौक़ा मिला। वे रिटायर होकर अपने देश लौटने वाले थे। उन्होंने मेरी प्रदर्शनी में मेरा काम देखा था और उन्हें पसंद आया था। वे रोज़ दो घंटे मेरे सामने बैठते और इस तरह एक हफ़्ते में ही मैंने ऑयल पेंटिंग में उनका पोर्ट्रेट तैयार कर दिया। हालाँकि पोर्ट्रेट में वास्तविक चित्रण नहीं था, पर उन्हें मेरा अभिव्यंजक चित्रण बहुत पसंद आया। मेरे काम को काफ़ी सराहा गया और मुझे इसके लिए अच्छे पैसे मिले। १९६७-६८ में एक लाख

रुपए मेरी कल्पना से परे थे। इस शुरुआती अनुभव ने मुझे ये आत्मविश्वास और आश्वासन दिया कि मैं अपनी कलात्मक दृष्टि और शैली के प्रति ईमानदार रहते हुए भी सफल हो सकता हूँ।

बैंक में नौकरी लगे कुछ ही महीने हुए थे। सन १९६६ में मेरी छोटी बहन उन्नति सेंट ज़ेवियर्स में पढ़ रही थी। कॉलेज के वार्षिक उत्सव में उसने एक नाटक में हिस्सा लिया। एक दिन उसने मुझे रिहर्सल देखने के लिए बुलाया। उसकी क्लासमेट चित्रा मुर्डेश्वर भी उस नाटक में अभिनय कर रही थी। उसके खुले, मिलनसार और मनमौजी स्वभाव से मैं प्रभावित हुआ। धीरे-धीरे हमारी दोस्ती गहरी होने लगी। उन्हीं दिनों मरीन ड्राइव के ताराबाई हॉल, जो एक निष्क्रिय सिनेमा हॉल था, में हॉलीवुड की मुख्यधारा फ़िल्मों से इतर वैकल्पिक विदेशी सिनेमा प्रदर्शित होना शुरू हुआ। बासु भट्टाचार्य, बासु चटर्जी, श्याम बेनेगल और सत्यू जैसे लोग 'फ़िल्म फ़ोरम' नामक एक आंदोलन चला रहे थे। मैं और चित्रा वहाँ शाम के शोज़ में जाने लगे।

एक दिन प्रसिद्ध निर्देशक सत्यदेव दुबे चित्रा से मिलने कॉलेज आए। उन्होंने चित्रलेखा की भूमिका निभाने के लिए उसे अपने *ययाति* नामक नाटक में अभिनय करने के लिए कहा। सुप्रसिद्ध अभिनेत्री सुलभा देशपांडे ने एक कोंकणी नाटक में उसका अभिनय देखकर चित्रा का नाम सुझाया था। नाटक की रिहर्सल पेडर रोड पर महालक्ष्मी मंदिर के पीछे इंडियन नेशनल थिएटर (आईएनटी) के गोदाम में होती थी। बैंक से निकलने के बाद, शाम को मैं पहली बार चित्रा को वहाँ छोड़ने गया। उस दिन बहुत बारिश हो रही थी। हाफ़ पैंट और टी-शर्ट पहने हुए, घने घुंघराले बालों वाली एक ठिगनी सी शख्सियत वहाँ घूमती नज़र आई। 'ये दुबे हैं,' चित्रा मेरे कान में फुसफुसाई। दुबे जी ने जल्दी से घड़ी देखी, 'टाइम से पाँच मिनट पहले आई हो, अच्छी बात है।' फिर चित्रा ने 'दोस्त' के रूप में मेरा परिचय कराया और उन्होंने औपचारिक हँसी के साथ मुझे देखा। अंदर जाने के लिए दुबे जी मुड़े तो मुझे उनके हाथ में एक मोटी छड़ी दिखाई दी। जाते वक़्त उन्होंने मुझसे कहा, 'दो घंटे बाद रिहर्सल ख़त्म होगी।' मतलब साफ़ था, 'तुम यहाँ से जाओ'। भविष्य में दुबे के कई और रौद्र रूप मैंने देखे; जिसमें छड़ी की मुख्य भूमिका होती थी।

कुछ दिनों बाद, रिहर्सल के बाद चित्रा बाहर आई तो दुबे भी उसके पीछे बाहर आए। उन्होंने मुझसे मेरे बारे में पूछा और फिर बोले, 'मेरे आने वाले नाटक में काम करोगे?' इस अप्रत्याशित सवाल का जवाब देने से पहले ही उन्होंने आगे कहा, 'ऐसा मत सोचो कि मैंने तुम्हारे अंदर छिपे हुए एक्टर के टैलेंट को पहचान लिया है और इसलिए ये रोल ऑफ़र कर रहा हूँ। मैं देख रहा हूँ कि तुम्हारे पास

बहुत समय है, या यूँ कहो कि तुम्हारे पास करने के लिए ख़ास कुछ नहीं है। इसलिए मुझे लगा कि शायद तुम थिएटर से जुड़ना पसंद करोगे।' और फिर *चुप! कोर्ट चालू है* नाटक में 'पोंक्षे' का रोल मेरी झोली में डाल दिया।

यही वह 'दूसरा आकस्मिक मोड़' था, जिसने मुझे अभिनेता कहलाने का मौक़ा दिया जिसके बारे में न मैंने पहले सोचा था, न ही अपेक्षा की थी। 'चित्रकार अमोल पालेकर' अचानक तेइस साल की उम्र में 'अभिनेता अमोल पालेकर' बन गया। बंबई के तेजपाल थिएटर में हुए *चुप! कोर्ट चालू है* के पहले शो के बाद मैं वालचंद टेरेस के लंबे आयताकार हॉल में बैठा था। दुबे वहाँ टहल रहे थे। उन्होंने रुककर *टाइम्स ऑफ़ इंडिया* अख़बार उठाया और मुझे पकड़ाकर कहा, 'वरिष्ठ समीक्षक ज्ञानेश्वर नाडकर्णी द्वारा लिखी गई नाटक की समीक्षा ज़ोर से पढ़ो।' उसमें मेरे काम को *स्वाव परफ़ॉर्मेंस* कहा गया था। मैंने पूछा, 'इसका मतलब क्या है?' तो वे हँसकर बोले, 'इसका मतलब है कि अब तुम एक्टिंग सीखने के लायक़ हो गए हो, पर भूलना मत, अभी भी ठीक से खड़े नहीं रह सकते। ये कंधे अकड़े हुए क्यों है? टेंशन की क्या ज़रूरत है? सांस लो सांस।' मैंने अभी गहरी सांस ली ही थी कि एक और गर्जना हुई, 'और दोनों पैरों पर वज़न देकर खड़े मत रहो। हमेशा भार एक पैर पर होना चाहिए।' ये कहते हुए दुबे, जो उस समय हॉल में एक खंभे से टेक लगाकर खड़े थे, आज भी मेरी आँखों के सामने साफ़-साफ़ नज़र आते हैं।

चुप! कोर्ट चालू है को हिन्दी राज्य-नाट्य प्रतियोगिता में काफ़ी पसंद किया गया। दुबे ने तुरंत आद्य रंगाचार्य का *सुनो जनमेजय* नामक नया नाटक तैयार करना शुरू किया। मेरे पास एक नाटक का अनुभव था और नीला भागवत पहली बार नाटक में काम कर रही थी। दुबे ने हम दोनों को प्रमुख भूमिकाओं के लिए तैयार करना शुरू किया। नीला की ट्रेनिंग बीच की बड़ी सी जगह में और मेरी कोने के कमरे में होती थी। दुबे ने हमें बुनियादी चीज़ें सिखाने से लेकर, आवाज़ की टोन और पिच, हाथों का इस्तेमाल, शारीरिक भाषा, सबकुछ सिखाया। लगभग एक घंटे तक ये शारीरिक व्यायाम करवाकर वे हमें अपने-अपने संवादों को कई बार दोहराने को कहते। थिएटर यूनिट के स्टार अमरीश पुरी और गुजराती रंगमंच के दिग्गज अभिनेता-दिग्दर्शक कांति मडिया के साथ रिहर्सल में व्यस्त रहने के बावजूद उनका एक कान मेरे और दूसरा कान नीला के बंद कमरे की ओर होता था। उनके गुस्सैल स्वभाव के बारे में मैंने पहले ही पुरी साहब से बहुत कुछ सुना था और बाद में तो मैंने उन्हें हाथ में छड़ी या कभी-कभी कुर्सी फेंकते हुए भी देखा।

नाटक का दूसरा शो काफ़ी निराशाजनक रहा। तेजपाल थिएटर, जिसमें लगभग सात सौ कुर्सियों की व्यवस्था थी, उसमें नाटक देखने के लिए केवल तेरह दर्शक उपस्थित थे। कांति ने शो कैंसिल करने का सुझाव दिया तो दुबे भड़क गए। उन्होंने किसी भी हाल में शो को कैंसिल नहीं करने का फ़ैसला किया। कहा कि वे तेरह लोग मूसलाधार बारिश की परवाह किए बिना, टिकट लेकर समय पर आए थे, सिर्फ़ शो देखने और थिएटर के प्यार में! मेरी ओर मुड़कर उन्होंने हुक्म दिया, 'आज एक्स्ट्रा इंटेन्सिटी के साथ परफ़ॉर्म करना।' दुबे की यह बात मेरे जीवन की सीख बन जाएगी इसका अहसास मुझे उस वक़्त नहीं हुआ था।

थोड़े ही समय में, थिएटर यूनिट ने हिन्दी के साथ-साथ मराठी में भी नाटक बनाने शुरू कर दिए। *स्टीलफ्रेम, आधे अधूरे, पगला घोड़ा, गिधाड़े, वल्लभपूरची दंतकथा, हयवदन, अनुष्ठान, अच्छा एक बार और, पुनश्च हरिओम, संभोग से संन्यास तक* जैसे कई महत्वपूर्ण नाटकों की रिहर्सल वालचंद टैरेस पर हुईं। देखते ही देखते यह जगह समानांतर नाट्य आंदोलन का एक अहम केंद्र बन गई और प्रायोगिक नाटकों से जुड़े लोग शाम होते ही यहाँ जुटने लगे। तेंडुलकर, खानोलकर, कर्नाड जैसे नाटककार, डॉ. श्रीराम लागू, अरविंद और सुलभा देशपांडे, दीना पाठक, तरला मेहता, पर्ल पदमसी जैसे कलाकार, धर्मवीर भारती, भवानी प्रसाद मिश्र जैसे कवि, कुमुदबेन और अरविंद भाई जैसे कला प्रेमी, वासुदेव गायतोंडे, तय्यब मेहता, अकबर पदमसी जैसे चित्रकार, शमीम अहमद, जितेंद्र अभिषेकी जैसे संगीतकार-गायक, कोलकाता के बादल सरकार, श्यामानंद जालान, प्रतिभा अग्रवाल जैसे नाट्यकर्मी और दिल्ली के राजेंद्रनाथ, सई परांजपे जैसे निर्देशक, *एनेक्ट* जैसी नाट्य-पत्रिका के उत्साही संपादक राजेंद्र पॉल जैसे सृजनशील लोगों की उपस्थिति से यह जगह गूँजने लगी थी। नाटक की रिहर्सल्स के अलावा, नाट्य-पाठ, कविता-पाठ और बंबई की सांस्कृतिक गतिविधियों पर ज़ोरदार चर्चाएं-समालोचनाएं रोज़ होती थीं। यह जगह शाम के जमावड़े में तब्दील हो जाती थी, जहाँ दिनभर की हलचल और छोटी-छोटी चिंताओं को भुलाकर, मैं हर दिन और समृद्ध होता गया।

कई साल बाद, जब मैंने और संध्या ने बांद्रा के साहित्य सहवास में घर लिया, तो दुबे हमारे पड़ोसी बन गए और अक्सर घर आने लगे। तब तक वो काफ़ी नर्म हो चुके थे। पुरानी सारी अनबन भुलाकर वो अधिकार और प्यार से आते थे। संध्या से बार-बार पूछते, 'पहले क्यों नहीं मिली?' उन्होंने नामचीन मराठी मासिक पत्रिका *मौज* के दीवाली अंक में प्रकाशित संध्या द्वारा लिखित एक दीर्घांक (लंबे अंक वाला नाटक) का अंग्रेज़ी में अनुवाद करने का सुझाव दिया, ताकि वे उसे निर्देशित कर सकें। लेकिन धीरे-धीरे उनकी तबीयत बिगड़ने लगी।

आख़री बार जब मैंने अस्पताल में उनका हाथ थामा, तो मन ही मन उनसे कहा, 'दुबे, मैं तुम्हारे ऋण से कभी मुक्त नहीं हो पाऊँगा।' दुबे मेरे लिए एक ऐसी 'आकस्मिक घटना' हैं जो मेरे अस्तित्व का अविभाज्य घटक बन गए और मेरी आख़री सांस तक बने रहेंगे।

२१ जनवरी २०१२ को मुझे अखिल भारतीय मराठी नाट्य सम्मेलन में मुख्य अतिथि के रूप में आमंत्रित किया गया। यह दुबे के निधन के एक महीने बाद हुआ और यह मेरे लिए काफ़ी दुखद था। अखिल भारतीय मराठी नाट्य सम्मेलन द्वारा अक्सर अनदेखे समानांतर रंगभूमि के नाट्यकर्मियों का प्रतिनिधित्व करने के नाते मैंने इस निमंत्रण को स्वीकार किया। मैंने इस अवसर को दुबे को श्रद्धांजलि देने के लिए उपयोग किया, जिन्हें मुख्यधारा थिएटर ने कभी स्वीकार नहीं किया था।

'सेंसरबोर्ड के ख़िलाफ़ *सखाराम बाइंडर* के मशहूर कोर्ट केस से भी पहले, *गिधाड़े* के लिए एक निर्माता के रूप में निडर और सफलतापूर्वक संघर्ष करने वाले सत्यदेव दुबे के ऋण से भारतीय नाट्यकर्मी कभी मुक्त नहीं हो सकते। दुबे ने एक तरफ़ सेंसरबोर्ड से लड़ते हुए, दूसरी तरफ़ राजनीतिक दलों, सत्तारूढ़ पार्टी, अंडरवर्ल्ड या थिएटर में ही काम करने वालों से सेंसरशिप स्वीकारने का दोगलापन कभी नहीं किया। यह बात ध्यान रखने वाली है कि दुबे ने, जिनकी मातृभाषा मराठी नहीं थी, मराठी नाटकों से अदम्य प्रेम किया और पाँच दशकों तक मराठी और हिन्दी रंगभूमि को कई तरीक़ों से समृद्ध किया। यह बहुत दुखद बात है कि मेरे मेंटर, प्रायोगिक थिएटर के पथप्रदर्शक को कभी किसी भी मंच पर सम्मानित नहीं किया गया। बादल सरकार, मोहन राकेश और गिरीश कर्नाड जैसे अन्य भारतीय भाषाओं के प्रतिष्ठित नाटककारों को मराठी रंगभूमि से जोड़ने का काम दुबे ने ही किया। दुबे ने ही विजय तेंडुलकर, सी.टी. खानोलकर से लेकर चेतन दातार तक, मराठी नाटककारों को राष्ट्रीय पहचान दिलवाई। अमरीश पुरी और अलकनंदा समर्थ जैसे वरिष्ठ कलाकारों से लेकर किशोर कदम, अमृता सुभाष जैसे आज के अभिनेताओं को तराशने का काम भी दुबे ने ही किया। शायद यक़ीन न हो, लेकिन वी.वी. शिरवाडकर, वसंत कानेटकर जैसे मुख्यधारा के नाटककारों को राष्ट्रीय स्तर पर पहचान दिलाने के लिए भी दुबे ने लड़ाई लड़ी। २५ दिसंबर २०११ को दुबे ने आख़री *एग्ज़िट* ली। अपनी अंतिम सांस तक दुबे ने केवल नाटक और फ़क़त नाटक ही जिया। जीवित रहते हुए नहीं, तो कम से कम मरणोपरांत हम सभी रंगकर्मियों और नाट्य प्रेमियों की उपस्थिति में उन्हें श्रद्धांजलि अर्पित करें। चलिए, खड़े होकर उनके नाम दो मिनट का मौन धारण करें!'

मेरा जीवन बदलने वाली तीसरी घटना १९७८-७९ में हुई। *रजनीगंधा, छोटी सी बात* और *चितचोर* जैसी तीन सिल्वर जुबली हिट फ़िल्में देने के बाद मैं हिन्दी फ़िल्म जगत में एक सफल स्टार के रूप में स्थापित हो गया था। इसके बाद *दामाद* और *घरौंदा* जैसी फ़िल्में भी बॉक्स ऑफ़िस पर बेहद सफल रहीं और नई फ़िल्मों के ऑफ़र्स लगातार आने लगे। फिर भी मैं समानांतर नाटकों में नए प्रयोग करने से नहीं रुका। अभिनय की तकनीकी बारीकियों को बार-बार तराशे बिना और पर्याप्त तैयारी के बिना मंच या कैमरे के सामने नहीं आने जैसे सख़्त नियम मैंने अपने लिए बनाए थे; और उनका पालन भी किया। शंभू मित्रा जैसे महान कलाकार ने मुझे यह सिखाया था कि भले ही किसी नाटक की कई प्रस्तुतियाँ हो जाएं, लेकिन अभिनय कभी भी बासी न हो। इसे मैंने नाटकों के साथ-साथ फ़िल्मों में भी लागू करने की कोशिश की। समय के साथ, एक फ़िल्म में दस-पंद्रह रीटेक्स होने के बावजूद, अपने अभिनय का स्तर बनाए रखने की क्षमता शंभू दा से हासिल हुई थी।

फ़िल्म इंडस्ट्री में मेरी शुरुआत ऐसे समय में हुई जब तकनीकी बदलाव तेज़ी से आ रहे थे। *शांतता! कोर्ट चालू आहे* और *बाजीरावचा बेटा* जैसी फ़िल्मों में इस्तेमाल होने वाला भारी-भरकम मिचेल कैमरा अब पुराना हो चुका था। अब एरीफ्लेक्स कैमरा आया था, जिसे कंधे पर लेकर आसानी से कहीं भी ले जाया जा सकता था। इसके साथ ही इसमें ज़ूम लेंस भी था जिससे कैमरा पास ले जाए बिना ही व्यक्ति का चेहरा दर्शकों के क़रीब लाया जा सकता था। बंद स्टूडियो में शूटिंग करने के बजाय अब वास्तविक लोकेशन पर शूटिंग करना आम बात हो गई थी। *बाइसिकल थीफ़* के निर्देशक वित्तोरियो दि सिका (*Vittorio De Sica*) ने राज कपूर से एक बार सवाल किया कि आपके देश में इतनी प्राकृतिक रोशनी है, फिर भी आप लोग हॉलीवुड की तरह दिन के दृश्य के लिए स्टूडियो के अंधेरे में आर्टिफ़िशियल लाइट्स का इस्तेमाल करके उजाला करने की मशक्कत क्यों करते हैं? सन १९५२ में बंबई में हुए पहले अंतरराष्ट्रीय फ़िल्म महोत्सव में किए गए इस सवाल के बाद हमारी फ़िल्म इंडस्ट्री में महत्वपूर्ण बदलाव आए। सत्यजीत रे, राज कपूर, बिमल रॉय जैसे दिग्गजों ने वास्तविक लोकेशन पर शूटिंग करना शुरू कर दिया ।

एक और बड़ा बदलाव हुआ साउंड रिकॉर्डिंग के क्षेत्र में। एरीफ्लेक्स कैमरे से शोर बहुत होता था, इसलिए पहले की तरह सिंक-साउंड रिकॉर्डिंग करना संभव नहीं था। इस कारण सभी फ़िल्में डब की जाने लगीं। मतलब हर फ़िल्म की एडिटिंग हो जाने के बाद आख़री पड़ाव पर, सभी कलाकारों के डायलॉग फिर से रिकॉर्ड किए जाते थे; कभी कलाकार की आवाज़ में तो कभी डबिंग आर्टिस्ट

की आवाज़ में। फ़िल्म फ़ोरम में देखी बेहतरीन अंतरराष्ट्रीय फ़िल्मों के प्रदर्शन से सिनेमा में आई शैलीगत, विषयगत और तकनीकी प्रगति के विषय में मेरी समझ का विस्तार हुआ। इंगमार बर्गमान, अकिरा कुरोसावा, ज्यां लुक गोदार्द, फ्रांस्वा त्रुफो और सेर्गे आइसेंस्टाइन जैसे प्रतिष्ठित निर्देशकों के मार्गदर्शन से प्रेरणा पाकर ख़ुद की फ़िल्म बनाने की इच्छा प्रबल होने लगी थी, जिसमें मेरी अपनी भाषा हो, मेरी अपनी पहचान हो।

सन १९७८ में चार कन्नड़ निर्माता मेरे पास आए। वे चाहते थे कि मैं एक कन्नड़ लघुकथा, *आगंतुक* पर आधारित द्विभाषी फ़िल्म निर्देशित करूँ और उसमें मुख्य भूमिका भी निभाऊँ। कहानी एक विदेशी फ़ोटोग्राफ़र के बारे में थी, जो वन्य जीवन को कैमरे में क़ैद करने के लिए भारत आता है। वह एक गाइड के रूप में एक गूंगे ग्रामीण को साथ लेता है। दिनभर जंगल में घूमना और रात में उस गूंगे के छोटे से घर में ठहरना, यही उसका रूटीन बन जाता है। अच्छी कमाई, फ़िरंगी के साथ रात में जी भर के शराब पीना, इससे आकर्षित हो गूंगा युवक आसानी से फ़ोटोग्राफ़र के झाँसे में आ जाता है। लेकिन एक दिन जंगल में अचानक एक बाघ उस गूंगे पर हमला कर देता है और फ़ोटोग्राफ़र उसे बचाने के बजाय फटाफट तस्वीरें खींचने में मग्न रहता है। कहानी में नयापन था, इसलिए मैं इसे करने को राज़ी हो गया। टॉम ऑल्टर फ़ोटोग्राफ़र की भूमिका में थे, मैं उस गूंगे गाँव वाले की भूमिका में और चित्रा गाँव की लड़की की भूमिका में थी। हमने बंदीपुर के जंगलों में शूटिंग शुरू कर दी थी। सात-आठ दिनों के बाद, निर्माताओं ने प्रोजेक्ट से हाथ खींच लिए। मेरी लोकप्रिय रोमांटिक छवि से हटकर यह भूमिका वितरकों को समझ नहीं आई और उन्होंने फ़िल्म में निवेश करने से मना कर दिया। फ़िल्म अधर में लटक गई।

जब ऐसा लगने लगा कि मेरी निर्देशन की यात्रा शुरू होने से पहले ही ख़त्म हो जाएगी, तभी १९७९ में बंबई के एक प्रतिष्ठित निर्माता मेरे पास आए। उन्होंने मुझे एक नई फ़िल्म *फुटपाथ* के लिए निर्देशन और मुख्य भूमिका का प्रस्ताव दिया। राही मासूम रज़ा जैसे प्रतिभाशाली लेखक की पटकथा मुझे बेहद पसंद आई। यह कहानी थी फुटपाथ पर एक चाय बेचने वाले युवक, फूलों की माला बेचने वाली लड़की और झोपड़पट्टी के एक दादा की। स्क्रिप्ट में कोई खलनायक नहीं था और न ही अतिनाटकीय दृश्य थे। एक बेहद ख़ूबसूरत दृश्य भी था, जब झोपड़पट्टी का दादा अपनी बड़ी कमाई को सेलिब्रेट करने के लिए उन दोनों को एक बड़े से होटल में ले जाता है। वहाँ के चमकदार वॉशरूम में जाने के बाद लड़की को लगता है कि वह चिकने फ़र्श वाले महल में आ गई है। प्रसिद्ध गीतकार नक्श लायलपुरी जी ने इस दृश्य को बहुत प्यारे ढंग से एक

गाने में विकसित किया। मेरे साथ रामेश्वरी और अमजद खान का किया हुआ चयन निर्माता को पसंद आया। राही साहब के घर इस प्रोजेक्ट पर काम शुरू हुआ लेकिन धीरे-धीरे निर्माता ने फ़िल्म के स्वरूप में बदलाव करने का आग्रह करना शुरू कर दिया। रामेश्वरी की आँख पर चोट लगने वाले हादसे के बाद उसने दूसरी नायिका को लेने की सलाह भी दी। उस प्रस्ताव को मैंने यह कहते हुए नकार दिया कि उसके सीन्स की शूटिंग उसके ठीक हो जाने के बाद कर लेंगे। फिर निर्माता ने एक और प्रस्ताव आगे सरकाया कि इंडस्ट्री में जयदेव जी अपशकुनी माने जाते हैं इसलिए क्यों न उनकी जगह किसी और संगीतकार को ले लिया जाए? यह बात सुनते ही, जयदेव जी का मोल न समझने वाले निर्माता से मैंने कहा, 'आप अपना पसंदीदा दूसरा निर्देशक भी चुन लीजिए, मैं इस फ़िल्म का निर्देशन नहीं करूँगा।' अमजद ने भी फ़िल्म करने से मना कर दिया क्योंकि वे केवल मेरे एक अलग रास्ते पर चलने के प्रयास में मेरा साथ देना चाहते थे। इस तरह यह फ़िल्म भी अधूरी रह गई।

इंडस्ट्री ने सिर्फ़ आर्थिक और व्यावसायिक हिसाब को ही सबसे ज़रूरी मानकर कुछ दायरे बना दिए थे। उन्हीं दायरों से बाहर न जाने की शर्तों पर ही फ़िल्मों का निर्माण होता था। ये जैसे एक अलिखित नियम बन गया था। इस माहौल में, अमजद जैसे *शोले* स्टार ने जो भावनात्मक साथ दिया उससे मुझे बहुत ताक़त मिली। कुछ साल बाद, सन १९८१ के आसपास, जब हमने *प्लॉट नं. 5* फ़िल्म में साथ काम किया, उस दौरान मैंने उनका आभार व्यक्त किया। हमारी बातचीत के दौरान मैंने *शतरंज के खिलाड़ी* में उनके ज़बरदस्त अभिनय की तारीफ़ की। ख़ासकर उस मर्दाना और रफ़ एंड टफ़ इमेज के विरुद्ध, जिस संवेदनशील और नाज़ुक किरदार को निभाने की हिम्मत उन्होंने दिखाई, वह क़ाबिल-ए-तारीफ़ थी। तब उनकी आँखें थोड़ी नम हो गईं और भावुक आवाज़ में उन्होंने कहा, 'यार, *शतरंज* के लिए इंडस्ट्री से मुझे सिर्फ़ ताने ही सुनने पड़े। आज पहली बार किसी ने दो अच्छे शब्द कहे हैं, वो भी तुम्हारे जैसे क्रिएटिव साथी ने!' ये कहते हुए उस मज़बूत इंसान ने मुझे कसकर गले लगा लिया। फिर हँसते हुए बोले, 'वैसे तो मैं शराब नहीं पीता, लेकिन इस पल का जश्न मनाने के लिए थोड़ी चखते हैं।'

इन दोनों असफल अनुभवों के बाद, मुझे समझ आ गया कि अगर मुझे एक अलग और अनोखी फ़िल्म बनानी है, तो इसके लिए मुझे ख़ुद ही निर्माता बनना होगा। इसी विचार के साथ मैंने जाने-माने लेखक अरविंद गोखले की कहानी '*नवरी*' पर एक फ़िल्म बनाने की योजना बनाई। कहानी के अधिकार लेने के लिए मैं गोखले जी से मिला और उनसे यह भी अनुरोध किया कि वे ख़ुद ही

अरविंद गोखले जी की कहानी 'नवरी' पर आधारित
विजय तेंडुलकर द्वारा हस्तलिखित पटकथा।

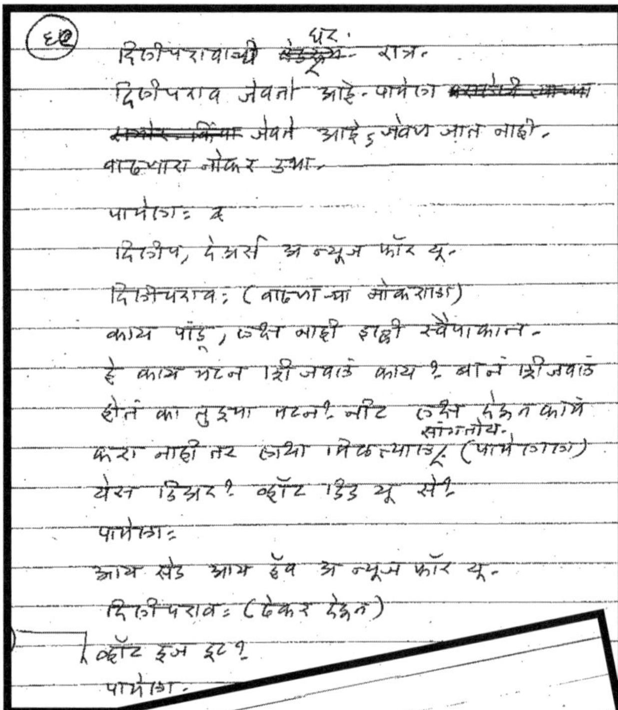

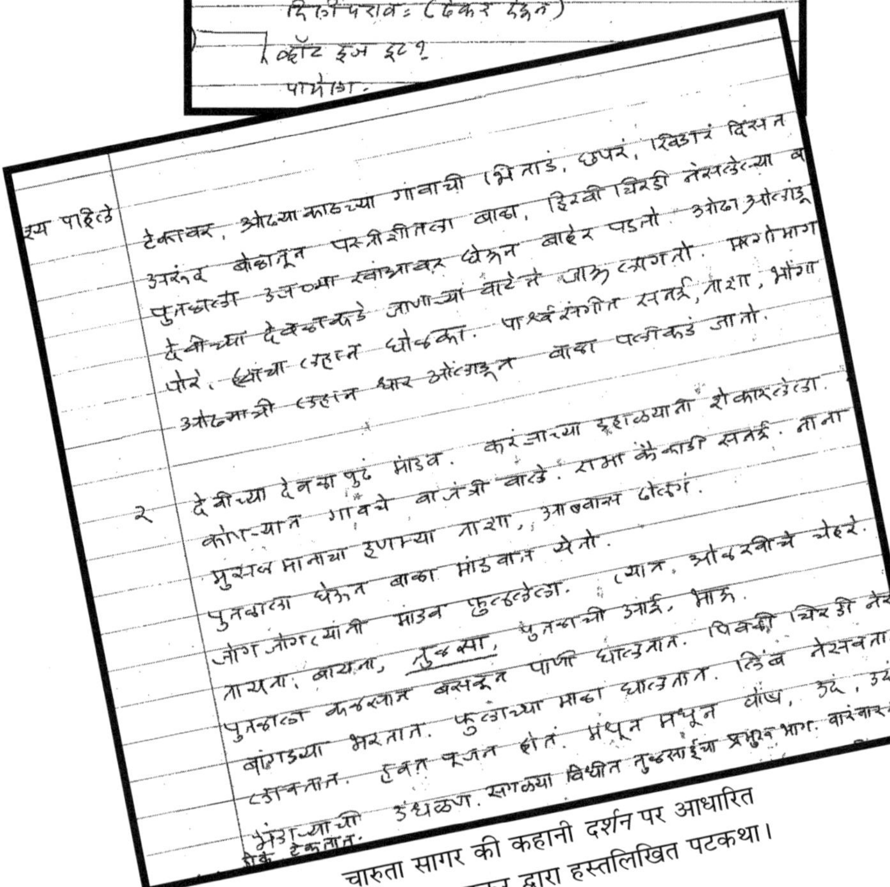

चारुता सागर की कहानी दर्शन पर आधारित
तात्या माडगूळकर द्वारा हस्तलिखित पटकथा।

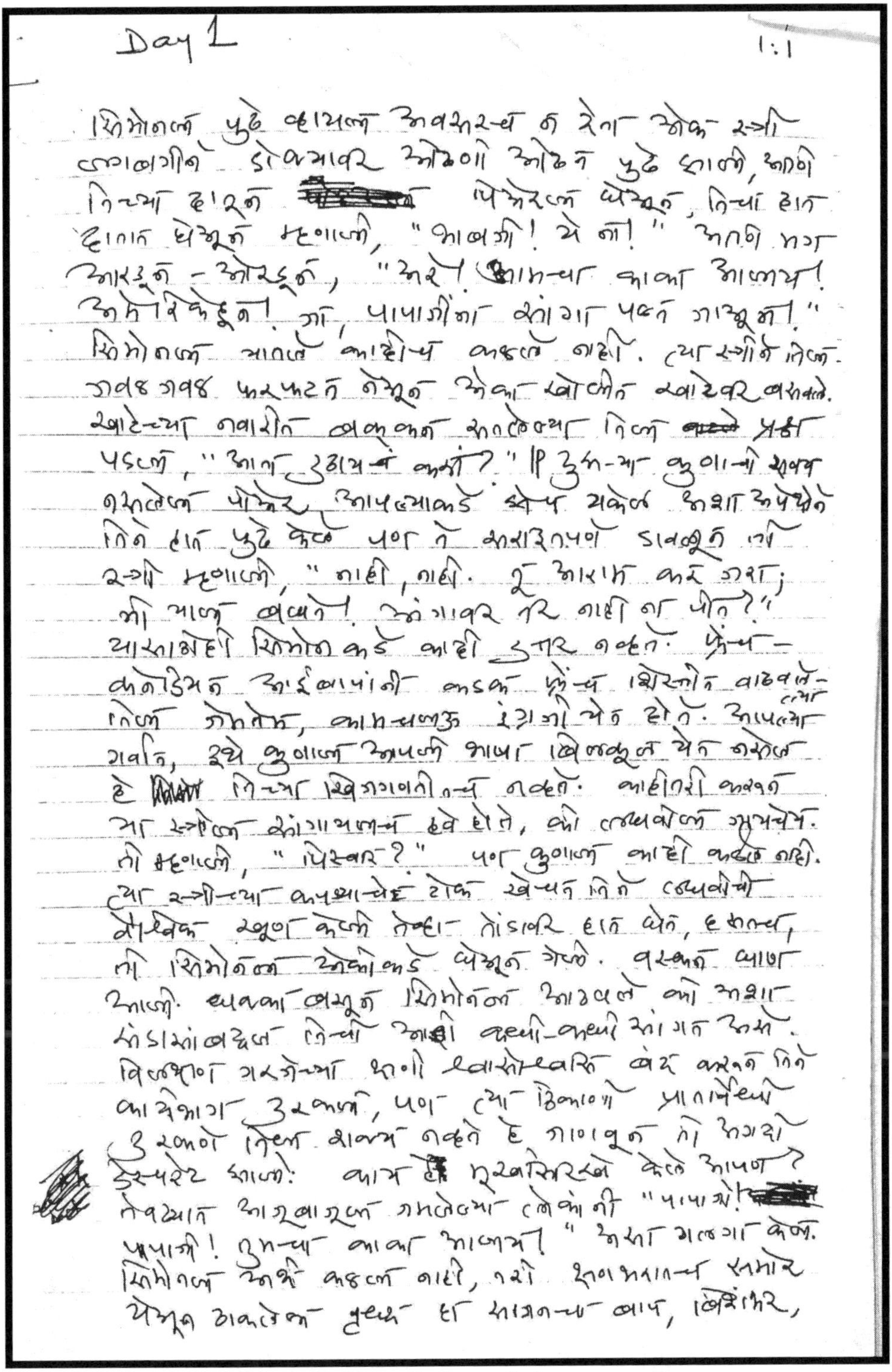

Day 1 1:1

सिमोनला पुढे व्हायला अवसरच न देता एक स्त्री
लगबगीने दोघांवर ओढणी ओढत पुढे झाली, आणि
तिच्या हातून ~~[struck out]~~ पिअरला घेऊन, तिचा हात
हातात घेऊन म्हणाली, "आबजी! ये ना!" आणि मग
ओरडून-ओरडून, "अरे! आमच्या काका आलाय!
अमेरिकेहून! जा, पापाजींना सांगा पटकन जाऊन जा!"
सिमोनला आतलं काहीच कळलं नाही. त्या स्त्रीने तिला
जवळजवळ फरफटत नेऊन एका खोलीत खाटेवर बसवलं.
खाटेच्या बाजूला बळकवत बसलेल्या तिला ~~[struck out]~~ प्रश्न
पडला, "आता इथं काय करायचं?" पिअरच्या कुणाचा शब्द
नसलेला पीअर, आपल्याकडे येणं चकोर अशा अपेक्षेने
तिने हात पुढे केले पण ते कटाक्षाने टाळून ती
स्त्री म्हणाली, "नाही, नाही. तू आराम कर जरा;
मी याला बघते! सांगावर तर नाही ना पीत?"
यासाठीही सिमोनकडे काही उत्तर नव्हते. फ्रेंच-
कॅनेडियन आईबापांनी कडक फ्रेंच शिस्तीत वाढवलेल्या
तिला जेमतेम, आजूबाजूला इंग्रजी येत होतं. आपल्या
नवऱ्याची, इथे कुणाला आपली भाषा बिलकूल येत नसेल
हे ~~[struck out]~~ तिच्या खिजगणतीतच नव्हतं. काहीतरी करून
या स्त्रीला सांगायलाच हवे होते, की त्याबाळाला गुपचूप.
ती म्हणाली, "पिअर?" पण कुणाला काही कळले नाही.
त्या स्त्रीच्या कपड्याचे टोक खेचत तिने त्याबाळाची
मौखिक खूण केली तेव्हा तोंडावर हात घेत, हसत,
ती सिमोनला ओठांकडे घेऊन गेली. वरकरणी पाण
आली. थबकाबाजून सिमोनला आठवलं की अशा
संडासांबद्दल तिची आई कधी-कधी सांगत असे.
विलक्षण गरजेच्या क्षणी श्वासोच्छ्वास बंद करून तिने
कायेकाग उरकला, पण त्या ठिकाणी प्रातर्विधी
उरकणे तिला शक्य नव्हते हे जाणून ती जरा
डेस्परेट झाली. काय हे! पुरवठिसारखं केलं आपण?
तेवढ्यात आजूबाजूला जमलेल्या लोकांनी "पापाजी! ~~[struck out]~~
पापाजी! तुमचा काका आलाय!" असा गलका केला.
सिमोनला काही कळलं नाही, तरी हळूवारपणाने समोर
येऊन ठाकलेला उंच हा माणसाचा बाप, शिंगोर,

गौरी देशपांडे की अपनी ही कहानी *देना* पर आधारित
उनकी हस्तलिखित पटकथा।

पटकथा और संवाद लिखें। पर उन्होंने अपने पहले से तय कार्यक्रमों के चलते मना कर दिया; हालाँकि उन्होंने मेरे थिएटर और फ़िल्म करियर की तारीफ़ की और कुछ अन्य पटकथा लेखकों के नाम भी दिए जो उनकी कहानी के साथ न्याय कर सकते थे। उनसे एक स्पष्ट और पेशेवर दृष्टिकोण मुझे सीखने को मिला। मेरे जैसे युवा निर्देशक के लिए यह एक महत्वपूर्ण सबक़ था। उनकी सलाह पर मैं विजय तेंडुलकर जी के पास गया। उन्होंने बहुत उत्साह और स्नेह के साथ काम शुरू किया। उन्होंने सबसे पहले फ़िल्म की संरचना पर मेरे निर्देशकीय विचार समझे। फिर हमने पुणे से नज़दीक फलटण नामक छोटे से शहर का दौरा किया, जहाँ माली समाज के संपन्न परिवारों की जीवनशैली को देखने के बाद, तेंडुलकर जी के मन में पटकथा की रूपरेखा बनने लगी। इसके बाद, हर दिन सुबह दस बजे तेंडुलकर जी मेरे बंगले, चिरेबंदी, पर आते और एक कमरे में लिखने बैठ जाते। दोपहर के भोजन के बाद फिर से बैठक शुरू होती, जो शाम तक चलती। बीच-बीच में, वे कुछ नोट्स पढ़कर सुनाते या किसी घटना को एक ख़ास अंदाज़ से प्रस्तुत करने के लाभ-हानि पर चर्चा करते। उनके लेखन का अनुशासन बहुत सख़्त था। जब लेखन पूरा हुआ, तेंडुलकर जी ने पटकथा पढ़कर सुनाई। लेकिन इस पूरी प्रक्रिया के अंत में मुझे पटकथा पसंद नहीं आई और इस साझेदारी का यहीं पर विनम्र अंत हो गया।

कुछ दिनों बाद अचानक तेंडुलकर जी मेरे घर आए और एक मोटी फ़ाइल, एनएफ़डीसी की पुरस्कार विजेता पटकथा मेरे हाथ में थमा दी। मैं एक पल के लिए स्तब्ध रह गया। मैंने इसके लिए अलग फ़ी देने का आग्रह किया।

पहले तो वे झिझक गए पर अंत में आत्मीयता, आदर जैसी भावनाओं से परे मेरे व्यावसायिक दृष्टिकोण के कारण उन्होंने स्वीकार कर लिया। तेंडुलकर जी द्वारा अचानक इस तरह से स्क्रिप्ट हाथ में देना, मेरे जीवन की तीसरी महत्वपूर्ण 'आकस्मिक घटना' थी! इस घटना ने मुझे निर्देशक बना दिया क्योंकि वह कहानी और पटकथा मुझे बहुत पसंद आई और मैंने उस पर फ़िल्म बनाई और उसे प्रदर्शित भी किया। *संत तुकाराम* फ़िल्म के आने के सालों बाद *आक्रीत* पहली मराठी फ़िल्म थी जिसे अंतरराष्ट्रीय फ़िल्म समारोहों में पुरस्कार मिला। मूल शीर्षक *बळी* था, जिसे बदलकर मैंने *आक्रीत* कर दिया। जो काम मैं बरसों से करना चाहता था, उसे दिल से करने का अवसर आख़िरकार मिल ही गया और यह मोड़ इतना महत्वपूर्ण साबित हुआ कि इसके बाद मैंने लगभग पंद्रह फ़िल्मों का निर्देशन किया; उसमें पूरी तरह से डूब गया और तृप्त होता रहा।

आक्रीत 'मानवत हत्याकांड' पर आधारित थी। यह न केवल महाराष्ट्र बल्कि पूरे भारत को झकझोर देने वाली घटना थी। नवंबर १९७२ से जनवरी १९७४ के

बीच परभणी ज़िले के मानवत गाँव में छोटी लड़कियाँ और महिलाएं ग़ायब हो जाती थीं। उनके क्षत-विक्षत गुप्तांगों वाले शरीर बाद में मिलते थे। गुप्तधन या संतान प्राप्ति जैसी इच्छाओं की पूर्ति के लिए किए जाने वाले इस अपराध में कुल मिलाकर बारह महिलाओं ने अपनी जान गँवाई। इस हत्याकांड के पीछे जादू-टोना, नरबलि, तंत्र-मंत्र जैसी बातों का हाथ था। पुलिस ने गाँव के सरपंच, उत्तमराव बारहाते और पारधी समुदाय के कुछ लोगों को गिरफ़्तार किया। मामला फांसी और उम्रक़ैद तक पहुँचा। सन १९७६ में, बंबई उच्च न्यायालय ने बारहाते और उसकी पारधी जाति की प्रेमिका रुक्मिणी को पर्याप्त सबूतों की कमी के कारण बरी कर दिया। लेकिन अन्य चार पारधी लोगों को फांसी की सज़ा सुनाई गई।

मैंने शुरू में ही तय कर लिया था कि इस पूरे मामले की क्रूरता को घटिया या सनसनीखेज़ ढंग से मुझे नहीं दिखाना है। कई महिलाओं के साथ संबंध रखने वाला कोई पुरुष किसी स्त्री और वह भी अपने से निम्न जाति की स्त्री से प्रेम कर सकता है और उसके लिए किसी भी हद तक जा सकता है, इस विचार से मैं हैरान था। उस समय या आज भी, जब प्रेम त्रिकोण या प्रेमकथा पर आधारित फ़िल्में सफलता का नुस्खा मानी जाती थीं, मैंने एक अलग ही तरह के मानवीय रिश्तों की खोज करने का फ़ैसला लिया। तेंडुलकर जी की पटकथा जहाँ समाप्त होती थी, उसके आगे बढ़कर मुझे एक निर्देशक के रूप में जलती हुई सामाजिक वास्तविकता दिखाने की ज़रूरत महसूस हुई। 'अगर मेरे पास पैसा नहीं होता तो मैं भी फांसी पर चढ़ गया होता। मुझे निर्दोष साबित करने के लिए साढ़े चार लाख रुपए ख़र्च करने पड़े,' कहने वाला उत्तमराव (यह नाम बदलकर तेंडुलकर जी ने मुगूटराव किया था) सत्ता के बल पर कुछ भी हासिल करने वाले लोगों का प्रतीक था। मैंने उसी प्रतीक को फ़िल्म में पेश किया। फ़िल्मांकन के दौरान सामाजिक असमानता पर टिप्पणी करने की ज़रूरत और भी तीव्र हो गई। उस अंतिम दृश्य के माध्यम से मैंने वही किया। फ़िल्म देखने के बाद, तेंडुलकर जी ने इस बदलाव पर कोई आपत्ति नहीं जताई।

उस पटकथा की संकल्पना और विस्तार मुझे दो अलग-अलग कारणों से पसंद आया। मेरे लिए मुगूटराव की मुख्य भूमिका निभाना अभिनेता के रूप में एक बहुत बढ़िया चुनौती थी। इससे मुझे एक खलनायक का किरदार निभाने का मौक़ा मिला। इससे पहले *भूमिका* में मैंने एक ग्रे शेड वाला किरदार निभाया था, लेकिन मुगूटराव में मुझे एक पूरा खलनायक का किरदार निभाने का अवसर मिला। मिलिटरी कट हेयरस्टाइल और दोनों भौंहों को मिलाकर मेरा लुक पूरी तरह बदल गया। इसके अलावा, धोती पर बिना शर्ट के खुले बदन के कई दृश्य होने के कारण मेरा दस-बारह किलो वज़न बढ़ाना ज़रूरी था, और मैंने वो किया भी।

आक्रीत की पटकथा पसंद करने का दूसरा कारण यह था कि पारधी रखैल, रूही, की भूमिका के लिए चित्रा को मौक़ा मिल सकता था। वह एक बेहतरीन और कुशल अभिनेत्री थी, जिसे अभिनय का बहुत शौक था। इसके बावजूद, उसे मराठी या हिन्दी फ़िल्मों में किसी भी भूमिका के लिए कभी पूछा नहीं जाता था। इसका दोष अक्सर मुझ पर मढ़ा जाता था। चूँकि मैं हिन्दी फ़िल्मों में एक स्टार था इसलिए समानांतर रंगमंच और फ़िल्मों में उसके साथ अन्याय हुआ, यह बात मुझे अक्सर सुननी पड़ती थी। इस बात को लेकर हमारे रिश्ते में काफ़ी तनाव आने लगा था। अपनी ख़ुद की फ़िल्म होने के कारण, चित्रा को एक महत्वपूर्ण भूमिका देकर इस समस्या का कम से कम अस्थाई समाधान मिल गया। इसके अलावा, मैंने 'ज्ञ' नाम की फ़िल्म निर्माण कंपनी उसके नाम पर रजिस्टर की। इसके तहत, बाद में *कच्ची धूप* और *नकाब* जैसे दूरदर्शन के धारावाहिक भी बनाए गए। इन सभी में चित्रा के स्वामित्व अधिकार सुरक्षित रखे गए।

मैंने *आक्रीत* के निर्माण के लिए क़र्ज़ न लेने का फ़ैसला किया और जो भी अभिनेता के तौर पर कमाए पैसे मैंने जमा किए थे, उनका इस्तेमाल किया। सीमित बजट के कारण कम से कम दिनों में शूटिंग पूरी करना ज़रूरी था। इसके लिए सटीक योजना बनानी आवश्यक थी। लगभग अठाईस दिनों में शूटिंग पूरी हो गई।

कई स्थानों का दौरा करने के बाद, नदी किनारे बसा हुआ जांभूळपाडा नाम का एक छोटा सा गाँव हमने चुना (बाद में यह पूरा गाँव २४ जुलाई १९८९ को बाढ़ में बह गया)। देबू देवधर, बाबा माजगांवकर, शशांक शंकर, विजय शिर्के और हैदर अली जैसे कम अनुभव वाले युवा दल को लेकर मैं बतौर निर्देशक खड़ा हुआ। संगीत निर्देशक के रूप में भास्कर चंदावरकर ने गाने तैयार किए। लेकिन बैकग्राउंड म्यूज़िक के लिए पहले हाँ कहने के बावजूद, वे आख़री वक़्त पर पीछे हट गए। तब अशोक पत्की ने कमान संभाली।

शूटिंग के पहले ही दिन एक बड़ी समस्या सामने आ खड़ी हुई। पहले सीन की तैयारी हो चुकी थी, तभी उस घर के मालिक का ठाणे में निधन हो जाने की ख़बर लेकर एक एम्बेसडर गाड़ी आकर रुकी। गाँव में किसी को भी इस दुर्घटना की जानकारी नहीं थी। 'वहिनी को इसकी जानकारी अभी मत देना,' घर के मालिक के एक रिश्तेदार ने मुझसे कहा। उसकी पत्नी को मृत्यु की ख़बर देने के लिए मेरे मन में दो आशंकाएं थीं: पहली, घर की मालकिन घर बंद करके बंबई जा सकती थी, और दूसरी, गाँव वाले हमें अपशकुनी मानकर हमें शूटिंग बंद कर गाँव से निकलने के लिए बोल सकते थे। पर हमारी आशंकाओं के उलट वह भली महिला बोलीं, 'आप अपनी शूटिंग जारी रखें,' और, मुझे चाबियाँ देकर

चली गईं। फिर भी इस अप्रत्याशित घटना के कारण शूटिंग के पहले दिन ही काफ़ी देर हो गई।

बाद में एक बार फिर ऐसा ही एक वाक़ेया और हुआ, जिसे चतुराई से संभालना पड़ा। मंदिर के गर्भगृह को छोड़कर अन्य हिस्सों में पुलिस चौकी के दृश्यों को शूट करने का निर्णय लिया गया था। शूटिंग से पहले, गाँव वालों ने जूते बाहर उतारने की मांग की। तुरंत ग्राम पंचायत बैठानी पड़ी। हमने उनसे अनुरोध किया कि पुलिस चौकी में जूते उतारना अजीब लगेगा और यह कि हम तो गर्भगृह में प्रवेश भी नहीं करने वाले हैं। आख़िरकार, गाँव वालों ने हमारे अनुरोध को स्वीकार कर लिया। उनकी भावनाओं का सम्मान करते हुए, हमने दृश्य में एक और बदलाव किया। सब-इंस्पेक्टर हैदर अली को पुलिस चौकी में रौब से चिकन लेग चबाते हुए दिखाने के बजाय सहजन की फली चबाते हुए दिखाया गया।

साउंड मिक्सिंग और री-रिकॉर्डिंग के लिए मंगेश देसाई जैसे इंडस्ट्री के दिग्गज व्यक्ति ने *आक्रीत* का ट्रायल देखकर हरी झंडी दी। इतना ही नहीं, उन्होंने मेरे लिए *सिलसिला* जैसे बड़े बैनर की फ़िल्म को आगे बढ़ा दिया। मंगेश देसाई, जो अपने गुस्सैल स्वभाव के लिए प्रसिद्ध थे, उन्होंने मुझ तक अपने क्रोध की आँच ज़रा भी पहुँचने नहीं दी, बल्कि उन्होंने मुझे बड़े प्यार से कई तकनीकी पहलुओं को समझाया। उनके कारण ध्वनि की अवधारणा के कई नए पहलू मेरी समझ में आए।

फ्रांस के नांत अंतरराष्ट्रीय महोत्सव में, जब फ़िल्म को स्पेशल ज्यूरी सम्मान दिया गया, उस समय फ़िल्म की अंतरराष्ट्रीय स्तर की तकनीकी गुणवत्ता की विशेष रूप से सराहना की गई। तब मुझे वास्तव में फ़ख्र महसूस हुआ। सीमित बजट में काम करने वाले हर तकनीशियन और कलाकार ने अपनी पूरी जान लगा दी थी और *आक्रीत* को संभव बनाया था।

मराठी फ़िल्मों के लिए, हिन्दी फ़िल्मों की तरह कोई स्वतंत्र वितरण व्यवस्था नहीं थी। बड़े निर्माता-निर्देशक अपनी फ़िल्मों का वितरण ख़ुद ही करते थे। लेकिन मैंने *आक्रीत* के लिए वितरक के रूप में प्रसिद्ध निर्माता-निर्देशक विश्वास सरपोतदार जी को चुना। मैं इसे दादर के प्लाज़ा सिनेमा में प्रदर्शित करना चाहता था जहाँ मेरे चाहने वाले मध्यमवर्गीय, शिक्षित दर्शक फ़िल्म देखने आते थे। लेकिन प्लाज़ा उपलब्ध नहीं था, इसलिए दादर के कोहिनूर सिनेमा में फ़िल्म दिखाने का सुझाव रखा गया। लेकिन मुझे संदेह था कि इस फ़िल्म की कहानी क्या उन मिल-मज़दूरों और श्रमिक वर्ग को पसंद आएगी जो कोहिनूर सिनेमा जाते थे? अंतत: कोहिनूर में ही फ़िल्म लगानी पड़ी। बिना किसी पूर्व-प्रचार के, फ़िल्म असफल रही। हालाँकि, फ़िल्म और मेरे अभिनय की काफ़ी सराहना हुई। खालिद

मोहम्मद जैसे प्रख्यात फ़िल्म समीक्षक ने *टाइम्स ऑफ़ इंडिया* में *आक्रीत* की भरपूर सराहना करते हुए समीक्षा लिखी। राष्ट्रीय स्तर के सभी अंग्रेज़ी अख़बारों ने भी फ़िल्म और मेरे निर्देशन के इस पहले क़दम की काफ़ी तारीफ़ की। इस भरपूर प्रशंसा के बाद, फ़िल्म की आर्थिक विफलता का दुख नहीं हुआ।

जितने आकस्मिक तरीक़े से ये तीन घटनाएं हुईं, और जीवन को नए रंग मिले, उतने ही अप्रत्याशित रूप से संध्या गोखले मेरे जीवन में आई। दरअसल वो मेरे जीवन में एक बार नहीं बल्कि दो बार आई। पहली बार आई और धूमकेतु की तरह चली गई, बिना कोई निशान छोड़े। दूसरी बार आई और जीवन की सभी धारणाएं रेल की पटरी की तरह बदल गईं। पिछले पच्चीस सालों में, जिस गति से समय बीता और जितनी चीज़ें हमने एक-दूसरे के साथ कीं—आठ फ़िल्मों का निर्माण, मेरी छह चित्र-प्रदर्शनियों का आयोजन, पाँच नाट्य महोत्सव, छोटी बेटी समीहा की परवरिश, विभिन्न अंतरराष्ट्रीय प्रदर्शनियों में भाग लेना, उत्तम व्यंजनों की अनगिनत दावतें आयोजित करना, एक साथ सुने गए संगीत, देखी गई अनगिनत फ़िल्में और नाटक, मीलों पैदल चलना, गाड़ी और विमान से दुनियाभर की यात्राएं, एक साथ पढ़ा गया साहित्य, उस पर हुई गहन चर्चाएं और बहसें, मेरी विभिन्न बीमारियाँ, हमारी गाड़ियाँ, घर और अनगिनत छोटी-छोटी चीज़ों की उत्साहपूर्वक की गई ख़रीदारी... हमने क्या-क्या नहीं जिया? और अनुभव किया... असीमित प्रेम, सुख और संतुष्टि!

आज की दृश्य भाषा में इसे पकड़ना हो तो यह विशाल नीले समुद्र का एक ड्रोन शॉट होगा... धीरे-धीरे एक मानव आकृति नज़र आने लगती है—पानी की सतह पर हाथ-पैर फैलाकर पीठ के बल तैरती हुई। जैसे-जैसे ड्रोन पानी की ओर बढ़ता है, उस आकृति में मैं नज़र आने लगता हूँ। मेरे जितना ही समुद्र भी शांत होता है। जब ड्रोन थोड़ा किनारे की ओर जाता है, तो मेरी पीठ को सहारा देने वाले संध्या के हाथ दिखाई देते हैं। ख़ुद को न दिखाने की पूरी कोशिश करते हुए भी उसके हाथ कैमरे में क़ैद हो जाते हैं। समुद्र की अशांति को मुझ तक पहुँचने से रोकने के उसके भरसक प्रयासों को ड्रोन पकड़ नहीं पाता। हमारे रिश्ते का पूरा सार इस दृश्य में शामिल है।

सन १९९० का समय रहा होगा जब एक दोपहर, एक उत्साही युवती प्रख्यात प्रकाशक रामदास भटकळ जी की सिफ़ारिश पर मुझसे मिलने आई। वे *पाऊलखुणा* (पदचिह्न) नाम का एक दूरदर्शन धारावाहिक बनाने वाले थे।

वह: मराठी साहित्य में स्त्री पात्रों पर आधारित एक सीरियल का निर्माण रामदास जी कर रहे हैं और मुझे पता चला कि आप उसका निर्देशन कर रहे हैं। गौरी देशपांडे की कहानी के स्त्री पात्र के लिए, क्या मेरा चयन हो सकता है? मैं

नायिका के गुणों को अच्छे से पहचानती हूँ और मुझे विश्वास है कि मैं इस रोल की बारीकियों को अच्छे से दिखा सकती हूँ। पर सच कहूँ तो, इससे पहले मुझे अभिनय का कोई अनुभव नहीं है।

मैं: उस सीरीज़ की तो अभी तैयारी ही चल रही है और उसे पूरा करने में कुछ महीने लग सकते हैं।

वह: ठीक है, फिर मैं चलती हूँ। मैं भारत में केवल छह महीने रहूँगी। अगर उस अवधि में सीरीज़ की शूटिंग शुरू होती है, तो मुझे इसमें काम करना अच्छा लगता।

मैं: छह महीने? मतलब, आप भारत में नहीं रहतीं?

वह: नहीं, मैं अमेरिका में वकालत करती हूँ। काम के सिलसिले में यहाँ छह महीने के लिए आई हूँ।

मैं: मैं जल्द ही दूरदर्शन के लिए एक हिन्दी सीरीज़ शुरू करने वाला हूँ। यह वृंदावनलाल वर्मा जी के हिन्दी उपन्यास मृगनयनी पर आधारित है। यह एक आदिवासी लड़की की कहानी है, जिससे राजा मानसिंह शिकार के दौरान प्रभावित होकर विवाह करता है। उसमें एक भूमिका आपको मिल सकती है।

वह (सीधा इंकार करते हुए): मुझे हिन्दी ज़्यादा नहीं आती और वैसे भी उस कालावधि को दिखाने के लिए पारंपरिक पोशाकें पहननी पड़ेंगी, मैं नहीं पहन पाऊँगी।

मैं (अपने ग़ुस्से को क़ाबू में रखते हुए): आप केवल मना ही कर रही हैं, कभी ये नहीं आता, कभी वो नहीं पसंद, कभी ये नहीं चाहतीं... तो आप आई ही क्यों हैं?

वह: मैं सिर्फ़ एक भूमिका को ध्यान में रखकर आई थी। वह मेरे व्यक्तित्व से मेल खाती है, इसलिए मुझे लगा कि मैं उसे अच्छी तरह निभा पाऊँगी।

मैं: आपने पहले कभी अभिनय नहीं किया, फिर किस आधार पर आपको इतना विश्वास है? आपको अभिनय और हिन्दी दोनों की ट्रेनिंग लेनी पड़ेगी।

वह: सच है, लेकिन मेरे पास इतना समय नहीं है।

मैं (जितना हो सके ग़ुस्सा और नापसंदगी दिखाते हुए): ठीक है। जाने से पहले अपनी फ़ोटो भटकळ जी के ऑफ़िस में छोड़ दीजिए।

वह: सॉरी, मेरे पास देने लायक फ़ोटो नहीं हैं। और मुझे दूसरी किसी भूमिका में दिलचस्पी नहीं है, इसलिए फ़ोटो छोड़ने का कोई मतलब नहीं।

इन दस मिनटों की तीखी बातचीत के बाद, वह महिला जो हवाई घोड़े पर सवार होकर आई थी, चली गई। मैंने भी उतनी ही तेज़ी से उसके नाम के आगे एक क्रॉस मार्क लगा दिया।

सात-आठ साल बाद, एक दिन अचानक उसका फ़ोन आया।

'मैं संध्या गोखले बोल रही हूँ। मैंने सुना है कि आप जी.ए. कुलकर्णी की *कैरी* पर फ़िल्म बना रहे हैं। मुझे वह कहानी बहुत पसंद है। मैंने भी उस पर कुछ लिखने की कोशिश की है। क्या मैं उसे आपको भेज सकती हूँ?'

उसकी आवाज़ से मैंने उसे एकदम पहचान लिया, इस बात पर मुझे आज भी आश्चर्य होता है। वास्तव में, जब वह पहली बार आई थी, तो उसका नाम संध्या दाभोलकर था। इसलिए नाम से पहचानने का कोई सवाल ही नहीं था। और इतने सालों में हमारा कोई संपर्क भी नहीं था।

मैंने कहा, '*कैरी* की पटकथा और संवाद तैयार हैं। क्या आप फिर से काम के सिलसिले में भारत आई हैं?'

वह बोली, 'मैं अब मुंबई में ही वकालत करती हूँ।'

इसके बाद, अगले कुछ महीनों में मैंने अख़बारों में सामाजिक मुद्दों से जुड़े उसके दो-तीन मामलों के बारे में पढ़ा। कभी दादर-माटुंगा की संगीत महफ़िलों में, तो कभी यशवंतराव चव्हाण हॉल में फ़िल्म देखने के दौरान सिर्फ़ 'हाय-हैलो' होती।

सेंसरशिप से जुड़े क़ानूनों की कुछ धाराओं को चुनौती देने का विचार मेरे मन में चल रहा था। मैंने उसके ऑफ़िस में जाकर उसके विचार जानने की कोशिश की और हमारी याचिका पर काम भी शुरू हो गया। दस साल अमेरिका में बिताने के बावजूद, मराठी साहित्य, शास्त्रीय संगीत और सांस्कृतिक गतिविधियों से उसकी निकटता आश्चर्यजनक थी। क़ानून पर उसकी पकड़, अपने विचारों को स्पष्टता से व्यक्त करने की क्षमता, सामाजिक मुद्दों के प्रति उसकी चिंता और प्रतिबद्धता, अपार उत्साह और उतना ही सरल स्वभाव। प्रगतिशील विचारधारा लेकिन गहरी देशभक्ति, सख़्त बाहरी व्यक्तित्व लेकिन भीतर स्नेह का सागर, दूसरों के काम में दख़ल न देना, लेकिन ज़रूरत पड़ने पर हरसंभव मदद के लिए तत्पर रहना—ये सभी विरोधाभासी पहलू धीरे-धीरे मेरे सामने आने लगे। एक बुद्धिमान और स्वतंत्र महिला के रूप में, मैं धीरे-धीरे उसकी ओर आकर्षित होने लगा।

महिला एवं बाल विकास मंत्रालय ने मेरी प्रस्तावित फ़िल्म *कैरी* के लिए अनुदान मंज़ूर किया। इसके लिए एक मोटा-सा अनुबंध मुझे हस्ताक्षर के लिए दिया गया। मैंने उस अनुबंध को, क़ानूनी सलाह लेने के लिए संध्या के पास भेजा। पढ़ने के बाद उसने कहा, 'अगर आप मेरी सलाह मांग रहे हैं, तो मैं कहूँगी कि इस पर

दस्तख़त न करें। इस तरह के एकतरफ़ा शर्तों वाले अनुबंध को आप पर थोपना अनुचित है।'

मैंने कहा, 'कलाकार हमेशा ज़रूरतमंद होता है और सरकारी शर्तों और अनुबंधों को बदलने का मौक़ा उसे नहीं मिलता। यह मेरा अब तक का अनुभव है।'

संध्या ने सलाह दी, 'कम से कम कोशिश तो कीजिए।'

मैंने उसकी सलाह मान ली। मंत्रालय ने उसकी बारह-चौदह आपत्तियों में से आठ-नौ को स्वीकार कर लिया। बाक़ी लोग भी जो अनुबंध पर हस्ताक्षर कर चुके थे, वो सरकार के पास उनके अनुबंधों पर भी पुनर्विचार की अर्ज़ी लेकर गए। सभी पक्षों में समानता होनी चाहिए और शर्तें एकतरफ़ा और अनुचित नहीं होनी चाहिए, संध्या की यह धारणा मेरे लिए नई थी। उसी तत्परता और प्रभावशीलता से उसने *ध्यासपर्व* के लिए अमेरिका के मैकआर्थर फ़ाउंडेशन से अनुदान दिलाने में भी मेरी मदद की, जिससे अधूरी फ़िल्म पूरी हो सकी।

मैंने उसके जीवन में सीधे प्रवेश करने और उसके माता-पिता से मिलने का निर्णय लिया। उन्होंने कहा, 'हमारी बेटी सरल है, वह आपकी फ़िल्मी दुनिया में फ़िट नहीं हो पाएगी। पार्टियाँ और बहुत सारे लोगों से मिलना उसे पसंद नहीं है।' इन सामान्य बातों के अलावा, उन्हें कोई आपत्ति नहीं थी। लेकिन संध्या ने मेरे आगे तीन शर्तें रखीं। मैंने तीन में से दो शर्तों को तुरंत स्वीकार कर लिया। मेरी पहले के जीवन की संपत्ति, बंगला आदि भौतिक चीज़ें वह हमारे नए जीवन में नहीं चाहती थी। उसने ख़ुद को शून्य से खड़ा किया था इसलिए वह किसी पुरुष से कुछ भी 'मुफ़्त' नहीं चाहती थी। मैंने शाल्मली और चित्रा के नाम पर सारी संपत्ति और बंगला कर ख़ुद को मुक्त कर लिया। दूसरी शर्त के अनुसार, उसकी बेटी की परवरिश उसकी पहली ज़िम्मेदारी होगी, यह उसने स्पष्ट किया। इसे स्वीकार करना भी आसान था। लेकिन तीसरी शर्त ने मुझे सोच में डाल दिया, जिसमें रिश्ते में पारदर्शिता और विश्वसनीयता का होना आवश्यक था। उसने अपना पूरा अतीत मेरे सामने रख दिया, लेकिन मेरा अतीत उसकी तरह सरल नहीं था; उसमें कई और लोग शामिल थे। मुझे डर था कि यह सब जानने के बाद वह 'न' कह देगी। संपूर्ण अतीत खोलकर सामने रखना आसान नहीं होता। इस समय मुझे ईसाई धर्म की 'कन्फ़ेशन' की अवधारणा का महत्व बहुत गहराई से समझ आया। उस दहलीज़ को पार करने के बाद मैं हल्का महसूस करने लगा। उसने भी मेरे सारे दोषों के साथ मुझे स्वीकार किया। न सिर्फ़ मुझे, बल्कि शाल्मली, उसकी पार्टनर और बेटे को भी उसने अपना लिया। मेरी दोनों बहनें मेरे इतने क़रीब आईं, यह भी सिर्फ़ संध्या की वजह से। लेकिन उससे भी ज़्यादा मुझे उसकी परिपक्वता पर फ़ख्र है, जिस तरह उसने चित्रा से मेरे अलग होने

के बाद का समय संभाला। समाज अंदर से खोखले और ज़हरीले रिश्तों को तो स्वीकार करता है लेकिन दो लोग जब अपनी राहें बदलने का निर्णय लेते हैं तो यह समाज के गले नहीं उतरता। कई वर्षों के हमारे मित्रों के सामने 'मैं या वह' चुनने की शर्त रखी गई। उनमें से ज़्यादातर मुझसे दूर हो गए। संध्या और मैंने पुणे में घर बसाया, इस कारण उनसे मिलने के अवसर भी कम हो गए। समय के साथ कई लोगों ने अपनी ग़लती स्वीकार की लेकिन तब तक मैं उनसे बहुत दूर हो चुका था। इस पूरे समय में संध्या मेरे साथ खड़ी रही। इतना ही नहीं, उसने फ़िल्म निर्माण की ज़िम्मेदारी भी अपने कंधों पर ले ली, जबकि उसे यह काम पसंद नहीं था। मुझे इस बात का अंदाज़ा नहीं था कि उसके कंधे इतने मज़बूत थे। मेरे अल्ट्रामरीन ब्लू आकाश में, संध्या के साथ मिलकर अब पच्चीस से ज़्यादा बरसाती मौसम बीत चुके हैं।

इस संस्मरण को शुरू करने के लिए मुझे प्रेरित भी उसी ने किया और मैंने चार सौ पन्ने लिख डाले। जब यह पूरा हुआ और उसने मुझसे पूछा कि कैसा लग रहा है, तो मुझे एक ज़ेन गुरु और उसके युवा शिष्य की कहानी याद आई। दोनों को एक नदी पार करनी थी, पानी का स्तर बढ़ रहा था। एक सुंदर युवती, जो बीच में फंसी थी, उनसे मदद मांगती है। शिष्य के मन में सवाल उठता है कि प्रलोभन से बचे रहते हुए, युवती को छुए बिना उसकी मदद कैसे की जाए? इतने में उसने देखा, उसके गुरु ने उसे उठा लिया, नदी पार कर उसे किनारे पर छोड़ दिया और वह आगे बढ़ गए। शिष्य आश्चर्यचकित रह गया। कई दिन की उलझन के बाद, शिष्य ने गुरु से पूछा, 'आपने स्त्री को छूने के सिद्धांत का उल्लंघन किया। आप कैसे उसे उठाकर नदी पार करा सकते हैं?' ज़ेन गुरु मुस्कराए और शांत भाव से बोले, 'मैंने उसे कब का छोड़ दिया था। तुम अभी भी उसे ढो रहे हो।'

मुझे ऐसा ही महसूस हुआ। अब सबकुछ हल्का हो चुका है। अब मुझे कोई बोझ नहीं चाहिए... कोई रंग भी नहीं। २०२४ के चुनाव निकट हैं। प्रकाशन तक अगले बादल भी आ चुके होंगे। इस नक़ली दुनिया से जितनी जल्दी बाहर निकल जाऊँ, उतना ही अच्छा है। वह एक्ज़िट भी एक आकस्मिक घटना ही होनी चाहिए—अप्रत्याशित, पर स्थाई।

भले ही मैं अभी इस चक्रव्यूह में फँसा हुआ हूँ, फिर भी मैं मुक्त हूँ। माँ के गर्भ की शांति को गहराई से जी रहा हूँ। जब मैं इन चारों घटनाओं को जोड़ने की कोशिश करता हूँ, तो मुझे मेरे समकालीन कवि अरुण कोलटकर की मराठी कविता 'तक्ता' (हिन्दी अनुवाद: 'वर्णमाला'), कविता याद आती है। यह मुझे बेहद पसंद है जो संदिग्धताओं को चित कर देती है।

वर्णमाला

अ अनन्नास का
आ आई का आई माने माँ
इ इजार का इजार माने पैजामा
ई ईडलिम्बू का ईडलिम्बू माने चकोतरा
उ उखळ का उखळ माने ओखली
ऊ ऊख का ऊख माने ईख
ए एडके का एडका माने मेंढा
सब अपने-अपने चौकोर संभाले बैठे हुए हैं

ऐ ऐरण का ऐरण माने निहन्नी ओ ओणवा का ओणवा माने उकड़ूँ
औ औषधि का अं अंबा का अंबा माने आम
क कप का ख खटारा का ग गणेश का घ घर का
सबकी अपनी-अपनी मालिकी की जगह है
च चम्मच का छ छतरी का ज जहाज़ का झ झबले का
ट टरबूज का ठ ठप्पे का ड डब्बे का
ढ ढग का ढग माने बादल ण बाण का
सब अपनी-अपनी जगह अड्डा संभाले हुए हैं

त तलवार का थ थडगं का थडगं माने कबर
द दवात का ध धनुष का न नल का
प पतंग का फ फणस का फणस माने कटहल
ब बतख़ का भ भटजी का भटजी माने पंडितजी म मदई का
इनमें एक-दूसरे से उपद्रव की आशंका नहीं है

य यज्ञ का र रथ का ल लहसुन का व वज़न का श शुतरमुर्ग़ का
ष षट्कोण का स ससा का ससा माने खरगोश
ह हिरण का ब बाल का बाल माने बालक क्ष क्षत्रिय का
इन सभी को अचल पद मिल गया है

माँ बच्चे को ओखली में डालेगी नहीं
पंडितजी बतख़ को लहसुन से बघारेंगे नहीं
टरबूज़ से टकरा कर जहाज़ टूटेगा नहीं

शुतुरमुर्ग़ जब तक झबला नहीं खाएगा
तब तक क्षत्रिय भी गणेश के पेट पर बाण नहीं चलाएगा
और मेंढा उकड़ूँ को टक्कर मारेगा नहीं

फिर उकड़ूँ को कबर पर कप फोड़ने की ज़रूरत ही क्या!

मूल कविता: **अरुण कोलटकर**
हिन्दी अनुवाद: **चंद्रकांत पाटील** *और* **विष्णु खरे**

2024

अंतर्मन की गहराइयाँ...

'मैं कौन हूँ?' ये सवाल अरस्तू, फ्रायड, देकार्त (*Aristotle, Freud, Descartes*), जैसे विद्वानों से लेकर बीसवीं सदी के '*4E* दृष्टिकोण' वाले कई विचारकों, मनोवैज्ञानिकों और लेखकों तक ने खंगाला है। यह एक ऐसा सवाल है जो केवल बुद्धिजीवियों तक ही सीमित नहीं है; इस पर हर आत्मविश्लेषी व्यक्ति द्वारा चिंतन किया गया है और मैं भी उन्हीं में से एक हूँ! आत्मबोध से लेकर *4E* (समाविष्ट *embodied*, अंतर्निहित *embedded*, अधिनियमित *enactive* और विस्तारित संज्ञान *extended cognition*), उन चीज़ों और अनुभवों से मिलकर बनते हैं जो धीरे-धीरे हमारी चेतना में घुलते रहते हैं, और इसी से 'मैं' का निर्माण होता है। मैं अस्सी सालों से इस सफ़र का साक्षी रहा हूँ। 'मेरी चेतना' और 'मैं जिससे जुड़ा हूँ—लोग, वातावरण और चीज़ें', इन दो धाराओं के बीच मैंने ख़ुद को महसूस किया है। चाहे मार्क्स-लेनिन का 'वस्तुनिष्ठ यथार्थ' हो या सार्त्र का 'अस्तित्ववाद', इन सबके बीच ही मेरा अस्तित्व बना है।

इस पूरे माहौल में मैं ख़ुद को टटोलता रहता हूँ। ख़ासकर तब जब कभी रात में नींद नहीं आती और मैं अंधेरे में ख़ुद को देखने की कोशिश करता हूँ—मैं बिस्तर पर लेटा हूँ, आँखें छत पर टिकी हुई हैं; ये बिल्कुल ऐसा है मानो मैं ख़ुद को ही पलटकर देख रहा हूँ। ये दृश्य मुझे बहुत पसंद है। एम.सी. ईशर (*M.C. Escher*), मेरे पसंदीदा ग्राफ़िक आर्टिस्ट का बनाया हुआ सेल्फ़-पोर्ट्रेट मुझे याद आता है, जिसे मैंने हेग (*Haigue*) में देखा था। मुझे आज भी वो नम आँखें याद हैं जब १९३५ के उस प्रिंट को मैं देख रहा था। उनके हाथ में पकड़ी हुई अंडाकार गेंद में उनका टेढ़ा-मेढ़ा प्रतिबिंब दिखता है, और उसके पीछे दिखती हैं उनके रोम वाले घर की पुस्तकें, सूट और हैट जिनसे संपन्नता तो झलकती थी, लेकिन

स्वप्निल रूप में—क्या वो अपनी भीतरी भावनाओं को दर्शाने की कोशिश कर रहे थे या वह उनकी पहचान की रूपकात्मक प्रस्तुति थी? उस निलंबित अवस्था में, 'मैं', एक बाहरी निरीक्षक जो 'मुझे' घूर रहा है। वह मुझे उससे कहीं ज़्यादा समझता है जितना वास्तविक 'मैं' ख़ुद को नहीं समझ पाया। मेरे भीतर की हर एक छटा को समझने की नज़र शायद उस बाहरी व्यक्ति के पास होगी।

सबसे ख़ास बात यह है कि मैं जब बदल रहा हूँ, तो वो ध्यान से देख रहा होगा। जैसे-जैसे दुनिया बदलती है, मैं भी बदलता हूँ। लेकिन ये बदलाव मैं ख़ुद महसूस नहीं कर पाता। सालों बाद, जब कभी पीछे मुड़कर देखता हूँ, तब समझ आता है कि मैं कितना बदल गया हूँ।

हमेशा सतर्क रहना मेरी नज़र में एक श्राप है। उस जागृत अवस्था से आई बेचैनी मेरे अंदर जम गई है, सारी रात जी मिचलाता है। पिछले कुछ सालों से ये बेचैनी कम होने का नाम नहीं लेती। ऐसा लगता है जैसे मैं पुरातन हो गया हूँ! आसपास सब इतना बदल गया है—रास्ते, पुल, फ्लाईओवर्स, बिल्डिंगें, सुरंगें और जाने-अनजाने-क़रीबी-दूर के लोग; सबकुछ बदल गया है। ज़हरीली विचारधारा में यक़ीन रखने वाले लोग, जिनके दिमाग़ ज़हरीले विचारों से त्रस्त हैं, महामारी फैलाने वाले वायरस की तरह यह ज़हर फैलाते हैं। मुझ तक वह पहुँचता नहीं क्योंकि मैंने ख़ुद को बचाकर रखा है। मेरे इर्द-गिर्द जैसे बर्फ़ का अटूट कवच है। हालाँकि बाहरी हमले मुझे नहीं तोड़ सकते लेकिन ऐसा लगता है कि मेरी अंदरूनी घुटन ही इस बर्फ़ के कवच को चूर-चूर कर देगी और भीतर जमा हुआ कार्बन डाइऑक्साइड बाहर निकल जाएगा। इस हद तक कैसे बदल गया सबकुछ? या मैं ही नाकामयाब रहा वह बदलाव समझने में? चाकू भोंककर ख़ून करके लाश को पानी में फेंक देने के बाद, सतह पर लाल रंग फैल जाता है। पर अब सतह पर केसरिया रंग दिखाई दे रहा है। सारे पेड़, पहाड़, आकाश उसी रंग के होकर, लपककर समंदर की तरफ़ जा रहे हैं। पंचमहाभूत ही अगर केसरिया हो गए तो फिर मेरे टुकड़े-टुकड़े हो जाना ही बेहतर होगा! पर हाँ, उन टुकड़ों का रंग काला होना चाहिए। इतिहास याद रखे या नहीं, पर मैं उस बाहरी 'मैं' का ऋणी रहूँगा, मेरे अंतिम समय तक मेरी ललकार और प्रतिरोध को देखने के लिए।

आज जो बेचैनी हो रही है, वो इसलिए कि बिलकिस बानो के ग्यारह दोषियों को फिर से जेल भेजने का फ़ैसला सुप्रीम कोर्ट ने सुनाया है। मुझे लगा कि उसे न्याय मिल गया। बिलकिस के साथ, जो इक्कीस साल की थी और पाँच महीने गर्भवती थी, सामूहिक बलात्कार हुआ। उसके परिवार के सात सदस्यों की, जिनमें तीन महीने की उसकी बेटी भी शामिल थी, हत्या कर दी गई। फ़रवरी २००२ से लेकर आज तक, पिछले दो दशकों में, उसने बहुत पीड़ा झेली। समाज

और व्यवस्था बिलकिस बानो के साथ न्याय करने में विफल रहे हैं। व्यवस्था की ओर से जो घाव उस पर लगे, वह देखकर मुझे लगता है कि उसे कभी न्याय नहीं मिला, और न ही मिलेगा। व्यक्तिगत और सामाजिक रूप से हम असहाय थे। लाचारी की यह बेचैनी मुझे सताती रहती है। इन ज़ुल्मों को सहने वाली बिलकिस बानो अकेली नहीं है, बल्कि यह उन सभी लोगों की कहानी है जो सत्ता, आर्थिक और सामाजिक असमानता, धर्म और जाति के आधार पर भेदभाव और पुरुषों की वासना के शिकार हुए हैं। ये लोग न्याय से वंचित रह जाते हैं और उनकी आवाज़ें अनसुनी कर दी जाती हैं। और शायद हर वो शख़्स जो अन्याय का शिकार हुआ है, हमेशा न्याय से वंचित ही रहेगा। फिर चाहे वो गीर सोमनाथ के ऊना का मामला हो, खैरलांजी का हत्याकांड हो, भागलपुर, सहारनपुर, शब्बीरपुर में दलितों पर हुए अत्याचार या हाल ही में मणिपुर में हुई हिंसा। व्यवस्था द्वारा दिखाया गया न्याय भ्रम होता है। चाहे आभासी दुनिया, सोशल मीडिया या इंटरनेट का कोई और प्लेटफ़ॉर्म क्यों न हो, सच की परख तो ख़ुद को ही करनी पड़ती है, और इसमें हम मात खा जाते हैं। इसलिए मैं परोसे गए इन भ्रमों को स्वीकार नहीं करता और विवेक की कसौटी पर अपने विचारों को स्थिर रखते हुए वर्तमान में रहता हूँ।

मैं इस आभासी दुनिया से हमेशा दूर रहना चाहता हूँ। ख़ुद को बाहर रखते हुए भी उस दुनिया के बारे में ख़बर रखने की कला मैंने सीख ली है। यह सच है कि उस दुनिया से संबंध नहीं रखने की क़ीमत मुझे भुगतनी पड़ी। फिर भी बहुत लोगों को इकट्ठा किया—कई लोग ज़िंदगी में आए, कुछ कम समय के लिए, तो कुछ कई क़दम साथ चले और मेरे जीवन में अमिट छाप छोड़ गए।

मैं ख़ासतौर पर विठाभाऊ मांग नारायणगावकर का तमाशा देखने के लिए मीलों सफ़र तय करके गया था। नाचते-नाचते वे बीच में रुकीं और शरारत करने वाले कुछ लोगों को डांटते हुए बोलीं, 'घर में माँ-बहन नहीं हैं क्या?' उनकी उस फटकार के बाद उन गुंडों को शर्म से मुँह छिपाकर वहाँ से भागना पड़ा। उनके भाग निकलने के बाद, मानो कुछ हुआ ही नहीं हो, विठा ने ढोलकी की थाप पर हिन्दी गाने '*मेरे नैना सावन भादो*' पर ठसक से लावणी पेश की। दर्शकों को मर्यादा में रखते हुए बाँधे रखने की अद्‌भुत कला थी उनके पास। साथ ही, लोक कला को संग्रहालयों में बंद करके रखने के बजाय, उसे समकालीन रूप देने की उनकी कोशिश मुझे बहुत पसंद आई। कार्यक्रम के बाद जब मैं उनसे मिला, तो उनका सरल स्वभाव देखकर मुझे यक़ीन ही नहीं हुआ कि कुछ देर पहले का वो चंडी रूप भी उन्हीं का था। उन्होंने बहुत ख़ुश होते हुए बताया कि वह मेरी कितनी बड़ी फैन हैं। साथ ही अपनी बेटी के साथ मेरा एक फ़ोटो लेने

की विनती भी की। इन सबके लिए अक्सर मना कर देने वाला मैं भी उनका यह आग्रह ठुकरा नहीं सका।

इसी तरह अपना उत्सव के दौरान मेरी मुलाक़ात गुलाबो से हुई। राजस्थानी लोकनृत्य, कालबेलिया, करते समय जिस सहजता से वह उल्टी कमान डालती और पैरों के अपने आकर्षक काम से दर्शकों का दिल जीत लेती, वह अनुभव आज भी ताज़ा है। उसने मेरी कमर के गिर्द हाथ लपेटकर जिस प्यार भरे आग्रह से फ़ोटो खिंचवाया था, वह भले ही आज मेरे पास नहीं है, लेकिन वह याद आज भी मेरे दिल में ताज़ा है। ऐसे और भी कई लोग हैं जिनसे मैं कुछ देर मिलने के बाद कभी नहीं मिला, फिर भी आज इतने सालों बाद, वो चेहरे मेरी आँखों के सामने आ जाते हैं। हालाँकि कई क़रीबी जन, जिनके साथ मेरा गहरा और लंबा संबंध रहा, अब इस दुनिया से जा चुके हैं लेकिन मेरे मन में उनके प्रति जुड़ाव आज भी है।

मराठी साहित्य में मेरी दिलचस्पी बचपन से ही थी। हमारे घर में जन्मदिन या त्योहारों पर किताबें देने का रिवाज़ था। जब मैं बोर्डी में था तो दुगल सर हमें मराठी पढ़ाते थे और मेरे निबंधों की तारीफ़ करते थे। एक बार उन्होंने मुझे विदुषी दुर्गा भागवत की किताब *ऋतुचक्र* पढ़ने को कहा। मैंने तुरंत लाइब्रेरी जाकर वो किताब पढ़ी। उस दिन मुझे एक अलग सा अहसास हुआ और तब से पाठ्यक्रम के अलावा भी किताबें पढ़ने की आदत पड़ गई। शौक के लिए पढ़ने से शुरू हुआ सफ़र मुझे एक साहित्य प्रेमी बना गया। आज भी मैं अलग-अलग विधाओं की किताबें, नए लेखक, कवि और समीक्षाएं पढ़ता रहता हूँ। हर किताब को 'पढ़ने योग्य', 'भुलाने योग्य', 'कालजयी', 'मामूली' आदि श्रेणी में रखता हूँ। जैसे-जैसे मेरा नाम होता गया, मुझे कई साहित्यकारों ने अपने हस्ताक्षर के साथ अपनी नई किताबें दीं, जिन्हें मैंने बड़े प्यार से संजोकर रखा हुआ है। कुछ लेखकों के साथ मेरे आत्मीय संबंध भी रहे, उनमें से दो लेखक मेरे दिल के बहुत क़रीब हैं—जी.ए. कुलकर्णी और सी.टी. खानोलकर उर्फ़ आरती प्रभु। इन दोनों ने मुझे बहुत समृद्ध किया है।

साहित्य की विधाओं में काव्य मुझे सबसे ज़्यादा भाता है। मेरी बड़ी बहन नीलन ताई ने मंगेश पाडगांवकर जी की कविताओं का संग्रह *जिप्सी* बड़े चाव से ख़रीदा था। वह हम भाई-बहनों को उसमें से कविताएं पढ़कर सुनाती थीं। जैसे-जैसे मैं बड़ा हुआ, कविता के अर्थों के पीछे भागने के बजाय उसमें मौजूद नाद, लय, शब्दों की अदायगी और दो पंक्तियों के बीच छिपी हल्की-सी तरलता को पकड़ने का शौक लग गया। शाल्मली अंग्रेज़ी माध्यम के स्कूल में पढ़ रही थी, उसकी मराठी कविता और मराठी साहित्य में रुचि बढ़ाने के लिए मैं उसे जी.ए. कुलकर्णी की कथाएं, विंदा करंदीकर और खानोलकर की कविताएं पढ़कर

सुनाता था। आरती प्रभु की कविताओं ने तो मुझ पर एक अटल छाप छोड़ी। जब मैंने पहली बार उनकी कविताएं पढ़ीं, तो उनकी एक ख़ास छवि मेरे मन में अंकित हो गई थी। मगर असल में खानोलकर जी उस छवि से बिल्कुल अलग थे।

जे.जे. स्कूल ऑफ़ आर्ट में तीसरे साल, यानी १९६३ में, प्रोफ़ेसर संभाजी कदम के साथ मेरी बातचीत सिर्फ़ दृश्य कला तक ही सीमित नहीं रही। हम शास्त्रीय संगीत और साहित्य पर भी चर्चा करने लगे। इन चर्चाओं के दौरान उनका प्रोफ़ेसर वाला औपचारिक चेहरा ग़ायब हो जाता और संवेदनशील तथा लुभावना स्वभाव उजागर हो जाता था। एक दिन अचानक उन्होंने सुझाव दिया कि क्यों न हम उस वर्ष के वार्षिक सम्मलेन में एक मराठी एकांकी करें। उन्होंने नवोदित लेखक खानोलकर की *जेव्हा आरसा बोलतो* (जब आईना बोलता है) एकांकी चुनी और साथ ही मुख्य भूमिका के लिए मुझे चुन लिया। उस समय मेरा अभिनय से कोई लेना-देना नहीं था, फिर भी उन्होंने मुझे क्यों चुना, यह आज भी मेरे लिए एक पहेली है।

एक शाम उन्होंने मुझे कॉलेज में एक व्यक्ति से मिलवाया। 'ये हैं श्री खानोलकर,' मोटे लेंस का गोल चश्मा, हल्के नीले रंग का कुर्ता और बिना इस्त्री का पजामा पहनकर संकोच से खड़े उस व्यक्ति को मैंने औपचारिक नमस्कार किया। 'और "आरती प्रभु" भी यही हैं!' इस बात ने मुझे एक पल के लिए चौंका दिया।

इस साधारण सी दिखने वाली प्रतिभा से *फुले माझी अळूमाळू, वारा बघे चुरगळू* (नाज़ुक, मुलायम फूलों को मेरे, मसल देंगे पवन के झोंके) जैसी कोमल पंक्तियाँ उभरीं? मैं सोच रहा था कि क्या इन्हीं हाथों ने *जोगवा* और *दिवेलागण* जैसे कविता-संग्रह भी लिखे हैं? हालाँकि मैं अपने इन विचारों पर थोड़ा शर्मिंदा भी हुआ, पर वे ऐसे क्यों हैं, यह सवाल कई मुलाक़ातों के बाद भी मेरे मन में बना रहा। मेरी इच्छा थी कि उनकी प्रतिभा के अनुसार उनका व्यवहार भी संवेदनशील होना चाहिए, लेकिन वे कुछ अलग ही थे। उन्होंने कभी अपनी पैसों की ज़रूरत छिपाई नहीं, जो मुझे थोड़ा अटपटा लगता था। *अवध्य* के संदर्भ में पैसे के लिए किए गए उनके समझौते पर मैं पहले ही लिख चुका हूँ। उन्होंने अपने उपन्यास *चानी* के अधिकार गोविंद निहलानी को दिए थे (जिसके लिए निहलानी ने भक्ति बर्वे के साथ फ़िल्म बनाने की योजना भी शुरू कर दी थी), लेकिन खानोलकर ने अधिक पैसे मिलने पर उसी *चानी* के अधिकार वी. शांताराम जी को बेच दिए। इस बारे में जब बात हुई तब उनके चेहरे पर किसी भी प्रकार की शर्मिंदगी या अपराध की भावना नहीं दिखाई दी। *अनकही* बनाने से पहले, *कालाय तस्मै नमः* के अधिकार लेते समय भी मैंने पैसों की बात मेरे सह-निर्माता जयंत धर्माधिकारी को सौंपी, ताकि मुझे एक और शर्मिंदगी और वित्तीय उलझन की स्थिति का सामना न करना पड़े।

उनके इस व्यवहार के नापसंद पहलुओं को अलग रखकर, मैं उनकी कविताओं से हमेशा प्रेम करता रहा और उनके उपन्यास, एकांकी, नाटक और कविताओं का आनंद उठाता रहा। उनके हर नाटक या एकांकी में कोई न कोई शानदार विचार ज़रूर होता था, लेकिन उस विचार पर पनपा हुआ पेड़ उतना मज़बूत नहीं होता था। मुझे धुंधला सा याद है कि उनकी लिखी *आपुले मरण पाहिले म्या डोळा* (ख़ुद की आँखों से देखी अपनी ही मौत) एकांकी लगभग परिपूर्ण थी। उसका निर्देशन माधव वाटवे जी ने किया था और उसका पहला (और शायद आख़री) प्रदर्शन आज भी मेरे मन में बसा हुआ है। सारे नागरिक जब विद्रोह कर राजमहल को घेर लेते हैं, तो राजा को अपनी जान बचाने के लिए ख़ुद अपने ही पुतले की जगह खड़ा होना पड़ता है। एक घंटे से अधिक समय तक बिना कोई हरकत किए, बिना एक भी शब्द बोले, बस खड़े रहना, वह भी मजबूरी में—दत्ता भट जैसे बेहतरीन अभिनेता द्वारा निभाई गई राजा की वह भूमिका बेहद संयमित तो थी पर साथ ही उसमें अद्वितीय अभिनय की एक नई मिसाल भी थी। मंच पर घूम रहे मंत्रिमंडल से लेकर विद्रोही नागरिकों की राय सुनते-सुनते, अपनी ही पहचान में धीरे-धीरे बदलाव हो जाने की प्रक्रिया को भट साहब ने जिस सूक्ष्मता से दर्शाया, उसका कोई मुक़ाबला नहीं था। मंच पर अन्य घटनाओं और पात्रों की गतिविधियाँ होते हुए भी, दर्शकों का सारा ध्यान भट साहब की निश्चल और चुपचाप खड़ी हुई उपस्थिति ने अपनी ओर खींच लिया था।

मेरे द्वारा किए गए *अवध्य* का प्रस्तुतीकरण खानोलकर जी को बहुत पसंद आया था। पुस्तक की प्रस्तावना में वे लिखते हैं, 'अमोल पालेकर को नाटक देने का उद्देश्य यह था कि वे प्रयोगात्मक मूल्यों पर एक अलग दृष्टिकोण से विचार करेंगे। मैं यह अभिमान के साथ कह सकता हूँ कि उन्होंने *अवध्य* को आकार देकर अपनी क्षमता का प्रदर्शन किया है।' नाटक के मुखपृष्ठ के लिए मेरे द्वारा बनाया गया चित्र भी उन्हें पसंद आया था। जाने-माने चित्रकार दीनानाथ दलाल जी द्वारा बनाए गए *जोगवा* और संभाजी कदम जी द्वारा बनाए गए *दिवेलागण* के मुखपृष्ठ की तुलना में मेरा बनाया गया चित्र नाटक के आशय के साथ अधिक संगत था।

सन १९७२ में, खानोलकर जी का लिखा हुआ नाटक *चव्हाटा* (चौराहा) उन्होंने ख़ुद ही निर्देशित करने का मन बना लिया। यह ख़बर फैल गई थी, नाट्य जगत में इसको लेकर काफ़ी उत्सुकता थी। इसका शुभारंभ रवीन्द्र नाट्य मंदिर में था और देखते-देखते 'हाउसफुल' हो गया था। समानांतर और व्यावसायिक रंगमंच से जुड़े सभी बड़े नाम वहाँ बैठे थे। हर कोई, कुछ अलग और रोमांचक देखने की उम्मीद लेकर आया था। जैसे ही तीसरी घंटी बजी, लाइट्स बंद हो गईं, ख़ुद खानोलकर

जी स्पॉटलाइट में आए। उन्होंने बोलना शुरू किया, लेकिन उनकी आवाज़ इतनी धीमी और कांपती थी कि पहली लाइन में बैठे लोग भी मुश्किल से सुन पा रहे थे। फिर भी, आमतौर पर बाल्कनी से आने वाली 'आवाऽऽऽज़!' की पुकार नहीं आई। हर कोई ध्यान से सुनने की कोशिश कर रहा था। पर्दा उठने लगा तो उसके धक्के से खानोलकर गिरते-गिरते बचे। ऑडिटोरियम से 'च् च् च्' की दबी हुई आवाज़ निकली। वो विंग्स की ओर चले गए और नाटक शुरू हुआ। आने वाले दो घंटे तक मंच पर किरदार आते-जाते रहे, आपस में बातचीत करते रहे, लेकिन धीरे-धीरे महसूस हुआ कि डायलॉग और कहानी का कोई सिरा नहीं मिल रहा था। अभिनेता भी अपनी लाइनें भूलते नज़र आए। चौराहे पर घटित घटना, विभिन्न लोगों की आपस में बातचीत, इनमें से कथा का सूत्र, संवाद या नाटकीय घटनाएं कुछ भी स्पष्ट नहीं हो पा रहे थे। दूसरा अंक ख़त्म होते ही, ज़्यादातर लोग बिना कुछ कहे उठकर चले गए। मेरे साथ कुछ गिने-चुने लोग ही रुके थे।

अचानक नाटक ख़त्म होने की घोषणा सुनने के बाद मैं खानोलकर जी से मिलने बैकस्टेज गया। मेकअप रूम में सारे कलाकार शर्मिंदा से खड़े थे। एक कोने में खानोलकर जी अकेले बैठे हुए रो रहे थे। मैं कुछ देर उनके पास खड़ा रहा फिर चुपचाप वहाँ से चला आया। लौटते हुए उनके काव्य-संग्रह *नक्षत्रांचे देणे* में

मुखपृष्ठ: अमोल पालेकर

मुखपृष्ठ: संभाजी कदम

मुखपृष्ठ: दीनानाथ दलाल

उनकी एक कविता की ये पंक्तियाँ मेरे दिमाग़ में घूम रही थीं '*एक फाटका कवि, त्याला वहाव्वा हवी*' (एक मामूली कवि, उसे चाहिए वाहवाही) क्योंकर एक ऐसे कवि ने, जो इतनी ईमानदार अभिव्यक्ति रखता है, यह प्रयास किया होगा? नाटक लिखना और नाटक मंचित करना दो अलग-अलग प्रक्रियाएं हैं। सहज अभिव्यक्ति ही सभी कलाओं के लिए पर्याप्त नहीं होती; उसके लिए तकनीक और कलाकारी दोनों पर पकड़ होना ज़रूरी होता है। क्या उन्हें यह महसूस नहीं हुआ होगा? साहित्य जैसी अंतर्मुखी कला की तुलना में नाटक जैसे बहिर्मुखी माध्यम को सही ढंग से प्रस्तुत न कर पाने की विफलता उन्होंने कैसे सहन की होगी? खानोलकर जी की वह बेबस और दयनीय छवि मेरी यादों से मिटाने के लिए मैं उनकी कविताओं में ही शरण लेता था। *चव्हाटा* के बारे में उनसे खुलकर बात करने की हिम्मत मैं कभी नहीं जुटा पाया।

इन सभी थोड़ी सी कड़वी यादों से कहीं अधिक गहरी और मार्मिक एक ऐसी याद है, जिसे मैंने बहुत संजोकर रखा है। उस घटना को पचास से भी ज़्यादा साल बीत चुके हैं लेकिन एक अद्वितीय, सृजनात्मक क्षण का साक्षी बनने की ख़ुशी आज भी ताज़ा है। सन १९७० में *पगला घोड़ा* नाटक के मेरे द्वारा किए गए मराठी भाषांतरण की रिहर्सल्स ज़ोर-शोर से चल रही थीं लेकिन बादल सरकार द्वारा इस्तेमाल किए गए बंगाली बालगीत का अनुवाद मैं ठीक से नहीं कर पा रहा था। एक शाम खानोलकर जी वालचंद टेरेस पर आए। कुछ देर रिहर्सल देखने के बाद, चाय पीते-पीते मैंने उन्हें अपनी समस्या बताई। तब उन्होंने मुझसे वह मूल बंगाली गीत सुनाने के लिए कहा। तीन-चार बार वह गीत सुनने के बाद, खानोलकर जी ने पास पड़ा एक काग़ज़ उठाया, जेब से पेन निकाला और झटपट एक कविता लिखकर मेरे हाथ में थमा दी।

उनकी लिखी मराठी पंक्तियों के ज़रिए, खानोलकर जी ने न सिर्फ़ बंगाली गीत का भावार्थ बिल्कुल सही पकड़ा था, बल्कि उस गीत की लय और ताल को कम शब्दों में बेहद अद्‌भुत तरीक़े से साध लिया था। 'ठीक लग रहा है न?' पूछकर वे वहाँ से चले गए। उन पंक्तियों ने मेरे अनुवाद को पूर्णता दी। मेरी यादों में, गोल चश्मा पहने, बिना इस्त्री का सफ़ेद कुर्ता डाले, वो पंक्तियाँ मुझे पढ़कर सुनाने वाले खानोलकर जी आज भी स्पष्ट दिखाई देते हैं।

सन १९७६ में सी.टी. खानोलकर के असमय निधन के बाद, पुणे की थिएटर अकादमी के कुछ लोगों के साथ संगीत निर्देशक भास्कर चंदावरकर ने उन्हें श्रद्धांजलि देने की योजना बनाई। इस अनोखे प्रयास में खानोलकर जी की कविताओं को मंच पर अलग-अलग तरीक़ों से प्रस्तुत करना था—कुछ को गाकर, कुछ रिकॉर्डेड गानों का इस्तेमाल करके और कुछ कविताओं का

मराठी अनुवाद

आंब्याची ग आंब्याची, पाने पाने जोडीची
फुटला चाबूक सुटला घोडा
राणी राणी बाजू दे, पगला घोडा दौडत ये॥
पिसाळला ग पिसाळला,
झाला घोडा वेडापीर बंदूक रोखू नको उशीर
ऑल राईट व्हेरी गुड, दाल रोटी बिस्कुट-फूड॥

बंगला मौलिक

आम पाता जोडा जोडा, मारबे चाबुक छुटबे घोडा।
ओरे बीबी शोरे दाडा, आशछे आमार पागला घोड़ा॥
पागला घोड़ा खेपे छे, बोंदूक धोरे मेरेछे
ऑल राईट व्हेरी गुड, दाल रोटी बिस्कुट-फूड॥

आम का पत्ता जोड़ा-जोड़ा, मारा चाबुक दौड़ा घोड़ा।
छोड़ रास्ता खड़ी हो बीबी, आता है यह पगला घोड़ा॥

कथन करते हुए। मैं और चित्रा, भास्कर के पास पहुँच गए और बिन-बुलाए मेहमान होने के बावजूद, उस कार्यक्रम में हिस्सा लेने की चाह जताई। एक महान साहित्यकार के प्रति कृतज्ञता व्यक्त करने के लिए हम मुंबई-पुणे यात्रा कर रिहर्सल्स करते गए। पहला प्रदर्शन पुणे के बालगंधर्व रंगमंदिर में हुआ... खचाखच भरी भीड़ में बड़े-बड़े साहित्यकार मौजूद थे। मैंने ढाई पन्नों वाली लंबी कविता '*बकरीची दोन पोरे*' प्रस्तुत की। उसके बाद बजी तालियों की गड़गड़ाहट आज भी मेरे कानों में गूँजती है और मुझे संतोष मिलता है। मैंने विंग में जाकर सिगरेट सुलगाई। सह-कलाकारों से मिली तारीफ़ ने मुझे और भी सहज कर दिया। तभी अचानक किसी ने, 'अरे यार, तेरी अगली कविता...' कहते हुए मुझे लगभग मंच पर धकेल दिया। कौन सी कविता, कौन से शब्द...? मैं हक्का-बक्का रह गया था। याद करने की पूरी कोशिश करता रहा। लंबे अवसान के बाद भी कुछ याद नहीं आया तो मैं विंग में लौटने लगा, तभी विंग में मीना चंदावरकर ने जल्दी से स्क्रिप्ट के पन्ने पलटे और सही पन्ने पर रुककर मेरी तरफ़ देखा। एक ही पल में मुझे सबकुछ याद आ गया। मैंने फिर से अपनी जगह पर जाकर कविता प्रस्तुत करना शुरू किया। उस दिन मैंने एक बड़ा सबक़ सीखा। चाहे नाटक हो या फ़िल्म, अभिनेता को आवश्यक तनाव और चिंता के साथ, आख़री पल तक ख़ुद पर नियंत्रण बनाए रखना चाहिए। उस कार्यक्रम के पाँच शो होने थे और उससे जो भी कमाई होती, वह खानोलकर जी के परिवार को दी जानी थी।

कुछ सालों बाद, नामचीन मराठी कलाकार पति-पत्नी पी.एल. देशपांडे और सुनीता बाई ने मिलकर आरती प्रभु की कविताओं का ज़ाहिर वाचन किया, तब उन्होंने मुझे ख़ासतौर से बुलाया। उस कार्यक्रम में सुनीता बाई ने मेरे '*बकरीची दोन पोरे*' के प्रस्तुतीकरण का ज़िक्र करते हुए कहा, 'ऐसे समर्थ कलाकार के सामने कविता पढ़ते हुए थोड़ी झिझक हो रही है।' वह पल मेरे लिए सम्मान का

पल था जिसे मैंने हमेशा के लिए संजोकर रखा। खानोलकर जी मेरे और सुनीता बाई के बीच की एक कड़ी थे; और दूसरी कड़ी थे जी.ए. कुलकर्णी।

जब *कैरी* फ़िल्म की शुरुआत हुई थी, उससे लेकर फ़िल्म पूरी होने तक चौदह साल बीत गए। शुरुआती दिनों में पी.एल. और सुनीता बाई को *कैरी* की स्क्रिप्ट और डायलॉग्स पढ़कर सुनाने का मौक़ा मिला। सुनीता बाई ने उसमें मौजूद बारीकियों को पकड़ा, यहाँ तक कि *कैरी* की कहानी के साथ दूसरी दो कहानियों के कुछ प्रसंग जोड़ने का भी ज़िक्र किया। इसी बहाने जी.ए. के साथ हुई बैठकों और लंबी चर्चाओं की यादें भी ताज़ा हो गईं।

जी.ए. की आम छवि एक गंभीर, शांत और अकेले रहना पसंद करने वाले इंसान की थी, लेकिन मुझे जो जी.ए. मिले, वो इससे कुछ अलग थे। धारवाड़ क्लब में शाम के समय दोस्तों के साथ ताश खेलते हुए दिखने वाले जी.ए. बिल्कुल अलग थे। रमी जैसे खेल में वक़्त बिताने की उनकी लगन देखकर मैं हैरान रह जाता था। लेकिन जो बात मुझे सबसे ज़्यादा प्रभावित करती थी, वो था उनका अपनापन और स्नेह। जब मैं पहली बार '*कैरी*' पर फ़िल्म बनाने की अनुमति लेने धारवाड़ गया, तब से लेकर कई सालों तक जी.ए. के साथ काफ़ी वक़्त बिताने का सौभाग्य मुझे मिला। कई बार मैं स्क्रिप्ट में बदलाव करता था और उन्हें सुनाता था; फिर हम उस पर चर्चा करते थे। उनकी प्रतिक्रिया से कुछ नया विचार आ जाता था। एक बार जब फ़िल्म के लिए फंड जुटाने में आने वाली कठिनाइयों की बात हो रही थी, तो उन्होंने कहा, 'अजी आपने *आक्रीत* बनाने का साहस किया, जो धारा के ख़िलाफ़ था। आप सफल हीरो होने के बजाय खलनायक का किरदार निभाने में हिचकिचाए नहीं। आप ज़रूर आगे बढ़ते रहेंगे... चिंता न करें।' न जाने क्यों, उनके दिलासा देने वाले इन शब्दों से मुझे हमेशा हिम्मत मिलती थी।

इस कलाकार ने, जो हमेशा अपनी ज़िंदगी को निजी रखने के अधिकार का पूरा सम्मान करता था, मुझे न सिर्फ़ अपने घर में आने का मौक़ा दिया, बल्कि उनकी बहन, प्रभावती, के हाथ का बना पोहा खाते हुए, साथ बैठकर कला के बुनियादी सवालों पर गहराई से चर्चा करने का अवसर भी दिया। ऐसी ही एक सुबह, जब मैं, चित्रा और शाल्मली धारवाड़ के फ़ॉरेस्ट गेस्टहाउस में ठहरे हुए थे, वे हमसे मिलने आए। शाल्मली के लिए वे तोहफ़े के तौर पर अपनी आवाज़ में रिकॉर्ड की हुई *मुग्धाची गोष्ट* (मुग्धा की कहानी) की एक कैसेट और *बखर बिम् ची* की कुछ कहानियाँ लेकर आए। जैसे घर के बड़े बुज़ुर्ग बिना कुछ कहे स्नेह जताते हैं, वैसा ही प्रेम उन्होंने जताया और उस पल में, मेरे पास कृतज्ञता व्यक्त करने के लिए शब्द ही नहीं थे। थोड़ी देर बाद जब वे जाने के लिए उठे, शाल्मली ने

झट से उनके पैर छुए, तो उन्होंने प्यार से उसके सिर पर हाथ फेरा। लेकिन जब मैं झुकने लगा, तो वे थोड़ा संकोच से पीछे हट गए और हल्के से कुछ बुदबुदाते हुए वहाँ से तेज़ी से चले गए। एक दिग्गज व्यक्ति, जिसने हमेशा अपनी निजता की सुरक्षा की, उस प्रतिभाशाली व्यक्ति ने मुझे कई तरह से प्रेरित किया।

वे आज भी मुझे कई मायनों में प्रेरित करते हैं। स्वाभाविकता के बारे में बात करते समय, उनके शब्द आज भी मेरे ज़ेहन में हैं, 'हर सुबह, बिना चूके, दो घंटे के लिए मैं अपने डेस्क पर बैठता हूँ। मेरे शुरुआती ड्राफ्ट तो ज़्यादातर मुझे ही अच्छे नहीं लगते, तो उन्हें फाड़कर फेंकने में संकोच नहीं करता हूँ। अगर किसी दिन कुछ पंक्तियाँ ठीक लगीं, तो फिर से उन पर काम करता हूँ, उन्हें बेहतर बनाने की कोशिश करता हूँ। एक अच्छे पन्ने को लिखने में, उन सभी फाड़े गए, मसलकर फेंके गए और अस्वीकार किए गए पन्नों का बहुत महत्व होता है।'

एक ग़लतफ़हमी है कि तकनीक और अभ्यास जैसे तकनीकी पक्ष उत्स्फूर्त प्रक्रिया से कमतर हैं। कला हमेशा सहज ज्ञान युक्त नहीं होती। अगर कोई निर्देशक बिना पटकथा के कहानी बुन ले तो हम उसे महान समझ लेते हैं, लेकिन अगर कोई तैयार पटकथा को पढ़ने के अनुशासन को अपनाता है, तो उसे कमतर समझा जाता है। पर मैं मानता हूँ कि कला में अनुशासन, कलाकारी को तपाकर क़ाबू में लाने की ज़रूरत, बार-बार अभ्यास करने का धैर्य और तकनीकी कुशलता—ये सब बहुत ज़रूरी हैं। जी.ए. से मुझे इस बात की पुष्टि मिली, यह मेरे लिए असाधारण घटना थी।

जब जी.ए. का निधन हुआ तो मुझे लगा कि मेरी रचनात्मक यात्रा का एक बड़ा आधार खो गया। *कैरी* की पटकथा में जो अंतिम बदलाव मैंने किए थे, उन्हें सुनाकर उनकी प्रतिक्रिया जाननी रह गई। चौदह सालों के लंबे इंतज़ार के बाद फ़िल्म का सपना पूरा होने की ख़बर देने का भी मौक़ा छूट गया। उनके साथ फ़िल्म की पहली ट्रायल देखने का अवसर भी चला गया। अनगिनत काटे गए वाक्यों और फटे काग़ज़ों के बीच से निकली *कैरी* उन्हें ज़रूर पसंद आई होती, यह विचार मुझे सुकून देता है। उनके निधन के बाद कई लोगों ने मुझसे उनके साथ हुए पत्र-व्यवहार को प्रकाशित करने, या हमारे रिश्तों पर किताब लिखने की मांग की। कुछ लोगों ने इस तरह की चीज़ों का फ़ायदा भी उठाया था लेकिन मुझे ऐसा करना अनुचित लगा। जो हमारे बीच था, वह निजी था। और जी.ए. अपनी ज़िंदगी को सार्वजनिक नहीं करना चाहते थे इसलिए उनके जाने के बाद उनकी सहमति के बिना, उसे उजागर करना मेरे नैतिक मूल्यों के ख़िलाफ़ था। अब, अपने जीवन के आख़री पड़ाव में, उनके साथ हुए पत्र-व्यवहार को मैं उनकी बहन को सौंपने जा रहा हूँ।

इन रिश्तों को आख़िर कौन सा नाम दिया जाए? कौन से ढाँचे में इन्हें बिठाया जाए? ये मेरे जीवन की एक समृद्ध अमानत है... जो मेरे दिल में गहराई से उतर चुकी है... हाथ में नहीं आती, फिर भी मेरी हथेलियों ने सहेजी हुई है!

बासु चटर्जी, जिन्हें मैं हमेशा 'बासु दा' कहकर पुकारता था, उनके और मेरे रिश्ते को भी किसी एक खाके में नहीं बाँधा जा सकता। सन १९७३ से १९८० के बीच हमारे प्रोफ़ेशनल संबंध के समानांतर ही गुरु-शिष्य का संबंध लगातार बढ़ता ही गया जो स्नेह, प्रशंसा और आदर से विकसित हो रहा था। जब बासु दा *मुंबईचा जावई* नामक मराठी फ़िल्म पर एक हिन्दी फ़िल्म बना रहे थे तब मैंने एक बड़े बैनर की फ़िल्म में काम करने का मौक़ा गँवा दिया जिसमें जया भादुड़ी के साथ काम करना था। जया तब तक *गुड्डी* फ़िल्म करके स्टार बन चुकी थीं। यह क़िस्सा मैं पहले ही बता चुका हूँ। फिर भी १९७३ में बासु दा मुझसे दोबारा मिलने आए, पर इस बार निर्माता सुरेश जिंदल के साथ। जगह वही थी, जहांगीर आर्ट गैलरी का सामोवार। बासु दा ने फ़िल्म की कहानी बतानी शुरू की: 'एक लड़का होता है, मानो कि तुम और एक लड़की—नई लड़की है, विद्या सिन्हा...' दो-तीन और वाक्य बोलने के बाद अचानक रुककर उन्होंने कहा, 'यार, तुम यह कहानी पढ़ लो...' और उन्होंने मेरे हाथ में मन्नू भंडारी की लिखी डेढ़ पन्ने की लघुकथा '*यही सच है*' थमा दी। जैसे ही मैंने कहानी पढ़कर ख़त्म की, मैंने सवालों की बौछार कर दी, 'इतनी छोटी-सी कहानी पर दो घंटे की फ़िल्म कैसे बनाएंगे? इसमें कोई नाट्यपूर्ण घटना नहीं है, नायक-नायिका के बीच में आने वाला कोई खलनायक भी नहीं है, जिससे प्रेम त्रिकोण का तनाव हो; और इस सब के बाद आपको ये फ़िल्म बनानी है नए चेहरों के साथ!' बासु दा ने अपनी शांत मुस्कान के साथ पूछा, 'ऐसी अलग तरह की फ़िल्म में काम करना पसंद करोगे?' और मेरी उत्साह भरी 'हाँ' को सुनने के बाद उन्होंने मुझे पूरी स्क्रिप्ट और डायलॉग थमा दिए। वहीं से जन्म हुआ *रजनीगंधा* का।

उसके बाद जब फ़िल्म की शूटिंग की तैयारियाँ चल रही थीं, तो बासु दा ने मुझसे और दिनेश ठाकुर से अनुरोध किया कि हम दोनों अपने थिएटर के अनुभव का इस्तेमाल करते हुए विद्या सिन्हा के साथ रिहर्सल करें। विद्या का संकोच दूर करने के लिए हम बासु दा के वरली स्थित आदर्श नगर के छोटे से फ़्लैट में मिला करते थे। असल शूटिंग शुरू होने तक हम तीनों की ज़बरदस्त दोस्ती हो गई थी। कई सालों तक वह दोस्ती तब तक क़ायम रही, जब तक दिनेश लगभग दस साल पहले और विद्या चार साल पहले हमें हमेशा के लिए छोड़कर चले गए।

दिनेश दिल्ली में पला-बढ़ा था और मैं बंबई में। लेकिन फ़िल्म में हमारे सारे सीन बिल्कुल उलट पार्श्वभूमि पर फ़िल्माए गए थे। मेरी सारी शूटिंग दिल्ली में

हुई और दिनेश की बंबई में! फ़िल्म में 'संजय' का किरदार मेरे असल स्वभाव के एकदम विपरीत था। असल ज़िंदगी में मैं शांत और कम बोलने वाला था, लेकिन संजय के किरदार में एक ज़िंदादिल इंसान था... बासु दा के शब्दों में, एक 'बातूनी' नौजवान पेश करना था। अपने ऑफ़िस, सहकर्मियों और वहाँ की राजनीति में डूबा हुआ संजय एक ऐसा नौजवान था जिसे समय का ध्यान नहीं रहता था। यह किरदार बासु दा की स्क्रिप्ट के माध्यम से मेरे सामने उभर आया था। इसके अलावा संजय का एक और ख़ास पहलू मुझे अभिनेता के तौर पर चुनौतीपूर्ण लगा, वह था कि फ़िल्म में संजय एक प्रेमी है लेकिन शुरुआत से लेकर अंत तक वो एक बार भी 'आई लव यू' जैसे शब्द नहीं कहता, न ही अपने प्यार का इज़हार करता है। ऐसे किरदार को निभाने में संतुलन बनाए रखना ज़रूरी था ताकि वह प्रेमिका की भावनाओं की क़द्र न करने वाला स्वार्थी पुरुष न लगे, बल्कि बिना बोले भी अपनी आँखों से प्रेम व्यक्त करने वाला एक संवेदनशील व्यक्ति लगे। इस किरदार को गढ़ते समय मैंने निर्माता सुरेश जिंदल के बड़े भाई रमेश चाचा से प्रेरणा ली। उनका ख़ास उत्तर भारतीय अंदाज़ और साफ़ दिल वाला व्यक्तित्व मुझे संजय का किरदार निभाने में मददगार साबित हुआ।

बासु दा को कभी कहानी बताने का ढंग नहीं आया और न ही उन्हें एक्टर्स को किरदार समझाने या कोई उदाहरण देकर सिखाने की आदत थी। वह उनकी शैली नहीं थी, लेकिन अगर उन्हें कुछ खटकता तो तुरंत कहते, 'न, न... यह क्या हो रहा है?' और ग़लती ठीक कर देते। मैंने जब संजय का किरदार निभाया तब ऐसा कभी नहीं हुआ। जब भी वो 'कट' कहते, उनके चेहरे पर ख़ुशी दिखाई देती थी। उसी ख़ुशी के बल पर मुझे अपने काम पर यक़ीन हो जाता था।

रजनीगंधा की दिल्ली में शूटिंग ख़त्म होने के बाद रमेश चाचा के घर एक छोटी सी पार्टी रखी गई थी। उस समय लेखिका मन्नू भंडारी और उनके पति राजेंद्र यादव भी आए थे। दोनों ने ही हिन्दी साहित्य में एक अहम योगदान दिया था। वे दोनों मुझसे मराठी साहित्य में हो रहे नए-नए प्रयोगों और प्रगतिशील विचारों के बारे में जानने की कोशिश कर रहे थे, जबकि मैं हिन्दी साहित्य में अलग-अलग धाराओं के बारे में अपनी जानकारी बढ़ाने की कोशिश कर रहा था। उस दिन बासु दा ने मेरे *आधे अधूरे* नाटक के किरदार के बारे में सबके सामने बहुत तारीफ़ की, जो कि मेरे लिए बहुत ख़ास था। कुल मिलाकर, वह शाम मेरी यादों में हमेशा के लिए बस गई।

जब *रजनीगंधा* की शूटिंग, एडिटिंग, डबिंग और बैकग्राउंड म्यूज़िक का काम पूरा हो गया, तो बासु दा और सुरेश दोनों फ़िल्म के वितरकों के चक्कर लगाने

लगे, लेकिन हर जगह से नकारात्मक जवाब मिल रहे थे। इस बीच मैं बैंक, थिएटर और परिवार के बीच डूबा हुआ था। क़रीब एक-या-डेढ़ साल बीत गया। जब कोई भी वितरक फ़िल्म ख़रीदने को तैयार नहीं हुआ, तो बासु दा ने फ़िल्म राजश्री पिक्चर्स को कमीशन के आधार पर दे दी। राजश्री पिक्चर्स ने फ़िल्म को पूरे देश में रिलीज़ करने का वादा किया। फिर बासु दा ने मुझे फ़ोन किया और खनकती आवाज़ में बोले, 'अमोल, अपनी फ़िल्म रिलीज़ हो रही है।' बंबई में हर जगह बैनर और पोस्टर लगने लगे। उन पोस्टरों पर मेरा चेहरा देखकर अब लोग रास्ते में मुझे पहचानने लगे थे।

सितंबर १९७४ में, मंत्रालय के सामने वाले आकाशवाणी सिनेमा हॉल में *रजनीगंधा* रिलीज़ हुई। सुबह ग्यारह बजे के पहले शो में सुरेश, बासु दा, कैमरामैन के.के. महाजन, दिनेश और मैं हॉल के बाहर खड़े थे। विद्या नहीं आई थीं। मैंने फ़िल्म के कुछ हिस्से डबिंग के दौरान देखे थे, लेकिन पूरी फ़िल्म बड़े पर्दे पर नहीं देखी थी। मैं अंदर बैठकर फ़िल्म देखने के लिए बहुत उत्साहित था, लेकिन बासु दा ने हमें बाहर ही रुकने को कहा। हालाँकि किसी भी तरह के डर या असुरक्षा का भाव नहीं था, बस जिज्ञासा थी। थोड़ी देर बाद, बासु दा अंदर झांककर आए और बोले, 'हँस रहे हैं, यार। मज़े ले रहे हैं सब।' ये कहकर वे ख़ुशी से बैठ गए। फिर के.के. ने एक चक्कर लगाया, अपने शांत स्वभाव के अनुसार उसने सिगरेट जलाकर अंगूठे से इशारा किया कि 'सब ठीक है'। इंटरवल में बाहर आ रहे लोगों की भी हँसती-मुस्कराती प्रतिक्रियाएं सुनाई दीं। सुरेश बहुत बेचैन होकर मेरे पास आए और पूछा, 'तुम्हें क्या लगता है, अमोल, पिक्चर चलेगी?' मैंने सिगरेट का कश लेकर जवाब दिया, 'तुम क्यों फ़िक्र करते हो? न भी चली तो, इसमें दो विज्ञापन बना सकते हो—दिनेश का कोई भी सीन उठाकर सिगरेट की ऐड-फ़िल्म बना लो और मेरा कोई भी सीन लेकर टूथपेस्ट की।' मेरी इस बात पर सुरेश इतना ग़ुस्सा हो गए कि उठकर ही चले गए। उसके बाद जब भी हम मिले, उनकी नाराज़गी कम होती नहीं दिखी। मेरा व्यंग्यात्मक परिहास उन्हें पसंद नहीं आया। हमारी इंडस्ट्री में अपने काम की आलोचना या उस पर दूर से नज़र डालना बहुत ही दुर्लभ है।

हालाँकि मैंने हमेशा सुरेश के काम और उनकी ज़िद को सराहा है। ख़ासतौर पर जब उन्होंने *शतरंज के खिलाड़ी* का निर्माण किया, तो मुझे उस पर बेहद फ़ख्र महसूस हुआ।

सलील चौधरी जी के दिए हुए *रजनीगंधा* फ़िल्म के गानों की सफलता पर मुझे पूरा भरोसा था। ख़ासतौर पर '*कई बार यूं ही देखा है*' के लिए मुकेश जी की आवाज़ का इस्तेमाल किया गया था, जिसे लेकर मैं थोड़ा संदेह में था। पर चूँकि

मुझे उस पर लिपसिंक नहीं करना था इसलिए मैंने उसे नज़रअंदाज़ किया। इस गाने के लिए मुकेश जी को उस साल 'सर्वश्रेष्ठ गायक' का राष्ट्रीय पुरस्कार भी मिला। फ़िल्म की सरल कहानी और उसकी सादगी से मुझे यक़ीन था कि यह दर्शकों से जुड़ जाएगी, और वही हुआ भी। फ़िल्म का ग्यारह बजे का पहला शो ख़त्म होने के बाद दर्शकों ने मुझे और दिनेश को घेर लिया। ख़ासकर जब मराठी दर्शकों ने पास आकर हाथ मिलाया तो उनकी आँखों में अलग ही स्नेह और प्रशंसा नज़र आई। मैं धन्य हो गया।

रजनीगंधा हिट हो गई। राजश्री पिक्चर्स ने अपनी संयत वितरण शैली में इसे देश के सभी प्रमुख शहरों में रिलीज़ किया। बंबई और दिल्ली में फ़िल्म ने सिल्वर जुबली की। हालाँकि, फ़िल्म की ज़्यादा पब्लिसिटी, विज्ञापन या धूमधाम नहीं हुई। इंडस्ट्री के तौर-तरीक़ों के मुताबिक़, फ़िल्म की व्यावसायिक सफलता के बारे में बहुत संभलकर ही बात की गई। फिर भी मुझे ढेर सारे फ़िल्म ऑफ़र आने

रजनीगंधा (१९७४), फ़ोटो में मन्नू भंडारी, विद्या सिन्हा, बासु दा, दिनेश ठाकुर, सुरेश जिंदल (दिल्ली में प्रेस वार्ता के दौरान)

लगे। *चेतना* जैसी बोल्ड फ़िल्म बनाने वाले बी.आर. इशारा के फ़िल्म निर्माता आई.एम. कुन्नू के साथ एक मज़ेदार मुलाक़ात हुई। वे मेरे पास एक फ़िल्म की पेशकश लेकर आए थे और सवाल पूछने लगे, 'कितनी फ़िल्में साइन की हैं? कितनी फ़ीस ले रहे हो?' इसके जवाब में मैंने पूछा, 'कहानी क्या है? किरदार की डिटेल्स क्या हैं? क्या पूरी स्क्रिप्ट मिल सकती है?' शायद उन्हें ये सवाल पसंद नहीं आए, इसलिए उन्होंने उसी मुलाक़ात में मुझसे पीछा छुड़ा लिया। उस वक़्त एफ़टीआईआई से निकले अनिल धवन, शत्रुघ्न सिन्हा, सतीश कौल, रोमेश शर्मा जैसे कलाकार प्रोड्यूसर्स के पास चक्कर काट रहे थे, लेकिन मुझे वो सब कभी रास नहीं आया।

कुछ समय बाद फिर से बासु दा का फ़ोन आया। सामोवार में कॉफ़ी पीते हुए उन्होंने अपनी नई फ़िल्म के बारे में बात शुरू की। 'तुमने हॉलीवुड की *स्कूल ऑफ़ स्काउंड्रेल्स* देखी होगी, लेकिन शायद पुरानी फ़िल्म *सीक्रेट लाइफ़ ऑफ़ वाल्टर मिटी* के बारे में नहीं जानते हो।' मुझे पता था कि *वाल्टर मिटी* पर पी.एल. देशपांडे ने मराठी में *गुळाचा गणपति* (गुड़ के गणेश) बनाई थी। बासु दा ने दोनों कहानियों का मिश्रण करके एक मज़ेदार फ़िल्म बनाने का इरादा जताया और तुरंत *छोटी सी बात* की पूरी स्क्रिप्ट मेरे हाथ में थमा दी। फ़िल्म बी.आर. चोपड़ा फ़िल्म्स जैसे बड़े बैनर के तहत बन रही थी, लेकिन बासु दा की सादगी और कम तामझाम वाली शैली में कोई बदलाव नहीं आया था। सुबह नौ बजे फ़ोर्ट में कोडॅक के ऑफ़िस में शूटिंग शुरू हुई। क़रीब साढ़े-दस बजे दिग्गज अभिनेता अशोक कुमार सेट पर आए। औपचारिक परिचय के बाद बासु दा ने मेरे साथ उनका सीन शूट करना शुरू किया। उनके ढेर सारे डायलॉग्स के जवाब में मुझे दो-तीन डायलॉग्स बोलकर अधिकतर मौन रहते हुए बस प्रतिक्रियाएं देनी थीं। यह सीन जल्दी ही ख़त्म हो गया। अगले सीन की तैयारी के दौरान, अशोक कुमार बासु दा के पास आए और उनसे बंगाली में पूछा, 'कहाँ से ढूँढ़ निकाला यह लड़का? तुमने कहा था कि यह थिएटर से आया है, लेकिन इसके अभिनय में ज़रा भी नाटकीयता नहीं है।' उन्हें यह नहीं पता था कि मुझे बंगाली समझ में आती थी, इसलिए वे मेरे बारे में खुलकर बात कर रहे थे। मैंने अपने चेहरे को भावहीन रखने की कोशिश की। दिन के अंत तक, मैं उन्हें 'दादामोनी' कहकर आराम से बात करने लगा था। इसके बाद, जब उन्हें पता चला कि मैंने जे.जे. स्कूल ऑफ़ आर्ट से पढ़ाई की है, तो उन्होंने मुझे जहांगीर आर्ट गैलरी के सामने वाले अपने पेंट हाउस में आने का आग्रह किया। मैं दो-तीन बार उनके चेंबूर स्थित बंगले पर भी गया। बाद के सालों में, मेरी हर कला प्रदर्शनी पर आने वाले हिन्दी फ़िल्म इंडस्ट्री के एकमात्र कलाकार 'दादामोनी' ही थे।

असरानी के साथ काम करते समय इंडस्ट्री के तौर-तरीक़ों की झलक देखने को मिली। *गुड्डी, शोले* और *अभिमान* की सफलता के बाद शूटिंग पर देर से आने की आदत वो सख़्ती से निभाने लगे थे। कुछ दिनों बाद *छोटी सी बात* की शूटिंग के दौरान तैयार होते समय उन्होंने मुझसे पूछा, 'सुना है तुम जल्दी आते हो?' मैंने जवाब दिया, 'नहीं, मैं समय पर आता हूँ।' वो हल्का सा हँसे और बोले, 'हाँ, हाँ, अभी एक-दो फ़िल्म ही कर रहे हो, बाद में...' शॉट के लिए बुलावा आने के कारण बात अधूरी रह गई। बाद में लंच के दौरान, मैंने उन्हें पेशेवर होने की अपनी परिभाषा समझाई। मैं एक फ़िल्म करूँ या पच्चीस, कितनी भी शिफ्ट्स में काम करूँ या कितना भी पैसा मिल रहा हो—ये सभी चीज़ें बेमतलब हो जाती हैं जैसे ही मैं किसी फ़िल्म के लिए हाँ बोलता हूँ। जितने घंटे मैंने निर्माता को दिए हैं, उनमें पूरी जान लगाना, यही मेरी नैतिकता थी। जो वादा किया है, उसे निभाकर दूसरों को परेशानी न देना, यही मेरी शिष्टता थी। मेरी ही तरह, पुराने ज़माने के प्रसिद्ध अभिनेता देव आनंद और हमारे ही दौर के अभिनेता अमिताभ बच्चन भी स्टूडियो समय पर ठीक नौ बजे पहुँच जाते थे। मेरी चाहत थी कि काश असरानी उनकी समय की पाबंदी देखने के लिए मौजूद रहते। कुछ साल बाद, एक फ़िल्म के दौरान, उन्होंने थोड़ा झिझकते हुए मुझसे एक विनती की, 'यार, तुम सीन एक ही टेक में ख़त्म कर देते हो। हीरो हो ना... शूटिंग थोड़ा लंबी खींचो, मैं 'प्रतिदिन' भत्ते पर काम कर रहा हूँ...' यह सुनकर मुझे महसूस हुआ कि इंडस्ट्री में, आपकी आख़री शुक्रवार की रिलीज़ ही आपकी पहचान तय करती है।

छोटी सी बात की शूटिंग चल रही थी, तभी मुझे षण्मुखानंद हॉल में होने वाले फ़िल्मफ़ेयर अवॉर्ड्स का निमंत्रण मिला। बासु दा ने मुझसे समारोह में जाने का आग्रह किया। इतना ही नहीं, उन्होंने फ़िल्म के लिए तैयार किया गया सूट देते हुए कहा, 'यह पहनकर जाओ।' उस शाम की चकाचौंध, बड़ी-बड़ी हस्तियों और मेरे पसंदीदा संगीतकारों को देखकर मेरी आँखें फटी की फटी रह गईं। मैं सोच रहा था, 'क्या मैं सच में इस चमकदार भीड़ का हिस्सा हूँ?' तभी अचानक मेरे नाम की घोषणा हुई कि मैं एक पुरस्कार देने के लिए मंच पर जाऊँ। हॉल की तीसरी बाल्कनी से ज़ोरदार तालियों की गड़गड़ाहट सुनाई दी और देखते ही देखते पूरा हॉल तालियों से गूँज उठा। मंच की ओर बढ़ते हुए मेरा दिल इतनी ज़ोर से धड़कने लगा कि मुझे लगा बाक़ी लोगों को भी मेरी धड़कन सुनाई दे रही होगी। साथ ही यह डर भी था कि कहीं मैं रास्ते में लगे कैमरों और उनकी मोटी-मोटी तारों में फँसकर गिर न जाऊँ। लेकिन मैंने एक लंबी सांस ली, चेहरे पर आत्मविश्वास भरी मुस्कान रखी और अपना काम पूरा किया। समारोह ख़त्म होते ही, एक शख़्स सफ़ेद सूट और टोपी पहने मेरी ओर आता दिखा। जब वे

पास आए तब अहसास हुआ कि वे लोकप्रिय संगीत निर्देशक ओ.पी. नय्यर साहब थे! उन्होंने मेरा हाथ मज़बूती से पकड़कर कहा, '*वेलकम टू द क्लैन*।' मैं कुछ देर तक वहीं भौचक्का सा खड़ा रह गया। तभी डेविड साहब भी पास आए और प्यार से मुझे गले लगाकर बोले, 'यह तो शुरुआत है, यंग मैन!'

शूटिंग के दौरान एक शाम बासु दा के घर पर बैठकर जब हम गपशप कर रहे थे, तो मैंने उनसे पूछा, "मैंने *पिया का घर* के लिए मना किया, तो आपको ग़ुस्सा नहीं आया?' उन्होंने हल्के से मुस्कराते हुए कहा, 'ग़ुस्सा तो आया था, लेकिन थोड़ा सोचने के बाद तुम्हारी बात समझ में आई। तुम्हारी ईमानदारी मुझे बहुत पसंद आती है। इसके अलावा, नाटकों में तुम्हारा अभिनय देखना भी मैं बहुत पसंद करता हूँ।'

छोटी सी बात में अरुण की भूमिका निभाने में काफ़ी मज़ा आ रहा था। *रजनीगंधा* के संजय से बिल्कुल विपरीत उस किरदार को निभाते हुए, मैंने बासु दा के कुछ ख़ास अंदाज़ अपनाए थे। इसके अलावा, पी.एल. देशपांडे जी के *गुळाचा गणपति* में अभिनय ने मुझे एक सही दिशा की ओर मोड़ दिया। दादामोनी के साथ काम करते हुए, उनकी लगातार प्रशंसा से मेरा आत्मविश्वास बढ़ता गया। विद्या के साथ यह मेरी दूसरी फ़िल्म थी, इसलिए हमारे बीच कोई झिझक नहीं थी, बल्कि हमारी अच्छी दोस्ती हो गई थी। वह बासु दा का मज़ाक़ उड़ाते हुए कहती, 'क्या बासु दा, हम दोनों हीरो-हीरोइन हैं, फिर भी आपने एक भी रोमांटिक सीन नहीं दिया!' '*जानेमन जानेमन* ' गाने का रोमांटिक भाग धर्मेंद्र और हेमा मालिनी पर एक बाग़ में फ़िल्माया गया, जबकि हमारा हिस्सा एक्सप्रेस टॉवर के ऑफ़िस की पृष्ठभूमि में शूट हुआ, जो उस समय मुझे बहुत दिलचस्प लगा। सलिल चौधरी का संगीत फ़िल्म की सबसे बड़ी ताक़त थी। उन्होंने दक्षिण भारतीय गायक येसुदास को '*जानेमन जानेमन*' गाने के लिए चुना और इस गाने से येसुदास को हिन्दी सिनेमा में अनगिनत फैन्स मिले।

९ जनवरी १९७६ को *छोटी सी बात* रिलीज़ हुई और 'सुपरहिट' रही। फ़िल्मफ़ेयर में इसे छह नामांकन मिले। बासु दा को सर्वश्रेष्ठ पटकथा के लिए पुरस्कार भी मिला। उस साल *छोटी सी बात* और *चितचोर* दोनों फ़िल्मों को फ़िल्मफ़ेयर में सर्वश्रेष्ठ फ़िल्म के लिए नामांकित किया गया था और मुझे सर्वश्रेष्ठ अभिनेता के लिए। *कभी कभी* को तेरह और *मौसम* को आठ नामांकन मिले थे। बासु दा ने हमें कभी नहीं बताया कि बी.आर. चोपड़ा जी को *छोटी सी बात* बिल्कुल पसंद नहीं आई थी। यहाँ तक कि यह बात भी हमसे छुपाई कि उन्होंने अपनी कंपनी 'सिने-आई' के ज़रिए इसका वितरण ख़ुद ही किया। प्रेस शो और प्रीमियर दोनों बंबई के बजाय मद्रास में किए गए, जहाँ ग़ैर-हिन्दी दर्शकों से मिली भारी सराहना

ने हमें बेहद ख़ुश कर दिया। कमल हासन और उनकी पत्नी वाणी गणपति के साथ हुई लंबी बातचीत और वरिष्ठ निर्देशक के. बालचंदर द्वारा *रजनीगंधा* तथा *छोटी सी बात* में मेरे द्वारा दोनों किरदारों की बारीकियों को समझते हुए किए गए अभिनय की सराहना—दिल को छू लेने वाले ये पल आज भी मेरी यादों में बसे हुए हैं। मद्रास प्रीमियर के बाद प्रेस कॉन्फ्रेंस में बासु दा से पहला सवाल पूछा गया, 'क्या यह फ़िल्म किसी विदेशी फ़िल्म पर आधारित है?' सवाल पूरा होने से पहले ही बासु दा बोले, 'सिर्फ़ एक नहीं, बल्कि दो विदेशी फ़िल्मों से प्रेरित होकर बनाई है।' उनकी इस ईमानदार स्वीकारोक्ति से वहाँ ठहाके लग गए। मुझे और विद्या को भी ख़ूब पब्लिसिटी मिली। बंबई में भी फ़िल्म को ज़बरदस्त सफलता मिली। इसके बाद कई निर्माताओं और निर्देशकों ने मुझे मेरी मराठी पहचान छुपाने के लिए एक अलग नाम रखने को कहा। वे मुझे वी. शांताराम, सी. रामचंद्र और मास्टर भगवान जैसे उदाहरण देकर समझाने की कोशिश करते रहे। लेकिन बासु दा ने कभी भी मुझे ऐसा करने को नहीं कहा। जैसे-जैसे मैं सफलता की सीढ़ियाँ चढ़ता गया, ऐसे सुझाव कम होते गए।

छोटी सी बात के ख़त्म होते-होते *चितचोर* की तैयारी शुरू हो चुकी थी। मुझे एफ़टीआईआई से हाल ही में आई अभिनेत्री ज़रीना वहाब से मिलवाया गया। राजश्री पिक्चर्स के ऑफ़िस में मेरा भव्य स्वागत किया गया। बासु दा की पटकथा और संवादों पर चार-पाँच दिनों तक चलने वाली चर्चाओं में मुझे शामिल किया गया। साथ ही, रवींद्र जैन की बेहतरीन धुनों पर येसुदास और हेमलता द्वारा गाए जा रहे गानों की रिकॉर्डिंग में विशेष रूप से उपस्थित रहने का निमंत्रण मिला। बंबई से बाहर की शूटिंग के लिए मेरे लिए विशेष गाड़ी की व्यवस्था भी की गई। ये सभी मेरे बढ़ते स्टारडम की ओर संकेत कर रहे थे।

फ़िल्म की ज़्यादातर शूटिंग पंचगनी और महाबलेश्वर की लोकेशनों में हुई। जैसे *रजनीगंधा* के समय बासु दा ने विद्या सिन्हा का मार्गदर्शन करने के लिए मेरी मदद ली थी, वैसे ही इस बार उन्होंने मुझसे हैंडसम अभिनेता विजयेंद्र घाटगे को अभिनय की ट्रेनिंग देने में मदद करने के लिए कहा। जिस गेस्टहाउस में हमारे रहने की व्यवस्था की गई थी, वहाँ विजयेंद्र को मेरे साथ एक ही कमरे में रहने के लिए कहा गया। अगले दिन सुबह जब मैं उठा, तो मैंने देखा कि वह युवक आईने के सामने खड़ा होकर अलग-अलग भाव-मुद्राएं बना रहा था। मैं बिस्तर में लेटे-लेटे ही उसे उत्सुकता से देखता रहा। थोड़ी ही देर में उसने मुझे आत्मविश्वास के साथ एफ़टीआईआई में लिए अभिनय प्रशिक्षण के बारे में बताना शुरू किया। मैंने बासु दा से कहा, 'वह पहले से ही सबकुछ सीख चुका है और उसे पूरा भरोसा है कि उसे सबकुछ आता है इसलिए मुझे इसमें मत उलझाइए।' बासु दा हँसे

और उन्होंने विजयेंद्र को अलग कमरा देने के निर्देश दिए। शूटिंग के दौरान बासु दा अपनी सामान्य मितभाषी शैली से हटकर विजयेंद्र को बार-बार टोकते हुए कहते, 'क्या कर रहे हो? यह क्यों कर रहे हो?' ज़रीना भी एफ़टीआईआई से थीं लेकिन वह स्वाभाविक और सहज अभिनय करती थीं। उन्हें '*मेथड एक्टिंग*' से कोई लेना-देना नहीं था। एक साथ रिहर्सल करने के बाद अगर मैं कहता, 'तुमने पिछली रिहर्सल में जो किया था, वह बहुत अच्छा था,' तो वह तुरंत मासूमियत से पूछतीं, 'क्या किया था मैंने?' उनके चुलबुले और उत्साही स्वभाव के कारण हमारे बीच जल्दी ही एक अच्छी कैमिस्ट्री बन गई। आज भी हमारी दोस्ती उतनी ही गहरी और अच्छी है।

चितचोर में बासु दा ने पहली बार सारे गानों का चित्रांकन लिपसिंक के साथ करने का फ़ैसला किया। गाने का छोटा हिस्सा जब उन्होंने मेरी आवाज़ में सुना, तो बोले, 'अमोल, यार तू अच्छा गाता है। तेरी संगीत की समझ भी बढ़िया है। मेरी टेंशन कम हो गई।' यमन राग पर आधारित '*जब दीप जले आना*' गाने को गाते समय उन्होंने मेरे क्लोज़अप्स लिए, वही उनका प्रशंसा करने का तरीक़ा था। मैं बहुत ख़ुश था। मेरे हिस्से में एक से बढ़कर एक मीठे और मधुर गाने आए थे। पाँच दशक बीत जाने के बाद भी लोग, यहाँ तक कि आज की युवा पीढ़ी भी इन गानों को बार-बार सुनना चाहती है। ये बात मेरे लिए बहुत ख़ास है। भारतीय फ़िल्मों में पार्श्वगायकों के कारण नायक की छवि और ज़्यादा मज़बूत हो जाती है। राजकपूर-मुकेश, राजेश खन्ना-किशोर कुमार और शम्मी कपूर-रफी की तरह ही अमोल पालेकर-येसुदास की जोड़ी ने हिन्दी संगीत में अमर स्थान प्राप्त किया।

'*आज से पहले*' गाने की शूटिंग बासु दा ने चलती जीप में करना तय किया था। योजना थी कि गाने के पहले ख़ुशनुमा भाग में विजयेंद्र को जीप चलानी थी और दूसरे, उदास भाग में मुझे। के.के. महाजन कैमरा अपने कंधे पर रखकर अपने असिस्टेंट के साथ जीप के बोनट पर बैठ गए। उस समय इस तरह के शॉट्स के लिए ख़ास प्रकार की ग्रिप्स जैसी तकनीकें नहीं थीं, जो आजकल इस्तेमाल होती हैं। इसीलिए के.के. को रस्सियों से बाँधकर बैठाने की व्यवस्था की। उस समय मॉनिटर भी नहीं होते थे, जिससे निर्देशक कैमरे में रिकॉर्ड होने वाले सीन्स देख सके तो बासु दा को भी कैमरे के पास बोनट पर ही बंधकर बैठना पड़ा। गाने को सही लिपसिंक के साथ गाया जा सके इसके लिए साउंड-सहायक को पीछे की सीटों के बीच छिपाया गया ताकि कैमरे में न दिखे। सामने की सीट पर मैं, ज़रीना और विजयेंद्र बैठे थे। हर शॉट के लिए ये सारी तैयारियाँ होती थीं। एक अभिनेता के रूप में मेरे लिए चुनौती थी—जीप की तंग जगह का अहसास दिए

बिना अभिनय करना, चेहरे पर सनगन की रोशनी सही ढंग से पड़े इसके लिए सही एंगल चुनना, गाने के बोल सुनकर ऐसे अभिनय करना कि लगे ये आवाज़ येसुदास की नहीं बल्कि मेरी ही है!

सन १९७१ के आसपास, जब राजाभाऊ ठाकुर जैसे बड़े एडिटर और निर्देशक ने नाटक में मेरा अभिनय देखकर अपनी मराठी फ़िल्म *बाजीरावचा बेटा* में मुझसे मुख्य भूमिका के लिए पूछा। तब तक उनकी पिछली मराठी फ़िल्में जैसे *मी तुळस तुझ्या अंगणी, रंगल्या रात्री अशा* और *मुंबईचा जावई* काफ़ी हिट हो चुकी थीं। मेरे हाँ कहने के बाद, उन्होंने मुझे पटकथा लेखक एस.एन. नवरे जी से स्क्रिप्ट पर चर्चा करने का मौक़ा भी दिया। शूटिंग के लिए भगवान दादा जी के आशा स्टूडियो में जब मैं पहुँचा, तो राजाभाऊ ने कहा, 'आज तुम्हारे ऊपर गाना फ़िल्माना है।' इसके बाद उन्होंने सुधीर फड़के जी की आवाज़ में गाया गया भजन सुनाया। दुबे के साथ *शांतता! कोर्ट चालू आहे* के बाद यह मेरे लिए फ़िल्मों में काम करने का दूसरा अनुभव था। मैं थोड़ा घबराया हुआ था। एक-दो रिहर्सल के बाद, मैंने लिपसिंक की तकनीक पकड़ ली। लेकिन लिपसिंक करते हुए एक हाथ से एकतारा और दूसरे हाथ से मंजीरा बजाना असंभव सा लग रहा था। मेरी हालत इतनी ख़राब हो गई कि मुझे लगा मैं रो पड़ूँगा। अंत में, मैंने राजाभाऊ से कहा, 'मुझे नहीं लगता मैं ये कर पाऊँगा; आप दूसरा एक्टर ले लीजिए।' राजाभाऊ हँसते हुए बोले, 'अरे पगले, मैं हूँ न। हम दोनों मिलकर गाने को इतना अच्छा सजाएंगे कि तुम ख़ुद ही देखते रह जाओगे।' फिर राजाभाऊ ने अलग-अलग लेंस और फ्रेमों का इस्तेमाल करके, मेरी ग़लतियों को छुपाते हुए भजन को शानदार तरीक़े से चित्रांकित किया। राजाभाऊ द्वारा सिखाए गए ये पाठ, मैंने अपने पूरे करियर में बार-बार अपनाए और शायद यही वजह रही कि *घरौंदा* में भूपेंद्र, *चितचोर* में येसुदास और *गोल माल* में किशोर कुमार की आवाज़ों को अपना बना सका। सबसे बड़े सबक़ के तौर पर मैंने सीखा कि हमें 'मुझसे नहीं हो पाएगा' कहकर पीछे हटने के बजाय, अलग तरीक़े से परेशानी का हल निकालना, कठिनाइयों से निपटते हुए लक्ष्य की ओर बढ़ना चाहिए।

चितचोर में बासु दा ने, कोरियोग्राफ़र के बिना अपनी सहज और कथात्मक शैली का प्रयोग कर गानों का फ़िल्मांकन किया था। उन दिनों, बेशक कोरियोग्राफ़रों पर ही सारे गानों को फ़िल्माए जाने की ज़िम्मेदारी होती थी पर वे अनजान ही बने रहते थे, आजकल की तरह से नहीं था जहाँ कोरियोग्राफ़र अपनेआप में किसी स्टार से कम नहीं हैं और उन्हें अपने हिस्से की प्रसिद्धि मिलती है। बिमल रॉय की *दो बीघा ज़मीन* के गाने महान नर्तक सचिन शंकर जी ने कोरियोग्राफ़ किए थे और *डॉन* के '*खैकेपान बनारस वाला*' को पी. एल. राज ने सजाया था।

गोपीकृष्ण के छोटे भाई माधोकृष्ण भी एक अच्छे नृत्य निर्देशक थे। इन सबको देखते हुए, *चितचोर* के निर्माता राज बाबू (राजकुमार बड़जात्या) ने बासु दा को गानों के फ़िल्मांकन में हर तरह की मदद देने की कोशिश की।

एक दिन '*गोरी तेरा गाँव*' गाने की शूटिंग के दौरान, बासु दा हँसते हुए बोले, 'आज सुबह से प्रोडक्शन वाले मेरे पीछे पड़े हैं कि शूटिंग में मोर कब लाएं?' गाने में '*जी करता है, मोर के पाँव में पायलिया पहना दूँ*' में मोर दिखाने की पूरी तैयारी की गई थी। बासु दा ने इसके लिए एकदम मना कर दिया तो प्रोडक्शन वाले लोग कुछ नाराज़ हो गए थे। इसी गाने में एक लाइन, '*चाँदनी रातों में, हाथ लिए हाथों में*' के लिए स्टूडियो में आकाश में चाँद और नीचे एक छोटे पुल का सेट बनाया गया जोकि बासु दा की शैली के विपरीत था। जब मैंने बासु दा से इस चित्रांकन करने के बारे में पूछा, तो उन्होंने जवाब नहीं दिया। लेकिन तब तक मैंने यह भी देख लिया था कि वे निर्माता के दबाव को नकारने के बजाय, कभी-कभी ख़ुद की शैली को थोड़ा मोड़कर काम जारी रखते थे।

चितचोर में निर्माता के रूप में राज बाबू ने इस बात का ध्यान रखा कि स्क्रिप्ट के हर सीन के साथ न्याय किया जाए। राजश्री पिक्चर्स की एक बात मुझे बहुत अच्छी लगती थी कि *कभी कभी, दस नम्बरी* और *लैला मजनूँ* जैसी बड़े बजट वाली फ़िल्मों की तुलना में, राज बाबू और कमल बाबू दोनों ही भाइयों ने शिद्दत के साथ नैतिक मूल्यों वाली और पूरे परिवार के साथ देखने लायक़ फ़िल्मों का निर्माण और वितरण किया, वो भी लगातार और कई सालों तक! यह उनकी पहचान थी। निश्चित तौर पर, उनके पास फ़िल्म वितरण का लंबा अनुभव और सिनेमा हॉल की एक अच्छी शृंखला तो थी ही।

फ़िल्म बन जाने के बाद, ट्रायल शो के लिए सिर्फ़ कलाकारों और तकनीशियनों को बुलाया गया। सबको फ़िल्म बेहद पसंद आई। बासु दा भी ख़ुश थे, लेकिन जब पता चला कि यह सिर्फ़ बंबई के एक सिनेमाघर में रिलीज़ की जाएगी, तो हम दोनों परेशान हो गए। बासु दा मुझे लेकर बड़जात्या के ऑफ़िस पहुँचे। उनकी शिकायत सुनने के बाद, दोनों भाइयों ने जो समझाया, उससे मैं हैरान रह गया। 'यह फ़िल्म बहुत चलने वाली है; हमें पूरा यक़ीन है कि यह सुपरहिट होगी। लेकिन हम इसे बाक़ी फ़िल्मों की तरह साधारण तरीक़े से रिलीज़ नहीं करेंगे। हम चाहते हैं कि लोग इसे देखने के लिए दूर-दूर से आएं। एक बार "टिकट न मिलने वाला माहौल" तैयार हो जाए, फिर इसे हर जगह रिलीज़ करेंगे।' उनके इस साफ़-सुथरे प्लान का असर तुरंत देखने को मिला। १० जनवरी १९७६ को अंधेरी के सिर्फ़ एक सिनेमाघर में बिना किसी धूमधाम के *चितचोर* रिलीज़ हुई। वहाँ सौ दिन तक 'हाउसफुल' चली। यहाँ हिट होने के बाद धीरे-

धीरे पूरे भारत में इसे रिलीज़ किया गया और इसने 'अमोल पालेकर' को देशभर में मशहूर कर दिया। तीन लगातार हिट फ़िल्मों की सिल्वर जुबली से मेरे करियर की शुरुआत हुई। निर्माता मेरे पास आने लगे।

आख़िरकार मैंने बैंक की नौकरी छोड़कर पूरी तरह से कला के क्षेत्र में काम करने का फ़ैसला किया। पहली तीनों फ़िल्मों के दौरान, मैंने बासु दा से कभी भी फ़ीस और बाक़ी के व्यावसायिक मुद्दों पर बात नहीं की। सत्यदेव दुबे की सलाह, कि उनकी न्यायप्रियता पर भरोसा रखो, का अनुसरण करता रहा और बिना किसी बहस या शिकायत के, जो रक़म उन्होंने तय की, वही स्वीकार की। बासु दा के साथ की गई बाक़ी फ़िल्मों में भी मैंने यही तरीक़ा अपनाया। बाद में, बासु दा के साथ शुरू से काम करने वाले के.के. महाजन और नरेंद्र सिंह जैसे अच्छे तकनीशियन कम पैसे पाने की वजह से उन्हें छोड़कर चले गए। लेकिन मैंने आख़िर तक बासु दा का साथ नहीं छोड़ा और ख़ुशी-ख़ुशी काम किया।

समानांतर सिनेमा की दुनिया के बाहर के निर्माताओं से पैसे के मुद्दे पर बात करते वक़्त मुझे अक्सर संकोच होता था। मेरी मध्यमवर्गीय पृष्ठभूमि और मेरे नए बाज़ार मूल्य के बीच का फ़र्क स्वीकार करना मेरे लिए मुश्किल हो जाता था। जब मैंने छह शून्यवाली रक़म लेना शुरू किया, तो मुझे असुविधा महसूस होती थी। जब मैंने मानदेय का कुछ हिस्सा कैश में लेने से मना कर दिया तो गाड़ी, विदेश यात्रा या अन्य इनामों के विकल्प दिए जाने लगे। ए.वी. मोहन नामक निर्माता ने मुझे तीन फ़िल्मों के लिए तुरंत क़रार करने का आग्रह किया। मोहन राव नामक एक नए निर्माता ने कहा, 'आप जिस भी विषय पर चाहोगे, उसी पर फ़िल्म बनाएंगे; बस, आप "हाँ" कर दीजिए।' और एक लाख का चेक मेरी जेब में डाल दिया। तब जाकर मैंने गामदेवी वाले अपने छोटे से घर से जुहू के बंगले में जाने का फ़ैसला किया।

बंगलों की सोसाइटी में बना, 'चिरेबंदी' मेरे जीवन की ख़ुशियों का प्रतीक था। कुछ लोगों का कहना था कि मेरा बंगला मेरी अव्यावहारिकता की पहचान है। मराठी के वरिष्ठ निर्माता शरद पिळगावकर ने मुझे सलाह दी, 'बंगला बनाने के बजाय, नाज़ बिल्डिंग में ऑफ़िस खोलो और इंडस्ट्री में घुलमिल जाओ, फिर देखो कहाँ पहुँचते हो।' और मज़े की बात यह है कि उनकी पहली फ़िल्म का नाम था *हा माझा मार्ग एकला* (यह है मेरा अकेला रास्ता); लेकिन असल ज़िंदगी में उन्होंने मुझे यही सलाह दी कि ऐसा अकेला रास्ता न अपनाऊँ।

चिरेबंदी के दूसरे छोर पर संगीत निर्देशक लक्ष्मीकांत, पास में शत्रुघ्न, जितेंद्र, और धर्मेंद्र, एक कोने पर अमिताभ और एकदम बग़ल में विश्वजीत और खय्याम साहब जैसे फ़िल्म इंडस्ट्री के दिग्गज लोगों के बीच, एक मराठी नाम वाले,

मध्यमवर्गीय व्यक्ति का बंगला देखकर इंडस्ट्री के लोग दंग रह गए। कुछ लोगों ने तो तंज कसते हुए कहा, 'चप्पल पहनने वाले आदमी ने यहाँ बंगला ख़रीद लिया?' चिरेबंदी के नाम से ही चर्चा शुरू हो गई। असल में चिरेबंदी का मतलब अभेद्य या अजेय होता है। मुझे टोपी पहनाकर 'मामा' बनाने वाले इंडस्ट्री के लोगों से सुरक्षित रखने वाला घर 'चिरेबंदी', पर बचपन से सुने हुए बालगीत पर आधारित मेरा यह कटाक्ष और व्यंग्य शायद किसी के पल्ले नहीं पड़ा। बंगले के चारों ओर एक बड़ा बगीचा, ऊपर तीन बड़े-बड़े बेडरूम्स और नीचे मेरा ऑफ़िस और मिलने वालों के लिए बैठने के लिए बैठक थी। यहाँ हमेशा नाटक, साहित्य, संगीत और कला क्षेत्र के लोगों की भीड़ लगी रहती थी। हर साल ३१ दिसंबर की शाम को थिएटर के लोगों के लिए मैं पार्टी देता था। क्या-क्या उलझनें, विवाद, चर्चाएं, हँसी-मज़ाक़ यहाँ हुए, इसका हिसाब रखना भी मुश्किल था। यहाँ अनगिनत लोगों द्वारा कई लीटर शराब पी गई। विजया मेहता ने यहीं मुझसे और स्मिता पाटील से अपने कीर्तिमान नाटक *महासागर* से प्रेरित फ़िल्म बनाने के प्रस्ताव पर चर्चा की थी। मेरे घर की दीवारें कई नाटकों और फ़िल्मों की स्क्रिप्ट्स की रीडिंग्स, जयदेव जी द्वारा पंडित भीमसेन जोशी जी से ली गई तालीम, *नक़ाब* और *अनकही* के कुछ हिस्सों की शूटिंग की साक्षी रहीं। इस बंगले में कई यादगार स्मृतियाँ बनीं। *अनकही* की पहली प्राइवेट स्क्रीनिंग के बाद शबाना और जावेद मुग़लई खाना लेकर आए। सुबह तक फ़िल्म की छोटी-छोटी बातों की तारीफ़ें करते रहे। कलकत्ता से बादल सरकार, अनिल चटर्जी और देविका मुखर्जी जब भी बंबई आते, तो चिरेबंदी उनका घर बन जाता था। नवजोत तथा अल्ताफ, दीपक शिंदे और बलबीर-लतिका कट जैसे उभरते हुए चित्रकार और शिल्पकार भी चिरेबंदी का इस्तेमाल बड़े आराम से करते थे। सई परांजपे और अरुण जोगलेकर के अलग होने के बाद, अरुण अपने बेटे गौतम के साथ इसी घर में लगभग दो साल तक रहे।

चिरेबंदी में एक ही बार फ़िल्मी पार्टी हुई, जब *गोल माल* के लिए मुझे फ़िल्मफ़ेयर का सर्वश्रेष्ठ अभिनेता का पुरस्कार मिला था। गुलज़ार साहब और उत्पल दत्त को भी पुरस्कार मिले थे इसलिए वे दोनों शर्मिला टैगोर, टाइगर पटौदी के साथ ख़ास तौर पर आए थे। सुबह तक ख़ूब खाना-पीना चला।

मुझे, चित्रा और शाल्मली को मिलाकर बने हमारे छोटे से परिवार ने रिश्तेदारों और दोस्तों के साथ लगभग दो दशकों तक उस ऐश्वर्य का पूरा आनंद लिया। शाल्मली के कमरे में एक अटारी बनाई थी; ऊपर चढ़ने के लिए सीढ़ी और नीचे उतरने के लिए रस्सी। अक्सर शाल्मली और उसके दोस्त इस अटारी पर धमाल मचाते रहते थे। हमारे बगीचे में झूला तो था ही, साथ में एक बड़ा जंगल-जिम

भी बनाया गया था जिसका शाल्मली, उसके दोस्तों और पड़ोसी पटवर्धन परिवार की तीनों बेटियों ने भरपूर मज़ा लिया।

फ़िल्म की शूटिंग ख़त्म करने के बाद, अपने बेहद आकर्षक काले लैब्रडॉर, नेपोलियन, के साथ कम से कम एक घंटा खेलना, मेरी थकावट दूर करने का सबसे अच्छा तरीक़ा था। उसका बेटा जूनियर स्वभाव में उसके बिल्कुल विपरीत था! दोनों ने चिरेबंदी में ख़ूब मस्ती की। लेकिन एक दिन जूनियर ने कुछ ज़हरीली चीज़ खा ली और अचानक चल बसा। उसकी मृत्यु के बाद नेपोलियन ने भी खाना-पीना छोड़ दिया। डॉक्टर की दवाइयों का कुछ असर नहीं हुआ और वह धीरे-धीरे कमज़ोर हो गया। एक दिन सुबह उसने मेरी गोद में सिर रखकर अपनी आख़री सांस ली। उसकी पथराई आँखें आज भी मेरी आँखों के सामने आती हैं। हम सबने मिलकर चिरेबंदी के बगीचे में नेपोलियन और जूनियर को दफ़नाया। चिरेबंदी की छांव में नेपोलियन और जूनियर का साथ हमेशा के लिए रह गया है।

शुरुआत में चित्रा को वह घर बहुत पसंद आता था। शून्य से शुरुआत कर, एक लंबी यात्रा करने के बाद एक बड़े बंगले में हम रहने के क़ाबिल हुए, हम दोनों को यह अभिमान की बात लगती थी, लेकिन जैसे-जैसे हमारे रिश्ते में दूरी बढ़ने लगी, वैसे-वैसे यही सपनों का घर उसे बोझिल लगने लगा। इतने बड़े घर की देखभाल और स्टाफ़ को संभालना मुश्किल हो गया था। उसने बंगला बेचकर छोटा-सा फ्लैट लेने पर ज़ोर भी दिया था। उस बंगले को छोड़ने की चाहत के बावजूद, विडम्बना ही थी कि हमारे तलाक़ के समय, जब मैंने पूरा बंगला उसे देने का प्रस्ताव दिया तो उसने उसे लेने से कभी इंकार नहीं किया, और न ही उस प्रस्ताव पर कोई आपत्ति ही जताई। चिरेबंदी की संकट की घड़ी ने लोगों का असली चेहरा दिखाने में मेरी काफ़ी मदद की, जिन्हें मैं अपना क़रीबी मानता था। मुझे इस बात का संतोष है कि मैं अपने प्यारे घर की गरिमा को बनाए रखने में सफल रहा, और उसे विभाजित करके मैंने उसका सौदा नहीं होने दिया, या अदालत में उसको लेकर कोई विवाद नहीं होने दिया।

बासु दा ने *दो लड़के दोनों कड़के* (१९७९) की स्क्रिप्ट और डायलॉग पढ़ाने के बजाय एक बंगाली फ़िल्म दिखाई जिसे हिन्दी भाषा में प्रसिद्ध संगीतकार हेमंत कुमार के बेटे जयंत मुखर्जी बनाना चाहते थे। इसके लिए उनकी पत्नी मौसुमी चटर्जी, मुझे और असरानी को चुना गया था। दो मामूली चोरों के अचानक एक बड़े अपहरण के मामले में फँस जाने और उसके बाद होने वाले झोल-झाल की यह कहानी बासु दा के हल्के-फुल्के और मज़ेदार अंदाज़ में पूरी तरह फ़िट थी। मेरी और असरानी की जोड़ी काफ़ी सफल थी; केष्टो मुखर्जी, दीना पाठक और

निळू फूले जैसे अनुभवी सह-कलाकार भी थे। लेकिन न जाने क्यों, यह फ़िल्म हर पैमाने पर पिट गई।

बाद में, मैं एक दिन कलकत्ता में हेमंत दा से इस बारे में बात कर रहा था। तब उन्होंने कहा, 'मैंने *बीस साल बाद* और *कोहरा* जैसी फ़िल्मों का निर्माण किया जो अलग ही तरह की थ्रिलर थीं। इसके अलावा, मुझे यह भी शक था कि क्या हिन्दी फ़िल्मों के दर्शक विश्वजीत को स्वीकार करेंगे? लेकिन दोनों ही फ़िल्में बॉक्स ऑफ़िस पर बहुत सफल रहीं। मेरी तीसरी फ़िल्म *ख़ामोशी* में सफल होने के सभी गुण थे। असित सेन जैसे एक प्रतिभाशाली निर्देशक, सुपरस्टार राजेश खन्ना, परिपक्व हीरोइन वहीदा रहमान, संवेदनशील भूमिका में धर्मेंद्र और मेरे लोकप्रिय गाने... फिर भी फ़िल्म पूरी तरह से फ्लॉप हो गई। इन सभी चीज़ों का विश्लेषण तुम्हारे जैसे जवानों को करना चाहिए।' इतना कहकर हेमंत दा प्यार से मेरी पीठ थपथपाते हुए उठ गए। बाद में बासु दा ने मुझे एक अलग क़िस्सा सुनाया। जयंत ने मेरी भूमिका के लिए हेमंत दा के बजाय येसुदास की आवाज़ को इस्तेमाल करने पर ज़ोर दिया था; जिससे बाप और बेटे में मतभेद हो गया। 'क्या आपने जयंत को समझाया नहीं?' मेरे इस सवाल पर बासु दा ने कहा, 'जब मतभेद सिर्फ़ व्यावसायिक नहीं बल्कि पारिवारिक स्तर पर चले जाते हैं, तो दूसरों को हमेशा चुप रहना चाहिए।' अपने ही परिवार के बैनर तले बनने के बावजूद, मुझे ऐसा लगा कि मौसुमी उस फ़िल्म में पूरी तरह शामिल नहीं थीं। शायद उन्होंने हमेशा मुख्यधारा वाली फ़िल्मों में काम किया था इसलिए बासु दा की संयमित शैली से मेल बैठाना उनके लिए मुश्किल हो गया होगा। आश्चर्य की बात यह थी कि फ़िल्म की असफलता के बावजूद जयंत उर्फ़ बाबू और मेरी दोस्ती गहरी हो गई। मैंने मेरी कई फ़िल्मों की साउंड रिकॉर्डिंग का काम उनके गीतांजलि स्टूडियो में किया। उस समय कई बार मैं उनके घर भी जाता था। वहाँ मौसुमी, जिन्हें घर में इंदु कहकर बुलाया जाता था, बहुत ही प्यार और अपनेपन से मेरा स्वागत किया करती थीं।

सन १९७९ में *दो लड़के दोनों कड़के* की शूटिंग चल ही रही थी, तभी बासु दा ने मुझे *बातों बातों में* की स्क्रिप्ट पढ़ने के लिए दी। यह एक कैथोलिक परिवार की कहानी थी। उन्होंने सहायक कलाकारों के लिए कुछ अलग चेहरे सुझाने का अनुरोध भी किया। मैंने हीरोइन की मां के लिए इंग्लिश थिएटर में काम करने वाली पर्ल पदमसी, छोटे भाई के लिए रंजीत चौधरी और मेरे पिता की भूमिका के लिए मराठी के वरिष्ठ अभिनेता अरविंद देशपांडे के नाम सुझाए। बासु दा ने इन्हें उन्हीं भूमिकाओं के लिए फ़ाइनल भी कर दिया। मैंने जल्दी से काग़ज़ पर एक स्केच बनाकर उनसे पूछा, 'टोनी ब्रगेंज़ा की भूमिका के लिए क्या मैं रूसी

राष्ट्रपति बुल्गानिन जैसी दाढ़ी रखूँ?' बासु दा ने तुरंत हाँ कर दी। मेरी स्केचिंग देखकर उनके दिमाग़ में एक नया ही विचार चमका और उन्होंने स्क्रिप्ट में एक नया ही ट्विस्ट डाल दिया, जहाँ टोनी साथ बैठी नायिका का स्केच बनाता है। समय के साथ, वह दाढ़ी कब मेरी पहचान बन गई, मुझे ठीक से याद नहीं है।

शूटिंग की शुरुआत में ही टीना मुनीम के साथ अच्छी दोस्ती हो गई। गुजराती मध्यमवर्गीय परिवार से आई यह सीधी लड़की, बहुत खुली और बातूनी थी। शूटिंग का पहला सत्र ख़त्म होते ही, टीना की पहली फ़िल्म *देस परदेस* प्रदर्शित हुई। उसके प्यार भरे आग्रह पर, मैं उस प्रीमियर में गया। मैं उसकी अंग्रेज़ीदां हिन्दी पर मज़ाक़ किया करता था, 'असल में तुम्हारी अटपटी हिन्दी को छिपाने के लिए बासु दा ने क्रिश्चन बैकग्राउंड चुना है।' इस पर पर्ल पदमसी, जो पारसी थीं, उन्होंने कहा, 'इससे मुझे भी एक और अच्छा मौक़ा मिल गया!' अरविंद ने इस मज़ाक़ को बढ़ाते हुए कहा, 'और मेरे मराठी लहजे में हिन्दी बोलने की वजह से बासु दा को बंबई का बहुभाषिक तड़का भी आसानी से मिला।'

असल में, सत्तर के दशक की बंबई को अगर देखना है तो बासु दा की फ़िल्में देखकर उसका अंदाज़ा लगाया जा सकता है। उनकी यथार्थवादी शैली की वजह से विभिन्न स्थान, सड़कें, इमारतें, पेड़-पौधे और दुकानें, सभी दृश्य वास्तविक फ्रेम में दिखते हैं। *बातों बातों में* की पूरी शूटिंग बांद्रा के एक क्रिश्चन मोहल्ले में और लोकल ट्रेन में हुई थी। सबने ख़ूब मस्ती की और उस मनमौजीपन का अहसास पूरी फ़िल्म में बना रहा। *बातों बातों में* और *गोल माल*—इन दो फ़िल्मों से साबित हो जाता है कि जब निर्देशक और कलाकार मिलकर बिना एक-दूसरे पर हावी हुए स्क्रिप्ट के विभिन्न पहलुओं को उजागर करते हैं, तो कॉमेडी बेहतरीन बनती है।

जब फ़िल्म बन ही रही थी तभी यह साफ़ था कि अमित खन्ना द्वारा लिखे चार-पाँच गाने और राजेश रोशन के शानदार संगीत से इस फ़िल्म को ज़बरदस्त सफलता मिलेगी। १३ अप्रैल १९७९ को जब फ़िल्म रिलीज़ हुई तब तक इसके सारे गाने सुपरहिट हो गए थे।

उस ज़माने में, फ़िल्म के रिलीज़ होने से डेढ़-दो महीने पहले ही गानों का एल्बम बाज़ार में बिक्री के लिए उपलब्ध हो जाता था। गाने रेडियो पर प्रसारित होते थे। अगर निर्माता पब्लिसिटी में माहिर होता, तो गलियों और मोहल्लों के समारोहों में भी गाने बजाए जाते थे। तब कैसेट्स ज़्यादा प्रचलन में नहीं आए थे। गानों के रिकॉर्ड्स के कवर पर हाथ से बनाए गए फ़िल्म के कलाकारों के चित्र होते थे। इन चित्रों के ज़रिए कलाकारों का फ़िल्म में दिखाई देनेवाला रूप सामने आता

था। फ़िल्म के विज़ुअल ऐडवर्टाइज़मेंट्स भी शुरू किए जाते थे। सिनेमाघरों में ट्रेलर के साथ शो-कार्ड और फ़ोटो-सेट्स 'आगामी आकर्षण' के रूप में लगाए जाते थे और ये भी हाथ से बनाए जाते थे। फ़िल्म का शो शुरू होने से आधा घंटे पहले जाकर ये सब देखना एक ख़ास अनुभव होता था। फ़िल्म रिलीज़ की तारीख़ तय होने के बाद, सड़कों पर हाथ से बने बड़े-बड़े होर्डिंग्स लगते थे। एक अभिनेता के तौर पर मैं सोचता था कि क्या ये हाथ से बने पोट्रेट्स मेरी सही छवि दिखा पाएंगे? कई बार चित्र इतना ख़राब होता था कि मैं बेचैन हो जाता था। फिर भी, मेरे अंदर के कलाकार को उन कलाकारों के प्रति एक ख़ास लगाव था। डिजिटल युग आने के बाद धीरे-धीरे यह कला ख़त्म ही हो गई।

इतने सालों के सफल करियर के बावजूद बासु दा नहीं बदले। सिर्फ़ बाल झक्क सफ़ेद हो गए थे और 'एक्शन' बोलने के बाद रूमाल के कोने को चबाने की उनकी आदत ग़ायब हो गई थी—बस! वरली के आदर्श नगर के एक छोटे से फ्लैट में सुबह जल्दी उठकर ज़मीन पर बैठकर पटकथा पर काम करने का उनका नियम नहीं बदला। सन १९७८-७९ के दौरान, दो फ़िल्मों की अलग-अलग शिफ्टों में शूटिंग और तीसरी में फ़िल्माए गए सीन्स की एडिटिंग, ऐसी भागदौड़ भरी ज़िंदगी में भी सुबह का उनका वो नियम कभी नहीं टूटा। सफलता में बहके बिना, सोच-समझकर चुने गए मार्ग पर चलने की उनकी कला धीरे-धीरे मुझमें भी समा गई।

सफ़ेद झूठ (१९७७) और *जीना यहाँ* (१९७९) के लिए बासु दा ने मुझे गेस्ट आर्टिस्ट के रूप में जुड़ने को कहा। मना करने का सवाल ही नहीं था। *सफ़ेद झूठ* में विनोद मेहरा और मिठू मुखर्जी मुख्य भूमिकाओं में थे। इस फ़िल्म की शूटिंग मैसूर के पास होने वाली थी। इस दौरान बासु दा ने चित्रा और शाल्मली को साथ लाने का आग्रह किया क्योंकि वो शूटिंग के बाद परिवार के साथ छुट्टी मनाने के लिए अपनी पत्नी और बेटी रूपाली और सिनेमेटोग्राफ़र के.के. महाजन, उनकी पत्नी और बेटी को भी साथ ले जाने वाले थे। जब *जीना यहाँ* के लिए पूछा गया, तब मैं बंबई में *जुलूस* नाटक की रिहर्सल में चौबीस घंटे व्यस्त रहता था। पर मैंने समय निकालकर दो दिन में फ़िल्म में अपने रोल की शूटिंग पूरी कर ली। यह उस दौरान की बात है जब आपातकाल पर मेरी बासु दा के साथ गंभीर बातचीत हुई। जब मैंने उन्हें बताया कि मेरी चिट्ठियाँ पढ़ी जा रही हैं और फ़ोन पर की गई बातें सुनी जा रही हैं, तो बासु दा ने थोड़े निराश स्वर में कहा, 'मैं भी बेचैन हूँ। जो हो रहा है, वह अच्छा नहीं है।' कुछ समय बाद उन्होंने मेरा हाथ पकड़ते हुए कहा, 'मैं तुम्हारी तरह या दूसरे बासु की तरह वामपंथी नहीं हूँ। पर तुम सावधानी

से काम लो, अमोल।' (*I'm not as left as you or the other Basu are. But you be careful, Amol.*) असल में, फ़िल्मों में आने से पहले बासु दा *ब्लिट्ज़* में कार्टूनिस्ट के रूप में काम कर रहे थे जो राजनीतिक मुद्दों पर कार्टून बनाते थे। लेकिन उन्होंने अपनी फ़िल्मों में कभी भी राजनीति पर टिप्पणी नहीं की; और न ही निजी बातचीत में वह राजनीतिक विषयों पर बात करते थे।

सन १९८० के आसपास, शरतचंद्र चट्टोपाध्याय के प्रसिद्ध उपन्यास '*निष्कृति*' का रूपांतरण बासु दा ने अपनी प्रवाही पटकथा और संवादों के माध्यम से किया। इससे *अपने पराये* का जन्म हुआ। *मेहबूबा* और *बैराग* जैसी मुख्यधारा की भव्य फ़िल्में बनाने वाली मुशीर-रियाज़ निर्माता जोड़ी ने इस फ़िल्म का निर्माण किया। उनके समानांतर सिनेमा की ओर रुख़ करने के बारे में उस समय काफ़ी चर्चा हुई थी। बंगाली संस्कृति की पृष्ठभूमि पर, एक संयुक्त परिवार के रिश्तों और तनावों को उजागर करने वाली कहानी तैयार करते समय, दो भाइयों की प्रमुख भूमिकाओं के लिए मुझे और गिरीश कर्नाड को चुना गया। शबाना आज़मी, भारती आचरेकर के साथ पूरी फ़ैमिली को प्रेमपूर्वक जोड़ने वाली सिद्धेश्वरी की भूमिका के लिए मैंने मराठी की जानी-मानी अभिनेत्री आशालता वाबगांवकर जी का नाम सुझाया।

बप्पी लाहिड़ी जी संगीत निर्माता थे। अपनी लोकप्रिय डिस्को शैली की जगह उन्होंने बंगाली भजन, बाऊल और मांझी गीतों की पारंपरिक धुनों का बेहतरीन इस्तेमाल किया। यह उनके करियर के लिए बहुत महत्वपूर्ण साबित हुआ। जब मैंने स्क्रिप्ट पढ़ी, तो मुझे समझ में आ गया कि अभिनेता के रूप में मेरे सामने कोई ख़ास चुनौती नहीं होगी। संगीत में खोया हुआ और दुनियादारी में बिल्कुल अज्ञानी चंदर का किरदार निभाने के लिए मुझे ज़्यादा मेहनत करने की ज़रूरत नहीं थी। फ़िल्म के लिए तैयारी के तौर पर, मैंने बस एक वादक सहायक की मदद से ढोलक बजाने का अभ्यास किया ताकि सीन करते समय मैं अनाड़ी न दिखूँ।

निर्माताओं ने बांद्रा के महबूब स्टूडियो में एक बड़ा सेट तैयार किया था। पूरी फ़िल्म की शूटिंग सेट पर ही करना बासु दा के पूरे करियर में एक असामान्य घटना थी। मेरे अधिकांश सीन शबाना आज़मी के साथ थे। क्योंकि हम दोनों एक ही अभिनय शैली के सह-कलाकार थे, तो शूटिंग बहुत अच्छे से हो गई। इसके अलावा, येसुदास की आवाज़ में दो सुंदर गाने फ़िल्माते समय एक अलग ही आनंद आया। '*श्याम रंग रंगा रे*' गाने की शूटिंग के बाद बासु दा विशेष रूप से प्रसन्न दिखे। उस शाम मुझे और गिरीश को उनके घर जाने का निमंत्रण मिला। गीतकार योगेश भी हमारे साथ आए। श्याम बेनेगल और गिरीश की बहुआयामी

यात्रा पर बात करते हुए बासु दा का मितभाषी स्वभाव खुल गया; उनका फ़िल्म सोसाइटी आंदोलन के प्रवर्तक का उत्साही पहलू उभरकर सामने आया। वे हमेशा सच्ची प्रशंसा करते थे। पीठ पीछे आलोचना करने वाली फ़िल्म इंडस्ट्री की परंपरा को उन्होंने कभी नहीं अपनाया। मैंने भी इस गुण को अपने व्यवहार में शामिल किया।

उसके बाद हमारी मुलाक़ातें कम होती चली गईं। हम अपने-अपने रास्ते पर चलने लगे। मेरी सत्तरवीं सालगिरह के मौक़े पर मैं अपनी कई हीरोइनों के साथ दोपहर के खाने के लिए मिला था। बातचीत के दौरान बासु दा की याद आई। मुझे पता था कि उनकी सेहत ठीक नहीं थी। मैंने फ़ोन किया और पूछा, 'क्या मैं आ सकता हूँ?' बौदी ने बासु दा का जवाब मुझे सुनाया, 'मुझसे मिलने के लिए अमोल को इजाज़त मांगने की ज़रूरत कब से पड़ने लगी?' विद्या (सिन्हा), ज़रीना (वहाब), बिंदिया (गोस्वामी) और दीप्ति (नवल), मेरी ऑन-स्क्रीन हीरोइनों और असल ज़िंदगी की हीरोइन संध्या के साथ, मैं बासु दा के घर पहुँचा। हमें देखकर बासु दा का थका हुआ चेहरा तुरंत खिल उठा। पुराने दिनों की यादें ताज़ा करते हुए काफ़ी देर तक बातचीत करने के बाद, हमने उनसे विदाई ली। हम नहीं जानते थे कि वह हमारी आख़री मुलाक़ात थी। वे कुछ महीनों बाद हमें छोड़कर चले गए। उनका संतुष्ट और ख़ुश चेहरा आज भी मेरे मन में ताज़ा है।

बासु दा के साथ सात-आठ फ़िल्मों के लिए जुड़ जाना एक सुंदर अनुभव था। इसी तरह, एक और महान व्यक्ति के साथ मेरे केवल व्यावसायिक नहीं, बल्कि व्यक्तिगत रिश्ते भी बन गए। वे मुझे अपना मानस पुत्र मानते थे। हृषिकेश मुखर्जी, जिन्हें हम हृषि दा कहते हैं, १९७९ में मेरे जीवन में आए। बासु दा की तरह, वे भी कभी राजनीतिक मुद्दों पर बात नहीं करते थे; और उनकी फ़िल्मों में उस समय की राजनीतिक स्थिति पर कोई टिप्पणी या इशारा नहीं होता था। वास्तव में दोनों का व्यक्तित्व एक-दूसरे से बहुत अलग था। बासु दा कम बोलने वाले थे, जबकि हृषि दा बहुत बातूनी। बासु दा की फ़िल्म की स्क्रिप्ट और डायलॉग पूरी तरह तैयार रहते थे, लेकिन कहानी कहने की कला उनके पास नहीं थी। हृषि दा के पास फ़िल्म की पूरी कल्पना होती थी, लेकिन वह काग़ज़ पर पूरी तरह से उतारते नहीं थे। जिन सीन्स को शूट करने की योजना होती थी, बस उन्हीं सीन्स के डायलॉग कलाकारों को देते थे। बासु दा, हृषि दा, तपन सिन्हा, सत्यजीत रे और विप्लव रॉय चौधरी—इन पाँचों बंगाली निर्देशकों में जो एक महत्वपूर्ण समानता थी वह थी कि वे कभी भी कलाकारों को 'कैसे काम

करना है' यह नहीं बताते थे; वे ख़ुद अभिनय या हरकतें करके नहीं दिखाते थे। तपन दा और हृषि दा जब कहानी बताते थे, तो मुख्य दृश्यों और पात्रों पर जिस तरह से ध्यान देते थे, उससे उन पात्रों को निभाना बहुत आसान हो जाता था।

हृषि दा ख़ुद सितार बजाते थे। उनमें संगीत कूट-कूटकर भरा हुआ था। इसके साथ ही, उन्हें सभी खेलों में बहुत रुचि थी, विशेष रूप से शतरंज में! मैं कभी-कभी मज़ाक़ में उन्हें कहता, 'शतरंज की बाज़ियों के बीच के समय में आप निर्देशन भी कर लेते हैं।' उनकी फ़िल्म माध्यम पर और सभी तकनीकी पहलुओं पर बासु दा से बेहतर पकड़ थी। वे कैमरे को एक जगह पर रखने के बजाय कैमरे को घुमाकर विभिन्न कोणों से शूटिंग करना पसंद करते थे। बिमल रॉय के साथ काम करते हुए सीखी गई सुंदर फ़िल्मी भाषा और संगीत में उनकी गहन तैयारी के बारे में वे मुझसे खुलकर बात करते थे। बासु दा और हृषि दा दोनों के साथ क़रीब से काम करने के कारण, मैं दोनों की शैलियों की तुलना करता था। यही वजह थी कि मुझे फ़िल्म बनने के तकनीकी पहलुओं की ज़्यादा मालूमात होने लगी।

सन १९७८ के आसपास का समय होगा। एक दिन अचानक हृषि दा का फ़ोन आया। 'मैं चाहता हूँ कि तुम मेरी फ़िल्म में काम करो। कब आ सकता हूँ मिलने?' मेरे पास आकर मिलने के लिए मैंने उन्हें मना किया और ख़ुद उनके पास मिलने चला गया। रास्ते में कई विचार चल रहे थे। वे मेरे कई नाटक देखने के बाद मेरी तारीफ़ करते थे, लेकिन उनकी कार्यशैली के बारे में जो सुना था, उससे मैं थोड़ा आशंकित था। मैंने सुना था कि वे अभिनेता को पूरी स्क्रिप्ट नहीं पढ़ने देते; अगर कोई सवाल पूछा जाए तो कहते हैं, 'जो मैं कहूँ उतना ही करो'।

राजेश खन्ना, धर्मेंद्र, अमिताभ और शत्रुघ्न जैसे बड़े-बड़े स्टार्स से भी इतनी ही सख़्ती से काम कराते हैं। तो जब मैं उनके कार्टर रोड वाले बंगले पर पहुँचा, तो मैंने लगभग तय कर लिया था कि उन्हें 'ना' कह दूँगा। उन्हें अपमानित किए बिना कैसे मना करूँ, इसकी छोटी सी रिहर्सल भी मैंने अपने मन में कर ली थी।

हृषि दा ने मेरा बहुत प्यार से स्वागत किया। उनकी वृद्ध माँ ने अपने हाथों से बनाए हुए नारियल के लड्डू मुझे खिलाए। फिर उन्होंने शाल्मली की बैडमिंटन की तीन-चार महत्वपूर्ण प्रतियोगिताओं के बारे में बारीकी से पूछा। इसके बाद उन्होंने *गोल माल* की पूरी कहानी विस्तार से बताई। ऐसा पहली बार था कि मैं इतना बाँधकर रखने वाला कथन सुन रहा था जहाँ पूरी फ़िल्म मानो आँखों के सामने चल रही थी। यह अनुभव बहुत ही रोचक था।

गोल माल (१९७९) के सेट पर, बिंदिया गोस्वामी, हृषि दा

बासु दा से आख़री मुलाक़ात, (बाएं से) ज़रीना वहाब, बासु दा, बिंदिया गोस्वामी, विद्या सिन्हा

फिर उन्होंने शूटिंग की तारीख़ों और अन्य बातों के बारे में बात करनी शुरू की, तो मैं हँस पड़ा। जब उन्होंने हँसी का कारण पूछा तो जवाब देते हुए मैंने उनके बारे में सुनी गई सारी बातें और अपने मन में ठाना हुआ इंकार, सबकुछ बिना हिचकिचाहट बता दिया। हम दोनों ख़ूब हँसे। इसके बाद उन्होंने *चुपके चुपके* का एक क़िस्सा सुनाया जहाँ उन्हें आख़री वक़्त पर क्लाइमेक्स में बदलाव करना पड़ा, क्योंकि धर्मेंद्र शूटिंग में देर से पहुँचे थे। उस सीन में धर्मेंद्र बस एक ही शॉट में आते हुए नज़र आते हैं।

हँसी-मज़ाक़ के इस दौर के बाद हृषि दा ने मेरे साथ पाँच फ़िल्मों में काम करने का इरादा जताया। उन्होंने बाक़ी चार फ़िल्मों की कहानी भी उसी प्रभावशाली तरीक़े से सुनाई। जब मैं जाने के लिए उठ रहा था, तो उनकी माँ ने मुझे फिर से एक लड्डू खिलाया। चलते समय उनके घुटनों में दर्द हो रहा था, फिर भी हृषि दा मुझे बाहर गाड़ी तक छोड़ने आए। वादे के मुताबिक़, उन्होंने १९७९ से १९८५ के बीच *गोल माल, नरम गरम, रंग बिरंगी* और *झूठी* बनाईं। उत्पल दत्त और मेरी तारीख़ें नहीं मिलने के कारण *झूठ बोले कौवा काटे* को टालना पड़ा। और फिर मैं ख़ुद निर्देशन में व्यस्त हो गया, इसलिए उनके करियर की आख़री फ़िल्म में काम करने का मौक़ा छूट गया। बाद में उन्होंने अनिल कपूर और अमरीश पुरी के साथ उस फ़िल्म को पूरा किया।

गोल माल की आधी शूटिंग हृषि दा के बंगले पर और बाक़ी की सह-निर्माता एन.सी. सिप्पी जी के बंगले पर हुई। शायद जोड़ों के दर्द के कारण उन्होंने इस तरह से शूटिंग करने का तरीक़ा अपनाया था। किसी भी तामझाम वाले सेट के बजाय हृषि दा साधारण कथन शैली पर ज़्यादा ज़ोर देने लगे थे। इसका अहसास मुझे *गोल माल* करते समय हुआ। *गोल माल* में तीन भूमिकाएं निभाने की चुनौती हृषि दा की सूक्ष्म निगरानी के कारण मैंने आसानी से पूरी की। ज़्यादातर लोगों को लगता है कि यह मेरा डबल रोल था। राम प्रसाद और लक्ष्मण प्रसाद की भूमिकाओं को देखते हुए, दर्शक भूल जाते हैं कि दरअसल मुख्य किरदार तो एक साधारण युवक 'राम' है जो नौकरी पाने के लिए संघर्ष कर रहा है। वह इंटरव्यू के दौरान बॉस की तुनक मिज़ाजी से मेल खाने के लिए ख़ुद को राम प्रसाद के रूप में प्रस्तुत करता है; बाद में जब राम प्रसाद फँसने की स्थिति में होता है तो वह जुड़वां भाई, लक्ष्मण प्रसाद की छवि बनाता है। तब तक दर्शक असल राम को भूल जाते हैं। मंच पर *हयवदन* में तीन भूमिकाएं सफलतापूर्वक निभाने का आत्मविश्वास था, इसलिए तीन भूमिकाएं निभाने की चिंता नहीं की। दो पात्रों के बीच की असमानताएं स्क्रिप्ट में थीं। लेकिन उन विशेषताओं को मैंने

अपने मुताबिक़ इस्तेमाल किया। पात्रों के बीच का फ़र्क प्रभावी ढंग से दिखाया जा सके इसके लिए मैंने छोटी-छोटी चीज़ें कीं—ऊपर का बटन कसकर बंद करना, बीच-बीच में कुर्ता नीचे खींचना, चाबी को उंगली में गोल-गोल घुमाना।

उत्पल दा और दीना बेन के साथ काम करना एक शानदार अनुभव था। एक बार सीन समझा देने के बाद, हृषि दा हमें पूरी आज़ादी देते थे ताकि हम उस सीन को अपने-अपने तरीक़े से विकसित करें। तीन-चार रिहर्सल के बाद तय कर लिया जाता था कि क्या चाहिए और क्या नहीं। फिर आख़री रिहर्सल के तुरंत बाद 'टेक' हो जाता था। अगर किसी सीन में मैं नहीं भी होता, तब भी उत्पल दा और दीना बेन मुझे सेट पर रुकने के लिए कहते थे। एक बार, जब उन दोनों के एक-दूसरे से मिलने वाले सीन की शूटिंग हो रही थी, मैंने छोटी सी सलाह दी जिससे वह सीन और उभरकर आया। चलते झूले पर बैठने की कोशिश करने वाले उत्पल दा ने पूरा तनावपूर्ण दृश्य मज़ेदार बना दिया। उत्पल दा भी मुझे छोटी-छोटी टिप्स देते थे। लक्ष्मण प्रसाद के रूप में एंट्री करते समय कंघी को चाक़ू जैसे इस्तेमाल करने की सलाह उन्होंने ही दी थी। वह इतना शानदार था कि उस किरदार को हीरो स्टाइल चमक-दमक आसानी से मिल गई। इस तरह की इम्प्रोवाइज़ेशन की ज़रूरत बाक़ी लोगों को भी पसंद आई। देवेन और शुभा खोटे भी उसमें शामिल हो गए। मेरी बहन के किरदार में दूरदर्शन की प्रिज़ेंटर मंजू सिंह और अनुभवी डेविड साब, मिलकर जल्द ही एक परिवार जैसे बन गए। शूटिंग के दौरान इस तरह के पारिवारिक माहौल को बनाने की कोशिश मैंने निर्देशक के रूप में भी लगातार की।

गोल माल का पहला शॉट एक अलग कारण से मेरे लिए यादगार बन गया। अच्छे से रिहर्सल हो जाने के बाद 'टेक' की तैयारी हुई। जब हृषि दा ने 'एक्शन!' कहा तो मैंने डायलॉग बोलना शुरू किया। लेकिन तभी मुझे दिखाई दिया कि हृषि दा और राही मासूम रज़ा साब बाजू में बैठे शतरंज खेल रहे थे। मैंने तुरंत 'कट!' कह दिया। तब हृषि दा ने पूछा, 'क्या हुआ बेटा?' मैंने नाराज़गी जताते हुए कहा, 'मैं जो भी कर रहा हूँ, वो ठीक है या नहीं, आप देख ही नहीं रहे।' तो उन्होंने कहा, 'मैं देख रहा हूँ। चलो, स्टार्ट साउंड... एक्शन!' दूसरे टेक की शुरुआत हुई, लेकिन फिर वही हाल; तीसरी बार 'कट!' कहने पर मैंने कहा, 'मुझे निर्देशक की निगरानी की आदत है। मुझे लगता है कि आप मेरे काम पर ध्यान नहीं दे रहे हैं।' अनिच्छा से उन्होंने शतरंज का खेल रोक दिया और शूटिंग शुरू हो गई। पहला दृश्य पूरा हुआ। नए सीन की तैयारी शुरू हुई और उन्होंने अधूरे खेल को फिर से शुरू किया। लाइटिंग के बाद अभिनेताओं को बुलाया गया। मुझे सुनाई देने वाले स्वर में उन्होंने राही साब से कहा, 'माफ़ करिए मैं

खेल में ध्यान नहीं लगा पा रहा। (*Sorry, I couldn't concentrate on the game.*)' फिर मेरी ओर देखकर हँसते हुए बोले, 'अभिनेताओं पर ध्यान न देने वाला निर्देशक होने का नया आरोप न लगे मुझ पर!'

देवेन ने भी देखा कि उनके राही साब के साथ शतरंज की बाज़ियों में कमी आ गई थी। उसने हृषि दा से वजह जाननी चाही। उन्होंने हँसते हुए जवाब दिया, 'शतरंज जैसे बैठने वाले खेलों में अमू की कोई रुचि नहीं, उसे फ़ील्ड गेम्स पसंद हैं।' एक तरह से यह सही भी था। क्रिकेट का मेरा जुनून और बैडमिंटन, टेबल टेनिस जैसे खेलों में रुचि होने की वजह से हम अक्सर सेट पर उन खेलों के मैचों पर चर्चा और विश्लेषण करते थे।

राहुल देव बर्मन का *गोल माल* के लिए दिया गया मधुर संगीत, ख़ासकर '*आने वाला पल*' गाना तो अमर हो गया। गुलज़ार साब के गाने भी राही साब के डायलॉग्स के साथ पूरी तरह से मेल खा रहे थे। इन सब वजहों से *गोल माल* एक कल्ट फ़िल्म बन गई। बड़े शहरों के उच्च वर्ग और मध्यम वर्ग के दर्शकों के अलावा, देश के हर कोने के लोग, स्त्री-पुरुष, सभी 'अमोल पालेकर' को पहचानने लगे थे। *गोल माल* ने ये करिश्मा कर दिखाया था। कुछ साल पहले, रोहित शेट्टी ने अजय देवगन के साथ *गोल माल* सीरीज़ बनाई, जो बहुत लोकप्रिय हुई। फिर भी, लोग अक्सर यही कहते हैं, 'तुम्हारी *गोल माल* ही बेस्ट थी।' तमिल में रजनीकांत, कन्नड में शिवा राजकुमार और मलयालम में मधु जैसे स्टार्स के साथ *गोल माल* के जो रूपांतर बने, वो देखना अभी बाक़ी है। सुना तो ये भी है कि श्रीलंका की सिंघली भाषा में भी *गोल माल* बनी थी।

'*गोल माल* के लिए आपको कितना पैसा मिला था?' एक इंटरव्यू में मुझसे किसी ने यह सवाल किया। मुझे याद है, तीन लाख रुपए मिले थे। पहली ही मुलाक़ात में हृषि दा ने कहा था कि पहली दो फ़िल्मों के लिए तीन लाख रुपए देंगे। मैंने आगे कभी इस पर चर्चा नहीं की। जब *गोल माल* सुपरहिट हो गई, तो उन्होंने ख़ुद बिना कुछ कहे, बोनस भी दिया; लेकिन वह कितना था, मुझे याद नहीं। आंकड़ों से कहीं ज़्यादा, *गोल माल* का यश क़ीमती था। सन १९८० में मुझे फ़िल्मफ़ेयर का 'सर्वश्रेष्ठ अभिनेता' का पुरस्कार मिला। उस समय अमिताभ को *मि. नटवरलाल* और *काला पत्थर* के लिए, ऋषि कपूर को *सरगम* के लिए और राजेश खन्ना को *अमर दीप* के लिए नामांकित किया गया था।

यह सारा यश इतना बड़ा था कि मेरे सामने एक बड़ा मोड़ आ गया था—वो पल जब रुककर भविष्य के विषय में सोचना था। एक रास्ता था संजीव कुमार की तरह इंडस्ट्री के नियमों का पालन करते हुए समर्थ अभिनेता और स्टार की छवि बनाने के लिए, पब्लिसिस्ट और पीआर प्रतिनिधियों की मदद से छोटी-

छोटी ख़बरें मीडिया में भेजना और अपना छोटा सा दरबार बनाए रखना। संजीव ने बहुत प्रभावी ढंग से इन तरीक़ों का इस्तेमाल किया। हम से पहली वाली पीढ़ी में राजकुमार ने भी एक अतरंगी इंसान, लेकिन सक्षम अभिनेता-स्टार की छवि बनाई थी। शशि कपूर के सुझाव भी याद थे। लेकिन *गोल माल* के बाद मैंने ऐसी हल्की-फुल्की फ़िल्में टाल दीं। सिर्फ़ *साइनिंग अमाउंट्स* ले लेता, तो अगली पाँच पीढ़ियाँ आराम से गुज़ारा कर सकती थीं। पर मेरी स्टारडम से दूर रहने की मानसिकता इतनी पक्की थी कि मैंने सफलता पाने के लिए आसान रास्ता स्वीकार नहीं किया। 'मैं स्टार नहीं हूँ' यह साबित करने के लिए मैंने बहुत कोशिश की। रंगमंच के दोस्तों के ऑफ़िस में जमा हुई भीड़ को वापस भेजकर नाराज़ किया; नाटक के बाद दस्तख़त मांगने वाली भीड़ को मना किया; प्राथमिकता को ठुकराते हुए लाइन में खड़ा रहना पसंद किया। लोकप्रियता के शिखर पर पहुँचने और उसे बनाए रखने के प्रयास में सभी लगे होते हैं। इसके लिए खुले या अप्रत्यक्ष रूप से साम-दाम-दंड-भेद का इस्तेमाल किया जाता है। उनमें से कोई भी विकल्प नहीं चुनते हुए और लोगों की उम्मीदों से परे, मैंने अपनी अलग राह चुनी। स्थापित सीमाओं से आगे बढ़कर कुछ अनोखा खोजने की धुन में शिखर तक पहुँच गया था। मुझे इस पर जायज़ अभिमान था, लेकिन अचानक मिले स्टारडम के लिए अपराधी महसूस करने की कोई ज़रूरत नहीं थी। तब तक निर्माताओं और इंडस्ट्री ने मुझे मेरे अपने नियमों के साथ स्वीकार कर लिया।

जब सभी सफल स्टार्स रोज़ दो शिफ्टों में काम कर रहे थे, धर्मेंद्र चौबीस घंटों में तीन शिफ्टों में काम कर रहे थे और शशि कपूर ने एक फ़िल्म में दो-घंटे-रोज़ का नया तरीक़ा अपनाया था, तब मैंने सिर्फ़ आठ घंटे की एक शिफ्ट में काम करने का नियम अपनाया। ये आठ घंटे भी ज़्यादातर नौ से छह के बीच होते थे। अगर रात की शिफ्ट होती तो दो बजे से दस बजे तक ही होनी चाहिए, वह भी पूर्व सूचना के साथ। इसके अलावा, एक समय में एक ही फ़िल्म करने का नया रिवाज़ भी मैंने अपनाया ताकि महीने के पूरे तीस दिन उस पर ध्यान केंद्रित किया जा सके। बड़े स्टारकास्ट की तारीख़ें मिलाकर शूटिंग करने वाले बड़े निर्माताओं को यह सब मुश्किल लगता था।

अपनी ही पैदा की गई इन परिस्थितियों के बारे में एक बार मैंने हृषि दा से खुलकर बात की। उन्होंने बहुत ही आश्वस्त स्वर में मुझसे कहा, 'अमू, तुम्हें जो करना है, वही करो।'

'मुझे फ़िल्म डायरेक्ट करनी है।'

'तो करो। जो भी चाहिए, कैमरा-लाइट्स, किसी भी चीज़ की ज़रूरत है तो मेरे यहाँ से ले लो। चाहो तो तुम्हारी पहली फ़िल्म का एडिट मैं करूँगा। हाँ, इसके लिए सवा रुपया लूँगा।' यह सुनकर मैं पूरी तरह से भावुक हो गया। कभी भी किसी के चरणों में न झुकने वाला मैं अचानक नीचे झुककर उनके पैरों के पास बैठ गया। हृषि दा ने बहुत प्यार से मुझे अपने पास खींचा, मेरे बालों में हाथ फेरा और फिर वे जल्दी से बेडरूम में चले गए। जब वे वापस आए, तो उनके हाथ में 'डायरेक्टर्स व्यूफ़ाइंडर' था। 'रखो इसे अपने पास,' कहते हुए अपनी नम आँखें मुझसे छिपाने के लिए मुड़कर अंदर चले गए। इन पलों का ऋण मैं कैसे चुका पाऊँगा? वह क्षण आज भी मुझे साफ़ याद है।

हृषि दा की पहली फ़िल्म *मुसाफिर* से पहले बिमल दा ने यही व्यूफ़ाइंडर उन्हें दिया था। जैसे अपने जीवन की सांझ का आभास होने पर कोई दिग्गज गायक अपनी विरासत का अमूल्य ख़ज़ाना अपने सबसे योग्य शिष्य को सौंप देता है! उस पूँजी में शामिल होता है उस अमूल्य वस्तु का सार, देने वाले का प्यार और विश्वास, और लेने वाले की योग्यता।

हमारे समय में, जब निर्देशकों और सिनेमेटोग्राफ़र के पास किसी शॉट को देखने के लिए मॉनिटर नहीं थे, तब उस दृश्य को देखने, लेंस और कोण के चुनाव आदि के लिए 'व्यूफ़ाइंडर' इस्तेमाल किया जाता था। हृषि दा द्वारा दी गई इस अनमोल भेंट का उपयोग बिमल दा से लेकर न जाने और कितने महान तकनीशियनों ने किया होगा। इस व्यूफ़ाइंडर ने न जाने कितने सुनहरे पल देखे होंगे, सजाए होंगे...

एक गहरा अपनापन हमारे बीच आख़री क्षण तक रहा। *आक्रीत* से लेकर हर फ़िल्म के दौरान, जब मैं उस व्यूफ़ाइंडर का इस्तेमाल करता था, तब हृषि दा मानो मेरे साथ होते थे। फिर मॉनिटर का ज़माना आया और मैंने वह व्यूफ़ाइंडर बिमल दा की बेटी रिंकी भट्टाचार्य को सौंप दिया।

जब हृषि दा लीलावती अस्पताल के आईसीयू में थे, संध्या और मैं उनसे मिलने गए। कांच के पार उनका शरीर देखकर मेरा दिल रो पड़ा। मुझे इंसानों की वो दीन-हीन अवस्था देखना पसंद नहीं है। जब मैं उनके पास गया, तो उनकी बहू कान में फुसफुसाई, 'दादू, देखो कौन आया है? अमोल आया है।' उनके चेहरे पर एक हल्की सी मुस्कान आ गई। डॉक्टर ने मुझे क़रीब जाने का इशारा किया। मैंने उनका सिकुड़ा हुआ हाथ अपने हाथ में लिया। उनके कमज़ोर हाथों ने मेरा हाथ कसकर पकड़ने की कोशिश की। उस समय उनके चेहरे पर फैली संतुष्ट मुस्कान देखकर मेरे लिए आंसू रोकना मुश्किल हो गया। अस्पताल के बाहर इकट्ठा मीडिया के सवालों की बौछार को नज़रअंदाज़ करते हुए, सिर्फ़ हाथ

जोड़कर मैं चुपचाप गाड़ी में बैठ गया। पुणे लौटते समय मैं पूरी तरह से उदास हो गया था। अगले दिन हृषि दा ने दुनिया को अलविदा कह दिया। मेरे जीवन का एक और हिस्सा ख़ाली हो गया!

सन १९८१ के आसपास, अपने वादे के मुताबिक़, हृषि दा ने दूसरी फ़िल्म शुरू की। जो कहानी पहले संक्षेप में बताई थी, उसे अब और विस्तार से बताया। फ़िल्म का नाम था *नरम गरम*। फ़िल्म के निर्माण का काम उनके सहायकों को संभालना था। क्योंकि हृषि दा ने *गोल माल* के समय में ही पहली दो फ़िल्मों के लिए देने वाली रक़म बता दी थी, तो पैसों के बारे में कभी चर्चा नहीं हुई। फ़िल्म का निर्माण उनके सहायकों द्वारा ही किया जाना था। हृषि दा ने उत्पल दा और मेरी जोड़ी *गोल माल* से बिल्कुल अलग पृष्ठभूमि में फ़िट कर दी थी। उत्पल दा को थोड़ा दिल फेंक दिखाया गया था। उनके छोटे भाई की भूमिका ने एक अलग ही मज़ा जोड़ दिया; शत्रुघ्न सिन्हा ने इस भूमिका के लिए हामी भर दी थी। नायिका के लिए हृषि दा ने स्वरूप संपत को चुना, जो 'मिस इंडिया' रह चुकी थीं। उनके पिता बच्चूभाई संपत को मैं जानता था इसलिए स्वरूप के नएपन और संकोच को दूर करने के लिए मुझे विशेष प्रयास नहीं करने पड़े। बहुत जल्दी ही वह यूनिट में अच्छे से घुल-मिल गईं।

जुहू के एक बंगले में शूटिंग चल रही थी। सुबह नौ बजे की शिफ्ट थी, पर शत्रुघ्न सिन्हा क़रीब साढ़े दस बजे आए। 'अब तू बड़ा स्टार बन गया है न?' हृषि दा के ऐसा कहते ही शत्रुघ्न ने दोनों कान पकड़ लिए और उनके पाँव छुए। फिर वह जल्दी-जल्दी ख़ुद ही मेकअप करते हुए तैयार होने लगे। एक सहायक डायलॉग्स सुनाने आया। उसने एक पन्ने के डायलॉग्स दो बार पढ़कर सुनाए। 'मैं तैयार हूँ।' कहकर शत्रुघ्न हृषि दा के सामने खड़े हो गए। एक छोटी सी रिहर्सल के बाद, शत्रुघ्न ने वो लंबे डायलॉग्स इतने सहज तरीक़े से प्रस्तुत किए कि हम सभी ने तालियाँ बजाकर उनकी सराहना की। बाद में सिगरेट पीते हुए बातचीत करते समय मैंने उन्हें सलाम किया और चकित होकर एकटक देखता रहा। ठहाका मारकर हँसते हुए शत्रुघ्न ने कहा, 'लेट आने के बाद इतना भी न करता तो दादा चड्डी उतार देते मेरी, सबके सामने!' मैंने पहले ही हृषि दा की सख़्ती के बारे में सुना था, अब उसका एक छोटा सा उदाहरण देखने को भी मिल गया था। साथ ही शत्रुघ्न जैसी दिलदार शख़्सियत से मिलने की ख़ुशी भी थी।

नरम गरम ने सिल्वर जुबली मनाकर बड़ी सफलता पाई। १९८२ के फ़िल्मफ़ेयर अवार्ड्स में 'सर्वश्रेष्ठ फ़िल्म' और उत्पल दा को 'सर्वश्रेष्ठ अभिनेता (कॉमेडी)'

के पुरस्कार मिले। हृषि दा के शब्दों में, 'अमोल और उत्पल इस समय सबसे सफल रोमांटिक जोड़ी हैं।' यह इंडस्ट्री ने मान लिया था।

इन सारी सफलताओं से बढ़कर जो चीज़ मेरे लिए अमूल्य थी, वह था हृषि दा से फ़िल्म निर्माण सीखना। उन्होंने *नरम गरम* के कुछ सीन्स और एक गाने की शूटिंग के लिए कर्नाला बर्ड सेंचुरी को चुनकर सबको चौंका दिया। शाम को काम ख़त्म होने के बाद हृषि दा, हंगल साहब और मैं मिलकर शानदार महफ़िल जमाते थे। वे दोनों अपने इंडस्ट्री में लंबे करियर की कई अच्छी और बुरी यादें साझा करते। हंगल साहब ने 'इंडियन पीपल थिएटर असोसिएशन (इप्टा)' के पुराने दिनों की कहानियाँ सुनाईं। एक बार हृषि दा ने बताया कि कैसे *अनाड़ी* (१९५९) फ़िल्म के दौरान उन्होंने अनुशासन के साथ और होमवर्क करके पूरी लगन से काम किया था। नूतन जी सुबह ठीक नौ बजे पूरा मेकअप और कॉस्ट्यूम पहनकर सेट पर आ जाती थीं, जबकि राज कपूर अपने पहले से तय समय पर, यानी चार बजे के आसपास आते थे। इसलिए, हृषि दा और उनकी यूनिट नूतन जी के सारे शॉट्स लंच से पहले ही शूट कर लेते थे। उसके बाद, राज कपूर के आने तक वे लोग नूतन जी के क्लोज़-अप ले लेते थे। जब तक दोनों के एक दूसरे के साथ वाले शॉट्स की बारी आती, तब तक छह बज जाते और नूतन पैकअप कर चली जातीं। उसके बाद राज कपूर जी के शॉट्स रात दस बजे तक चलते थे। लेकिन, राज कपूर फ़िल्म साइन करने से पहले ही इस बात की चेतावनी देते थे कि वे बहुत महंगे पड़ते हैं। पर चार बजे आने के बाद, वे बिना किसी शिकायत के पूरी ऊर्जा के साथ सेट पर जब तक काम पूरा न हो जाए बने रहते थे। रोज़ इस तरह काम करने से निर्माता पर आर्थिक बोझ पड़ता था। मुख्यधारा की सीमाओं में रहकर, स्टार सिस्टम के फ़ायदे-नुक़सान को समझते हुए, हृषि दा ने कभी भी भव्य फ़िल्में नहीं बनाईं। यही सच्चाई थी।

हृषि दा ने हमेशा ही मुझ पर अपना स्नेह बनाए रखा। इसका अनुभव मुझे एक बार फिर *रंग बिरंगी* फ़िल्म के दौरान हुआ। सन १९८३ में हृषि दा का फ़ोन आया। 'हमें तुम्हारी फलाना चार-पाँच तारीख़ें चाहिए।' जब मैंने कहा कि उन तारीख़ों पर तो मैं उपलब्ध नहीं हूँ, तो उन्होंने थोड़ा और दबाव डाला। उन्होंने बताया कि परवीन बाबी ने दूसरे निर्माता से वो तारीख़ें वापस लेकर उन्हें दी हैं। फिर बोले, 'जिस किसी को तुमने वे तारीख़ें दी हैं, उनके पास मैं ख़ुद जाकर विनती करूँगा।' यह सुनकर मैं बेचैन हो गया और उस मुश्किल स्थिति से बाहर निकलने के लिए सीधा उनके घर चला गया। थोड़ी गपशप के बाद, हृषि दा ने मुझसे पूछा, 'अमू, क्या दिक्कत है?' मैंने बिना किसी झिझक के सच-सच

बता दिया, 'मैं क्रिकेट मैच देखने जा रहा हूँ।' (यह वेस्ट इंडीज़ बनाम भारत का मैच था)। यह सुनते ही वे हँस पड़े और कहा, 'बस इतनी सी बात है? हम सेट पर साथ ही देख लेंगे। मैं टीवी लगवा देता हूँ।' सचमुच, फ़िल्मसिटी में बनाए गए सेट पर, हम मैच का सीधा प्रसारण देखते-देखते शूटिंग करते थे। उस ख़ुशमिज़ाज माहौल में परवीन भी तनावमुक्त हो गई थीं।

इस शूटिंग के बीच ही हृषि दा की जोड़ों के दर्द की समस्या बहुत बढ़ गई। आख़िरकार, उनके न चाहते हुए भी सर्जरी करनी ही पड़ी। मैं उन्हें हाजी अली के पास ऑर्थोपेडिक अस्पताल में देखने गया, तो उन्होंने अपनी सेहत की चिंता से ज़्यादा शूटिंग की चिंता जताई। इसके साथ ही, परवीन को मानसिक निराशाग्रस्त अवस्था से बाहर निकालने की ज़िम्मेदारी भी उन्होंने अपने ही कंधों पर उठाई थी। उन्होंने मुझसे अपनी बढ़ती उम्र के साथ ऐसे तनावपूर्ण माहौल में काम करने के बारे में संदेह की बात कही।

कमलेश्वर जी की छोटी कहानी पर आधारित *रंग बिरंगी* की शूटिंग के दौरान लग रहा था कि अपने शानदार कलाकारों, फ़ारुख शेख, दीप्ति नवल, देवेन वर्मा, उत्पल दा और परवीन बाबी, की वजह से फ़िल्म अच्छी बन रही है। लेकिन जब फ़िल्म तैयार हुई, तो वह हृषि दा की साख के लायक़ नहीं लगी। इसमें दो राय नहीं कि शूटिंग के दौरान बहुत मज़ा आया। दीप्ति मुझे हमेशा से पसंद आती थीं, कलाकार के साथ-साथ इंसान के तौर पर भी। उनकी कविताएं और चित्र, ख़ासकर सेल्फ पोर्ट्रेट्स मुझे बहुत पसंद आते थे। जब उन्होंने कहा, 'मुझे आपके साथ काम करने का मन है,' तो मैंने *अनकही* के लिए उन्हें चुन लिया था, जिसके निर्देशन का विचार मेरे दिमाग़ में चल रहा था। हृषि दा के जोड़ों के बढ़ते दर्द के कारण *रंग बिरंगी* की ज़्यादातर शूटिंग उनके कुर्सी पर बैठे-बैठे ही होती थी। उन्होंने कहा, 'मेरा सहायक बनकर काम करो, अमोल,' और मैंने वो ज़िम्मेदारी प्यार से उठा ली।

परवीन को मैं पहले से ही जानता था। एक बार सत्यदेव दुबे जी मुझे परवीन के घर ले गए थे। बाद में एक बार जब मैं बादल दा को शूटिंग दिखाने फ़िल्मसिटी ले गया, तो *द बर्निंग ट्रेन* फ़िल्म के सेट पर परवीन बैठी थीं। बादल दा को देखकर वे उठकर खड़ी हो गईं और झुककर प्रणाम किया। मैं ये तो जानता था कि फ़िल्मों में करियर बनने से पहले उन्होंने रंगमंच पर भी काम किया था, पर बादल दा से पता चला कि *एवम् इंद्रजीत* में मानसी की प्रमुख भूमिका उसने ही निभाई थी। अगले दो घंटों तक वह बादल दा के नाटकों और उनके योगदान के बारे में बात करती रहीं। मैं चकित होकर सुनता रहा। पढ़ाई में रुचि रखने

वाली एक समझदार और ख़ूबसूरत कलाकार परवीन की *vulnerability* को नज़रअंदाज़ नहीं किया जा सकता था। *रंग बिरंगी* के आउटडोर शूट के दौरान, कई बार वह एक कोने में चुपचाप बैठ जाती थीं। मैंने जान-बूझकर कभी उन्हें उनके दायरे से बाहर लाने की कोशिश नहीं की। जब भी वह अच्छे मूड में होतीं, तो बहुत सारी बातें होती थीं। उन्हें देखने पर मुझे विश्व प्रसिद्ध चित्रकार गुस्ताव क्लिम्त (*Gustav Klimt*) की '*द किस*' पेंटिंग में सोने के वस्त्र में ढँकी, आँखें बंद किए खड़ी सुंदर युवती की याद आती है। उदास न होने की भरपूर कोशिश के बाद भी परवीन बाबी का एक छोटा सा ख्याल भी मुझे उदास कर जाता है।

सन १९८४-८५ के आस-पास एक बार हृषि दा ने फ़ोन किया और घर बुलाया। उन्होंने *अनकही* की शूटिंग के बारे में जानकारी ली। फिर उन्होंने रेखा के साथ एक नई फ़िल्म शुरू करने का इरादा बताया। *आलाप* के फ्लॉप होने के बाद अमिताभ और हृषि दा के बीच आई दूरियों से उनका मन दुखी था। वह हृषि दा से *झूठी* फ़िल्म शुरू करने का आग्रह कर रही थीं। यह कहानी हृषि दा ने रेखा के लिए चुनी थी। फ़िल्म में रेखा के साथ नायक की भूमिका के बजाय, उन्होंने मुझे उसके भाई का रोल करने का सुझाव दिया। रोल बड़ा नहीं था, लेकिन हमारे

रंग बिरंगी (१९८३), परवीन बाबी के साथ

संबंध अब पेशेवर से कई ज़्यादा व्यक्तिगत हो गए थे, इसलिए 'नहीं' कहने का सवाल ही नहीं था। इसके अलावा, पहली बार पुलिस अधिकारी की वर्दी पहनकर गुंडों से लड़ने का मौक़ा भी मिल रहा था। शूटिंग से पहले जब मैं मोहन स्टूडियो के ऑफ़िस में कपड़ों का नाप देने के लिए गया, तो कपड़े संभालने वाले भूतकर दादा ने मज़ेदार क़िस्सा सुनाया। एक बार जब उन्होंने हंगल साब को कपड़े दिए, तो कपड़े देखकर हंगल साब ने कहा, 'अरे भाई, ये तो मैंने पहले भी दो तीन फ़िल्मों में पहने हैं!' भूतकर दादा ने जवाब में कहा, 'हृषि दा की आदत आपको नहीं पता? जो कपड़े हमारे पास तैयार होते हैं, उन्हीं में फ़िट बैठने वाले अभिनेताओं को हृषि दा बुलाते हैं।' उस समय ज़्यादातर हीरो, कचिन्स से कपड़े सिलवाते थे। हृषि दा इस प्रचलन को दरकिनार कर अपने टेलर माधव को कपड़े सिलने के लिए देते जो कुशलता से कचिन्स का लेबल लगाकर उन्हें तैयार कर देता!

झूठी में मेरे और रेखा के साथ राज बब्बर, देवेन वर्मा और सुप्रिया पाठक थे। १९८२ में *जीवन धारा* फ़िल्म में मैं रेखा और राज बब्बर के साथ काम कर चुका था। दोनों ही फ़िल्मों में उनके साथ मेरे बहुत कम सीन थे, इसलिए मेरा उनसे ज़्यादा परिचय नहीं हुआ। हृषि दा ने *झूठी* की शूटिंग से पहले सुप्रिया से बहुत प्यार से मेरा परिचय कराया था, 'ये दीना बेन की छोटी बेटी है।' और मुझे सुप्रिया से मिलवाते हुए बोले, 'और ये है मेरा बेटा, अमू।' *हयवदन* में सुप्रिया की माँ के साथ और उससे पहले *पगला घोड़ा* में उनकी मौसी, तरला मेहता, के साथ मैं काम कर चुका था। देखते-देखते मुझे सुप्रिया की क़ाबिलियत का अहसास हो गया। एक बार जब हृषि दा ने शॉट ओके किया, तो सुप्रिया ने उनसे कहा, 'एक और टेक लेंगे, प्लीज़?' मैंने उसे हृषि दा के मौजूदगी में ही उनकी एक ख़ास आदत समझाई, 'वे तुम्हें दूसरा टेक देंगे; फिर "ब्रिलियंट" कहकर तालियाँ भी बजाएंगे। लेकिन अंत में वे सबसे ऊँची आवाज़ में कहेंगे "प्रिंट द फ़र्स्ट वन" और काम ख़त्म।' यह सुनकर हृषि दा भी हँसे और सुप्रिया के लिए एक रीटेक ले लिया। *झूठी* के दौरान मैं अपने निर्देशकीय सफ़र में इतना डूबा हुआ था कि उस फ़िल्म के लिए जितना ज़रूरी था, बस उतना ही समय दिया। सितंबर १९८५ में फ़िल्म रिलीज़ हुई और सफल भी रही।

सन १९९६-९७ में जब मुंबई अकादमी ऑफ़ मूविंग इमेजिज़ (मामी) की स्थापना हुई, तो हृषि दा को चेयरमैन बनाया गया। इंडस्ट्री में उनका काफ़ी रुतबा था। फिर एनएफ़डीसी और सीबीएफ़सी जैसी सरकारी संस्थाओं के अध्यक्ष के रूप में उनके अनुभव को देखते हुए, मामी को एक मज़बूत मार्गदर्शक मिला। उन्होंने

झूठी (१९८५),
रेखा के साथ

महोत्सव की रूपरेखा और नियमों को तय करने में महत्वपूर्ण भूमिका निभाई। प्रायोजकों को चुनते समय उन्होंने सख़्त निर्देश दिया कि सिगरेट, तंबाकू या शराब बनाने वाली कंपनियों को शामिल न किया जाए। हालाँकि, पहले महोत्सव के दौरान उनकी तबीयत ठीक नहीं थी, इसलिए वे वहाँ उपस्थित नहीं हो सके।

समानांतर फ़िल्मों की लहर को बढ़ावा देने के लिए हृषि दा ने हर तरह से मदद की। उन्होंने जो बयालीस फ़िल्में निर्देशित कीं, उनमें से बहुत ही कम फ़िल्में असफल रहीं। उनके पूरे करियर की कुछ ख़ास बातें हैं जो एकदम अलग नज़र आती हैं। शुरुआत की फ़िल्मों जैसे *मुसाफ़िर* (१९५७), *अनाड़ी* (१९५९), *असली नकली* (१९६२) में उन्होंने उस समय के सुपरस्टार्स—दिलीप कुमार, राज कपूर, देव आनंद—से लेकर बाद के सुपरस्टार्स—राजेश खन्ना, धर्मेंद्र और अमिताभ बच्चन—के साथ काम किया। लेकिन उन्होंने कभी भी पूरी तरह से मुख्यधारा वाली फ़िल्में नहीं बनाईं। उन्होंने छोटे-छोटे भावनात्मक लम्हों को महत्व देने वाली फ़िल्में बनाईं, यानी न कमर्शियल बॉलीवुड सिनेमा और न समानांतर सिनेमा, बल्कि दोनों के बीच की फ़िल्में बनाईं। उन्होंने कई छोटे-मोटे नए कलाकारों और तकनीशियनों का हाथ पकड़कर उन्हें खड़ा किया। जब उन्हें १९९९ में दादासाहेब फालके सम्मान और २००१ में पद्मविभूषण मिला, तो मुझे अपने मानस पिता पर बहुत अभिमान महसूस हुआ। मैं मानता हूँ कि, हृषि दा से जो प्रेम मिला, वह मेरे पिताजी के अधूरे साथ का, उस प्यार का एक नया रूप था।

बासु दा और हृषि दा के साथ कुछ और महान और प्रिय लोगों की यादें मेरे मन में हमेशा के लिए बनी रहेंगी। उन्होंने मेरे जीवन में आकर मेरी कला की समझ को और गहरा किया। वे सभी बंगाली थे, इसके पीछे का कारण मेरी समझ में नहीं आया। उत्पल दत्त, तपन सिन्हा, शंभू मित्रा, बादल सरकार, बिप्लव रॉय चौधरी जैसे महान कलाकारों का मेरे जीवन में शामिल होना और उनका साथ बहुत महत्वपूर्ण है। इसमें कलकत्ता में रहने वाले श्यामानंद जालान और प्रतिभा अग्रवाल जी के नाम भी जोड़ देने चाहिए।

बासु दा और हृषि दा ने कभी भी राजनीतिक मुद्दों पर बात नहीं की। इसके विपरीत, उत्पल दा की विद्रोही प्रवृत्ति मुझे बहुत क़रीबी लगती थी। *अंगार*, *कल्लोल*, *महाविद्रोही* जैसे चालीस से अधिक नाटकों में वे लेखक, अभिनेता, निर्देशक और निर्माता के रूप में जुड़े हुए थे। मुख्यधारा की फ़िल्मों से मिलने वाली रक़म को वे अपनी विचारधारा को बढ़ावा देने वाले नाटकों में लगाते थे। उत्पल दा का यह रिवाज मुझे अपना सा लगा। मैं भी फ़िल्मों में अभिनय से

मिली रक़म समानांतर नाटकों में ख़र्च करता था। उनके कई नाटकों पर पश्चिम बंगाल सरकार ने प्रतिबंध लगा दिया था। सन १९६५ में उन्हें देशद्रोह के आरोप में जेल भी भेजा गया था। अधिकतर फ़िल्म दर्शक उन्हें सिर्फ़ कॉमेडियन के रूप में जानते हैं, पर यह उत्पल दा का बहुत सीमित, और एक पहलू मात्र है। उत्पल दा की इस विद्वता से मेरा परिचय काफ़ी बाद में हुआ जब बिप्लव रॉय चौधरी की *स्पंदन* (१९८२) फ़िल्म के दौरान, मैं कलकत्ता में रहा था। हर शाम काम के बाद, मैं उनके नाटकों की रिहर्सल देखने जाता था। फिर सब गप्पें मारते, बहस करते और बहुत शराब पीते थे।

सन १९८१ में बिप्लव की फ़िल्म *शोध* को स्वर्ण कमल राष्ट्रीय पुरस्कार मिला था। ओम पुरी और सुषमा तेंडुलकर के साथ की गई वह फ़िल्म ख़ास थी। इस फ़िल्म की पटकथा तेंडुलकर जी ने लिखी थी। उन्होंने बिप्लव से मेरी पहचान कराई। फिर बिप्लव ने मुझे *स्पंदन* की कहानी सुनाई। वह मेरी पसंदीदा भूमिकाओं में से एक है। गर्भपात के बाद छोड़े गए भ्रूणों को लैबोरेट्रीज़ को बेचने का धंधा करने वाले इस व्यक्ति को दो वक़्त की रोटी जुटाना मुश्किल था। इस कहानी में उसकी पत्नी और युवा बेटी के भावनात्मक रिश्तों को बिप्लव ने बहुत संवेदनशील तरीक़े से संभाला था। *स्पंदन* की स्क्रिप्ट भी विजय तेंडुलकर जी ने ही लिखी थी और हिन्दी संवाद सुरेंद्र वर्मा ने। पत्नी के किरदार में अपर्णा सेन, भ्रूण ख़रीदने वाला लैब मालिक, उत्पल दत्त और बेटी के किरदार में अनिता कंवर जैसे शानदार सह-कलाकार थे। कलकत्ता की गलियों और झोपड़पट्टियों में फ़िल्म की शूटिंग के दौरान, मुझे एक अलग बंगाली समाज और ग़रीबी का अनुभव मिला; काव्यात्मक, नादमय बांग्ला भाषा का खुरदुरा रूप भी देखने को मिला। रबीन्द्रनाथ की लगभग हर कविता याद करने वाली पूरी पीढ़ी को एक साथ, मुक्तकंठ से गीत गाते हुए देखना एक रोमांचक अनुभव था। बहुत कम ख़र्च में बनी *स्पंदन* ने मेरी कला की समझ को विस्तृत और समृद्ध किया। अन्य कई फ़िल्मों के बावजूद, मैंने *स्पंदन* को प्राथमिकता दी और बिना किसी फ़ीस के फ़िल्म तेज़ी से पूरी की। सन १९८३ में *स्पंदन* को सर्वश्रेष्ठ फ़िल्म का रजत कमल राष्ट्रीय पुरस्कार मिला। मेरी भूमिका को भी बहुत सराहा गया। अंतरराष्ट्रीय महोत्सवों में भी इसे सराहा गया, लेकिन भारत में मेरे इस काम को बहुत ज़्यादा नहीं देखा गया।

इसके बाद बिप्लव ने मुझे *आश्रय* में प्रमुख भूमिका दे दी। तब तक हमारी दोस्ती काफ़ी गहरी हो गई थी और उनके आख़री दिनों तक वैसी ही बनी रही। उत्पल दा और मेरे साथ, जो व्यक्ति पहले शराब नहीं पीता था उसका अंत, शराब की लत की वजह से होना एक बहुत ही दुखद सच था। दरअसल, *आश्रय* की स्क्रिप्ट

पर बात करते समय मुझे कभी-कभी बिप्लव का ध्यान भटका हुआ लगता था, लेकिन मैंने इसे नज़रअंदाज़ किया। जब भुवनेश्वर में फ़िल्म की शूटिंग शुरू हुई, तो मैंने देखा कि बिप्लव सुबह से ही छुप-छुपकर शराब पीना शुरू कर देता। *आश्रय* किसी तरह पूरी हुई। वह कभी रिलीज़ हुई या नहीं, मुझे ठीक से याद नहीं है।

सन २००७ में मैंने दूरदर्शन के लिए *कृष्णकली* नाम का एक टीवी धारावाहिक कोलकाता में बनाया। मैंने यह सोचकर बिप्लव को मेरे साथ काम करने को कहा कि कम से कम उतने समय के लिए वह काम में व्यस्त रहेगा और उसकी शराब पीने की आदत कम होगी। लेकिन मैं इसमें भी असफल रहा।

मेरे रंगमंच के करियर की शुरुआत में जिन अभिनेताओं ने मुझ पर सबसे ज़्यादा प्रभाव डाला, उनमें सबसे प्रमुख थे शंभू मित्रा! १९६० के दशक के अंत में शंभू दा ने रंगमंच से संन्यास लेने की घोषणा की। इस मौक़े पर इंडियन नेशनल थिएटर (आईएनटी) ने बंबई में रवीन्द्र नाट्य मंदिर में उनके लोकप्रिय नाटकों का महोत्सव आयोजित किया, जिसमें *पुतुल खेला, रक्तकरबी, ओयदीपाऊस,* और *पगला घोड़ा* प्रस्तुत किए गए। शंभू दा और उनकी पत्नी तृप्ति मित्रा द्वारा किए गए अभिनय को एक के बाद एक देखना एक ख़ास अनुभव था। उस समय वे लगभग पैंसठ साल के होंगे और तभी उनका मोतियाबिंद का ऑपरेशन भी हुआ था।

आश्रय (१९८३), ओम पुरी के साथ

ओयदीपाऊस के मंचन में जिस तरह शंभू दा सहज रूप से चल रहे थे, ख़ासतौर से जब वे आठ-दस सीढ़ियों पर चढ़ते-उतरते, उनकी चाल, तीस साल के युवा को भी शर्मिंदा कर देने वाली थी। भावुक दर्शकों ने उन्हें खड़े होकर, तालियों की गड़गड़ाहट से बधाई दी, उसमें मेरी तालियाँ भी शामिल थीं।

घर लौटते समय मेरे दिमाग़ में अलग ही विचार चल रहे थे। मंच पर अपनी भूमिका निभाते हुए शंभू दा का झुर्रीदार चेहरा और उनकी क्षीण नज़र का आभास ज़रा भी नहीं हुआ। उनके शारीरिक और मौखिक अभिनय से दर्शकों को तो वे स्फूर्तिवान युवा राजपुत्र ही नज़र आए। लेकिन सोचिए, अगर वही प्रदर्शन कैमरे पर क़ैद किया गया होता तो? कैमरा उन झुर्रियों को ज़रूर पकड़ लेता; बूढ़ी होती काया कैमरे की नज़र से बच नहीं पाती। उस पल मुझे रंगमंच के अद्‌भुत जादू का अहसास हुआ। मंत्रमुग्ध दर्शक के रूप में मैं ख़ुद को ही धोखा देने के लिए तैयार था। पैंसठ साल के शंभू दा मुझे तीस साल के लग रहे थे, और यह धोखा देने वाला सुखद आदान-प्रदान रंगमंच के उन जीवंत पलों में समाया हुआ था। समय के साथ मुझे बार-बार उन जादुई पलों का अनुभव होता रहा है। जब मंच पर एक जगह बैठकर लावणी प्रस्तुत करने वाली यमुनाबाई वाईकर का भारी शरीर, सम्मोहक युवती में बदल जाता था। जब केलुचरण महापात्रा जैसे दुर्बल शरीर के वृद्ध नर्तक, आकर्षित करने वाली मोहिनी स्त्री बन जाते थे। जब महान कथकली नर्तक, राघवन नायर, पूतना वध का प्रसंग बिना किसी मेकअप, वस्त्र या प्रकाश व्यवस्था के साथ प्रस्तुत करते समय हमें मोहित कर लेते थे—ऐसे अनुभव सिर्फ़ जीवंत रंगमंच पर ही हो सकते हैं। यही है थिएटर की मंत्रमुग्ध करने वाली प्रकृति—एक जीवित व्यक्ति द्वारा दूसरे जीवित व्यक्ति के साथ साधा गया संवाद।

यह अहसास मुझे शंभू दा के कारण हुआ। एक बार मैं उनके कलकत्ता के घर में उनके अभिनय के बारे में बात कर रहा था, तो मैंने उनसे पूछा, 'आप उस भूमिका में चलने से पहले एड़ी उठाकर थोड़ा ज़ोर लगाते थे और फिर चलना शुरू करते थे। ऐसा क्यों? इससे एक झटका महसूस होता था।' उनका चेहरा तुरंत ही चमक उठा और उन्होंने मेरी ओर देखकर कहा, 'तुमने यह बहुत बारीकी से देखा, यह कितना अच्छा है। मेरी सोच यह थी कि बचपन में राजकुमार के दोनों पैरों में कांटे बाँधकर उसे फेंक दिया गया था। बाद में उन घावों के ठीक हो जाने के बावजूद उसके पैरों में कमज़ोरी ज़रूर रही होगी। इसलिए मैंने एक अलग तरीक़े से अपनी चाल की रूपरेखा तैयार की थी।' मैं पूरी तरह हैरान रह गया। किसी भी भूमिका के बारे में इतनी गहरी सोच कितनी ज़रूरी होती है। इसका अहसास उन्होंने मुझे एक और बार करवाया। गपशप के दौरान यह बात

भी फिर से समझ में आई कि, मंच पर जो कुछ भी होता है, वह पहले से लिखा हुआ, तय किया हुआ और तैयार किया हुआ होता है, लेकिन दर्शकों को लगना चाहिए कि सबकुछ अभी, इस क्षण, पहली बार हो रहा है। इस तरह का यक़ीन दिलाने वाला अभिनेता ही 'महान' की उपाधि का हक़दार होता है। ऐसा ज्ञान मुझे बाईस-तेईस की उम्र में मिला, इससे ज़्यादा मुझे क्या चाहिए था?

इस घटना के कई सालों बाद फ्रिट्ज़ बेनेविट्ज़ ने शंभू दा के साथ *गैलिलियो* करने की इच्छा जताई और शंभू दा ने रंगमंच पर एक बार फिर से क़दम रखा। टिकट बिक्री शुरू होने के पहले दो दिन, शाम से ही रवीन्द्र सदन के फ़ुटपाथ पर लाइन लगनी शुरू हो गई। खिड़की खुलने के बाद घंटेभर में ही सारी टिकटें बिक गईं। इसलिए तुरंत अतिरिक्त शोज़ की घोषणा करनी पड़ी। शो से पहले मैं शंभू दा से मिला।

सन १९७० में उन्हें पद्म भूषण और १९७६ में रमन मैगसेसे पुरस्कार मिला था।

जब यह अद्वितीय कलाकार दुनिया से चले गए, तो उन्होंने बस अपनी इतनी सी अंतिम इच्छा ज़ाहिर की कि उनके पार्थिव शरीर को सार्वजनिक स्थान पर दर्शन के लिए न रखा जाए और फूलों के हार, शोभा यात्राएं जैसी रस्में न की जाएं; उनके क़रीबी रिश्तेदारों को छोड़कर कोई भी अंतिम संस्कार में शामिल न हो। पूरे बंगाली समाज ने उनकी इस अंतिम इच्छा का पूरा सम्मान किया। उनके आदर्श को ध्यान में रखते हुए मैंने भी अपनी अंतिम इच्छा दर्ज कर दी है।

इन सभी महान लोगों ने मेरे प्रति प्यार जताकर मुझे कितना अमीर कर दिया है, इसका अहसास मुझे है और मैं इसके लिए कृतज्ञ हूँ।

शंभू दा के समान एक और शानदार गरिमामय व्यक्तित्व वाले व्यक्ति थे, तपन सिन्हा। उन्होंने जो *आदमी और औरत* फ़िल्म बनाई, वह मेरे जीवन का एक सुनहरा अध्याय है। इस फ़िल्म में जो मेरा रोल था वह मुझे बहुत पसंद है। मैंने तपन दा की पहले की बंगाली फ़िल्में *अतिथि, काबुलीवाला, हाटे बाज़ारे* देखी थीं। दिलीप कुमार के आग्रह पर उन्होंने बंगाली फ़िल्म *सगीना* हिन्दी में भी बनाई। उन्होंने जब मुझे रोल की पेशकश की, तो मैंने तुरंत हाँ कह दिया। चूँकि यह फ़िल्म दूरदर्शन द्वारा निर्मित थी, इसलिए मुझे पता था कि इसके लिए बहुत ज़्यादा पैसा नहीं मिलेगा। यह बहुत सुंदर फ़िल्म थी, लेकिन इसे लोगों तक उतनी पहुँच नहीं मिली जितनी मिलनी चाहिए थी। अभिनेता के रूप में मेरी अदाकारी की गहराई सिर्फ़ सरकारी संग्रहालय में ही पड़ी रही, इस बात की कसक आज भी है।

इस फ़िल्म में मेरी भूमिका एक छोटे से गाँव के लुच्चे आदमी की थी, जो असहाय महिलाओं को अपने चंगुल में फँसाने का शौक रखता था। एक बार एक महिला का पीछा करने के बाद जब उसे पता चलता है कि वह गर्भवती है, तब उसका पारा चढ़ जाता है पर उसकी 'ए आदमी' की पुकार उसे लौट जाने से रोकती है। बाद में वह उस गर्भवती महिला को अस्पताल पहुँचाने की कोशिश करता है। अंत में जब बच्चा सुरक्षित पैदा हो जाता है तो वह, 'ए औरत!' कहकर उससे विदा लेता है। यह एक अनोखी प्रेम कहानी थी जिसकी पूरी शूटिंग बंगाल और बिहार की सीमा पर फैले जंगल में हुई थी। एक सीन हमें बारिश में करना था। पहाड़ी इलाक़ा होने के कारण, फ़िल्मों में बारिश देने वाली मशीन बुलाना असंभव था इसलिए हम पूरी तैयारी करके असली बारिश का इंतज़ार करते थे; जैसे ही बारिश होती थी, हम शॉट पूरा करते थे। दिनभर की मेहनत के बाद फिर सूरज ढलते ही गेस्टहाउस लौट जाते थे।

ज़्यादातर शूटिंग पहले ही सत्र में पूरी हो गई थी। उसकी एडिटिंग भी हो चुकी थी। दूसरे सत्र में मुख्यतः डबिंग पूरी की गई और अस्पताल के अंतिम दृश्य के लिए सेट तैयार किया गया। जब 'औरत' के विदाई के सीन की शूटिंग हो रही थी, तो अजीब बात यह हुई कि मेरी आँखों में आंसू ही नहीं आ रहे थे, ग्लिसरीन लगाने से भी नहीं! पाँच-छह रीटेक के बाद तपन दा ने एक शॉट 'ओके' किया। हालाँकि मुझे संतोष नहीं हुआ था; बहुत मिन्नतें करने के बाद तपन दा ने मुझे समझाया और उस दिन की शूटिंग ख़त्म हुई। पूरी रात मैं सो नहीं पाया। अगले दिन, डॉक्टर्स और अन्य स्टाफ़ के साथ नए सीन के लिए मैं पहुँचा, तो तपन दा ने कहा, 'कल शाम का सीन फिर से करेंगे।' मैं हैरान रह गया। तपन दा मुस्कराकर बोले, 'मैं अपने नायक को नाख़ुश छोड़कर फ़िल्म ख़त्म नहीं कर सकता!' उनकी अपार स्नेह भावना ने मुझे इतना भावुक कर दिया कि उस सीन में आंसू लाने के लिए मुझे और किसी चीज़ की ज़रूरत नहीं पड़ी। सन १९८४ का 'सर्वश्रेष्ठ फ़िल्म' का राष्ट्रीय पुरस्कार *आदमी और औरत* को मिला।

फ़िल्म की भाषा पर उनकी पकड़ और बिना किसी दिखावे के स्क्रिप्ट के गहरे पहलुओं तक पहुँचने की उनकी कला विशेष थी। अभिनेताओं से अच्छा काम करवाने के लिए निर्देशक के प्रेमपूर्वक व्यवहार की आवश्यकता होती है, यह सबक़ मैंने एक बार फिर से सीख लिया।

आदमी और औरत के दौरान 'औरत' की भूमिका निभाने वाली सह-कलाकार महुआ राय चौधरी और मेरी काफ़ी अच्छी दोस्ती हो गई और हम दोनों के बीच भावनात्मक जुड़ाव हो गया, शायद तपन दा ने भी यह महसूस किया होगा। डबिंग ख़त्म होने के बाद, आख़री दिन महुआ ने अपने हाथों से ख़ास बंगाली

खाना बनाया और मुझे और तपन दा को न्योता दिया। जब मैं अलविदा कहकर निकलने लगा, तो महुआ ने मुझे कसकर गले लगा लिया और लंबे समय तक वैसे ही लिपटकर चुपचाप खड़ी रही। कुछ दिनों बाद, तपन दा ने अचानक फ़ोन करके महुआ की आत्महत्या की चौंकाने वाली ख़बर दी। उसकी ज़िंदगी में ऐसा क्या हो गया था कि उसने अपना जीवन ही समाप्त कर लिया? इससे भी ज़्यादा दुखी करने वाली बात यह थी कि उसने अपनी मानसिक उथल-पुथल के बारे में मुझसे एक शब्द भी नहीं कहा! क्या ज़िंदगी इतनी असहनीय हो गई थी कि जीने की इच्छा या शक्ति भी नहीं रही? पीछे मुड़कर देखता हूँ तो लगता है कि अगर वह ज़िंदा रहती तो मैं उसके और क़रीब आ जाता... शायद!

इसके बाद, तपन दा ने मुझे *एक डॉक्टर की मौत* फ़िल्म के लिए बुलाया। लेकिन उस समय मैं अपनी *थोड़ा सा रूमानी हो जायें* की शूटिंग में व्यस्त था, इसलिए मेरी और उनकी तारीख़ों का मेल नहीं बैठ सका। हालाँकि, मेरे 'नहीं' कहने पर भी उनके प्यार में कोई कमी नहीं आई। उनके आख़री दिनों में जब मैं मिलने गया तो उन्होंने अपने कांपते हुए हाथ में मेरा हाथ कसकर पकड़े रखा और ब्रिटिश अंदाज़ में बोले, '*Thank you Amol for everything.*' जिस व्यक्ति का कर्ज़ मैं कभी भी नहीं चुका सकता, उन्होंने मुझे धन्यवाद क्यों कहा, इस बात को मैं आज तक समझ नहीं पाया।

आज भी जब मैं कोलकाता जाता हूँ तो मेरे क़दम टॉलीगंज क्लब की ओर बढ़ जाते हैं। क्लब में तपन दा के पसंदीदा आंगन में, उनके साथ की गई बातें, ख़ासतौर पर उन्हें सुनाई गई *कैरी* की स्क्रिप्ट। इन सब सुनहरे लम्हों को याद करते हुए मैं वहाँ थोड़ी देर रुकता हूँ और फिर पूरी तरह से संतुष्ट होकर बाहर आता हूँ।

न तपन दा वहाँ होते हैं, न शंभू दा, न उत्पल दा, न बिप्लव, पर इन लोगों ने मेरे जीवन पर जो प्रभाव छोड़ा है, वो सदा रहेगा! कल मैं भी नहीं रहूँगा, लेकिन उन्होंने मेरे लिए जो फ़िल्में बनाई हैं, वे आज भी हैं और भविष्य में भी बनी रहेंगी, इतनी ख़ुशी है।

इस पूरे फ़िल्म जगत के लोगों से बादल सरकार बहुत अलग थे। वे एक बेहद संवेदनशील नाटककार और प्रभावी नाट्यकर्मी थे। उनके सभी नाटकों में विद्रोही भावना, शोषित लोगों के प्रति अपार प्रेम और चिंता से उत्पन्न होती थी। सन १९६६ में महाराष्ट्र राज्य सरकार ने आधारभूत सुधार और नगर विकास विभाग द्वारा एक समिति बनाई। इसके लिए केंद्र सरकार ने बादल सरकार की नियुक्ति नगर-अभियंता के रूप में की थी। इसके लिए बादल सरकार को अक्सर बंबई आना पड़ता था। काम के बाद वे शाम को स्वाभाविक रूप से नाटक वालों के पास आते थे। एक बार दुबे ने मुझे बादल दा से *वल्लभपूरची दंतकथा* के

अनुवादक के रूप में मिलवाया। राजाभाऊ नातू ने पुणे के नाट्यकर्मियों को बादल दा से परिचित कराने के लिए उन्हें पुणे बुलाया था। मैं बादल दा को ट्रेन से लेकर गया । उस समय दोनों ने मिलकर सिगरेट का धुआँ उड़ाते हुए, कभी ख़त्म न होने वाली बातचीत शुरू की, जो अगले पैंतीस साल तक चलती रही, यहाँ तक कि मेरे सिगरेट छोड़ने के बाद भी कई सालों तक!

बादल दा के नाटकों पर काम करने का मौक़ा दिलवाने के लिए मैं हमेशा दुबे का आभारी रहूँगा। दुबे ने मुझसे कहा कि मैं बादल दा के लिखे *पगला घोड़ा* का भी मराठी में अनुवाद करूँ और दोनों भाषाओं में एक साथ उसका निर्देशन भी करूँ। जब मैंने बादल दा की अनुमति लेते हुए पूछा, 'क्या मैं स्क्रिप्ट में कुछ बदलाव कर सकता हूँ?' तो उन्होंने तुरंत कहा, 'स्क्रिप्ट में बदलाव के लिए अनुमति मांगने की ज़रूरत नहीं है, लेकिन बदलाव पसंद नहीं आया तो सार्वजनिक रूप से, "आपने मेरे नाटक की हत्या की है", कहने का अधिकार मैं सुरक्षित रखता हूँ।' मैंने तीनों बार जब-जब *पगला घोड़ा* का निर्देशन किया, प्रस्तुति में बदलाव किए। बादल दा की नाट्य संहिताओं में इतनी ज़बरदस्त संभावनाएं छिपी हुई थीं कि एक परत खुलते ही, कई परतें खुल जाती थीं। बहुत लेखक अपने लगाए विराम चिह्नों तक को बदलने की अनुमति देने में झिझकते हैं। उनकी तुलना में बादल दा का दृष्टिकोण बहुत प्रभावशाली था।

१९७० के दशक में, उन्होंने शहर छोड़कर गाँवों में नाटक पहुँचाने की कोशिश शुरू की। आपातकाल के दौरान *जुलूस* और *तीसवीं शताब्दी* जैसे नाटकों के ज़रिए एक नए आंदोलन की शुरुआत की। *बासी ख़बर* और *भोमा* के प्रस्तुतीकरणों के माध्यम से उन्होंने सरकार के ख़िलाफ़ आवाज़ उठाई। आपातकाल के शुरुआती दिनों में, कर्ज़न पार्क में सुबह-सुबह उनके साथियों के साथ बादल दा का अभिनय, उनकी ऊर्जा, उत्साह और निष्ठा देखकर मैं चकित हो गया था। कोई नहीं, सेट नहीं, लाइट्स नहीं, कुछ भी दिखावटी नहीं था... फिर भी जैसे ही नाटक की शुरुआत हुई, धीरे-धीरे आसपास की कर्कश ध्वनियाँ मिट गईं। पुलिस के घोड़े पर बैठकर घेरा बनाने के बावजूद, दर्शकों में कोई भी विचलित नहीं हुआ; कुछ समय बाद पुलिस चली गई। बादल दा रूपकों के माध्यम से मध्यमवर्ग की स्थिरता को चुनौती देते थे जो अभी भी कई लोगों के अंदर गूँजती है। उनका मानना था, '*Surviving enables everything* (ज़िंदा रहने पर सब संभव होता है)'। उन्होंने लोककला और पश्चिमी नाटक के प्रभाव वाले शहरी रंगमंच से बाहर जाकर, गाँवों में ग़रीब शोषितों के बीच '*Third Theatre*' को स्थापित किया। वे मुख्यधारा के नाटकों और नाट्यकर्मियों से बहुत दूर हो गए, एक अलग तरह से बहिष्कृत दुनिया में फेंक दिए गए और अकेले पड़ गए।

सन २००४ में मुझे कोलकाता से फ़ोन आया। बादल दा को एक ट्रक ने टक्कर मार दी थी और वे गंभीर रूप से घायल हो गए थे। मैंने अपने कोलकाता के दोस्तों को फ़ोन करके पूछा, लेकिन किसी को भी उनकी कोई ख़बर नहीं थी। मैं बहुत बेचैन हो गया और अगले ही दिन सीधा उनके घर पहुँच गया। उसी दिन वे नर्सिंग होम से घर लौटे थे। उनकी हालत देखकर मुझे चिंता हुई कि उनकी देखभाल कौन करेगा। मुझे यह भी अहसास हो गया कि नर्सिंग होम में रहने का ख़र्च वे नहीं उठा पाएंगे। धारा के ख़िलाफ़ चलने वाले व्यक्ति को समाज कितनी जल्दी भूल जाता है, इसका अहसास मुझे तब हुआ। मैंने संध्या को चिंतित अवस्था में फ़ोन किया। 'उनका बैंक अकाउंट दो; मैं तुरंत पैसे भेज देती हूँ,' संध्या ने उत्तर दिया, पर मैं जानता था कि बादल दा इतने आत्म-सम्मान वाले हैं कि वे ऐसी मदद स्वीकार नहीं करेंगे। मैं निराश होकर उनके पास बैठा था। मैंने उन्हें कभी इतना टूटा हुआ नहीं देखा था। फिर एक समाधान सूझा: 'हम आपके नाटकों का एक महोत्सव आयोजित करना चाहते हैं। क्या आप मराठी नाट्यकर्मियों और मराठी दर्शकों से सम्मान स्वीकार करेंगे? टिकटों से जो पैसे जुटेंगे, वे आपको स्वीकार करने होंगे।' वे ख़ुशी-ख़ुशी मान गए।

'इसके लिए पुणे आना पड़ेगा और इसलिए आपको जल्दी ठीक होना होगा। पूरा एक महीना एक पुरुष नर्स आपकी देखभाल के लिए आपके साथ रहेगा।' उन्होंने इस प्रस्ताव को भी मान लिया। मैंने एक अच्छे नर्स को पैसे देकर पिता की तरह ख्याल रखने का निर्देश दिया।

बादल दा फिर से पूरी तरह उत्साही हो गए। अगस्त २००४ में वे पुणे आए और वहाँ ठहरे। इस ख़ास मौक़े पर अमरीश पुरी, नसीर-रत्ना, विजय तेंडुलकर, दुबे, नाना पाटेकर, श्यामानंद जालान, कुलभूषण खरबंदा, प्रतिभा अग्रवाल, जयदेव-रोहिणी हट्टंगड़ी, महेश एलकुंचवार और कई अन्य दिग्गज मौजूद थे। संध्या ने तीन दिनों के कार्यक्रम की पूरी योजना बनाई थी। आख़री दिन मैंने पुणे के जागर ग्रुप के युवाओं के साथ *जुलूस* का प्रदर्शन किया। उनके नाटक महोत्सव में उनके अस्सीवें जन्मदिन को धूमधाम से मनाया गया। उन्हें एक बड़ी रक़म भी दी गई। उन्होंने कहा, 'बंगाल के दर्शकों ने नहीं, लेकिन मराठी दर्शकों ने मेरा सम्मान बढ़ाया।' इन शब्दों में उन्होंने अपनी निराशा और ख़ुशी दोनों व्यक्त कीं।

महोत्सव के दौरान *एवम् इंद्रजीत* का वाचन करने के लिए मैंने पुरी साहब को फ़ोन किया। तीन दशक पहले की बात है, जब उन्होंने दुबे के निर्देशन में 'लेखक' की भूमिका बख़ूबी निभाई थी। दुबे स्वयं इंद्रजीत की भूमिका में गहरी भावना और संवेदनशीलता के साथ अभिनय करते थे। लेकिन लेखक के रूप

में पुरी साहब की उपस्थिति में दुबे की अदाकारी भी पीछे रह जाती थी। वे *चुप! कोर्ट चालू है* में सुखात्मे, *सुनो जनमेजय* में सूत्रधार, और *आधे अधूरे* में चार पुरुषों की भूमिकाएं निभाते थे। मैंने भी उन सभी नाटकों में उनके साथ काम किया था। लेकिन जब दुबे ने मुझे *हयवदन* में पुरी साहब के कपिल के सामने देवदत्त की भूमिका निभाने को कहा, तो मैं बहुत घबरा गया। मेरा स्वर भी ऊंचा और आवाज़ पतली थी। पुरी साहब की दमदार आवाज़ सुनता था तो मुग्ध होकर उनकी आवाज़ की गहराई में खो जाता था। उनकी आवाज़ का मुक़ाबला करने का आत्मविश्वास मुझमें नहीं था। जब मैंने अपनी चिंता दुबे को बताई, तो उन्होंने मुझे मेरी एक ख़ासियत बताई। उन्होंने मुझे समझाया कि, वाक्य के किस शब्द पर ज़ोर देना है और आवाज़ के उतार-चढ़ाव को कैसे नियंत्रित करना है, यह बात मुझे बहुत अच्छी तरह से आती है। 'उसी को ठीक से इस्तेमाल करो, और लड़ो।' यह 'दुबेज्ञा' समझने के बाद मेरे आत्मविश्वास में वृद्धि हुई और मैं बेहतर प्रदर्शन करने में सक्षम हो गया।

'हैलो अमोल, कैसे हो?' फ़ोन पर वही भारी-भरकम दमदार आवाज़ सुनाई दी। मेरे महोत्सव की योजना और रूपरेखा समझाने के बाद पुरी साहब ने एक पल की देर किए बिना 'हाँ' कर दी। बस, उन्होंने उनके जुहू के घर पर ही रिहर्सल करने की शर्त रखी। इसी के मुताबिक़, उनके घर पर रोहिणी हट्टंगड़ी, मोहन भंडारी के साथ मैंने दो-तीन बार रिहर्सल की। कार्यक्रम के दिन, वे फ़ेल्टहैट पहनकर पूरी तैयारी के साथ हाज़िर हो गए। नाटक के अंत में लेखक के संवाद पढ़े बिना, काग़ज़ बाज़ू फेंककर अपनी कुर्सी से उठकर सामने आ गए।

'इसलिए तो इस पथ का मैं अंत नहीं पाता।
नहीं कोई आश्वास कि यात्रा के पूरी होने पर कोई देवलोक सम्मुख होगा
या स्नेहस्पर्श से पथश्रम कोई दूर करेगा...
फिर भी सोच करूँ क्यों हो ऐसी ही होनी है तो...
...इसी पथ पर है चलना, इष्ट यही, गंतव्य यही।'

ऐसा कहते हुए उन्होंने अपनी भारी आवाज़ में वह लंबी कविता प्रस्तुत की। तब पर्दा गिरने से पहले ही सभी दर्शकों ने खड़े होकर उन्हें सम्मान दिया। जैसे ही पर्दा बंद हुआ, वह बलवान आदमी गिर पड़ा, जैसे पाँवों की ताक़त खो दी हो। जब मैंने उन्हें संभालने की कोशिश की, तो वे मुझे गले लगाकर बच्चे की तरह फूट-फूटकर रोए। इसके दो दिन बाद मुझे पता चला कि उन्हें मुंबई के कूपर अस्पताल में कैंसर के इलाज के लिए भर्ती किया गया है। संध्या और मैं तुरंत उनसे मिलने गए। कांच के पार लेटे पुरी साहब को देखकर हम बहुत व्यथित हुए। नाट्यधर्म निभाते हुए आख़री सांस तक उन्होंने अपनी बीमारी के बारे में

किसी को कुछ भी नहीं बताया। जब हमने उनके बेटे से पूछा, तो उसने कहा कि रिहर्सल के वक़्त या कार्यक्रम से पहले उन्होंने सख्त निर्देश दिए थे कि कोई उनके कैंसर के बारे में किसी को नहीं बताएगा। उसी हफ़्ते पुरी साहब का निधन हो गया।

कई दिनों तक ऐसा लगा कि सबकुछ उजड़ गया है। सन १९६७ में बंबई के धोबी तलाव इलाक़े के रंगभवन में *ययाति* नाटक का पहला प्रयोग देखने का मौक़ा मिला था। मैंने रंगमंच पर पहली बार एक ऐसा सम्राट देखा था, जो किसी आभूषण या वस्त्रालंकार के बिना केवल अपने मूर्तिवत शरीर का संयमित उपयोग करके चलता था। जब उनकी गहरी और गूँजती हुई आवाज़ खुले रंगमंच की अंतिम पंक्ति तक आसानी से पहुँची, तो दर्शकों ने ज़ोरदार तालियाँ बजाई थीं। उन्होंने ख़ाली रंगमंच पर एक निपुण नर्तक की तरह क़दम रखा और पूरे मंच पर क़ब्ज़ा कर लिया। यह गिरीश कर्नाड का पहला नाटक था, जिसे हिन्दी रंगमंच के युवा निर्देशक सत्यदेव दुबे ने इंडियन नेशनल थिएटर (आईएनटी) के लिए प्रस्तुत किया था। आम मराठी नाटकों में बॉक्स सेट का सीमित अवकाश तथा पुरुष कलाकारों के अलंकार और वस्त्रों से ढंके हुए बदन की तुलना में *ययाति* का प्रस्तुतीकरण मुझे बहुत अलग लगा था। उस दिन पुरी साहब के प्रभावशाली अस्तित्व ने मुझे चौंका दिया था।

इसके बाद रोज़ रिहर्सल के लिए पुरी साहब से मिलना होता था। शाम को वे अपने कोलाबा स्थित ऑफ़िस के सामने स्थित रेस्तरां, कैलाश पर्वत, से गर्मागर्म समोसे और जलेबी लाते थे। जैसे उन्होंने हम सबको लाड़ करने का ज़िम्मा उठा लिया था। नाटक के लिए बंबई से बाहर जाने से पहले, सभी योजनाएं वे बेहद बारीक़ी और प्रेम से बनाते थे। शुरू में वे रॉयल एनफ़ील्ड चलाते थे। एक दिन दुबे को नए-नए व्हेस्पा स्कूटर का तोहफ़ा मिला; लेकिन उस पर पहली बार घुमते हुए वह गिर गए, ज़ख़्मी हो गए। तुरंत उस स्कूटर में साइड कार लगाकर उन्होंने वह मुझे दे दिया। इसके बाद दुबे ने पुरी साहब को भी अपनी रॉयल एनफ़ील्ड में साइड कार लगवाने पर मजबूर कर दिया और पुरी साहब ने उसे नियमित रूप से इस्तेमाल भी किया।

सह-कलाकार के रूप में पुरी साहब कितने उत्कृष्ट थे, इसका कोई पैमाना नहीं है। सन १९७० में *पगला घोड़ा* को हिन्दी और मराठी दोनों भाषाओं में एक साथ करने का निर्णय दुबे ने लिया। नामावली में सह-निर्देशक के रूप में दुबे का नाम था, लेकिन पूरी प्रस्तुति की योजना और सभी रिहर्सल मैं ही निर्देशित कर रहा था। न केवल आयु में बल्कि अनुभव में भी मेरे उनसे बहुत छोटे होने के बावजूद, पुरी साहब ने कभी भी मेरे वर्चस्व को अभिनेता के रूप में चुनौती नहीं

दी, और न ही कभी मुझे निर्देशक के रूप में कम आंका। रिहर्सल के शुरुआती दिनों में ही मैंने उन्हें कहा, 'कार्तिक कंपाउंडर का व्यक्तित्व भीड़ में आसानी से छिपने वाले एक साधारण ग़रीब आदमी का है। पर आप...' मेरी बात बीच में ही काटते हुए उन्होंने कहा, 'यक़ीन मानो अमोल, तुम जैसा चाहते हो उसी तरह का, भीड़ में छिप जाने वाला कार्तिक मैं तुम्हें दे दूँगा।' अपना वचन पूरी तरह निभाते हुए, उन्होंने केवल शारीरिक भाषा बदलकर एक साधारण कंपाउंडर पेश कर दिया। नाटक के एक भावनात्मक क्षण में, जब अन्य पुरुष पात्र अपनी पूर्व की ग़लतियों को स्वीकार कर लेते हैं, निर्देशक के नाते मुझे एक अंतराल की ज़रूरत महसूस हो रही थी। तो मैंने पुरी साहब से गाना गुनगुनाने को कहा। के.एल. सहगल के गाने गाते हुए मैंने उनको अक्सर देखा था। *पगला घोड़ा* के हर प्रयोग में, पुरी साहब की दमदार आवाज़ में गाया गया '*बाबुल मोरा*' सुनकर न केवल दर्शक, बल्कि मंच पर मौजूद सह-कलाकार भी भावुक हो जाते थे। इस नाटकीय पल के लिए, दुबे ने अपने स्वभाव के अनुसार, पीठ पीछे मेरी सराहना की; हालाँकि, उन्होंने मुझसे केवल इतना ही कहा, 'मराठी में कार्तिक के लिए अच्छा गाने वाला अभिनेता चुनो।'

आज की पीढ़ी को शायद सिर्फ़ अमरीश पुरी का वही चेहरा याद रहेगा जिसमें उन्होंने '*मोगैम्बो ख़ुश हुआ!*' कहा था या फिर '*जा सिमरन, जा!*' चिल्लाए थे। गूगल की मेहरबानी से शायद कुछ को समानांतर फ़िल्मों जैसे *काडू, निशांत, भूमिका, सूरज का सातवाँ घोड़ा,* में किए गए उनके सुंदर अभिनय के बारे में पता हो, पर क्या उन्होंने इन फ़िल्मों को देखने का समय निकाला होगा? जिन्होंने अपने विशाल व्यक्तित्व का पूरा उपयोग किया, रंगमंच के पूरे अवकाश को भर दिया और सह-कलाकारों को स्नेहपूर्वक संभाला, ऐसे समर्थ और मृदुभाषी अभिनेता मेरे जैसे कई लोगों की यादों से कभी नहीं मिटेंगे। लेकिन जब हम सब चले जाएंगे, तब... समय का प्रवाह हम सभी को भूला देगा।

'वक़्त की धूप में यादें भी पिघल जाती हैं, मुझको भी लोग भुला देंगे फ़साने की तरह'। यह मैंने अपने लिए बहुत पहले ही स्वीकार कर लिया है। लेकिन दूसरों के लिए जब सोचता हूँ, तो मुझे दर्द होता है। पर यह अहसास ज़रूर दिलासा देने वाला है कि संगीत क्षेत्र में मेरी अत्यंत प्रिय हस्तियाँ और उनका संगीत अमर रहेगा। रोज़, दिन में कभी न कभी, उनके नाम सुनाई दे जाते हैं—किशोरी आमोणकर का शास्त्रीय संगीत, आशा भोसले के अल्हड़ या दर्दभरे स्वर और जयदेव जी द्वारा रचित कोई अद्वितीय धुन सुनाई देती है, तो यादें ताज़ा हो जाती हैं। यह सब अमर रहेगा... जैसे समुद्र की लहरें उतर जाने के बाद बहुत सी

क़ीमती सीपियाँ, मोती और शंख पीछे रह जाते हैं! अगली कई पीढ़ियाँ इस अमानत को संजोएंगी और समृद्ध होती जाएंगी।

सन २००७ में जयदेव जी के निधन के समय किसी ने लिखा था, *Jaidev lived to suffer and suffered to live.* उनके जीवन को देखकर मुझे भी ऐसा ही लगता था। साढ़े तीन सौ से ज़्यादा बेहतरीन गाने संगीतबद्ध करने वाले प्रतिभाशाली संगीतकार जयदेव वर्मा एक छोटे से कमरे में रहते थे, यह देखकर मुझे बहुत आश्चर्य हुआ था। चर्चगेट के पास के.सी. कॉलेज के सामने की गली में, ग्राउंड फ़्लोर के फ्लैट में रहने वाले इस व्यक्ति को मानो इंडस्ट्री ने कबाड़खाने में फेंक दिया था। घर में एक फ़ोन भी नहीं था; गाड़ी तो बहुत दूर की बात थी! सुबह का समय सृजनात्मक काम के लिए, गीतकारों और गायकों के साथ बिताना और दोपहर में रिकॉर्डिंग करना, इस नियम का वे बेहद सख़्ती से पालन करते थे।

उनसे मेरी पहली मुलाक़ात *घरौंदा* के गानों की रिकॉर्डिंग के दौरान हुई। बांग्लादेश में काफ़ी नाम कमा चुकी रूना लैला के साथ दो गाने रिकॉर्ड होने वाले थे। भूपेंद्र के साथ '*दो दीवाने शहर में*' के गाने की रिहर्सल शुरू हुई। मैंने एक सुझाव दिया कि गुलज़ार साहब द्वारा इस्तेमाल किए गए 'अस्मानी' शब्द को समझाने के लिए संवाद के तौर पर गद्य का प्रयोग किया जाए। जयदेव जी और निर्देशक भीम सेन खुराना को यह सुझाव इतना पसंद आया कि दूसरे अंतरे में भी '*जब तारे ज़मीन पर*' को प्रश्नोत्तर तरीक़े में इस्तेमाल करने का विचार अपना लिया गया।

कुछ फ़िल्मों जैसे *वही बात* (पहले रखा नाम, *समीरा*), *अमर मिलन* का प्रदर्शित न होना; या *सोलवाँ सावन* की असफलता, जैसी कुछ घटनाओं के बावजूद, मेरे लिए जयदेव जी के साथ बिताए गए सृजनात्मक अनुभव काफ़ी समृद्ध और मूल्यवान रहे। जबकि अन्य लोगों के लिए जो समय उपलब्ध नहीं था, जयदेव जी ने मुझे सुबह के समय में भी उनके पास आने की अनुमति और आज़ादी प्रदान की थी। एक सुबह उन्होंने मुझे *दूरियाँ* फ़िल्म के एक गाने '*ज़िंदगी मेरे घर आना*' की एक नई धुन सुनाई। उस समय उनकी ख़ुशी देखकर मुझे एक अलग ही उलझन महसूस हुई। निर्माता-निर्देशक भीम सेन के साथ मतभेद के कारण मैंने *दूरियाँ* फ़िल्म करने से मना कर दिया था। जब मैंने उन्हें यह बात बताई, तो वे कुछ समय के लिए उदास हो गए। फिर उन्होंने कहा, 'कोई नहीं म्हाराज, आते रहिए ज़रूर।' इस तरह के स्नेहमयी शब्दों के साथ उन्होंने मुझे विदाई दी।

उसके बाद अलग-अलग फ़िल्मों के बहाने मैं जयदेव जी के घर जाने लगा। शाम के समय उनकी पसंदीदा व्हिस्की के साथ, उन्होंने कई बार भीतर छिपी दर्द भरी बातें मुझसे कह डालीं कि कैसे उनके गुरु ने ही उन्हें एक फ़िल्म से

हटा दिया, कैसे कई लोगों ने उन्हें मामूली रक़म देकर इस्तेमाल किया और कैसे उनकी रचनाओं का श्रेय उनसे चुराया गया। कई कड़वी यादें उन्होंने मुझसे साझा कीं। अपने दर्द को व्यक्त करते हुए अपने भावनात्मक संसार में मुझे जगह दी थी। कई बार सोचा, यह आदमी क्यों इतना सहता है? फिर लगा कि शायद यही दुख उनकी प्रेरणा का स्रोत हो सकता है। *हम दोनों* के यशप्राप्ति के बावजूद *गाइड* के समय उन्हें नज़रअंदाज़ किया गया, *उमराव जान* के समय दस गाने करने के बावजूद उन्होंने उस फ़िल्म को छोड़ दिया—ऐसी बातें बाहर से सुनने को मिलती थीं।

कांतिलाल राठौड़ नामक डायरेक्टर के साथ *रामनगरी* (१९८२) फ़िल्म में काम करने के दौरान जयदेव जी के साथ कई मुलाक़ातें याद हैं। एक बार उन्होंने युवा गायक हरिहरन से मिलवाया, 'बहुत ही प्रतिभाशाली है; अच्छा नाम कमाएगा।' इस तारीफ़ को सुनकर वो बेचारा काफ़ी शरमा गया। हरिहरन के गाए एक गाने को फ़िल्माने के लिए कांतिलाल जी ने मुझे मदद के लिए बुलाया। इसे शूट करते समय बड़े मज़े आए। हमने अलग-अलग शैलियाँ अपनाईं: कुछ हिस्से पौराणिक वेशभूषा में, कुछ हिस्से देव आनंद की शैली में राउंड ट्रॉली पर और कुछ हिस्से सुहासिनी मुळे को फटफटी पर पीछे बिठाकर। '*मैं तो कब से तेरी शरण में हूँ*' जैसे सुंदर भजन हरिहरन और एक नई गायिका की आवाज़ में रिकॉर्ड हुआ। जयदेव जी द्वारा दी गई धुन को हरिहरन ने जिस जादुई अंदाज़ में गाया, वो उस गायिका से नहीं हो पा रहा था, इस वजह से जयदेव जी थोड़ा उदास थे। शाम को जयदेव जी ने अपनी नाराज़गी व्यक्त की। एक क़रीबी डॉक्टर मित्र के आग्रह पर उन्होंने उस गायिका से गवाने की बात स्वीकार की थी और इस बात को क़ुबूल करते वक़्त उनकी आँखें नम थीं। 'क्या करूँ म्हाराज?' कहते हुए उन्होंने अपना ख़ाली गिलास भरने के लिए आगे किया।

अनकही के दौरान मैं और जयदेव जी घंटों लंबी चर्चा करते थे। गानों के अलग-अलग हिस्सों को बेहतर तरीक़े से प्रस्तुत करने के लिए नए गाने लिखवाने के बजाय, पुराने पारंपरिक गीतों का इस्तेमाल करने का मेरा विचार जयदेव जी को बहुत पसंद आया। उन्होंने तुरंत कबीर का '*कौन ठगवा नगरिया लूटल हो*' दोहा बोला। जब मैंने कहा, 'पंडित कुमार गंधर्व जी ने इसे पहले ही अमर कर दिया है।' तो हँसते हुए उन्होंने कहा, 'इसे बिल्कुल अलग रूप दे दूँगा, म्हाराज!' हम दोनों की इस पर भी सहमति हो गई कि '*मुझको भी राधा बना ले नंदलाल*' जैसे दूसरे गाने के लिए आशा भोसले जी को बुलाया जाए। जब हमने आशा जी से संपर्क किया, तो उन्होंने तुरंत 'हाँ' कह दिया। मैंने उन्हें बताया कि मैं निर्माता हूँ, तो पैसे की बात उन्होंने टाल दी। पर दो शर्तें रखीं—कम से कम तीन रिहर्सल

किए बिना वो स्टूडियो में नहीं आएंगी; और रिहर्सल के लिए वो ख़ुद जयदेव जी के घर जाएंगी।

इसके बाद, कॉफी हाउस के सामने वेस्टर्न आउटडोर स्टूडियो में गाने की रिकॉर्डिंग तय हुई। सुबह-सुबह आशा जी के सेक्रेटरी का फ़ोन आया। उन्होंने बताया कि १०२ डिग्री बुखार के कारण आशा जी नहीं आ सकेंगी। जयदेव जी के पास फ़ोन नहीं होने के कारण, मैंने स्टूडियो की ओर दौड़ लगा दी। जब मैंने यह ख़बर जयदेव जी को दी, तो उन्होंने बिना कुछ कहे अपना काम जारी रखा। तब तक पंडित हरिप्रसाद चौरसिया, पंडित शिवकुमार शर्मा, विदुषी ज़रीन दारूवाला जैसे दिग्गज वादक भी वहाँ पहुँच चुके थे और अपने-अपने वाद्यों को सुर में ला रहे थे। म्यूज़िशियन एसोसिएशन के नियम के अनुसार, उन्होंने हाज़िरी लगाई थी, इसलिए भले ही रिकॉर्डिंग न हो, पर उनका तय पैसा उन्हें देना ही पड़ता था। दो बार रिहर्सल हो जाने के बाद जयदेव जी ने मुझसे कहा, 'एक बार पता कर लो कि आशा जी की तबीयत कैसी है?' मैंने एक चिट्ठी लिखी: 'रिकॉर्डिंग रद्द करने का भार मैं उठा नहीं सकता, कृपया बताइए क्या करें।' चिट्ठी लेकर चित्रा प्रभुकुंज गई। एक घंटे के भीतर, शॉल में लिपटी हुई आशा जी स्टूडियो में आईं। सीधे बूथ में जाकर माइक के सामने खड़ी हो गईं। 'टेक करें?' मैं सांस रोके हुए खड़ा हो गया। कबीर जी के अमर शब्द और जयदेव जी की शानदार धुन... टेक ख़त्म होने तक जयदेव जी की आँखों से आंसू बह रहे थे। उन्होंने बूथ में जाकर आशा जी को गले लगाया। आशा जी ने झुककर प्रणाम किया और जाने लगीं। उन्होंने दरवाज़े पर रुककर मुझसे कहा, 'शाम को कैसेट लेकर

अनकही (१९८५), आशा भोसले के साथ

घर आना।' शाम को जब मैं गया, तो आशा जी बेडरूम में लेटी हुई थीं। उन्होंने आँखें बंद करके वह गाना सुना। थोड़ी देर बाद, मैंने उठकर फिर से उन्हें फ़ीस के बारे में पूछा। उन्होंने मेरा हाथ पकड़कर मुझे बिठाया और कहा, 'ऐसा गाना पाना भाग्य की बात है, अमोल। यह तुम्हारे कारण मेरी झोली में आया है।' मैं बस चुपचाप बैठा रहा।

आशा जी जयदेव जी की कितनी क़द्र करती थीं, इसका अहसास मुझे धीरे-धीरे हुआ। एक सुबह चिरेबंदी की बेल बजी। देखा तो आशा जी दरवाज़े पर खड़ी थीं। 'जयदेव जी ने तुम्हारे लिए एक गाना रिकॉर्ड किया था, मुझे याद है।' ऐसा कहकर उन्होंने धुन गुनगुनाकर सुनाई। *फुटपाथ* की लोरी '*मोरे नैना, जागे सारी रैना*' मैंने उन्हें याद दिलाया, तो वे बहुत ख़ुश हो गईं। उनके पास उस गाने की मूल रिकॉर्डिंग नहीं थी। मैंने तुरंत ही अपनी कैसेट देने की पेशकश की। सालों बाद जयदेव जी को श्रद्धांजलि देने के लिए आशा जी ने एक एल्बम निकाला, जिसमें उन्होंने वह गाना गाया और मेरा स्नेहभरा उल्लेख भी किया।

अनकही में दो और भजनों पर विचार करते समय जयदेव जी ने पंडित भीमसेन जोशी जी का नाम सुझाया। मैंने पंडित जी को फ़ोन किया, तो उन्होंने कहा: 'बंबई आ रहा हूँ, एयरपोर्ट पर मिलते हैं।' पार्किंग में खड़े-खड़े उन्होंने बताया

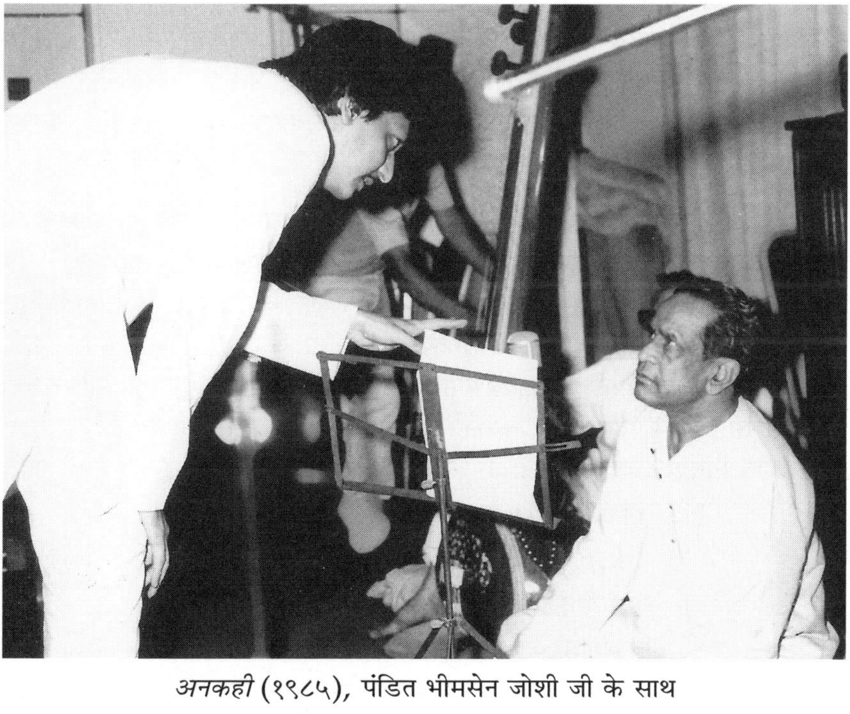

अनकही (१९८५), पंडित भीमसेन जोशी जी के साथ

कि वे फ़िल्मों के गानों में अब ज़्यादा उत्सुक नहीं हैं। लेकिन जब मैंने जयदेव जी का ज़िक्र किया, तो उन्होंने दोनों कानों पर हाथ रखकर फ़िल्म के बारे में और जानकारी मांगी। उनकी 'हाँ' सुनकर जयदेव जी भी ख़ुश हो गए। दो-तीन दिन बाद जयदेव जी ने मुझे घर बुलाया और तुलसीदास के '*रघुवर तुमको मेरी लाज*' दोहे पर आधारित हृदयस्पर्शी भजन सुनाया। जब मैंने ख़ुशी के मारे उनका हाथ पकड़ा, तो उन्होंने मुझे रोकते हुए कहा, '...और दूसरा भी तैयार है, म्हाराज! सुनिए।' फिर उन्होंने '*ठुमक ठुमक पग ठुमक कुंज मधु, चपल चरन हरी आए*' सुनाया। उन्होंने मुझसे कहा, 'बाल कवि बैरागी जी से बात करके लेन-देन की बातें पूरी कर लो।'

फिर कुछ दिनों बाद चिरेबंदी में भीमसेन जोशी जी ने बहुत ही विनम्रता से बैठकर जयदेव जी के साथ दोनों भजनों की रिहर्सल की। जल्दी ही स्टूडियो में एक की सुबह और दूसरे की शाम को रिकॉर्डिंग हो गई। दिलचस्प बात यह थी कि पंडित जी ने बंद बूथ में खड़े होकर गाने में असमर्थता जताई, तो थोड़ी भाग-दौड़ हुई। लेकिन जयदेव जी ने विचलित हुए बिना, बाहर के ऑर्केस्ट्रा वाले बड़े कमरे में उन्हें बिठाकर गाने की व्यवस्था करवाई। इसके लिए हरि जी और शिव जी जैसे बड़े फनकारों ने हमारी मदद की। और तो और देरी होने के बावजूद ओवरटाइम लेने से भी उन दिग्गजों ने मना कर दिया। मैं तहेदिल से सबका आभारी हूँ।

सन १९८५ में जयदेव जी और पंडित जी दोनों को *अनकही* के लिए राष्ट्रीय पुरस्कार से सम्मानित किया गया। बधाई देने के लिए जब मैं जयदेव जी के घर गया, तो उन्होंने ख़ुद ही मुझे मिठाई खिलाई। 'आपकी हर मंशा पूरी हो।' उनका वह आशीर्वाद हमेशा मेरे साथ रहता है।

सन २००० में मेरे पुणे शिफ्ट होने तक, हमारी बीच-बीच में मुलाक़ात होती रही। लेकिन सात साल बाद मुझे 'म्हाराज' कहने वाला कोई नहीं रहा। वह 'अपशकुनी' जीनियस इस दुनिया को छोड़कर जा चुका था। मुझे पहली बार निर्देशन का मौक़ा मिला और मैंने *फुटपाथ* के लिए जयदेव जी को चुना, उसके लिए मैं आज भी अपनी पीठ थपथपाता हूँ। लेकिन मेरे लिए उससे भी ज़्यादा आत्मसम्मान की बात यह है कि मैंने फ़िल्म इंडस्ट्री द्वारा 'अपशकुनी' ठहराए गए संगीत निर्देशक को बदलने की निर्माता की ज़िद को सिर्फ़ ठुकराया ही नहीं, बल्कि वह फ़िल्म ही छोड़ दी।

'कभी ख़ुद पे कभी हालात पे रोना आया,
बात निकली तो हर इक बात पे रोना आया।
किसलिए जीते हैं हम किस के लिए जीते हैं,
बारहा ऐसे सवालात पे रोना आया।'

जयदेव जी का अपने दुखों को व्यक्त करने का यह तरीक़ा जब भी मैं सुनता हूँ, मेरे दिल को एक गहरा आघात पहुँचता है। बिल्कुल वैसे ही, जैसे राग बसंती केदार, हुसैनी तोड़ी, रागेश्री, भीमपलासी या किशोरी ताई का गाया हुआ कोई और आत्मा को झकझोरने वाला राग। ताई को गुज़रे आठ साल हो गए हैं, फिर भी 'वे नहीं हैं' इस बात की आदत नहीं हो पाई है क्योंकि वे संवेदनाओं के गहरे स्तर पर अंकित हैं... जड़ों में रची-बसी हैं! जब वे गईं, उस दिन मैं अस्पताल में था। सर्जरी से हुए ज़ख़्म तो ठीक हो गए, लेकिन उनका न होने का गहरा दर्द उनके गानों को सुनकर ही सहना पड़ता है।

पद्म विभूषण, गान सरस्वती, दिव्य अद्भुत आवाज़ का वरदान पाई हुई और माई (उनकी माँ, मोगूबाई कुर्डीकर) से मिली विरासत को अपनी बुद्धि से विस्तारित करने जैसी तमाम उपाधियों से सुसज्जित, इस महान कलाकार के बारे में, उनकी कला यात्रा के बारे में, हमारे मराठी कला जगत में क़िस्से और अफ़वाहें ज़्यादा उड़ीं। लेकिन इन बातों से, मेरे और उनके संगीत के बीच कभी कोई अड़चन नहीं आई। संध्या के कारण मुझे संगीत की बारीकियों और विवरणों को समझने का एक नया और समृद्ध अवसर मिला था। शायद, ताई को अहसास हो गया था कि मुझे उनका संगीत बहुत पसंद है, इसलिए उन्होंने मेरा हाथ अपने हाथ में लेकर, डबडबाई आँखों से मुझसे वचन लिया था, 'मेरे अंत तक मुझे छोड़कर मत जाना।'

सत्तर के दशक में, पुणे जाते समय खोपोली में पहली बार मेरी ताई से मुलाक़ात हुई थी। जब हम बटाटा वड़ा खा रहे थे, तो उन्होंने पूछा, 'मोहनराव पालेकर तुम्हारे कौन लगते हैं?' मैंने तुरंत कहा, 'मेरे सगे चाचा।' यह सुनने के बाद ताई ने बताया कि, मोगूबाई यानी माई ने उन्हें शिक्षा के लिए मोहनराव के पास भेजा था। शायद हम दोनों के बीच एक विशेष संबंध की कड़ी वही है। एक बार ताई ने मुझसे बड़े प्यार से पूछा, 'क्या तुम माई के अस्सीवें जन्मदिन के समारोह का संचालन करोगे?' मैंने तुरंत हाँ कह दिया।

ताई ने अपनी प्रखर निष्ठा और समर्पण के साथ अपने संगीत और जीवन की चुनौतियों का सामना करते हुए अपना रास्ता बनाया था। अपने गाने पर हुई आलोचना को नज़रअंदाज़ करते हुए, लगातार नए विचार अपने संगीत में प्रस्तुत किए। 'सुर लगाने के बाद मेरा स्वयंसिद्ध गांधार मैं तुरंत पकड़ पाऊँगी यह निश्चित नहीं है इसलिए लगातार वही ढूँढ़ती रहती हूँ।' वे श्रोताओं को ध्यानमग्न होने का अनुभव देती रहीं। स्वरों की विशेष रचना के माध्यम से व्यक्त होने वाली भावरस की अभिव्यक्ति अमूर्त होने के बावजूद, वे हर श्रोता से एक गहरा संवाद साधती थीं।

एक सुबह मुझे फ़ोन आया। 'क्या तुम मुझ पर एक डॉक्यूमेंट्री बनाना चाहोगे? अगर तुम हाँ कहोगे, तो मुझे अच्छा लगेगा।' मुझे बिल्कुल भी अंदाज़ा नहीं था कि ये शब्द मेरी झोली में आएंगे। इसके पहले विजया मेहता और कई नामचीन लोगों ने उन पर डॉक्यूमेंट्री बनाने की कोशिश की थी। पर वे प्रयास अधूरे रह गए थे। ताई के मुश्किल स्वभाव को ध्यान में रखते हुए, मैंने 'हाँ' कहने से पहले उनसे यह लिखित रूप में लिया कि किसी भी परिस्थिति में, डॉक्यूमेंट्री पूरी करने के लिए वे, आर्थिक मदद को छोड़कर, मेरी पूरी सहायता करेंगी। उन्होंने बड़े प्यार से मेरी और संध्या की पूरी मदद की। हमने जहाँ बुलाया, वहाँ शूटिंग के लिए आईं; डॉक्यूमेंट्री के लिए ख़ास रागों की रिकॉर्डिंग करने की भी अनुमति दी। माई जी के कुर्डी गाँव वाले छोटे से मंदिर में गाँव वालों के साथ बैठकर भजन गाने वाली ताई, तांबडी सुरला के काले पत्थरों के मंदिर में भूप राग गाने वाली ताई, और उनके पुश्तैनी घर के आंगन में फूलों की मालाएं बनाने वाली ताई, माई जी के कड़े अनुशासन की यादों से भावुक ताई—ऐसे अनगिनत रूपों को हम क़ैद कर सके। ख़ास बात यह थी कि हम कुछ दुर्लभ वीडियो क्लिप्स को प्राप्त करने में भी सफल रहे और उनका उपयोग भी कर सके। हालाँकि, यह भी सच है कि ताई ने हमें एक भी दुर्लभ फ़ोटो या ऑडियो रिकॉर्डिंग नहीं दी।

ताई के अस्सीवें जन्मदिन पर संध्या ने 'सहेला रे' नामक एक बेहद ख़ास ट्रिब्यूट की योजना बनाई। ताई की महान सोच को साकार करते हुए, उनके घराने और विभिन्न संगीत शैलियों को एकत्रित करके संगीत के सागर, हिंदुस्तानी शास्त्रीय संगीत को अर्घ्य देने का यह समारोह, जिसमें हिंदुस्तानी और कर्नाटक के बत्तीस दिग्गज संगीतकार एक साथ, एक ही मंच पर आए, अद्वितीय था। यह एक अनूठा प्रयोग था यह समझने के लिए कि एक ही राग को विभिन्न घरानों के द्वारा किस प्रकार गाया या व्यक्त किया जाता है, वो भी मूल स्वरूप छोड़े बिना। इसके अलावा, पुणे के खचाखच भरे गणेश कला क्रीड़ा मंच में दर्शकों की ओर से उपहार स्वरूप पाँच लाख रुपए उस्ताद ज़ाकिर हुसैन जी के हाथों उन्हें भेंट किए गए।

{ ६ } *भिन्न षड्ज* डॉक्यूमेंट्री तैयार होने के बाद, हमने पहला निजी प्रदर्शन ताई के लिए, उनके घर पर किया। उनके बेटे, बहुएं, पोते-पोतियों और कुछ शिष्यों के साथ ताई ने पूरी डॉक्यूमेंट्री देखी। फिर जल्दी से उठकर रसोई में गईं और अपने हाथ का बना हलवा संध्या और मुझे खिलाया; उनकी आँखें नम थीं। जब संध्या ने उनके पैर छूने के लिए झुकने की कोशिश की, तब ताई ने रोककर उसे गले लगा लिया और मेरे गालों पर ममता से हाथ फेरा।

ताई ने साठ वर्षों से भी अधिक समय तक अपनी कला और शुद्ध सुरों का प्रसार किया। हमारे लिए यह सम्मान की बात थी कि उन्होंने मुझे और संध्या को उन क्षणों के प्रति आभार व्यक्त करने का अवसर दिया।

भिन्न षड्ज की मूल भाषा हमने मराठी ही रखी और उसकी हिन्दी में पैरा डबिंग कलापिनी कोमकली की मधुर और स्पष्ट आवाज़ में की, ताकि दर्शक मराठी या हिन्दी में डॉक्यूमेंट्री अंग्रेज़ी सब-टाइटल्स के साथ देख सकें। ताई का श्रोता वर्ग पूरी दुनिया में फैला हुआ है, इसलिए भाषा की बाधाओं को दूर करने के लिए हमने यह विशेष प्रबंध किया।

उनके साथ बिताए गए समय में मुझे उनके असंतोष का और उनकी अंदरूनी कड़वाहट का अहसास था। उनका चिड़चिड़ा स्वभाव, अत्यधिक व्यावहारिकता, हमेशा सतर्क रहना और दूसरों के प्रति अविश्वास रखना—उनके दिव्य गायन से मेल नहीं खाता था। हालाँकि, उनका कठिन जीवन देखकर, एक स्वतंत्र और एकाकी महिला द्वारा उसे ढाल के रूप में अपनाना, संध्या को बहुत स्वाभाविक लगता था। हम दोनों के विपरीत दृष्टिकोणों को अलग रखते हुए, ताई के साक्षात्कार को संकलित करना कुछ हद तक कठिन हो गया। एक मामले में हम विफल रहे। उनके पास मौजूद अनगिनत संगीत कार्यक्रमों की रिकॉर्डिंग्स का जो ख़ज़ाना था, उसे आने वाली पीढ़ियों के लिए उपलब्ध कराने, या किसी संस्थान को संभालने के लिए सौंपने की हमने काफ़ी मिन्नतें कीं, लेकिन हम उन्हें इसके

भिन्न षड्ज (२०११), गान सरस्वती किशोरी आमोणकर और संध्या गोखले के साथ

लिए तैयार नहीं कर सके। हमने बहुत कोशिश की कि इन सभी रिकॉर्डिंग्स को डिजिटाइज़ करके इंटरनेट पर अपलोड कर दिया जाए। पर वे अपने निर्णय पर अडिग रहीं, 'मैं यह मुफ़्त में नहीं करूँगी।'

रेत पर लकीरें बनाते हुए दृश्य, संध्या द्वारा लिखी गई और मेरे द्वारा सुनाई गई कविता के साथ डाक्यूमेंट्री समाप्त होती है।

मराठी मौलिक
उद्या मी गेले की एक नक्की म्हणा -
तिने स्वरांची कूस कधी सोडली नाही,
त्या अस्पर्शी 'सा'ची आसही सोडली नाही,
आंदण मिळालेल्या क्षणांची प्रतारणाही केली नाही.

कल अगर मैं चली जाऊँ
तो एक बात निश्चित कह देना।
उसने कभी स्वरों की गोद नहीं छोड़ी,
उस अस्पर्शी 'सा' की आस भी नहीं छोड़ी,
प्राप्त क्षणों से धोखाधड़ी भी नहीं की।

ताई की निरंतर आलोचना करने वाले भी उनके इस चित्रण पर एकमत होंगे।

एक के बाद एक समाप्त होते अध्याय झेलते हुए मैं यहाँ तक पहुँच गया हूँ, लेकिन अंतर्मन की गहराइयों में ये सारी यादें चमकती रहती हैं।

सच्चे मित्रों की बात करें तो अब केवल एक ही बचा है, हैदर अली! वह भी अब कुछ थका हुआ सा लग रहा है। जीवन भर उसे संघर्ष करना पड़ा। आठवीं पास होने के बावजूद सियाना है और दिल में नमी को संजोए हुए है। सन १९३० के आसपास, उसकी माँ प्रमिला, हिन्दी सिनेमा की एक प्रसिद्ध अभिनेत्री और निर्माता थीं, जिन्होंने पुरुष-प्रधान फ़िल्म जगत में अपनी ख़ास छवि बनाई थी। १९४७ में उन्हें भारत की पहली ब्यूटी क्वीन का सम्मान मिला था। उन्हें मुझसे बहुत लगाव था। वे कहतीं, 'यह *ब्लू-ब्लडेड* (राजसी) लड़का है।' उन्होंने मेरी फ़िल्म *थांग* में मृणाल कुलकर्णी की दादी का छोटा सा किरदार निभाया था। उस समय वे नवासी साल की थीं। अफ़सोस, कुछ महीनों बाद उनका निधन हो गया।

हैदर के पिता, कुमार, चालीस के दशक के प्रसिद्ध अभिनेता थे, लेकिन विभाजन के बाद वे पाकिस्तान चले गए। प्रमिला यहीं रहीं। तीन भाई और एक बहन के परिवार में, हैदर ही एकमात्र ऐसा व्यक्ति था जो एकदम अलग ढंग से पला-बढ़ा। युवावस्था में ग़ुस्से में आकर हैदर ने कितने लोगों के साथ मार-पीट की होगी, इसकी गिनती करना मुश्किल है। एक बार, गली में बहन के साथ छेड़छाड़ करने

वाले गुंडों के समूह पर हैदर ने पहली मंज़िल से सीधे नीचे कूदकर हमला किया था। सभी के साथ झगड़ना हैदर की आदत बन गई थी, हालाँकि समय के साथ उसका गर्म मिज़ाज थोड़ा नर्म पड़ गया है। फिर भी, वर्तमान में उसने बहुत लोगों से दोस्ती बनाए रखी है और इसका कारण है उसकी स्नेहभरी भावना। उस सहृदय स्वभाव को निरंतर बनाए रखने का काम उसकी पत्नी उमा करती रहती हैं।

उमा स्वयं तमिल ब्राह्मण हैं। उनके घर का वातावरण अत्यंत रूढ़िवादी होते हुए भी उनके विवाह का विरोध बहुत कम हुआ। कारण यही था कि हैदर ने केवल उमा के प्रेम के कारण मांस खाना छोड़ दिया और उसके धर्म का सम्मान करने का वचन उसके माता-पिता को दिया। उस वचन को वह आज तक निभाता आया है। मुंबई में एक प्रसिद्ध बाल रोग विशेषज्ञ के रूप में आज भी कार्यरत उमा, अत्यंत शांत स्वभाव की हैं। उन्होंने पूरी निष्ठा से परिवार की आर्थिक ज़िम्मेदारी उठाई है। हैदर जैसे सनकी इंसान के साथ जीवन जीने का मुश्किल काम उन्होंने बड़ी सहजता से किया है। इतना ही नहीं, उन्होंने हैदर को बहुत बदल भी दिया है; विचारपूर्वक काम करने की कला सिखाई है... ज्वालामुखी को शांत करने जितना कठिन काम है यह! और हैदर का वास्तव में बदल जाना वाक़ई सराहनीय है। उसने जीवनभर उमा और अपनी दो बेटियों को अपार प्रेम से संभाला। खाना पकाने से लेकर बेटियों की चोटी बनाकर उन्हें स्कूल भेजने तक, घर की सारी ज़िम्मेदारियाँ उसने बख़ूबी निभाईं। एक सच्चे *फ़ेमिनिस्ट* के रूप में मुझे हैदर पर अभिमान है।

हमारी दोस्ती, जो १९७५ के आसपास शुरू हुई थी, लगभग पाँच दशकों से चल रही है। एक दिन हैदर मेरे गामदेवी के घर पर अचानक आ पहुँचा था। उसे *ब्राह्मण, क्षत्रिय, वैश्य, शूद्र* नामक एक मराठी फ़िल्म बनानी थी। यह जातिवाद की परत नहीं, बल्कि हर किसी के जीवन की चार अवस्थाओं को दर्शाने का एक अलग प्रयास था। मुझे वह अच्छा लगा। इससे पहले उसने एक शॉर्ट फ़िल्म और एक हिन्दी फ़िल्म भी बनाई थी। क्योंकि नए निर्देशकों के साथ काम करने के लिए मैं हमेशा उत्सुक रहता था, इसलिए मैंने स्वीकार कर लिया। लेकिन चार-पाँच दिन की शूटिंग के बाद, आर्थिक कारणों से उसे फ़िल्म बंद करनी पड़ी।

फिर १९८५ के आसपास हैदर और दिलीप धवन (लोकप्रिय टीवी धारावाहिक *नुक्कड़* के नायक) ने मिलकर *कल* नामक हिन्दी फ़िल्म का निर्देशन और निर्माण करने का निर्णय लिया। यह हॉलीवुड की *टू सर विद लव* का भारतीय

रूप था। शूटिंग के दौरान, मेरी हैदर के साथ एक मतभिन्नता हो गई। बैंड स्टैंड पर एक रोमांटिक गाना चित्रित हो रहा था जो पार्श्वसंगीत के रूप में बजने वाला था। मैं और नायिका एक-दूसरे से बातें करते हुए चल रहे थे। कुछ शॉट्स लेने के बाद, अगले शॉट की तैयारी शुरू होने से पहले, हैदर ने मेरे पास आकर मुझसे कहा, 'उसे बिना बताए *kiss* करो।' उसे नायिका की अनपेक्षित प्रतिक्रिया क़ैद करनी थी। मैंने सह-कलाकार को पूरी तरह से विश्वास में लिए बिना ऐसा करने से मना कर दिया। अंततः हैदर को मेरी बात माननी पड़ी। फ़िल्म पूरी हो गई, लेकिन निर्माता-निर्देशक के बीच मतभेदों के कारण प्रदर्शित नहीं हुई। इसके बाद, मेरी और हैदर की दोस्ती और भी गहरी हो गई। इंडस्ट्री की स्थापित सीमाओं के पार कुछ नया करने के हैदर के प्रयास असफल होते रहे। हालाँकि, उसकी और उसकी पत्नी, उमा, द्वारा मिलकर लिखी गई और

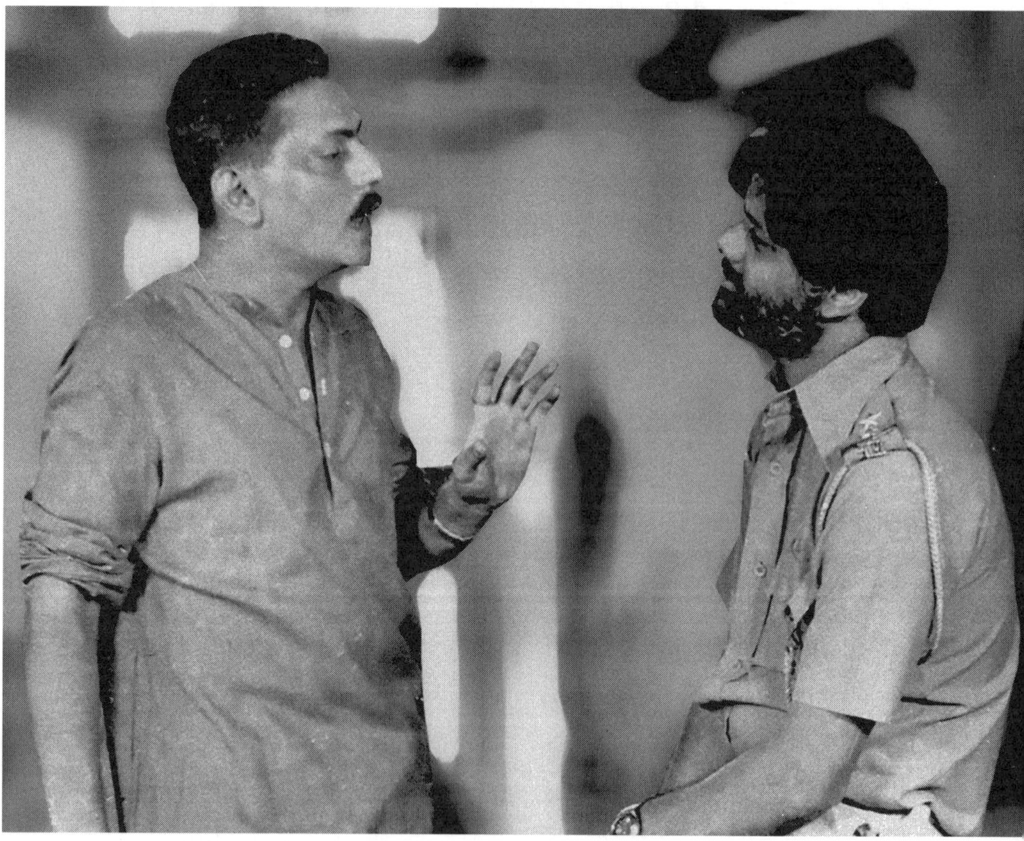

आक्रीत (१९८०) हैदर अली के साथ

आशुतोष गोवारीकर द्वारा बनाई गई *जोधा अकबर* बहुत सफल रही। उसकी मेहनत का वह एक सकारात्मक चिह्न था।

वास्तव में, हैदर को अभिनेता बनना था। *नुक्कड़* के अलावा, उसे कभी ज़्यादा सफलता नहीं मिली। उसके अथक प्रयास के बावजूद सफलता न मिलना और मुझे बिना ज़्यादा मेहनत किए ढेर सारी सफलता मिलना, इसके लिए न जाने क्यों मैं ख़ुद को अपराधी सा महसूस करता था। शायद इसी कारण मैं उसकी अजीबो-गरीब हरकतों को सहता रहा और उसे अपने प्रोजेक्ट्स में शामिल करता गया। अंतत: दोस्ती को बनाए रखने के लिए, हमने एक साथ काम न करने का क़रार किया।

मैं हैदर को प्यार से फ़िल्म इंडस्ट्री का *इनसाइक्लोपीडिया* कहता हूँ। इंडस्ट्री का इतिहास उसे हर छोटे-बड़े ब्योरे के साथ कंठस्थ है। किसी भी फ़िल्म के निर्माता, निर्देशक, कलाकार, गाने किसने लिखे, किसने गाए, फ़िल्म के बाद क्या हुआ, उसकी घटनाएं, यादें, गॉसिप, सबकुछ मेरे साथ गप्पें मारते हुए पूरी आत्मीयता से प्रस्तुत करता रहता है। उसके शिवाजी पार्क वाले 'प्रमिला निवास' में सिर्फ़ कॉफ़ी पीने जाना, कम से कम दो-तीन घंटे की बातचीत में बदल जाता है। आज भी, फ़ोन पर या सामने से मिलने पर, 'पालेऽऽऽऽकर!' की ज़ोरदार आवाज़ से बातचीत शुरू करने की उसकी ख़ास शैली और उसकी आँखों और आवाज़ में भरा अपनापन मुझे ख़ुश कर देता है।

रिश्तों को नाम देने में मुझे कभी रुचि नहीं रही। कलाकार की ज़ात, धर्म, लिंग आदि के वर्गीकरण की आदत भी मुझमें नहीं है। लेकिन रिश्तों के बंधन और कला की सुगंध, इन्हें संजोने और संरक्षित रखने का प्रयास मैं करता आया हूँ। और यही प्रयास, मुझे डिजिटल दुनिया के सतहीपन से बाहर रखते हुए मेरी ज़िंदगी को ताज़गी प्रदान करता है।

पुर्तगाली लेखक होज़े सारामागो (*José Saramago*) का उपन्यास, *डेथ ऐट इंटरवल्स* एक ऐसी कल्पना पर आधारित है जिसमें १ जनवरी को मृत्यु का अंत हो जाता है, यानी उसके बाद कोई भी मरता ही नहीं। उपन्यास की शुरुआत और अंत इस वाक्य से होता है—'*No one died the next day*'। अगर ऐसा सचमुच हो जाए तो... तो मैं अपने अंतर्मन के गहराइयों में मौजूद इन लोगों के स्पर्श को फिर से अनुभव कर सकता हूँ। उनके प्यार में फिर से भीग सकता हूँ।

लेकिन फिर मुझे भी अमर बना रहना पड़ेगा... यह मैं बिल्कुल नहीं चाहता! शायद मुझे सारामागो को उपन्यास में थोड़ा बदलाव सुझाना चाहिए: मौत चुनने की आज़ादी। अगर किसी को मौत हासिल करने की इच्छा हो, तो उनकी उस इच्छा का सम्मान होना चाहिए।

वैसे भी, मैं मौत से भागने की कोशिश नहीं कर रहा... मैं तैयार हूँ।

दाली के विशाल पठार पर...

अनुभवों की इस श्रृंखला को सामने लाते हुए उसके व्यापक विस्तार की अनुभूति नए सिरे से होती है। मुझे सबकुछ याद आ रहा है जो मैंने उस समय किया था—वो सभी अनुभव जिनका सामना किया, झेला और उन पर विजय पाई।

मैं जिया... जागृत अवस्था में जिया।

लोगों को लगता होगा कि इतने कम समय में जो शोहरत मुझे मिली है उसके लिए मैंने दिन-रात एक कर दिए होंगे; कितनी कम नींद मिली होगी मुझे, लेकिन ऐसा बिल्कुल नहीं है। कई लोग जानते होंगे कि मैं किसी भी समय, कहीं भी, किसी भी तरह और कितनी भी देर तक सो सकता हूँ। नींद मुझे बहुत प्यारी है, पर कम नींद की वजह से मुझे कभी एसिडिटी, सिरदर्द की शिकायत नहीं हुई और न ही मैं सुबह की फ्लाइट लेने से बचता हूँ या चिड़चिड़ाता हूँ, चाहे सुबह की ही शूटिंग शिफ्ट क्यों न हो। गाढ़े जमे हुए दही की तरह गहरी नींद! सपने कभी-कभार ही आए होंगे। नींद की ऐसी बढ़िया आदत के कारण लोग कहते हैं कि तुम 'सुखी आदमी का चोग़ा' पहनते हो। अगर बीस-तीस दिनों तक लगातार शूटिंग के बाद आराम करना हो तो मैं तरोताज़ा होने के लिए दो-तीन दिन के लिए नींद की मैराथन पर चला जाता था और बस भूख लगने पर हल्का-फुल्का सा कुछ खाने के लिए या फिर नित्य-कर्म के लिए उठता और फिर नींद की आग़ोश में चला जाता। उन दिनों में नहाने से छुटकारा पाना तो परम आनंद की अनुभूति थी!

गहरी नींद में मेरा दिमाग़ परिकल्पनाओं, योजनाओं या विचारों का मायाजाल सा बुनता रहता, जो आँख खुलने के बाद अक्सर याद रहते हैं। कभी-कभी मन में रंगों की धाराएं बहती रहती हैं। यही सुप्तावस्था का ध्यान मेरे अमूर्त चित्रों का

आधार है जो बाद में कैनवास पर उभर जाता है। कभी-कभार पढ़ते समय कोई अवधारणा या विचार अबूझा सा रह जाता है, पर बाद में अर्थ समझ आता है और वह मन में घूमता रहता है। नींद का वरदान मानो सृजन के लिए ही 'छप्पर फाड़ कर मिला है'।

नींद का एक फ़ायदा यह भी हुआ कि सोते हुए मैं सिगरेट नहीं पी पाता था। अर्थात चेन स्मोकिंग तभी रुकती, जब मैं नींद में होता था! उठते ही मेरी सिगरेट जल जाती और रात को बिस्तर पर लेटते वक़्त ही आख़री सिगरेट बुझती थी। सोलह साल की उम्र से लेकर अपने पचासवें साल तक मेरी इस लत के चलते सिगरेट्स की संख्या बढ़ते-बढ़ते बहत्तर सिगरेट प्रतिदिन हो गई थी। शूटिंग में एक्टिंग के समय भी कैमरा चालू होने तक सिगरेट के कश लेता रहता, फिर जली हुई सिगरेट अपने सहायक के हाथ में थमा देता और शॉट के 'ओके' होते ही फिर से पीने लगता। हालाँकि जब अहसास हुआ कि सामने वाले को धुएं और दुर्गंध की वजह से तकलीफ़ हो रही होगी, तब से मैंने शूटिंग के वक़्त सिगरेट पीना कम कर दिया। अच्छी बात यह है कि ये अहसास जल्दी ही हो गया। जो बात आज भी मैं समझ नहीं पाता हूँ वो ये है कि इसकी लत के इतने आधीन होने पर भी, नींद में मुझे कभी निकोटिन की ज़रूरत क्यों नहीं पड़ी।

अगर किसी सिगरेट कंपनी का विज्ञापन करना पड़ता, तो मैं कुछ इस तरह से दिखाता—मैं औंधे मुँह पड़ा हुआ हूँ और मेरे चारों तरफ़ सिगरेट के ठूंठों का घेरा बना हुआ है, वैसे ही जैसे मौक़ा-ए-वारदात पर लाश के चारों तरफ़ घेरा बना होता है। धीरे-धीरे मेरा शरीर दिखाई देता और मैं कैमरे की ओर मुड़ता, उसके बाद मैं हँसते हुए अपने पास रखे पैकेट से एक सिगरेट निकालता और सुलगाता। धुएं के छल्लों से निकलता हुआ कंपनी का नाम 'डनहिल' दिखाई देता। हालाँकि हमारी इंडस्ट्री में 555 ब्रांड पसंद किया जाता था; पर मैं अकेला डनहिल भक्त था। मैं कलकत्ता से ख़ूब सारे कार्टन मंगवाया करता था। एक पैकेट में बीस सिगरेट, एक कार्टन में दस पैकेट। एक साथ इतने पैकेट इसलिए मंगवाकर रखता था कि कहीं कम न पड़ जाएं। *आक्रीत* के समय मुश्किल में पड़ गया था। शूटिंग की शुरुआत में ही मेरा स्टॉक ख़त्म हो गया और अगले कुछ हफ़्तों तक मुझे गाँव में मिलने वाली लोकल ब्रांड की सिगरेट लेनी पड़ी, जिससे मेरा गला बहुत ख़राब हो गया।

इंडस्ट्री के बहुत से लोग दूसरे नशीले पदार्थों का सेवन किया करते थे, लेकिन मैं उस जाल में नहीं फँसा। पीछे मुड़कर देखने पर, पर्यावरण को दूषित करने में मेरा कितना हाथ था, कितने लोगों ने मेरे उड़ाए धुएं की वजह से सेकंडरी स्मोकिंग की होगी, कितने लोगों को मैंने धूम्रपान के लिए प्रेरित किया होगा; मुझे बहुत

पछतावा होता है। इसी के परिणामस्वरूप मुझे एक सौ छत्तीस साल के व्यक्ति के कमज़ोर फेफड़ों के साथ जीना पड़ रहा है। जब मुझे क्रॉनिक ऑब्स्ट्रक्टिव पल्मोनरी डिज़ीज़ (सीओपीडी) का पता चला, तो मुझे अहसास हुआ कि मेरे फेफड़े भी बुज़ुर्ग हो गए हैं।

मेरे पचासवें जन्मदिन पर शाल्मली ने मुझे सिगरेट छोड़ने के लिए अनुरोध कर उकसाया, और तब जो छोड़ी तो आज तक इन तीस वर्षों में मैंने एक बार भी सिगरेट को हाथ तक नहीं लगाया। इसे छोड़ते समय कोई तकलीफ़ भी नहीं हुई। सिगरेट छूटने के बाद मुझे तरह-तरह के खानों का स्वाद भी आने लगा। अब तो उस धुएं की गंध भी बर्दाश्त नहीं होती।

धूम्रपान मेरे जीवन का एक बड़ा अध्याय था, जो अब पूरी तरह से समाप्त हो चुका है। इससे मुझे अपने एक स्वभाव का फिर से पता चला—'मैं अगर ठान लूँ तो बिना किसी परेशानी के कुछ भी कर सकता हूँ।' इससे बड़ा प्रमाण और क्या हो सकता है?

तीस वर्षों तक चारों ओर फेंके हुए सिगरेट के ठूंठों की तरह ही जीवन के इतने सारे अनुभव भी इधर-उधर बिखरे हुए से प्रतीत होते हैं। किसे उठाऊँ, कहाँ से शुरू करूँ, किस दिशा में जाऊँ, कुछ समझ में नहीं आता। इस बिखराव को समेटना हो तो कई श्रेणियाँ बनानी पड़ेंगी, जैसे वो फ़िल्में और नाटक जिनमें मैंने अभिनय किया, जो मैंने निर्देशित किए, वे फ़िल्में जो कुछ सीन्स की शूटिंग के बाद अधूरी रह गईं, वो जो पूरी तो हुईं लेकिन प्रदर्शित नहीं हुईं और वो जिनमें किसी के आग्रह पर मैंने केवल एक अतिथि कलाकार के रूप में काम किया। भले ही मैं कितनी भी कोशिश करूँ, हज़ारों यादें फिर भी अनकही रह जाएंगी। लेकिन कुछ बातें इतनी यादगार होती हैं कि वे कभी नहीं भूलतीं... जैसे कि वे कल ही की बात हों।

बचपन में हर साल आई-बाबा मुझे और तीनों बहनों को सर्कस दिखाने के लिए चर्चगेट ले जाते थे। तब सर्कस में ज़िंदा जानवर भी हुआ करते थे। जोकरों के अजूबे, हवा में झूलते हुए कलाबाज़ी करते हुए कलाकारों को देखना तो अहम था ही, पर मैं आकर्षित होता था मौत के कुएं में मोटर-साइकिल पर चक्कर लगाने वाले उस बंदे की ओर। मैं अपने कॉलर के कोने को दाँतों में चबाते हुए स्तब्ध होकर देखता रहता; उसकी ओर ध्यान केंद्रित करने से मुझे भी चक्कर आने लगते थे। वह एक चक्कर पूरा कर लेता और अगले की ओर बढ़ता, लेकिन उसका बनाया हुआ चक्कर मेरे मन में घूमता रहता। फिर ऐसे कई चक्करों में मैं उलझा रहता। उस रात गहरी नींद नहीं आती थी। नींद में भी उस फटफटी की आवाज़ मुझे चक्कर में डालती रहती। मुझे आश्चर्य है कि मुझमें

आज भी उस मौत के कुएं के प्रति आकर्षण बरक़रार है। इसी तरह मेरे वर्षों के धूम्रपान ने धुएं के ऐसे निशान छोड़े हैं जो मिटते नहीं हैं।

पर्यावरण को हानि पहुँचाने का एक और अपराध मेरे मत्थे मढ़ा जा सकता है—संध्या, समीहा और मेरी दुनियाभर की अनगिनत यात्राओं के कारण अत्याधिक कार्बन फ़ुटप्रिंट पीछे छोड़ने का अपराध। हवाई यात्रा के दौरान क़रीब नब्बे किलो कार्बन डाइऑक्साइड प्रति व्यक्ति, प्रति घंटे निकलता है। वैश्विक पर्यावरण को हानि पहुँचाने में हवाई यात्रा का दो से तीन प्रतिशत और गाड़ी से यात्रा का दस प्रतिशत योगदान होता है। इस हिसाब से न जाने कितने अपराध मेरे हाथों हुए हैं!

The stream of consciousness takes you on such a joyride through life... शुरुआत कहाँ से की और कहाँ बह गया!

कार्बन फ़ुटप्रिंट की बात करूँ तो परिवार के साथ मैं देशभर में काम के सिलसिले में या सिर्फ़ छुट्टी मनाने के लिए ख़ूब घूमा हूँ। ऐसी बहुत ही कम जगह होंगी जहाँ हम नहीं गए। विदेश यात्राओं की बात करें, तो हमने क़रीब चालीस देशों की यात्रा की होगी। हम कम से कम पाँच से बारह दिन एक देश में रुकते हैं ताकि उसकी संस्कृति का पूरा आनंद ले पाएं। हर एक यात्रा की रूपरेखा हम ख़ुद ही बनाते हैं और जाने से पहले ही रहने की व्यवस्था निश्चित कर लेते हैं। बढ़िया लोकल खाना मिलने की जगह की जानकारी भी ले लेते हैं।

एयरपोर्ट पर उतरते ही भाड़े पर एक कार ले लेते हैं, सामान वग़ैरह पीछे रखा और बस! हम दोनों को ड्राइविंग पसंद है और हम दुनियाभर में कहीं भी बढ़िया ड्राइविंग कर सकते हैं। किसी भी देश के लोकल ट्रैफ़िक के पैटर्न को बस एकाध घंटे में समझ लेते हैं। स्वयं गाड़ी चलाने से हर जगह के लोगों का स्वभाव समझ में आ जाता है—कितने अनुशासन-प्रिय हैं, कितने झगड़ालू हैं, भारतीय लोगों के बारे में उनकी क्या राय है। कई जगहों में हमें सुनने को मिलता है कि 'आप भारतीय नहीं लगते हो'! यह टिप्पणी वैसे तो हमारी तारीफ़ के लिए की गई होती है पर हमें दुख पहुँचाती है क्योंकि इससे उनके मन में समाई हुई भारत की पारंपरिक और एक तरफ़ा नकारात्मक छवि नज़र आती है।

एक बार गाड़ी हाथ में आ गई और वाई-फाई शुरू हो गया तो फिर आज़ादी का मज़ा चखने में क्या कमी? यात्रा कंपनियों द्वारा ग्रुप-टूर्स लोग कैसे कर लेते हैं, मेरी समझ के तो परे है। मैंने हमेशा देश के कई टूर ऑपरेटर्स का ब्रांड एम्बेसेडर बनने के प्रस्ताव और प्रमोशनल क्रूज़ और भ्रमण के लिए बहुत धन-राशि की पेशकश करने वाले आकर्षक प्रस्तावों को नकारा है। कुछ वर्षों के लिए क़रार-बद्ध होकर वही दोहराते रहने की बोरियत कौन मोल ले? मैंने कभी ऐसे काम नहीं किए। क्या देखो, क्या न देखो, कब उठो, कहाँ जाओ, सबकुछ

समूह के साथ करते हुए, 'भई, हमने तो परदेस में भी रोज़ दाल चावल खाए', यह सुनने पर मैं नतमस्तक हो जाता हूँ। इस तरह की यात्रा करने वालों के पाँव छूकर प्रणाम करना चाहिए! हम तो भारत के बाहर जाने के बाद भारतीय खाना जान-बूझकर टालते हैं ताकि उस देश का स्थानीय खाना चख सकें। अपनी ख़ुद की यात्रा की योजना बनाने से हमें अनिश्चित परिस्थितियों में से निकलने का रोमांच भी प्राप्त हुआ, एक ऐसा रोमांच जिसका मज़ा हम पिछले दो दशकों से ले रहे हैं। मन में गहरे पैठी 'मौत के कुएं' में चक्कर खाती मोटर साइकिल की आवाज़ का पार्श्वसंगीत वहाँ फ़िट बैठ जाता है। तय की हुई सभी जगह, सभी अड्डों पर पहुँचने के प्रयास में कभी-कभी अनदेखी, अनसुनी, अद्‌भुत जगहें मिल जाती हैं। ऐसी बोनस जगहों की सूची सर्वाधिक है और वे यात्राएं मेरे लिए यादगार बन गई हैं।

एक बार हमने नॉर्वे में ऑस्लो से बर्गन सिटी जाने की योजना बनाई। बीच में एक बहुत सुंदर छोटा सा रेलवे स्टेशन आया। बर्फ़ के मौसम में वहाँ लोगों के कई समूह स्कीइंग के लिए आते होंगे। पर सितंबर का महीना था तो एक ही प्लेटफ़ॉर्म वाले, पर्वत की तलहटी में बसे उस नन्हे से शांत गाँव पर हमारा दिल आ गया और आगे जाने के बजाय हम वहीं उतर गए। ट्रेन के चले जाने के बाद जब हमने अपने आसपास नज़र घुमाई तो देखा कि दूर-दूर तक किसी प्रकार की रोशनी का नामोनिशान नहीं था। कुछ दूर पैदल चलने के बाद लकड़ी से बना हुआ एक प्यारा सा होटल दिखाई दिया। अंदर गए तो किसी का अता-पता नहीं था। पर जल्दी ही दो लोग आए। अच्छे ख़ासे बड़े से कमरे में हमें बैठाया, जहाँ एक छोटी अंगीठी भी थी। उनसे बातें करते समय पता चला कि उन दोनों में से एक विश्व-प्रसिद्ध शेफ़ था। और तो और, वह एक सौ बीस साल पुराना एक मिशलेन होटल था, जहाँ बुकिंग के लिए दो-दो साल तक इंतज़ार करना पड़ता था। पर क्योंकि वह होटल उस समय ख़ाली था तो उन्होंने हमसे कहा कि हम जिस भी कमरे में चाहें रह सकते हैं और जो भी खाना चाहें वह खा सकते हैं। उस दावत के आनंद को मैं कभी नहीं भूल सकता—हमने रेनडियर के माँस की अलग-अलग डिश, केक, ब्रेड, ताज़ी मछलियों की कई तरह की डिश का भरपूर आनंद लिया। यहाँ तक कि उस जगह ने हम पर ऐसी मोहिनी डाली कि मैं वहाँ एक घर ख़रीदने का प्लान बनाने लगा... तीस लाख में वुडलॉग कॉटेज हाउस। पर बाद में समझदारी से काम लिया और न लेने का फ़ैसला किया। क्या पहले से निर्धारित टूर में ऐसे जादुई दिन मिल पाते?

मेरे सर्वाधिक प्रिय स्थानों में साउथ-आयरलैंड, आइसलैंड और बोलिविया हैं। इन देशों की कई जगहों पर कम से कम आठ से दस दिन रहने की ज़रूरत है। इन तीनों देशों की भौगोलिक परिस्थिति विशेष होने के कारण वहाँ का प्राकृतिक

सौंदर्य अद्भुत है; साथ-साथ मिलने वाली हर तरह से अपरिचित संस्कृति और जीवन-पद्धति का अनुभव भी। आयरलैंड में यातायात के नियम सारी दुनिया से अलग हैं। वहाँ के छब्बीस ज़िलों में प्रत्येक ज़िले के नियम अलग हैं। उस देश में जहाँ जाएं, वहाँ अटलांटिक, सेल्टिक और आयरिश समुद्र के निरंतर साथ होने से उन अलौकिक सौंदर्यपूर्ण रास्तों पर ट्रैफ़िक के नियमों पर ध्यान दे पाना बड़ा कठिन होता है। शायद इन्हीं ध्यान बंटाने वाली बातों के कारण, मैं वहाँ पैदल चलते-चलते गिर पड़ा और मेरा बायाँ कंधा हमेशा के लिए चोटिल हो गया।

आइसलैंड में गाड़ी के इंश्योरेंस का ख़ास नियम है। वहाँ कार इंश्योरेंस बहुत ज़रूरी है क्योंकि वहाँ की सड़कें खुरदुरी होती हैं और सड़क के दोनों तरफ़ रेत और पत्थर बिछे रहते हैं, कभी-कभी सड़क के बीच में भी, इसलिए गाड़ी बहुत संभालकर चलानी पड़ती है। पत्थर उछलकर गाड़ी के निचले भाग को नुक़सान पहुँचा सकते हैं। इसी तरह वहाँ हवा की रफ़्तार इतनी तेज़ होती है कि गाड़ी का दरवाज़ा खोलते ही सिर्फ़ दरवाज़ा ही नहीं छत के भी उड़ जाने का ख़तरा रहता है। इन दोनों कारणों से वहाँ इंश्योरेंस काफ़ी महंगा होता है। एक बार उस तेज़ हवा की रफ़्तार का हमने प्रत्यक्ष अनुभव किया था। हम तीनों एक-दूसरे का हाथ पकड़कर चल रहे थे, लेकिन दस फ़ुट की दूरी पर पहुँचना हमारे लिए मुश्किल हो गया।

इस देश में जीवित ज्वालामुखीय झीलें हैं जो गड़गड़ाहट के साथ सल्फ़र बाहर फेंकती हैं। जस्टिन बीबर के अनेक गाने आइसलैंड के मनोहर परिदृश्यों, जैसे फ़िरोज़ा झीलें और सफ़ेद जमी बर्फ़ की संरचनाओं में फ़िल्माए गए हैं। उसी तरह समुद्र के काली रेत वाले किनारे पर, शाहरुख खान के '*रंग दे तू मोहे गेरुआ*' को फ़िल्माया गया है, जिसने आइसलैंड को और भी लोकप्रिय कर दिया और वह दुनियाभर में पर्यटकों की पसंदीदा जगह बन गई।

इससे बिल्कुल अलग हैं बोलिविया के सॉल्ट पैड्स और रेगिस्तान, यह अपनेआप में एक अलग ही अनुभव है। भारत से अत्याधिक दूर होने की वजह से, साउथ अमेरिका के बारह देशों में ज़्यादातर भारतीय नहीं जाते हैं... बोलिविया तो क़रीब-क़रीब न के बराबर ही! वहाँ जापानी पर्यटकों का बोलबाला है; इतने जापानी जाते हैं कि वहाँ के गाइड्स को जापानी भाषा आती है। समुद्र-तल से बारह हज़ार फ़ुट की ऊँचाई पर होने से वहाँ काफ़ी लोगों के बदन पर रैश, उल्टी, चक्कर आने जैसी परेशानियाँ हो सकती हैं। कोको, कोकेन, लिथियम व अन्य खनिज प्रचुर मात्रा में उपलब्ध होने पर भी वह देश ग़रीबी से जूझ रहा है। उनकी राजधानी, ला पाज़, में आसपास के गाँवों से लोग काम के लिए आते हैं।

इस शहर को स्विस कंपनियों ने गंडोला, केबल पर चलने वाली बसें, मुफ़्त में उपलब्ध कराई हैं।

क़रीब दस हज़ार स्क्वायर किलोमीटर में फैले हुए शुद्ध-सफ़ेद नमक के पठार, उयूनी सॉल्ट पैड्स के नाम से मशहूर हैं। हज़ारों साल पहले यहाँ की झीलों के पानी के वाष्पीकरण से ये झीलें नमक के एक विशाल मैदान में बदल गईं। बरसात के मौसम में जब पानी जमा होता है, तो इसकी चमकती हुई सतह आसमान का प्रतिबिंब दिखाती है, ऐसा लगता है मानों बादलों पर चल रहे हों, इसीलिए उसे 'विश्व का सबसे बड़ा आईना' कहा जाता है। उसी नमक से बने होटल के कमरे में रहने का अनुभव भी लाखों में एक है।

उसी जगह का एक और आश्चर्यजनक हिस्सा है क़रीब चौबीस हेक्टेयर में फैला हुआ कैक्टस-प्रदेश। इस नमक के मैदान पर दो से लेकर ग्यारह मीटर तक ऊँचे भव्य कैक्टस किस तरह पनपे होंगे, यह भी एक प्राकृतिक अजूबा ही है। ऐसे ही लगातार अवास्तविक दुनिया में रहने के अनुभव को संग लेकर हम पहुँचते हैं साल्वाडोर दाली रेगिस्तान में। 'लगुना वर्दे', यानी हरी झील और 'लगुना कोलोरेडो', यानी लाल झील! इन्हें पार करने पर ज्वालामुखी के विस्फोट से फैले हुए लावा के कारण बना वह वीरान रेगिस्तान आँखों में समाए नहीं समाता। गाइड साथ न हो तो कहीं खो जाना भी निश्चित है। कभी-कभी लंबी गर्दन वाले लामा जानवर तीन-चार के समूह में इधर-उधर घूमते हुए दिखाई देते हैं, तो मन में सवाल उठता है कि यहाँ मीलों तक कहीं भी कोई पेड़-पौधा, घास-फूस या किसी भी तरह की हरियाली नहीं है, तो फिर ये क्या खाकर ज़िंदा रहते होंगे?

मेरे जैसे इंसान के लिए, जो 'दाली' के १९२९ से १९४० तक के मरुभूमि की पार्श्वभूमि वाले अतियथार्थवादी चित्रों की ओर आकर्षित है, बोलिविया प्रेरणा का एक छिपा ख़ज़ाना है। हालाँकि, मरुभूमि के दृश्य-रूपक का उपयोग, मौत या एकाकीपन दिखाने के लिए किया जाता है। लेकिन उसी वीराने में ज़िंदगी की झलक उकेरने का अथक काम, दाली ने अपनी कला के माध्यम से किया है, जो मुझे बेहद पसंद है। *द पर्सिस्टेन्स ऑफ़ मेमरी* और *स्वान्स रिफ़्लेक्टिंग एलिफ़ेन्ट्स* जैसे चित्र निर्जन दृश्य में भी जान फूँक देते हैं और बोलिविया के अपने स्वप्निल रेगिस्तान-परिदृश्य आपकी कल्पना को उसी तरह का कैनवास देते हैं।

विशेषत: कोविड-१९ की महामारी के समय मैं साल्वाडोर दाली के अतियथार्थवादी और स्वप्निल परिदृश्य वाले चित्रों के ज़रिए अपने ज़ेहन में ही अनेक बार बोलिविया घूम आया। अपने आसपास जब मानव-जीवन की होली जल रही थी, तब मैंने १९७१ से १९८२ के बीच की पुरानी स्मृतियों में पनाह ली, जब मैंने

मराठी फ़िल्म *बाजीरावचा बेटा* और हिन्दी फ़िल्म *राम नगरी* में काम किया था। चौबीस घंटों में नौकरी, चित्रकला-प्रदर्शनी, नाटक-सिनेमा, रिहर्सल तथा उसमें अभिनय-निर्देशन और फिर पिता-पति और न जाने कितनी सारी भूमिकाएं निभाईं। उस वक़्त की यादों ने मुझे अपने अतीत में झाँकने और इन संस्मरणों को लिखने के लिए बाध्य कर दिया और महामारी के उस उथल-पुथल भरे, अकाल्पनिक माहौल में आश्रय दिया जिससे मैं अपने दिमाग़ के अवास्तविक परिदृश्य से परे आत्मनिरीक्षण की रोचक यात्रा पर निकल पाया।

कुछ नाटक-समीक्षकों ने मुझ पर आरोप लगाए कि हिन्दी सिनेमा में मिली शोहरत की वजह से ही मैंने रंगभूमि की तरफ़ अपनी पीठ फेर ली, पर मैं अपने काम में इतना डूबा हुआ था कि ऐसे आरोपों का खंडन करने में मैंने समय बर्बाद नहीं किया। उस समय ऐसा करना मुझे ज़रूरी भी नहीं लगा। पर आज लगता है कि मुझे जवाब देना चाहिए था। इस क्षेत्र में टिके रहना हो तो अपनी डफली बजानी आनी चाहिए। ख़ुद को अगर न आती हो तो किसी दूसरे को पैसे देकर तारीफ़ों के पुल बांधने वाले लोग रखने चाहिए अथवा 'अहो रूपम् अहो ध्वनि' जैसे तत्व ध्यान में रखकर लोगों से दोस्ती करनी चाहिए अन्यथा आपके बारे में अतिरंजित, बेबुनियाद, अफ़वाहें फैलाई जाती हैं। लेकिन मैं न तो उस समय इससे प्रभावित हुआ और न अब होता हूँ।

इसी संदर्भ में आठ-दस साल पहले के दो वाक़ये याद आ रहे हैं। सन १९८६ में मेरे नाटक *जुलूस* में नाट्य-समीक्षक कमलाकर नाडकर्णी ने अभिनय किया था। उन्होंने *जुलूस* और *गोची* पर ख़ास लेख लिखे थे। सन २०१७ में उन्होंने मुझसे पूछा कि क्या मैं उनकी नई किताब की प्रस्तावना लिख सकता हूँ? बातचीत के दौरान वह बोले, 'नाट्यकर्मी के रूप में आपको उचित श्रेय नहीं मिला। शायद आपके रंगभूमि की मुख्यधारा के प्रति अपरंपरागत दृष्टिकोण की वजह से ऐसा किया गया होगा।'

कमलाकर ने कुछ खेद भरे अंदाज़ में ऐसा कहा जिसे सुनते ही मैंने कुछ ही दिन पहले की एक घटना बताई—अनपेक्षित रूप से जीवन के इस पड़ाव में, एक वरिष्ठ रंगभूमि निर्देशक, राजेन्द्र नाथ, ने संगीत नाटक अकादमी के पुरस्कार के लिए मेरे नाम की सिफ़ारिश की थी! राजनीतिक माहौल और अपने सरकार विरोधी दृष्टिकोण के चलते मुझे लगा कि मेरे नाम की सिफ़ारिश करना एक मज़ाक़ है... सम्मान मिलना तो दूर की बात है। इसके पहले गिरीश कर्नाड की तरफ़ से संध्या को एक ईमेल आया था जिसमें उन्होंने अपनी निराशा व्यक्त करते हुए कहा था, 'रंगभूमि में अमोल का इतना महत्वपूर्ण योगदान होने पर भी उसे नज़रअंदाज़ करना हमारी ही चूक है... उनकी कला के साथ घोर अन्याय हुआ

है। आशा करता हूँ कि इस भूल को हम अब सुधार पाएं।' गिरीश के अंतिम दिनों में जब मैं उनसे मिलने बैंगलोर गया था, तब उन्होंने मेरा हाथ अपने हाथों में लेकर कहा, '*I failed you, Amol. The system is unjust!*' इतनी नाज़ुक परिस्थिति में भी उन्होंने ऐसा कहा, इससे मैं व्यथित हो गया। तब उनकी पत्नी, सरस, ने मुझे संभाला क्योंकि उनके शब्दों से यह अहसास हुआ कि मेरे मन की कसक कितनी गहरी थी।

दूसरा प्रसंग मेरे सिनेमा के करियर के दौरान घटा था। कई वर्षों तक मैं प्रभात चित्र मंडल का अध्यक्ष रहा और इस नाते सुधीर नांदगांवकर से मेरा बहुत बार मिलना होता था। एक बार बातों-बातों में एक विवाद इतना बढ़ गया कि अचानक वह व्यक्तिगत स्तर पर आ गया। मैंने कहा, 'सिनेमा की ज्यूरी में शामिल होने के नाते हमें अपने पूर्वाग्रहों को अलग रखकर, फ़िल्मों का आकलन केवल उनकी कलात्मक योग्यताओं के आधार पर करना चाहिए।' मेरे इस आग्रह ने विवाद उत्पन्न कर दिया क्योंकि वो मुझसे सहमत नहीं थे और उनका मानना था कि 'इस क़िस्म का निष्पक्ष और वस्तुनिष्ठ विचार असंभव है।' उनके विचार जानकर मुझे आश्चर्य हुआ। अंत में, मैंने खीझकर कहा, '*संत तुकाराम* के बाद अंतरराष्ट्रीय पुरस्कार जीतने वाली पहली मराठी फ़िल्म *आक्रीत* थी। पर मुझे आश्चर्य है कि आप जैसे वरिष्ठ फ़िल्म इतिहासकार ने इस बात पर ध्यान ही नहीं दिया।'

इस पर नाराज़ होकर नांदगांवकर बोले, 'निर्माता के रूप में आपको हमें इस तथ्य के बारे में बताना चाहिए था। क्यों नहीं बताया?'

मैंने कहा, 'सारे तथ्यों की छान-बीन करने के बाद ही आप जैसे पत्रकार समाचार देते हैं न? यह समाचार देना आप ही का काम था। अपनी फ़िल्म की तारीफ़ मैं ख़ुद ही क्यों करूँ?'

मेरे इस जवाब पर नांदगांवकर को बहुत आश्चर्य हुआ। 'अगर आपके काम की उचित सराहना नहीं हुई हो, तो उस पर ध्यान दिलाना आप ही की ज़िम्मेदारी है।'

उनके इस अंतिम वाक्य को मानकर मैंने उस बहस को वहीं ख़त्म कर दिया था।

दुर्भाग्यवश गिरीश कर्नाड, सुधीर नांदगांवकर और कमलाकर नाडकर्णी, ये तीनों ही आज इस दुनिया में नहीं हैं। मैं हूँ, इसलिए ही ये यादें आज फिर बाहर निकल आईं। मेरे जाने पर मेरे साथ जुड़ी हुई असंख्य यादें भी मेरे साथ चली जाएंगी।

कमलाकर ने जो कहा था, वह सच ही था। मुख्यधारा रंगभूमि के प्रति मुझे कभी आकर्षण नहीं था। इसके पीछे शायद दो महत्वपूर्ण कारण थे: एक, इसमें हमेशा एक ही चीज़ को दोहराते रहना पड़ता था, और दूसरा, इसमें प्रयोग का अभाव

था। मुख्यधारा के नाटक यथार्थवादी प्रस्तुति के घेरे में अटके हुए होते थे और उनका नेपथ्य तथा दृश्यात्मकता उबाऊ और अनाकर्षक होती थी, जिनके प्रति रंगकर्मी और दर्शक, दोनों ही उदासीन हो गए थे। मराठी नाटक *नटसम्राट* के गुजराती रूपांतर *बहुत नाच्यो गोपाल* का अंतिम दृश्य मुझे आज भी याद है। रंगमंच पर असंख्य सीढ़ियों और ऊँचे खंभों वाली प्रतिष्ठित भारतीय विद्या भवन की शानदार प्रतिकृति आज भी मेरी नज़रों से नहीं हटती है। जिस जगह आधुनिक भारतीय रंगभूमि की नींव रखी गई थी, उस काल-खंड की याद सही ढंग से दिलवाने का काम युवा सेट डिज़ाइनर्स छेल और परेश की जोड़ी ने बिल्कुल सटीक रूप में किया था। ज़्यादा से ज़्यादा दस मिनटों के उस दृश्य के लिए क्या इतनी मेहनत और ख़र्च करना चाहिए? ऐसे व्यापारिक दृष्टिकोण को महत्व न देते हुए उन्होंने वह आकर्षक माहौल बनाया था। ऐसी कोशिश हमने मराठी रंगभूमि पर कभी क्यों नहीं की? अमेरिकन ब्रॉडवे या ब्रिटिश वेस्ट एंड के भव्य सेट डिज़ाइनों के जैसे सेट्स का अनुभव हमें क्यों नहीं मिलता? अंतरराष्ट्रीय ही क्यों, अपने ही देश की अन्य भाषाओं की रंगभूमियों जैसी भव्यता का निर्माण करने में मराठी नज़र क्यों कमज़ोर पड़ जाती है?

इब्राहिम अलकाज़ी द्वारा नेशनल स्कूल ऑफ़ ड्रामा में प्रस्तुत, बंगाली नाटक *कल्लोल* में खान में डूब जाने पर दर्शकों को भी दम घुटने जैसा महसूस करा देने वाला नाट्यमय अनुभव; या फिर रतन थिय्यम के मणिपुरी नाटक का वह अद्भुत क्षण जब चक्रव्यूह को भेदने का रहस्य अर्जुन ने सुभद्रा को बताया और उसके गर्भ में बसे अभिमन्यु ने सुन लिया—ये सभी रंगमंच की शक्ति को बहुसंवेदी कला के रूप में प्रस्तुत करते हैं। ऐसे दृश्य-कला प्रयोगों ने नाटकीय कहानी कहने की कला का स्तर बढ़ा दिया है। मैं ख़ुद से पूछता हूँ कि ऐसे तृप्त करने वाले अनुभव देने में मराठी मुख्यधारा रंगभूमि क्यों विफल रही?

गिरीश कर्नाड के *फ्लावर्स* नामक अंग्रेज़ी नाटक ने, रंगमंच की ऊँचाई और गहराई, दोनों आयामों का उपयोग करते हुए दर्शकों को जो अनुभव दिया, वह अद्वितीय था। दर्शक मानो एक गहरे कुएं के तले में बैठे हों और ऊपर कगार पर बैठा हुआ पुजारी उनसे बातें करता हो, तो वह सिर्फ़ श्राव्य न रहकर एक अद्भुत दृश्यात्मक अनुभव बन गया। यहाँ तक कि मंच पर रखे दीयों से आने वाली कपूर, अगरबत्तियों और मोगरे के फूलों की महक भी दर्शकों को अलौकिक संसार का अनुभव कराती है। कई सालों तक जतन करके रखने जैसी अनुभूति! ऐसे प्रस्तुतीकरण के अलग-अलग प्रयोग नई पीढ़ी के मोहित टाकलकर करते हैं। उनका नाटक *गजब कहानी* अपने प्रतिभाशाली कलाकारों के बेहतरीन प्रदर्शन

और आश्चर्यचकित करने वाले दृश्यों के चलते एक मंत्रमुग्ध कर देने वाला अनुभव था। पर ये अपवाद हैं!

मराठी मुख्यधारा रंगभूमि पूरे महाराष्ट्र में अलग-अलग जगहों पर प्रदर्शन करने की आदी है। इसलिए निर्माता अक्सर सेट-डिज़ाइन के ऊपर क्षमता और बदलती परिस्थितियों के साथ तालमेल बैठाने की कुशलता को प्राथमिकता देते हैं। हमेशा ही एक नया मराठी नाटक सबसे पहले मुंबई के शिवाजी मंदिर में प्रदर्शित होता है; अगला प्रदर्शन ठाणे के रंगायतन में और उसके तुरंत बाद पुणे के बालगंधर्व रंगमंदिर में। इस तरह की तूफ़ानी यात्रा की योजना शुरू से ही बनाई जाती है, इसलिए घंटे भर में तैयार और आधे घंटे में समेटकर बस की छत पर समा जाए, ऐसा कम से कम सामान वाला सेट निर्माण करना ही हमारी ज़रूरत बन गई है। आर्थिक कारणों से भी यह आवश्यक ज़रूरत हो गई है। इस कारण से हमारे नेपथ्यकारों की सृजनशीलता पर बहुतेरे बंधन लग गए हैं। इसके अलावा 'यथार्थवादी' दृश्य दिखाने के चक्कर में अटके हुए नाट्यकर्मी ऐसा सोचने लगे कि पर्दा उठने पर सालों से दिखने वाले दीवानखाने के बजाय, अगर कोई बेडरूम या किचन दिखा दिया तो मानो तीर मार दिया; और दर्शक भी इस बदलाव के लिए तालियाँ बजा देते हैं। और तो और, निर्माताओं की भूमिका ऐसी रही है मानो नाट्यसंहिता, उसके दृश्यरूप वग़ैरह से दर्शकों को कुछ लेना-देना नहीं है।

माता द्रौपदी नाटक का क़िस्सा सुनने लायक़ है—जानी-मानी नाट्यकर्मी विजया मेहता उस नाटक में प्रमुख भूमिका निभा रही थीं और निर्देशन भी उन्हीं का था। एक शो के दौरान किसी एक पांडव की भूमिका करने वाला अभिनेता उपस्थित नहीं था। विजया जी बोलीं, 'आज का शो रद्द कर दो।' इस पर निर्माता ने उन्हें कहा, 'दर्शक आपको देखने आते हैं; आज चार पांडवों से ही काम चला लीजिए।'

दर्शकों की अपेक्षाओं के अनुसार नाटकों का मंचन करने पर भी निर्माताओं का दायित्व है कि वे दर्शकों की अभिरुचि को ऊँचे स्तर पर ले जाएं। पर इस मूलमंत्र को वे आसानी से भूल गए, इसीलिए दर्शकों की पसंद तथा अपेक्षाएं भी नहीं बदलीं। उन्नीसवीं सदी में बालगंधर्व का समय मराठी रंगभूमि और संगीत-नाटक का स्वर्णकाल माना जाता है। साठ के दशक की मराठी रंगभूमि के उत्कर्ष का समय फिर एक बार क्षितिज पर दिखाई देने लगा था; और अस्सी के दशक तक धीरे-धीरे उसकी स्थिति प्रभावशाली हो गई। पर उसी दौरान की दृश्यात्मकता के पतन को हमने नज़रअंदाज़ किया। समय की पाबंदी को भूल जाना हमने बेहतर समझा और शो शुरू करने में विलंब होना तो मानो दस्तूर ही बन गया।

छबीलदास जैसे प्रायोगिक मंच पर भी शो की शुरुआत दस मिनट देर से होना किसी को अखरता नहीं था। रंगमंच को हर तरह से बेहतर बनाने की कोशिश करने वाले एक कलाकार के रूप में ये सब चीज़ें मुझे परेशान करती थीं।

पगला घोड़ा, अवध्य, राशोमोन और *वासनाकांड* जैसे नाटकों के निर्माण में, मैंने नेपथ्य के लिए अलग-अलग प्रयोग किए। दृश्यात्मकता के संदर्भ में अलग विचार करने का पहला मौक़ा मुझे डॉ. लागू ने *गिधाड़े* में दिया था। मुझे लगा कि अगर यथार्थवादी दृष्टिकोण से नेपथ्य तैयार किया तो स्क्रिप्ट का हिंसात्मक अंग बहुत ज़्यादा अधोरेखित होगा और अखरेगा। इसे टालने के लिए मैंने दाली के चित्रों से प्रेरणा लेकर अतियथार्थवादी शैली में ऐसे रेखाचित्र बनाए जो दर्शकों को वही अनुभव दे सकें। लेकिन निर्देशक डॉ. लागू और निर्माता दुबे को मेरा यह विचार पसंद नहीं आया इसलिए बापू लिमये द्वारा तैयार किया गया यथार्थवादी नेपथ्य चुना गया। एक अलग प्रयोग करने का मौक़ा हाथ से निकल गया।

पगला घोड़ा के तीनों प्रस्तुतीकरणों में मैंने नेपथ्य के स्वतंत्र प्रयोग किए। मैंने अपने लिए नियम बनाया कि नाटक में इस्तेमाल होने वाली चीज़ें यथार्थवादी अथवा प्रतिनिधित्ववादी नहीं, बल्कि सांकेतिक होंगी। किसी गाँव के श्मशान के कमरे को बॉक्स-सेट की दीवारों के साथ तैयार करने के बजाय मैंने केवल उस लंबाई-चौड़ाई-ऊँचाई के अलग-अलग प्लेटफ़ॉर्म्स का उपयोग किया था। इतना ही नहीं, कमरे का आभास कराने के लिए दरवाज़ों और खिड़की की चौखटों वग़ैरह का उपयोग भी नहीं किया था बल्कि नाटक के चार पुरुष-पात्रों के आने-जाने से और हाव-भाव से ही दरवाज़ों का अंदाज़ा हो रहा था, लेकिन 'युवती' को दरवाज़े, खिड़की और दीवारों की रुकावट से परे स्वतंत्र रूप से मंच पर घूमने-फिरने दिया। इस तरह की योजना ने उसकी उपस्थिति को एक रूपक से भर दिया था, जिससे कहानी में अतियथार्थवाद को सहजता से एकीकृत किया गया। मुक्त होकर घूमने से दर्शकों ने उस अतिवास्तविक रूप को सहजता से स्वीकार लिया।

सन १९७१ में जब मैंने *अवध्य* किया, तब भी किसी अनजाने छोटे से गाँव का गेस्टहाउस दिखाने के लिए मैंने बॉक्स सेट का उपयोग करने के बजाय सिर्फ़ पुराने घरों के नक्काशीदार खंभों का इस्तेमाल किया। इतना ही नहीं, मंच और दर्शकों के बीच जो कल्पित चौथी दीवार होती है, उस दीवार पर कमरे में चोरी-छुपे देखने के लिए काल्पनिक झरोखा दिखाया; यानी झरोखे को प्रत्यक्ष रूप से न दिखाकर उसे केवल प्रकाश योजना द्वारा सूचित करने की मेरी कल्पना थी। संपूर्ण रंगमंच अंधेरे में डूबा हुआ, चौथी दीवार पर एक या दो आँखों का दिखना और चोरी-छुपे देखने वाले प्रणय-दृश्य की प्रस्तुति के एक साथ दिखाई देने से

दर्शकों के मन में उस घटना की संपूर्ण छवि उभरती थी। मैंने यह भी तय किया था कि प्रणय-दृश्य सिर्फ़ पार्श्व भाग से आने वाले प्रकाश में दिखाई देंगे; और वो भी खंभों की आड़ में!

जब मैं उस समय की समानांतर या प्रयोगात्मक रंगभूमि के बारे में दिल खोलकर बोलता हूँ, तब सिर्फ़ छबीलदास मंच पर किए गए प्रायोगिक नाटकों का ज़िक्र नहीं करता, बल्कि अंतर-महाविद्यालयी-रंगभूमि, कामगारों की रंगभूमि और राज्य-नाट्य स्पर्धाओं, सभी की बात करता हूँ। ऐसे विभिन्न मंचों पर खोजे हुए नए रास्ते, मुंबई-पुणे के बाहर भी तेज़ी से फैलते हुए नज़र आ रहे थे। मुंबई की भारतीय विद्या भवन, आविष्कार, रंगायन, इंडियन नेशनल थिएटर, मुंबई मराठी साहित्य संघ, गोवा हिन्दू एसोसिएशन, रूपवेध, अनिकेत, बहुरूपी, थिएटर यूनिट, उन्मेष, सूत्रधार, अभिव्यक्ति, या मंडली सादर करूँ या और आंतरनाट्य; पुणे की थिएटर अकादमी, जागर और समन्वय; कोल्हापुर के प्रत्यय; सोलापुर की नाट्य-आराधना जैसी और भी कई संस्थाओं का समानांतर आंदोलन को सशक्त करने में बहुमूल्य योगदान रहा था।

बंबई की अंतर-बैंक नाट्य स्पर्धा में दिलीप कोल्हटकर द्वारा निर्देशित, वृंदावन दंडवते द्वारा लिखा गया *राजाचा खेळ* (राजा का खेल), एक अविस्मरणीय आविष्कार था। यह प्रस्तुति समूह थिएटर की शक्ति का प्रमाण थी और वृंदावन जी की तत्कालीन सामाजिक-राजनीतिक परिस्थिति पर आलोचना करने वाली स्क्रिप्ट लक्षणीय थी। यह भी उल्लेखनीय है कि बैंक की संचालन समिति ने भी कर्मचारियों की कलात्मक स्वतंत्रता का आदर करते हुए उनकी कलात्मक अभिव्यक्ति पर कोई दबाव नहीं बनाया। यह भी उस कालखंड की महिमा है! उस स्पर्धा में रमेश पवार लिखित एकांकी *म्हॅSSS* का प्रस्तुतीकरण हुआ जिसमें उन्होंने ख़ुद अशोक सराफ़ के साथ अभिनय किया। यह उस समय की बेहतरीन प्रस्तुति थी, जीवंत क्षणों को चरम पर पहुँचाने वाला अनुभव था। उषा कलबाग और रविन्द्र दिवेकर जैसे शानदार कलाकार स्पर्धा में लगन से काम करते थे।

राज्य-नाट्य स्पर्धा में एस.एन. नवरे, सुरेश खरे और रत्नाकर मतकरी जैसे नए प्रतिभाशाली व जोशीले लेखक उभरकर आए। छोटे शहरों के अनजान कलाकारों द्वारा प्रस्तुत किया गया एच.एम. मराठे जी के उपन्यास *निष्पर्ण वृक्षावर भर दुपारी* (निष्पर्ण वृक्ष पर भरी दोपहर में) पर आधारित नाट्य रूपांतरण हमें देखने को मिला। एस.एन. नवरे का *पाचोळा जळत नाहीये* (सूखे पत्ते नहीं जलते हैं) और रत्नाकर मतकरी का *लोककथा 78* जैसे नाटक भी यहीं पर फूले-फले।

सन १९७०, १९८० और १९९० में नाट्य लेखकों के लिए आयोजित की गई तीन कार्यशालाएं (वर्कशॉप्स) कितनी महत्वपूर्ण थीं, इसकी कल्पना नई पीढ़ी

के रंगकर्मी नहीं कर सकते, इस बात का दु:ख है! १९७० में दुबे जी ने एक नई तरह की कार्यशाला का आयोजन किया जिसमें उभरते युवा नाटककारों को एक ही जगह एकत्रित किया गया। उनकी एकमात्र शर्त यही थी कि इसमें भाग लेने वाले को एकदम नया ताज़ा नाटक लेकर आना होगा और उसे सबके सामने सुनाना होगा। इससे विचारों और रचनात्मक ऊर्जा को बढ़ावा मिला। सतीश आळेकर का *मिकी आणि मेमसाहेब*, महेश एलकुंचवार का *वासनाकांड*, अच्युत वझे का *चल रे भोपळ्या टुणुक टुणुक*, दिलीप जगताप का *एक अंडे फुटले*, जी.पी. देशपांडे का *उद्ध्वस्त धर्मशाला* और शंकर शेष का *एक और द्रोणाचार्य* जैसे नाटकों का पहला पाठ दुबे जी की आयोजित कार्यशाला में ही हुआ था। इस कार्यशाला का मुख्य केंद्र नाटकों की कमियों पर ध्यान दिलाना था। इन तीन दशकों में ऐसी स्क्रिप्ट्स में बढ़ोतरी हुई जिन्होंने पारंपरिक कहानी कहने की कला के बजाय अमूर्त नाटकीय तकनीकों को अपनाया। अजित दळवी, शफ़ाअत खान, प्रेमानंद गज्वी, प्रशांत दळवी, तुषार भद्रे, जयंत पवार, राजीव नाईक, चन्द्रशेखर फंसळकर, चेतन दातार और मकरंद साठे जैसे दमदार प्रतिभाशाली नाटककार इन्हीं कार्यशालाओं के उपरांत उपजे और पनपे।

क्या ऐसे चेतनामय आंदोलनों का रिकॉर्ड रखा है किसी ने? अखिल भारतीय नाट्य परिषद के किसी अध्यक्ष ने अपने कार्यकाल में समानांतर रंगभूमि के योगदान पर ध्यान देने का बीड़ा उठाया? मराठी रंगभूमि की समग्र गतिविधियों का ब्योरा तो दूर की बात है, सच तो यह है कि मैंने ख़ुद भी अपने प्रयोगों का ब्योरा कहाँ रखा है। अगर प्रायोगिक रंगभूमि की व्याख्या की जाए कि जिन नाटकों ने रंगभाषा बदलने के प्रयत्न किए वे प्रायोगिक नाटक हैं, तो क्या ऐसे

रंगभूमि के महागुरु, सत्यदेव दुबे

प्रयोगों की सूची भी हमारे पास उपलब्ध है? अगर समानांतर रंगभूमि की पूरी यात्रा को ही नज़रअंदाज़ कर दिया गया तो मेरे जैसों के प्रयत्नों को भुला देने का कितना शोक मनाया जा सकता है। फिर भी लगता है कि मराठी रंगभूमि का इतिहास सिर्फ़ मुख्यधारा अथवा केवल उस विशेष युग की स्मृतियों तक सीमित न रहे, इसलिए नई पीढ़ी को मराठी रंगभूमि के विविध अंगों से परिचित कराने की ज़रूरत है। मुझे बताया गया है कि पचास वर्षों में महाराष्ट्र राज्य-नाट्य-स्पर्धा में प्रस्तुत किए गए नाटकों की सूची *स्वर्णरंग* नाम से तैयार की गई है। आने वाले कल के नाट्यकर्मी, रसिक और अभ्यासी इस चेतनामय प्रदेश से अपरिचित न रहें इसके लिए ऐसा करना ज़रूरी था। महत्वपूर्ण बात यह है कि नए नाटककार लिखते रहें, नाटक जारी रहें, रंगभूमि जीवित रहे, नित नए प्रयोगों के प्रस्तुतीकरण होते रहें।

मैं हमेशा से ज़ोर देता आया हूँ कि सेट और प्रकाश-योजना के अलावा वेशभूषा व रंगभूषा को भी नए नज़रिए से सोचा जाना चाहिए। सन १९८० में मैंने *राशोमोन* का निर्माण और निर्देशन किया था। उसके लिए मैंने 'सत्याच्या शोधाची रूपांतर कथा' (सत्य की खोज की रूपांतर कथा) नाम से एक विस्तृत प्रस्तावना लिखी थी। जिसे आज तक प्रकाशित नहीं किया गया। उसका कुछ अंश यहां उद्धृत कर रहा हूँ:

> एक ओर जहाँ मेरे समकालीन नाट्यकर्मी, शेक्सपीयर, मिलर, शॉ, सार्त्र, ब्रेख्त जैसे दिग्गज पश्चिमी नाटककारों की कलाकृति प्रस्तुत करने में रुचि रखते थे, वहीं मैंने जान-बूझकर केवल भारतीय नाटककारों के नाटक ही चुने। इसके अलावा भारत की अन्य भाषाओं में लिखे नाटकों को मराठी में लाकर, निरंतर नित नए पहलुओं का प्रयोग करने की कोशिश करता रहा। इसमें एकमात्र अपवाद *राशोमोन* था! आकिरा कुरोसावा (*Akira Kurosawa*) जैसे दिग्गज निर्देशक की अजर-अमर फ़िल्म पर आधारित नाटक करने की कल्पना ने मुझे उत्तेजित किया था। कथानक के चारों किरदार हत्या की ज़िम्मेदारी अपने ऊपर लेते हैं, इससे 'सत्य' क्या है, यह सवाल बहुत पेचीदा होता जाता है और कथानक के अंत में भी कोई ठोस उत्तर नहीं मिलता; यानी जो भी 'अंतिम सत्य' के नाम पर उभरता है वह 'भ्रम' हो सकता है। ऐसे जटिल सवालों के ताने-बाने को टटोलने का नशा कुछ और ही होता था।

यह मैं समझ चुका था कि विदेशी किरदार और पृष्ठभूमि मराठी दर्शकों को अपनी सी नहीं लगती है, लेकिन ऐसा भी नहीं है कि कथानक को भारतीय पृष्ठभूमि के

साँचे में ढाल देने पर वे जुड़ जाएंगे। ऐसा करने से अनेक महत्वपूर्ण सांस्कृतिक संदर्भ छूट जाते हैं और कथा का मूल रूप ही बिगड़ जाने की संभावना बनी रहती है इसलिए उस कथानक के मूल जापानी वातावरण को बरक़रार रखकर ही मैंने *राशोमोन* को प्रस्तुत करने का निर्णय लिया।

ऐतिहासिक किरदार सजीव हो उठें इसके लिए मैंने जापानी मिनिएचर पेंटिंग्स का अध्ययन किया। मैंने सभी पात्रों की आँखों को अधिक निखारकर और हर पात्र के व्यक्तित्व के हिसाब से उसके माथे को अलग रंग से सुशोभित करना तय किया। उनसे मेल खाती हुई जापानी किमोनो स्टाइल की वेशभूषा बनवाईं। विभिन्न प्रसंगों को गहराई देने के लिए मूल जापानी संगीत का चयन बंबई की एनसीपीए की लाइब्रेरी में बैठकर मैंने ख़ुद किया। सामुराई सरदार और डाकू के बीच होने वाले युद्ध को वास्तविक दिखाने के लिए रिहर्सल के दौरान प्रशिक्षकों की मदद ली। कथानक के दो घटना-स्थलों, राशोमोन महाद्वार और घने जंगल को फ़िल्म में हूबहू दिखाया गया है। रंगमंच पर उस भव्य दृश्य को सांकेतिक शैली में उतारने के लिए विचार-विमर्श की शुरुआत हुई। सफ़ेद साइक्लोरामा की पृष्ठभूमि में, इस विंग से उस विंग तक जाने वाला कोयले जैसा काला चार-

राशोमोन (१९८०): चित्रा पालेकर और मनोहर तावड़े

पाँच फ़ुट ऊँचा प्लेटफ़ॉर्म और घने जंगल के विविध रूप दिखाने वाले ऊपर से लटके छोटे-बड़े पर्दे... बचा हुआ भाग ख़ाली! इसके अलावा, विभिन्न ऊँचाई के काले प्लेटफ़ॉर्म्स की आड़ में जंगल में घटित होने वाले दृश्य दिखाने की योजना उजागर होती गई। रंगमंच के दाएं कोने में सात-आठ सीढ़ियाँ चढ़कर जाने पर दो या तीन लोगों के बैठने लायक़ ऐसा छोटा काला प्लेटफ़ॉर्म और उसके कोने में महाद्वार की कल्पना करवाने वाला कमान जैसा खंभा... ब्लैक आउट में झट से उस खंभे को समेटते ही पीछे जापानी शैली में बांस के वनों के चित्र दिखाई देते थे, जिन्हें मैंने ख़ुद बनाया था। इस तरह राशोमोन महाद्वार ग़ायब होकर वह रिक्त स्थान भी जंगल का एक हिस्सा बन जाया करता था। नाटक की शुरुआत के प्रसंग में, महाद्वार की आड़ में बैठे हुए तीन किरदार (पुजारी, लकड़हारा और अनामिक) बातचीत करते हैं। उस दौरान भारी बारिश की अनुभूति के लिए पूर्वमुद्रित-ध्वनि का उपयोग करना तय हुआ। साथ में प्रकाश-योजना की सहायता से कड़कड़ाती हुई बिजलियाँ तो थीं ही।

कथा-सूत्र का अत्यंत निर्णायक क्षण था—हवा का एक हल्का झोंका आता है और सामुराई की पत्नी के चेहरे का पारदर्शी पर्दा हल्के से हट जाता है। वह क्षण कुरोसावा ने फ़िल्म में क्लोज़-अप का इस्तेमाल करके इतनी नज़ाकत से पेश किया है कि मुझे रंगमंच के विशाल अवकाश में उस जादुई क्षण को प्रभावी बनाने के लिए कड़ी मेहनत करनी पड़ी। रंगमंच के बीच बांस के वन के चित्रण से सजे हुए पर्दे के पीछे एक छोटा सा पंखा छुपाया गया था। जैसे ही सामुराई की पत्नी उस पर्दे को लांघने लगती थी, मंच की सभी लाइटें धीरे-धीरे मंद होती जातीं और सिर्फ़ उसके चेहरे पर पड़ने वाले हल्के प्रकाश की झलक रह जाती थी। उसी समय पंखे की मदद से आया हवा का झोंका हल्के से चेहरे के नक़ाब को हटाता था।

रंगभूमि में ध्वनि का विचार करते समय मुझे ऐसा महसूस होने लगा कि सिर्फ़ सुनाई देने वाले शब्दों के अर्थ जानना काफ़ी नहीं है। शब्दों की लय, नाद, माधुर्य पर भी विचार करना ज़रूरी है। हर एक लेखक के शब्दों के चयन तथा उसे पेश करने की शैली के बारे में सोचने पर मुझे मोहन राकेश और विजय तेंडुलकर जैसे सामर्थ्यवान लेखकों ने मजबूर किया। *आधे अधूरे* में मोहन राकेश ने एक वाक्य लिखा है—*'उलझे हुए हाथों का गिजगिजा पसीना'*। इसका मराठी में अप्रतिम अनुवाद केवल तेंडुलकर ही कर सकते थे—*'रित्या तळहातावरचा चिकचिकीत घाम'*। सृजनशील अनुवाद करते समय केवल शब्दार्थ ही नहीं बल्कि शब्दों के नाद-साधर्म्य पर भी ध्यान देना चाहिए, इस बात को समझकर मैंने कुछ मानदंड अपने लिए बना लिए।

ध्वनि-योजना और ध्वनि का विशेष विचार मैंने *गोची* (१९७२) से शुरू किया और वह *चल रे भोपळ्या टुणुक टुणुक* (१९७३), *पार्टी* (१९७६) और *अप्रकाशित दिवाकर* (१९७५), जैसे नाटकों के साथ और भी मंझता गया।

सदानंद रेगे द्वारा *गोची* में निरर्थक शब्दों का उपयोग करके आक्रोश व्यक्त करते समय, उन शब्दों की लय और नाद पर मैंने ज़्यादा ज़ोर दिया। ख़ासकर अपने ढंग से चुनने की हर एक लेखक की शैली का मैंने आदर किया। जैसे ही स्क्रिप्ट का विचार मैंने पारंपरिक, सर्वमान्य और प्रचलित पद्धति से करना छोड़ दिया, वैसे ही प्रस्तुतीकरण के लिए भिन्न अवकाश, अनोखी रंग-भाषा और ध्वनि का विराट स्वरूप मुझे दिखाई देने लगा। पुष्पा भावे जी ने २०१२ में प्रकाशित अपनी पुस्तक *रंग नाटकाचे* (नाटक के रंग) में *गोची* के विषय में विशेष टिप्पणियाँ की हैं।

> रविवार की शाम नाटक देखने जाना एक ख़ास ख़ुशहाल परिवार की आदत होती है। बन-ठनकर, आराम से, वातानुकूलित नाट्यगृह में बैठना और कलाकारों द्वारा मनोरंजन किए जाने का इंतज़ार करना, यह भी उसी आदत का एक हिस्सा हैं। ऐसे दर्शकों का मन बहलाने वाले नाट्यकर्मी भी अक्सर उन दर्शकों की तरह ही नाटक की कला के मूलभाव को नज़रअंदाज़ कर देते हैं। मानो नाटककार के लिखे हुए शब्द और निर्देशक द्वारा प्रस्तुत किया हुआ नाटक, दर्शकों के सामने पेश करने के कृत्रिम साधन हैं! लेकिन पिछले महीने एक रविवार की शाम को रुइया महाविद्यालय में जमा हुए दर्शक और विशेषत: वहाँ प्रस्तुत किया हुआ नाटक बिल्कुल अलग था। वह नाटक और उसके अभिनेता इतने अलग थे कि वहाँ बैठे दर्शक शुरुआत से ही प्रभावित हो गए। नाटक मूलत: नाट्यगृह के बाहर आ गया था। उस छोटे से सभागृह में निर्देशक ने रंगमंच बनाने का प्रयास नहीं किया था। दर्शक दरी पर नीचे बैठे थे। ऐसे अनौपचारिक वातावरण में सदानंद रेगे द्वारा लिखित *गोची* प्रस्तुत किया गया। हालाँकि नाटक रेगे ने लिखा था, लेकिन वह नाट्य-वस्तु केवल नाटककार की नहीं रही, वह निर्देशक की तथा अभिनेताओं की हो गई थी। *गोची* की प्रशंसा करते समय समीक्षकों ने कहा, 'एक तीव्र नाट्यानुभव'; 'ठंडे पड़ते प्रायोगिक नाट्य-आंदोलन में अमोल पालेकर के *गोची* की वजह से नई गरमाहट पैदा हुई', 'मराठी रंगभूमि का मील का पत्थर' इत्यादि! पालेकर के सृजनात्मक निर्देशन और अभिनेताओं के लचीले, गतिशील अभिनय की प्रतिभा ने प्रस्तुति

में नई जान फूँक दी और इसे साझा रचनात्मकता की शक्ति के प्रमाण के रूप में प्रस्तुत किया।

१९७२ का उत्तरार्ध होगा, एक शाम को बाबूराव चित्रे जी (*अभिरुचि* मासिक के संपादक और महान लेखक, कवि दिलीप पुरुषोत्तम चित्रे के पिता) हमारे कॉफ़ी हाउस के अड्डे पर आए। 'इसमें छपी *गोची* की स्क्रिप्ट ज़रूर पढ़िए,' कहते हुए उन्होंने *अभिरुचि* का ताज़ा अंक मेरे हाथ में थमा दिया। जैसे ही पढ़ना शुरू किया तो मैं जितना मंत्रमुग्ध हुआ, उतना ही डर भी गया। ज़बरदस्त शब्द, उन शब्दों से बनी तस्वीरें, असंबद्ध वाक्यों के सुंदर ताने-बाने और एक अविश्वसनीय अमूर्त नाट्यानुभव मुझे किसी नाटक से पहली बार मिल रहा था। मन में एक आशंका उठी—अत्यंत सीधे व सरल विषय की गूढ़ता, तीव्रता और भाषा की काव्यात्मकता, निर्थकता जैसे सभी नाट्य-गुण उतने ही सशक्त तरीक़े से रंगमंच पर पेश करना, क्या मेरे बस की बात होगी? और वह आशंका बढ़ती ही गई। पर उसी के साथ *गोची* के प्रति मेरा खिंचाव भी बढ़ता ही चला गया।

गोची, के विषय में और जानने पर मुझे यह बात समझ आई कि यह सिर्फ़ नाटक नहीं है; यह एक नया और अनंत अनुभव है। इसलिए इस अमूर्त नाट्यानुभव की शैली अलग होनी चाहिए थी, एक ऐसी शैली जो पारंपरिक मंच व्यवस्था से अलग हो, जहाँ नाटक में कलाकारों के शरीर का इस्तेमाल उपकरणों की तरह होने लगा था। इस नाटक को उस पारंपरिक सोच के ढाँचे में ठूँसकर मैं संकुचित नहीं करूँगा, यह भी निश्चित हो गया। फिर भी जब रिहर्सल शुरू हुई तो नाटक किस तरह का आकार लेगा, इसका आभास मुझे ज़रा भी नहीं था। हमारी रोज़ की रिहर्सल में बेहतरीन कलाकारों की टुकड़ी—जयराम हर्डीकर, चित्रा, जुईली देउसकर, दिलीप कुलकर्णी, दिलीप गांगोडकर और बाळ कर्वे—मुझे नाटक पढ़कर सुनाया करते; मैं एक कोने में बैठा रहता था। धीरे-धीरे आवाज़ और आसपास की ख़ामोशी के संबंधों की अनुभूति होने लगी; शरीर और ध्वनि के संबंध का भी अहसास होने लगा। इस तालमेल से प्रेरित होकर मैंने पहले से रिकॉर्ड की गई आवाज़ों के बजाय प्रत्यक्ष मानवी आवाज़ों का विकल्प चुना जिसमें अभिनेताओं की आवाज़ों का लाभ उठाया गया, जैसे बार-बार दोहराया जाने वाला शब्द 'धितांग'। यह सब बहुत सहजता से सूझता गया। *गोची* का मैंने सिर्फ़ निर्देशन नहीं किया; अभिनेताओं ने केवल अभिनय नहीं किया; मंगेश कुलकर्णी ने केवल संगीत नहीं दिया बल्कि *गोची* का प्रयोग सच्चे अर्थ में सामूहिक नाट्यकला का एक सुंदर आविष्कार था।

मध्यांतर के पहले एक नाटक और बाद में दूसरा, ऐसे दो छोटे नाटक प्रस्तुत करने की एक नई प्रथा शुरू करने की कोशिश भी हमने की। उसे '*डबल बिलिंग*' कहा

जाता था। इस नए प्रयोग ने न केवल दर्शकों को तीन घंटे का नाट्यानुभव दिया बल्कि विज्ञापन और टिकट के ख़र्च को समेकित करके निर्माण के ख़र्च को भी अनुकूलित किया। *गोची* नब्बे मिनट तक चलता, और फिर बहुरूपी नाट्य संस्था द्वारा निर्मित *आजचा कार्यक्रम यशस्वी करण्यासाठी आपल्या सहकार्याची गरज आहे* (आज के कार्यक्रम को सफल बनाने के लिए आपके सहयोग की ज़रूरत है)। अच्युत देशिंगकर द्वारा निर्देशित इस नाटक में मुझे अभिनय करने का मौक़ा मिला था। इस नए प्रयोग ने आगे के कई प्रयोगों का रास्ता खोला, जैसे विजया मेहता जी भी 'डबल बिलिंग' अपनाकर महेश एलकुंचवार के *सुलतान* और *होली* जैसे दो नाटक एक साथ प्रस्तुत किया करती थीं।

साधारणत: नाटक के शब्दों और संवादों को साहित्यिक मूल्यों से ही मापने की प्रथा आज भी है। इसे चुनौती देते हुए *चल रे भोपळ्या टुणुक टुणुक* में पहली बार बिल्कुल अलग भाषा का उपयोग किया गया। हमने अर्थहीन बातचीत तथा भाषा की संगीतमयता और शारीरिक अभिनय की संभावनाओं को ज़्यादा से ज़्यादा टटोलने की कोशिश की। कविता या गीत में जो पुनरावृत्ति होती है, उसका उपयोग अच्युत ने नाटक की स्क्रिप्ट में बहुत ही प्रभावी तरीक़े से किया था।

> पहला पात्र: बस आई, बस आई, बस आई।
> दूसरा पात्र: कहाँ है बस? अपनी नहीं है यह बस।

ऐसे शब्दों और वाक्यों की पुनरावृति का उपयोग लयबद्ध विराम की तरह किया गया। यह एक ऐसा अनुभव था जैसे भारतीय शास्त्रीय संगीत में सम् पर आने का संतोष मिलता है। *चल रे भोपळ्या टुणुक टुणुक* का पहला प्रयोग महाराष्ट्र राज्य-नाट्य स्पर्धा में रवीन्द्र नाट्य मंदिर के रंगमंच पर हुआ जिसे दर्शकों का ज़बरदस्त प्यार मिला। इसके बाद हमने बंबई और पुणे से बाहर जाकर इस नाटक के कई प्रयोग सिर्फ़ नाट्यगृह में ही नहीं बल्कि हाउसिंग-सोसाइटी के मैदान में, बड़े घरों में और कई सार्वजानिक जगहों में किए। वहाँ भी ध्वनि प्रवर्धन (*साउंड एम्प्लिफ़िकेशन*) के बिना भी प्रयोग बहुत ही प्रभावी हुए। इस नाटक का हिन्दी में बढ़िया अनुवाद *चल मेरे कद्दू ठुमक ठुमक* नाम से नाटककार शंकर शेष ने किया। दिल्ली में इस नाटक के दो प्रयोग हुए जिससे हम और भी अधिक दर्शकों तक पहुँच सके। उसमें निर्देशक के साथ-साथ मैंने सूत्रधार की भूमिका भी निभाई थी।

ध्वनि पर और गहरे तथा अलग तरीक़े से सोचने का मौक़ा मुझे दिवाकर जी के *अप्रकाशित दिवाकर* के कारण मिला। यह निर्देशक के नाते मेरी सृजनशीलता की परीक्षा लेने वाला था। १९७४-७५ की बात होगी, एक दोपहर को बैंक में कुमुदबेन

मेहता जी का फ़ोन आया, 'प्रोफ़ेसर सरोजिनी वैद्य से बंबई विश्वविद्यालय में जाकर मिलो; तुम्हारे बैंक के पास ही है।' मैं जब सरोजिनी बाई से मिलने गया तो उन्होंने अपनी डॉक्टरेट की थीसिस मुझे दिखाई, जो शंकर काशीनाथ गर्गे पर केंद्रित थी। वे 'दिवाकर' के छद्म नाम से लिखते थे और एक अनोखी विधा, 'नाट्य छटा', के लेखक के रूप में जाने जाते थे। सरोजिनी बाई ने उन्हें सूफ़ी संतों के समान कलंदर शख़्स बताते हुए कहा कि वे अपने समय से बहुत आगे का सोचने वाले द्रष्टा थे। शोध के दौरान उन्हें दिवाकर जी का काफ़ी सारा अप्रकाशित साहित्य मिला; उसी के बारे में वे दिल खोलकर बोलती रहीं।

उनका दिया हुआ पोथा पढ़कर मैं तो हक्का-बक्का रह गया, या यूँ कहिए कि मैं दिवाकरमय हो गया। अपने समकालीन नाटककारों से हटकर, जो काफ़ी लंबे और विस्तृत संवादों वाले नाटकों की रचना करते थे, दिवाकर ने बीस-पच्चीस मिनटों का, केवल सात से आठ दृश्यों का संपूर्ण नाटक लिखा था। जिस समय सभी शेक्सपीयर के पीछे भागते थे, उस समय दिवाकर ने मॉरिस मेटरलिंक (*Maurice Maeterlinck*) की एक कविता से प्रेरणा लेकर सिर्फ़ आधे घंटे का दृष्टिहीन लोगों पर एक नाटक लिखा, जिसमें अधिकांश वाक्य अधूरे छोड़े गए थे और वाक्य के अंत में मर्मस्पर्शी बिंदु थे। अपने जीवनकाल में अप्रकाशित रहने की दिवाकर की इच्छा से साफ़ है कि वे जानते थे कि उनके लेखन को समकालीन लोगों द्वारा स्वीकार करना मुश्किल होगा, जिन्हें तीन घंटे के लंबे नाटक देखने की आदत थी। इन सब बातों का बोझ झेलना मेरे लिए कठिन था।

प्रवासी, मी आपला चाललोच आहे (मैं तो चल ही रहा हूँ), *आंधळे* (अंधे) और कुछ अन्य अप्रकाशित लेखन के साथ दिवाकर की दो-तीन गुमनाम नाट्य छटाओं को मिलाकर रंगमंच के लिए मैंने एक स्क्रिप्ट तैयार की। रिहर्सल शुरू करने से पहले अभिनेताओं के लिए एक सप्ताह की कार्यशाला में पहले घंटे में हम सभी अपनी आँखों पर पट्टी बाँधकर एक कमरे में बैठे रहते थे; फिर धीरे-धीरे कमरे में घूमना शुरू किया। उसके बाद हमें दिवाकर की लेखनी से उभरी हुई नेत्रहीनों के अस्तित्व की कई सारी छटाएं स्पष्ट होने लगीं। एक जन्मांध व्यक्ति, एक ऐसा व्यक्ति जिसे धुंधला दिखाई देता हो और एक ऐसा व्यक्ति जिसकी दृष्टि हाल ही में गई हो पर वो अभी भी रोशनी महसूस कर सकता हो—इन सबकी दुनिया अलग होगी, इस बात का हमें अहसास हुआ। ऐसे अत्यंत सूक्ष्म भेद अभिनेताओं को अनुभव होने लगे।

अप्रकाशित दिवाकर का निर्देशन करते समय मुझे नेत्रहीनों को दिशा देने वाली 'ध्वनि' सुनाई देने लगी—हर एक दृष्टि बाधित व्यक्ति की छड़ी से आने वाले स्वर का निरालापन, हाथ से छड़ी छूट जाने पर खड़खड़ाहट की आवाज़, उसके

बाद का सन्नाटा, फिर उस छड़ी को ढूँढ़ने के लिए ज़मीन पर टटोलते समय होने वाली घबराहट की आवाज़, इतना ही नहीं बीच में ही एक मानसिक अर्ध-विकृत नेत्रहीन महिला का डरावना सा विलाप और ज़ोर से बदन खुजाना—दिवाकर की लिखी स्क्रिप्ट में ऐसी बातों का उल्लेख था। हमने अलंकृत वेशभूषा, प्रॉप्स और प्रकाश-योजना को छोड़कर 'इंटिमेट थिएटर' की सादगी को अपनाया।

कुल मिलाकर इसके पच्चीस से तीस शोज़ हुए और सभी पारंपरिक रंगमंच के बजाय अपारंपरिक स्थानों पर हुए और ये सभी प्रयोग ज़बरदस्त लोकप्रिय हुए। समय और स्थान की सीमाओं को पार करके दिवाकर की अनोखी दुनिया में ले जाने के लिए अनिकेत की मेरी टीम की भरपूर सराहना हुई।

जब तक सृजनशील दिमाग़ विकसित होता रहेगा तब तक नित नई कल्पनाएं जन्म लेती रहेंगी और उस समय की हुई ग़लतियाँ और गहरी होकर सामने आती रहेंगी। ऐसा *राव जगदेव मार्तंड* नाटक के समय हुआ था। सन १९९७ में लिखे गए उत्कृष्ट फ्रेंच नाटक *सिरॅनो द बर्गराक* का मराठी रूपांतरण मंगेश पत्की जी ने किया था। तलवार की धार से मान-अपमान के मुद्दे हल करने वाला नायक, मन से कवि था। जीवनभर एक ही स्त्री से प्रेम करता रहा, पर अपनी ज़्यादा लंबी-चौड़ी नाक के डर से अपना प्यार कभी जता नहीं पाया; युद्ध में उसकी मृत्यु होने तक वह प्यार अव्यक्त ही रह गया। कलावैभव जैसी नामचीन नाट्य-संस्था, इस नाटक को *राव जगदेव मार्तंड* नाम से, मुख्यधारा की रंगभूमि पर पेश करना चाहती थी। प्रमुख भूमिका डॉ. लागू करने वाले थे। अपनी टीम चुनने की पूरी आज़ादी के साथ निर्देशन का प्रस्ताव लेकर डॉ. लागू मेरे पास आए। निर्माता मोहन तोंडवलकर जी के साथ हुई बैठक में मैंने सिर्फ़ एक ही शर्त रखी कि नाटक की रिहर्सल्स पूरी हो जाने के बाद ही पहले शो की तारीख़ तय की जाए जोकि उन्होंने मान ली। हालाँकि मोहन जी की भी एक शर्त थी कि सह-निर्देशक के तौर पर डॉ. लागू का नाम भी दिया जाएगा। टिकट बिकने के लिए डॉ. लागू के नाम का फ़ायदा निर्माता को मिले, यह सोचकर मैंने मोहन जी की शर्त मंज़ूर कर ली। सन १९७२ में रिहर्सल्स शुरू हो गईं।

आधे अधूरे के मराठी रूपांतर के दौरान डॉ. लागू के अभिनय का कौशल मैंने बहुत नज़दीक से देखा था। उन्होंने कैसे हिन्दी नाटक में मूल रूप से अमरीश पुरी द्वारा निभाई गई पाँचों भूमिकाओं की कुशलता से पुनर्व्याख्या की, ख़ासतौर से बॉस सिंघानिया और उनके लंपट स्वभाव को उन्होंने बहुत ही संयमित तरीक़े से पेश किया था। मूल संवाद में कोई बदलाव किए बिना, सिर्फ़ उनकी नज़रों और होंठों पर जीभ फिराने के तरीक़े से ही उस इंसान का कामुक स्वभाव दिखाई

देता था। मैंने उन्हें *गिधाड़े* के खलनायक रमाकांत की भूमिका को भी अत्यंत प्रभावशाली तरीक़े से साकार करते हुए देखा था।

तो *राव जगदेव मार्तंड* की रिहर्सल शुरू हो गई। तलवारबाज़ी सिखाने और नाटक के कुछ प्रसंगों को तलवारबाज़ी से सुसज्जित करने के लिए हमने एक ख़ास प्रशिक्षक बुलाया। पहले एक-दो दिनों में ही एक बात मेरी समझ में आ गई कि इस तरह के ऐतिहासिक नाटक में जिस शारीरिक अभिव्यक्ति और स्फूर्ति की ज़रूरत है उसमें डॉ. लागू कमज़ोर हैं, और मुझे इस समस्या को डॉ. लागू से बात करके ही सुलझाना था। एक शाम सिगरेट और चाय पीते समय मैंने इस विषय पर बात छेड़ी। मैंने उन्हें बातों-बातों में दिखाया कि उनकी शारीरिक अभिव्यक्ति किस तरह विचित्र दिखाई दे रही है। वे लंबे समय तक सिगरेट पीते हुए ख़ामोश रहे, फिर उठते हुए मेरे कंधे पर अपनेपन से हाथ रखकर बोले, 'तुम्हारे जैसा कोई पंद्रह साल पहले मिलना चाहिए था, अमोल; अब बहुत देर हो चुकी है।' इसके बाद मेरा पूरा ध्यान डॉ. लागू की शारीरिक अभिव्यक्ति को सुधारने और उसे आकर्षक बनाने पर केंद्रित रहा। इसके लिए मैंने कोरियोग्राफ़ी में बदलाव किए; ऐसे दो युवा सहायक अभिनेताओं को चुना जो युद्ध के दृश्यों को सहज तरीक़े से कर सकें। हालाँकि, यह सब करते हुए, एक निर्देशक के नाते मुझे शब्द-प्रधान स्क्रिप्ट निखारने के लिए जितनी कोशिश करनी चाहिए थी, उतनी मैंने नहीं की। इसका परिणाम आख़िरकार नाटक को भुगतना पड़ा। एक और बात मुझे समझ में आई कि मुख्यधारा में निरंतर काम करने वाले अभिनेताओं को अगर कुछ अलग या नया करने के लिए कहा जाए, तो उन्हें नहीं सुहाता। इसी कारण से ऐतिहासिक नाटकों की पारंपरिक शैली से हटकर अलग ढंग से संवादों का प्रस्तुतीकरण, शारीरिक भाषा तथा हाव-भावों को अलग सा दिखाने का मेरा विचार धीरे-धीरे मुरझाता गया।

रवीन्द्र नाट्य मंदिर में पहला शो समाप्त होने के बाद मोहन तोंडवलकर जी ने मेरे और डॉ. लागू के हाथ में व्हिस्की का गिलास थमाते हुए नाटक के पूर्णत: असफल होने की बात ज़ाहिर कर दी। ख़ास बात यह थी कि किसी पर भी आरोप नहीं लगाया। उस असफलता की पूरी ज़िम्मेदारी डॉ. लागू ने ख़ुद पर ले ली। दरअसल निर्देशक के नाते वह ज़िम्मेदारी मुझे लेनी चाहिए थी! उस नाटक की असफलता का ज़िम्मा मेरा और सिर्फ़ मेरा ही था।

उसके बाद कई महीनों तक आलोचना का सिलसिला चलता रहा—'गिरने पर भी नाक ऊपर', 'बंबई के रवीन्द्र नाट्य मंदिर में नाटक के पिट जाने की आवाज़ ठाणे और पुणे में भी सुनाई दी' जैसी टिप्पणियाँ मुझ तक पहुँच रही थीं। मेरे दोस्तों पर व्यंग्य किए गए, 'पूरी दुनिया में इतनी कामयाब हुई कलाकृति

की इतनी असफल पेशकश देने का हुनर पालेकर जैसे गिने-चुने कलाकारों के पास ही है।' शुरुआत में ये बातें चुभती थीं पर आगे चलकर, मैंने भी इन कटु आलोचनाओं को हँसी में उड़ाना शुरू कर दिया। एक बात तो पक्की है कि इस असफलता के कारण मुख्यधारा की रंगभूमि से मेरा रिश्ता टूट गया।

मुझे अहसास हुआ कि *राव जगदेव मार्तंड* और *चल रे भोपळ्या टुणुक टुणुक* को एक ही समय पर निर्देशित करने की भाग-दौड़ से कलात्मक दृष्टिकोण गड़बड़ा गया। मैंने अनजाने में मेरे दिल के क़रीब नाटक *चल रे भोपळ्या टुणुक टुणुक* पर ज़्यादा ध्यान दिया और *राव जगदेव मार्तंड* जैसे मुख्यधारा के नाटक पर अन्याय किया। मैं स्वीकार करता हूँ कि यह चूक मुख्यधारा के इस नाटक के लिए ग़ैर-पेशेवर और अन्यायपूर्ण थी। इस नाकामी से मैंने अंतर्मुख होकर एक बोध लिया और एक निर्देशक के नाते हर स्क्रिप्ट को खुले दिमाग़ से अपनाने का महत्वपूर्ण निर्णय भी लिया। लेकिन ग़लतियाँ तो होती ही हैं पर वही ग़लतियाँ भविष्य में न हों, इस बात की मैंने कोशिश की। 'बहुतेरी फ़िल्में जोश में बनती हैं, लेकिन यादगार फ़िल्में होश में!' राज खोसला जैसे वरिष्ठ निर्देशक की यह बात मैंने अपनी नोटबुक में बड़े अक्षरों में लिखकर रखी है।

श्यामानंद जालान द्वारा निर्देशित हिन्दी नाटक *एवम् इंद्रजीत* देखने के लिए दुबे ने मुझे बड़े आग्रह से बंबई के बिड़ला मातोश्री सभागृह में भेजा था। वह पथप्रदर्शक प्रयोग देखने से, उन शुरुआती दिनों में मेरे विचार खुल गए। उस प्रस्तुति की कुछ अहम बातें आज भी याद हैं, जैसे बॉक्स सेट का अभाव, अमूर्त आकृतियों का प्रॉप्स के रूप में सुंदर उपयोग, एकरेषीय कथा न कहने वाला और अत्यंत आशावादी संकेत देने वाला नाटक। श्यामानंद जालान के *एवम् इंद्रजीत* के प्रस्तुतीकरण से मैं जिससे सबसे ज़्यादा प्रभावित हुआ, वह था उसका ग़ैर-नाटकीय दृष्टिकोण।

एवम् इंद्रजीत के दुबे वाले प्रस्तुतीकरण में केंद्र बिंदु था मुख्य पात्र *इंद्रजीत*, जिसकी भूमिका में वह ख़ुद होते थे। श्यामानंद की प्रस्तुति का केंद्र बिंदु था लेखक, जिसे वे ख़ुद निभाते थे। दुबे के प्रस्तुतीकरण में लेखक की भूमिका अमरीश पुरी निभाते थे। हालाँकि लेखक का पात्र, अमल-विमल-कमल जैसे पात्रों की तरह परिधीय नहीं था, पर दुबे ने बहुत ही कुशलता से उसे दूसरे स्थान पर रख दिया। दुबे की मौखिक अभिनय की कला में महारत उनके काव्यात्मक और गद्य संवादों में झलकती थी। ना के बराबर प्रॉप्स, सबसे पीछे घने काले बड़े पर्दों के बीच में विलीन होने वाले एक काले लंबे प्लेटफ़ॉर्म के कारण दर्शकों का ध्यान सिर्फ़ अभिनेता और उसकी शारीरिक भाषा पर ही केंद्रित रहता।

मेरा सौभाग्य था कि मुझे करियर के शुरुआती दिनों में ही एक ही नाटक के दो इतने भिन्न रूप और अभिव्यक्तियाँ देखने को मिलीं। दोनों ही प्रयोग सफल रहे थे। ये रंगभूमि को समझने की नींव बन गए। परंतु इन दोनों प्रस्तुतियों का असर इतना ज़बरदस्त था कि मैं अपने इस पसंदीदा नाटक में अपनी अलग व्याख्या नहीं खोज पाया। जो बातें रह गईं या छूट गईं, उनमें से यह मुख्य है।

सन १९६९ में दुबे ने बादल सरकार के नाटक *बल्लभपुरेर रूपकथा* की टाइप की हुई प्रति मेरे हाथों में थमा दी। 'यह हिंदी अनुवाद पढ़कर मराठी में अनुवाद करो। तुम्हें बांग्ला आती है इसलिए मूल बंगाली नाटक भी मँगवा लूंगा।' अनुवाद का पहला ड्राफ्ट तैयार हो जाने पर मैंने अमरीश पुरी साहब, अब्दुल शकूर और दुबे को वह सुनाने के लिए बैठा लिया। जैसे ही मैंने बताना शुरू किया, 'मैंने मूल बंगाली शीर्षक *बल्लभपुरेर रूपकथा* को बदलकर *वल्लभपूरची दंतकथा* कर दिया है क्योंकि इसका नायक दंत चिकित्सक बनने के बाद...' दुबे ने मुझे वहीं रोककर कहा, 'रिहर्सल कब शुरू करनी है बताओ। भूपति की प्रमुख भूमिका भी तुम करोगे और निर्देशन भी।' दुबे के इस ऐलान से मैं हक्का-बक्का रह गया। तब तक अभिनेता के नाते मेरा अनुभव सिर्फ़ तीन नाटकों तक ही सीमित था: *चुप! कोर्ट चालू है* (१९६७), *सुनो जनमेजय* और *आधे अधूरे* (१९६८)। इब्राहिम अलकाज़ी के अंग्रेज़ी नाटकों और दुबे के हिंदी नाटकों के कारण मशहूर हुई थिएटर यूनिट जैसी कंपनी बहुत प्रतिष्ठित थी और डॉ. लागू के *गिधाड़े* और दुबे के *आधे अधूरे* के बाद आने वाले मराठी नाटक का निर्देशन मैं करूँ, इस बात का मुझ पर काफ़ी दबाव था। दरअसल वह बात उस समय मेरी समझ के परे थी।

वल्लभपूरची दंतकथा में भूपति नामक एक युवक दंत चिकित्सक बनकर कलकत्ते में अपना क्लीनिक खोलने का सपना देखता है। गाँव की अपनी टूटी-फूटी पितृसत्ताक हवेली को बेचकर उसे जो रक़म मिलती वह उसके सपने को पूरा करने के लिए महत्वपूर्ण थी। हालाँकि उस हवेली में दो खामियाँ थीं: भूपति के किसी पूर्वज का भूत और उस हवेली की जीर्ण-शीर्ण हालात। उसे पता चलता है कि हालदार नामक एक उद्योगपति को पुरानी हवेली ख़रीदने का शौक है। गाँव के एक-दो दुकानदारों और कलकत्ता के अपने जिगरी दोस्त को साथ लेकर, भूपति वह पुरानी हवेली बेचने की कोशिश करता है। हवेली की टूट-फूट छुपाने और उसे बेचने की उनकी दयनीय कोशिशें किस तरह कामयाब होती हैं, यह उसी की दिलचस्प कहानी है!

महाराष्ट्र राज्य-नाट्य स्पर्धा में *वल्लभपूरची दंतकथा* को सर्वश्रेष्ठ नाटक, सर्वश्रेष्ठ निर्देशक (मुझे और दुबे को मिला) और सर्वश्रेष्ठ अभिनेता (एकनाथ हट्टंगड़ी और रेखा सबनीस) को पुरस्कारों से सम्मानित किया गया। तेजपाल

जैसे ग़ैर-मराठी नाट्यगृह में भी उस नाटक के प्रयोग हाउसफुल होने लगे। दर्शकों से खचाखच भरे बीस शोज़ के बाद मैंने दुबे से कहा, 'दर्शकों की प्रतिक्रियाएं अब पता चल गई हैं—कब ठहाके मारकर हँसेंगे, कब तालियों की गड़गड़ाहट सुनाई देगी—इसलिए अब शो करने में मज़ा नहीं रहा।' दुबे ने पलभर में कहा, 'ठीक है, बंद कर देंगे।' और फिर *वल्लभपूरची दंतकथा* पर पूर्णविराम लगा दिया। रिहर्सल में रटा-रटाया डायलॉग बासी न लगे, सबकुछ तत्क्षण घटित होता महसूस हो, ये महत्वपूर्ण तकनीकी चीज़ें उस समय तक मेरी समझ में नहीं आई थीं।

बाद में बंबई मराठी साहित्य संघ जैसी बड़ी निर्मिती संस्था ने उस नाटक को दाजी भाटवड़ेकर, कमलाकर सारंग, लालन सारंग और ललिता केंकरे जैसे नामचीन अभिनेताओं को लेकर व्यापारी रंगमंच पर प्रस्तुत किया। वरिष्ठ नाट्यकर्मी दामू केंकरे जी ने उसका निर्देशन किया था। नाटक बुरी तरह से पिट गया। मुझे यह बात समझने में भी काफ़ी देर लगी कि मेरे नाटक के सभी किरदारों में महसूस होने वाली संवेदनशीलता, बात करने में उनका लड़खड़ाना, औंधे मुँह गिरना, यह सब विश्वसनीय लगता था और यही नाटक की कामयाबी का रहस्य था। इसके बाद मैंने अपनी आगे की यात्रा में यह नियम बना लिया कि मैं अपनी भूमिकाओं में कृत्रिमता को दूर रख संवेदनशीलता (*vulnerability*) पर अधिक ध्यान दूँगा ताकि लोग उस किरदार से जुड़ सकें और पसंद कर सकें।

वल्लभपूरची दंतकथा की सफलता के बाद इंडिया कल्चर लीग नाम की संस्था ने मुझे निर्देशन के लिए निमंत्रण देकर कहा, 'आपको जो पसंद हो वह नाटक हमारी संस्था की ओर से कीजिए।' दुबे ने अपनी थिएटर यूनिट के बाहर जाकर नाटक करने के लिए ख़ुशी-ख़ुशी हाँ कर दी। इतना ही नहीं उन्होंने अपने पास आई कुछ स्क्रिप्ट्स भी मेरे हवाले कर दीं जिनमें से युवा नाटककार सुरेन्द्र वर्मा का हिंदी नाटक *द्रौपदी*, मुझे अच्छा लगा। क्योंकि महाराष्ट्र राज्य-नाट्य स्पर्धा में मुझे इस नाटक को प्रदर्शित करना था, इसलिए मुझे पहले उसका मराठी में अनुवाद करना पड़ा। समकालीन मध्यमवर्गीय स्त्रियों को जो तनाव झेलने पड़ते हैं, उन्हें नाटककार ने बड़ी संवेदनशीलता से दर्शाया था। सखी, गृहिणी, घर के वित्तीय दायित्व उठाने वाली स्त्री, ऐसे सभी रूपों को इस नाटक में चित्रित किया गया था। परंतु उसके जीवन में आए चार पुरुषों को कुछ ज़्यादा ही सरल और रूढ़िवादी तरीक़े से दिखाया गया था। उन पुरुष-पात्रों को उसी तरह से, किसी तरह का बदलाव किए बिना ही प्रस्तुत किया गया, वरना उस नाटक पर मोहन राकेश जी के *आधे अधूरे* का प्रभाव अधिक स्पष्ट हो गया होता। ऐसी हल्की सी शिकायत मैंने सुरेन्द्र वर्मा से की थी तो उन्होंने मुझे अपने नए हिन्दी नाटक,

सूर्य की अंतिम किरण से सूर्य की पहली किरण तक, की स्क्रिप्ट पकड़ाते हुए कहा, 'मेरे इस नए नाटक में ऐसी शिकायत करने का मौक़ा नहीं मिलेगा।' महाराष्ट्र के विभिन्न सम्मेलनों में मेरे मराठी नाटक *द्रौपदी* की बेहिसाब प्रशंसा हुई।

सन १९७० में थिएटर यूनिट की ओर से दुबे ने बादल सरकार के एक और नाटक के एक ही समय में हिन्दी और मराठी दोनों भाषाओं में निर्माण करने की योजना बनाई। उन्होंने मुझे दोनों का ही निर्देशन व उसमें अभिनय करने को कहा। हमें *पगला घोड़ा* का प्रतिभा अग्रवाल द्वारा किया हुआ हिन्दी अनुवाद मिला था। मराठी के अनुवाद की ज़िम्मेदारी फिर से मुझ पर आ पड़ी। मैंने हिन्दी की रिहर्सल शुरू कर दी और मराठी अनुवाद करने में जुट गया पर मेरे सामने एक दुविधा थी: रूपांतर करूँ या अनुवाद? यानी उनके नाम या वेशभूषा बंगाली हों या नहीं, प्रश्न केवल यही नहीं था। नाटक के शीर्षक से लेकर उसके अंतरंग तक *पगला घोड़ा* का अस्तित्व जिस तरह निरंतर ज्ञात होता रहता है, उतनी ही समर्थता से मराठी के मंचन में भी वह ज्ञात होता रहे, मेरा यही मक़सद था। जिस बालगीत का रूपकात्मक उपयोग बादल दा ने किया था, उस उन्मुक्त घोड़े की प्रतिमा और उसका उपयोग करके उजागर किए हुए मानव-जीवन के पहलू चुनौती बन रहे थे। मुझे डर था कि अनुवाद करते समय ये बारीकियाँ अगर मेरी पकड़ में नहीं आईं तो क्या होगा? बस यही डर मुझे आगे नहीं बढ़ने दे रहा था। इस प्रश्न या डर को सी.टी. खानोलकर जी ने किस तरह कुछ क्षणों में सुलझा दिया था, उसके बारे में मैं पहले बता चुका हूँ। आख़िर में मैंने रूपांतर नहीं करने का निर्णय ले लिया।

सन १९९२ में एक बार फिर मैंने अपनी नाटक कंपनी 'अनिकेत' के तहत मराठी रंगभूमि पर *पगला घोड़ा* प्रस्तुत किया। बाबरी मस्जिद के ढहाए जाने वाले दिन हमने कलकत्ता के नज़दीक चंदननगर में शो किया था। इसके बाद संपूर्ण देश में मची अफ़रा-तफ़री के बीच हमें पुलिस संरक्षण में कलकत्ता पहुँचाया गया। हम चार-पाँच दिनों तक कलकत्ता में ही फँसे रहे। पंद्रह साल बाद, २००७ में मुझे अमेरिका के न्यू जर्सी में एपिक थिएटर की ओर से वहाँ के स्थानिक अभिनेताओं के साथ *पगला घोड़ा* की तीसरी प्रस्तुति करने का मौक़ा मिला।

नाटक श्मशान में घटित होता है। उसमें चार पुरुष एक ऐसी युवती के शव के दाह-संस्कार की राह देख रहे होते हैं जिसका इस दुनिया में अपना कोई नहीं है। जब वे चारों शराब पी रहे होते हैं; ताश पीट रहे होते हैं; भद्दे मज़ाक़ व चुगलियाँ कर रहे होते हैं, तो उस मृत स्त्री की आत्मा उन चारों पुरुषों के जीवन में आई हुई अलग-अलग स्त्रियों के प्रतीक के रूप में दिखाई देती है, साथ ही वह समाज में पुरुषों द्वारा अपमानित होने वाली, धिक्कारी जाने वाली असहाय

स्त्रियों को भी दर्शाती है। वास्तव में चार जीवित पुरुषों के साथ उस अवास्तविक मृत युवती के अस्तित्व को भी सहजता के साथ मिश्रित करना इस नाटक की ताक़त है। यह एक कला के रूप में रंगमंच की शक्ति और बादल दा के उत्कृष्ट लेखन का प्रमाण है।

११ अगस्त २००४ में पॉप्यूलर प्रकाशन ने नाटक का जो अनुवाद प्रकाशित किया, उसे रूपांतर कहा जा सकता है। असल में वह नाटक के लिए मेरी बनाई हुई स्क्रिप्ट पर आधारित है। इसके सर्वाधिकार मेरे पास होने के कारण इसके प्रयोग की अनुमति के लिए मेरे पास कई फ़ोन आते हैं। पर मुझे डर लगता है कि ये थिएटर ग्रुप मेरी विवेचना से प्रभावित हो जाएंगे जिससे उनकी रचनात्मक दृष्टि सीमित हो जाएगी। मुझे लगता है कि मूल नाटक, उसका अनुवाद और निर्देशक द्वारा बनाई गई स्क्रिप्ट, तीनों को एक साथ छापना चाहिए ताकि कहानी की व्यापक समझ और विविध व्याख्याएं देखने को मिलें, पर दुर्भाग्य से हमारे यहाँ यह प्रथा नहीं है।

सन १९७१ में राजाभाऊ ठाकुर ने मराठी फ़िल्म *बाजीरावचा बेटा* में नायक की भूमिका निभाने के लिए मुझसे पूछा। इसके पहले मैंने दुबे की फ़िल्म *शांतता! कोर्ट चालू आहे* में छोटी सी भूमिका निभाई थी जिसके लिए गोविंद निहलानी ने मुझे अभिनय की कुछ टिप्स दी थीं। *बाजीरावचा बेटा* की शूटिंग पाँच-छह महीनों में पूरी हो गई थी। आउट-डोर शूटिंग के दौरान निर्देशक राजाभाऊ को डॉक्टर द्वारा शराब न पीने के सख़्त निर्देश मिले थे, जिसके चलते काम ख़त्म होने के बाद हम दोनों एक-डेढ़ घंटे के लिए टहलने चले जाया करते थे। बातों-बातों में उन्होंने *अशी पाखरे येती* (ऐसे पंछी आते हैं) नाटक के सृजन की कहानी सुनाई।

'जब मेरे पास कोई फ़िल्म नहीं थी तब मराठी के बड़े स्टार अरुण सरनाईक के साथ मुख्यधारा का नाटक करने के उद्देश्य से मैंने तेंडुलकर जी को बुलाया। अमेरिकन सिनेमेटोग्राफ़र नामक मासिक में छपी हुई संपूर्ण पटकथा मैंने उनके सामने रख दी। नौकरी में व्यस्तता के कारण नाटक लिखने में तेंडुलकर जी को स्क्रिप्ट तैयार करने में बहुत देर लगी। उसी समय मुझे एक फ़िल्म के निर्देशन का प्रस्ताव मिल गया। वैसे भी मूल कथा की सशक्त स्त्री-पात्र को तेंडुलकर जी ने कमज़ोर रूप में दिखा दिया, इसलिए मुझे उनकी स्क्रिप्ट अच्छी नहीं लगी थी। बाद में मैंने सुना कि मेरी अनुमति के बिना तेंडुलकर जी ने वह स्क्रिप्ट किसी दूसरी नाट्य-संस्था को दे दी।' राजाभाऊ के स्वर में मुझे नाराज़गी की छटा नज़र आई थी। आगे चलकर जब वह नाटक मैंने देखा तब नाटक के नायक का नाम अरुण सरनाईक क्यों था, यह समझ में आया। दु:ख की बात है कि जब *अशी पाखरे येती* की चौथी आवृत्ति प्रकाशित हुई तब तक राजाभाऊ इस दुनिया से

विदा ले चुके थे। इसमें तेंडुलकर जी ने राजाभाऊ के प्रयत्नों का विस्तृत उल्लेख किया है।

बाजीरावचा बेटा पूरा हो जाने पर राजाभाऊ ने मुझे और एक मराठी फ़िल्म के लिए प्रस्ताव भेजा, यह कुमार गंधर्व के जीवन पर आधारित एक प्रेम-कथा थी। एस.एन. नवरे जी पटकथा लिख रहे थे जिसमें वे कुमार गंधर्व के संगीत कौशल और प्रेम-कथा, दोनों में ताल-मेल बैठाकर उसे प्रस्तुत करने का प्रयास कर रहे थे। संगीत-निर्देशन का दायित्व जितेंद्र अभिषेकी जी को सौंपा गया था। गाने की रिकॉर्डिंग में राजाभाऊ ने मुझे भी बड़े प्रेम और सम्मान से बुलाया। अभिषेकी जी का आशा जी को धुन सुनाना, उनसे रियाज़ करवाना, ऐसी सभी बातें मैं लगन से ग्रहण कर रहा था। आशा जी की मधुर आवाज़ ने मुझे मंत्रमुग्ध कर दिया था। पर कुछ महीनों बाद राजाभाऊ मुझे मिले और कहा, 'अपनी फ़िल्म नहीं बन रही है।' फिर वह अध्याय वहीं समाप्त हो गया।

सन १९७२ में दुबे ने 'थिएटर यूनिट' की ओर से मुझे और अमरीश पुरी साहब को लेकर गिरीश कर्नाड का लिखा *हयवदन* बनाने की योजना बनाई। उसी समय मेरे निजी जीवन में एक मधुर घटना घटी। चित्रा माँ बनने वाली थी। ऐसे दिनों में उसे मेरा जितना समय मिलना चाहिए था, उतना देना मेरे लिए कठिन हो रहा था। दुबे के रिहर्सल शुरू कर देने के कारण मेरी बहुत ही भाग-दौड़ हो रही थी। अक्सर वालचंद टेरेस पर रिहर्सल के दौरान किसी पड़ोसी का फ़ोन आ जाता और मैं रिहर्सल अधूरी छोड़कर हाँफते-हाँफते कोलाबा में चित्रा के माता-पिता के घर पहुँच जाता। मेरी ऐसी मन:स्थिति और भाग-दौड़ देखकर दुबे ने एक दिन ऐलान किया, 'चित्रा की प्रसूति ठीक से हो जाए और अमोल पिता बन जाए, उसके एक सप्ताह बाद हम पहला शो करेंगे।'

दुबे ने नाम मात्र का सेट डिज़ाइन, युक्तिपूर्ण प्रकाश योजना और अभिनेताओं द्वारा प्रत्यक्ष रूप से गाए हुए गानों का प्रयोग कर *हयवदन* का मंचन करना निश्चित किया। कठोर कपिल के लिए पुरी साहब, कवि-मन वाले देवदत के लिए मुझे और इन दोनों को आकर्षित करने वाली मादक पद्मिनी के लिए सुनीला प्रधान, दो गुड़ियों के लिए प्रिया तेंडुलकर और कल्पना लाजमी, जैसे नामचीन स्टार्स को लेना निश्चित हुआ। केवल एक ही दृश्य में अवतरित होने वाली 'काली माता' की भूमिका के लिए दीना पाठक का चयन एक बहुत बड़ा आकर्षण था। दुबे ने एक महत्वपूर्ण दृश्य का बहुत ही कुशलतापूर्वक निर्देशन करने का ज़िम्मा लिया जिसमें देवदत और कपिल विग या मुखौटों के बिना ही, केवल शारीरिक हाव-भाव और वाचिक अभिनय से मस्तिष्क की अदला-बदली करते हैं।

इसमें अभिनेता के तौर पर मेरी कठिन परीक्षा ही थी क्योंकि मुझे तीन अलग-अलग भूमिकाएं निभानी थीं—सूत्रधार के सहायक अभिनेता की, नाटक के मध्य तक देवदत की और मध्यांतर के बाद देवदत के मस्तिष्क के साथ कपिल की जिसमें परिवर्तनकारी व्यवहार में बदलाव (*transformative behavioural change*) प्रदर्शित करना था। नींद टूट जाने से परेशान और पद्मिनी के चातुर्य को समझकर उसे आधार देने वाली 'काली माता' की भूमिका में दीना पाठक का अभिनय सम्मोहित करने वाला था। उनकी सहजता और मंच पर कला प्रदर्शन मुझे—और कभी-कभी पुरी साहब को भी—अवाक कर देता था। उनकी अदाकारी में हम इतना खो जाते कि कभी-कभी अपनी भूमिका में आने के लिए कपड़े बदलने और अपनी प्रस्तुति की तैयारी करना ही भूल जाते थे, जिसके लिए दुबे ने हमें कई बार फटकार भी लगाई थी।

हयवदन में दुबे ने पहली बार लाइव म्यूज़िक का उपयोग करना निश्चित किया था। इससे पहले वे अपने सभी नाटकों में पहले से रिकॉर्ड किया गया फ़िल्म संगीत लिया करते थे। 'तुम्हारा संगीत का ज्ञान मुझसे अधिक है,' कहकर उन्होंने संगीत का दायित्व मुझे सौंप दिया। मेरा दोस्त विजय केळकर हम सबके गले सुरीले करने के लिए, बिना थके हमसे रियाज़ करवाया करता था। शाम को वालचंद टेरेस का हॉल हमारी आवाज़ों से इतना गूँजता कि आस-पास के लोगों की शिकायतें आने लगीं।

२ मई १९७२ को शाल्मली का जन्म हुआ और कुछ ही दिनों में *हयवदन* का पहला शो ज़ोर-शोर से संपन्न हुआ। अगले बहुत से शोज़ बंबई, ठाणे, पुणे, दिल्ली, कलकत्ता में भी धड़ल्ले से हुए। सभी जगह दर्शकों को यह नाटक बहुत पसंद आया; आलोचकों द्वारा इसकी ख़ूब प्रशंसा हुई। इसके साथ ही 'थिएटर यूनिट' की अच्छी ख़ासी कमाई भी हुई; लेकिन किसी भी अभिनेता को एक पैसा भी नहीं मिला, समानांतर रंगभूमि में काम करने वालों को पैसों के लेन-देन की अपेक्षा नहीं होती थी, न ही वैसी रीत थी।

ठाणे और दिल्ली के शो विशेषत: अविस्मरणीय थे। ठाणे के शो के लिए जाते समय रास्ते में ही हमारी बस का टायर पंक्चर हो गया। एक भले ट्रक वाले से लिफ्ट ली और हम सब क़रीब डेढ़ घंटे की देरी से खुले प्रांगण में लगाए हुए मंडप में पहुँचे। क़रीब तीन हज़ार दर्शकों ने हमारा ज़ोरदार तालियों के साथ स्वागत किया। हम जल्दी-जल्दी तैयार हो रहे थे कि स्थानिक आयोजक मंच पर आ गए। बिना साज-सज्जा के सिर्फ़ काले पर्दों से बने ख़ाली रंगमंच को देखकर वे कुछ नाराज़ हो गए थे। उनको विश्वास था कि हमने सजावट का सारा सामान पंक्चर हुई बस में ही छोड़ दिया था। 'आप ख़ाली स्टेज की चिंता मत कीजिए।

हयवदन (हिन्दी, १९७२) दिल्ली में प्रस्तुति के बाद अमरीश पुरी, सुनीला प्रधान और शाल्मली पालेकर के साथ

हयवदन (हिन्दी, १९७२) अमरीश पुरी, बापू कामेरकर, सुषमा तेंडुलकर और दिलीप गंगोडकर के साथ

हयवदन (हिन्दी, १९७२) सुनीला प्रधान के साथ

वल्लभपूरची दंतकथा (मराठी, १९६९) एकनाथ हट्टंगड़ी और रेखा सबनीस के साथ

आधे अधूरे (मराठी, १९६८) दीपा बसरूर और भक्ति बर्वे के साथ

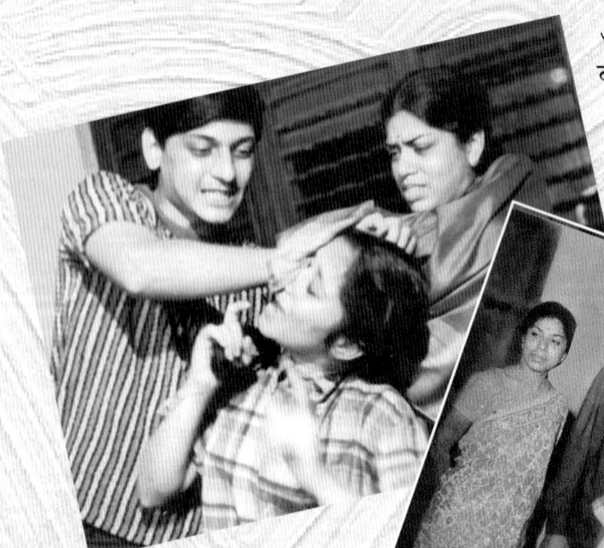

आधे अधूरे (मराठी, १९६८) अमरीश पुरी, ज्योत्स्ना कार्येकर, भक्ति बर्वे और दीपा बसरूर के साथ

आपलां बुवा असं आहे (मराठी, १९७८)
दिलीप कुलकर्णी और चित्रा पालेकर के साथ

पगला घोड़ा (मराठी, १९९२)
हेमू अधिकारी के साथ

गोची (मराठी, १९७३) (बाएं से दाएं)
दिलीप कोल्हटकर, बाळ कर्वे, दिलीप खांडेकर, दिलीप गंगोडकर, अच्युत देशिंगकर (बैठे हुए) दिलीप कुलकर्णी, चित्रा पालेकर, जयराम हर्डीकर और जुईली देउसकर के साथ

कुसूर (हिन्दी, २०१९)

२४ नवंबर २०१९, निर्देशक जोड़ी, कुसूर के पहले शो से पहले, मुंबई के एनसीपीए में

इस नाटक को हम इसी तरह से करते हैं। हमारा वादा है कि नाटक के आनन्द में ज़रा सी भी कमी नहीं आएगी।' पुरी साहब की ज़ाहिर घोषणा ने उनकी चिंता को कम कर दिया और पर्दा उठा। नाटक के समाप्त होने पर दर्शकों ने खड़े होकर तालियाँ बजाईं।

दिल्ली के शो के लिए पहुँचते ही हमें पूर्व-सूचित किया गया था कि मंचन के दौरान सांस्कृतिक क्षेत्र के अधिकांश महत्वपूर्ण व्यक्ति, अनेक मंत्री और तत्कालीन प्रधानमंत्री, श्रीमती इंदिरा गांधी भी उपस्थित होंगी। हमें बताया गया कि प्रधानमंत्री जी बस थोड़ी देर के लिए ही रहेंगी, लेकिन हम आश्चर्यचकित रह गए जब देखा कि वे अंत तक बैठी रहीं। डॉ. नारायण मेनन, एनसीपीए के निदेशक, से बाद में मुझे पता चला कि मेरा काम इंदिरा जी को याद था।

हमारे *हयवदन* के मंचन से पहले बी.वी. कारंथ जी ने कन्नड़ में पारंपरिक यक्षगान शैली में इसे प्रस्तुत किया था। कारंथ जी स्वयं सूत्रधार की भूमिका निभाते हुए अपनी बुलंद आवाज़ से संपूर्ण नाट्यगृह को मंत्रमुग्ध कर दिया करते थे। प्रस्तुतीकरण में यक्षगान की सरल लोकनृत्य-शैली का और मुखौटों का सुंदर उपयोग किया जाता था। परंतु मुझे ऐसा लगा कि पारंपरिक लोक कला के मोहक प्रस्तुतीकरण में लेखक के समकालीन विचार, आदर्श पुरुष की तलाश करने वाली सशक्त स्त्री, या स्त्री-लैंगिकता के पहलू जैसी बातें कहीं खो गई थीं।

हयवदन के हमारे प्रयोग के बाद १९७५ में विजया मेहता ने मराठी में वह नाटक किया, पर सी.टी. खानोलकर जी द्वारा किया हुआ मराठी अनुवाद उतना प्रभावशाली नहीं था। अपने लेखन में खानोलकर न तो मूल लेखन की काव्यात्मकता ला सके, न ही 'भारूड़' शैली (मराठी लोक कला) के उपयोग द्वारा नाटक का आशय दर्शकों तक पहुँचा सके। विजया जी द्वारा सुव्यवस्थित निर्माण की सीमित प्रस्तुति देखकर मैं थोड़ा निराश हो गया।

एक ही नाट्यसंहिता की तीन निर्देशकों की तीन अलग-अलग प्रस्तुतियों को देख पाना, यह नाट्य-रसिकों के लिए एक सुनहरा अवसर तो था ही; और मेरे लिए सृजन के मार्ग पर प्रगल्भ करने वाला मील का पत्थर था।

उन्हीं दिनों दुबे ने मुझे अपनी ख़ुद की नाट्य-संस्था शुरू करने के लिए प्रोत्साहित किया और इस तरह 'अनिकेत' का जन्म हुआ। विजय तेंडुलकर जी हमारी संस्था के आरंभ से अंत तक अध्यक्ष बने रहे। 'अनिकेत' ने आठ से दस मराठी नाटकों का निर्माण किया। हमारी प्रायोगिक नाट्य-संस्था की अर्थव्यवस्था कैसी होनी चाहिए, इसे तय करने के लिए हम सबने मिलकर निर्णय लिया था—चुने गए नाटकों के कम से कम पाँच शो टिकट लगाकर करेंगे; रिहर्सल शुरू करने

से नाटक-निर्माण का सारा ख़र्च मैं उठाऊँगा; शोज़ से अगर फ़ायदा हुआ तो उन पैसों से और ज़्यादा शो किए जाएंगे; किसी भी नाटक के लिए शुरू में तय किए गए पैसे ख़त्म हो जाने पर उस नाटक को बंद कर देंगे। जब मैं फ़िल्मों की शूटिंग में व्यस्त होता था तब चित्रा, दिलीप कुलकर्णी और विजय शिर्के मिलकर अच्छी तरह से 'अनिकेत' को संभाला करते थे। इसी संस्था के कारण मुझे फ़िल्मों से मिली हुई राशि को प्रयोगात्मक नाटकों के निर्माण तथा विभिन्न सृजनात्मक उपक्रमों में उपयोग करने का मौक़ा मिला।

'अनिकेत' को स्थापित करने का मेरा एक निजी मक़सद भी था—चित्रा को उसकी रचनात्मक ऊर्जा को उपयोग करने के लिए प्रोत्साहित करना, विशेषकर १९७०-८० के दशक में, जब मैं फ़िल्मों में बहुत व्यस्त हो गया था। मैंने चित्रा से नए नाटकों का सृजन करने, उनमें अभिनय करने और उनका निर्देशन करने का आग्रह किया। दिलीप कुलकर्णी ने दो नाटकों का निर्देशन किया और चित्रा को उनमें अभिनय करने का अवसर दिया। १९७७ में गुजरात के सुप्रसिद्ध नाटककार मुधुराय का गुजराती नाटक *कोई पण फूलना नाम बोलो,* मराठी में अनुवादित नाटक *आणि म्हणून कोणीही* (और इसलिए कोई भी), और १९९० में गिरीश कर्नाड लिखित *नागमंडल* का मराठी नाटक दोनों ही 'अनिकेत' द्वारा प्रस्तुत हुए और महाराष्ट्र राज्य-नाट्य स्पर्धा में इन्हें पुरस्कार भी प्राप्त हुए। परंतु इसके अलावा चित्रा ने अपने करियर के लिए हमारी अपनी नाट्य-संस्था का उपयोग नहीं किया और उसकी नाराज़गी बढ़ती चली गई।

मैंने *सूर्यस्ताचा अंतिम किरणपासून सूर्योदयाचा प्रथम किरणपर्यंत* नमक नाटक का लघु संस्करण तैयार कर उस पर एकांकी का निर्देशन किया। उसका एक मज़ेदार क़िस्सा याद आता है—अंतर-बैंक स्पर्धा में प्रतिस्पर्धी द्वारा बैंक के नाटकों में बाधा उत्पन्न करना और हुल्लड़बाज़ी करने जैसे घटिया बर्ताव शुरू हो गए थे। मेरी पूर्ण नौसिखिया नट-मंडली तैयार होकर विंग में खड़ी थी। पर्दा उठते ही बाल्कनी से मंजीरे, खरताल के साथ भजन गाने की आवाज़ें आनी शुरू हो गईं। उन लोगों की चाल मुझे तुरंत समझ में आ गई। मैंने अपने कलाकारों से कहा, 'भजन वग़ैरह से अपना ध्यान विचलित किए बिना किसी भी सूरत में प्रदर्शन पूरा करेंगे।' और उन्होंने वैसा ही किया। उस समय अरविंद देशपांडे और नीलम प्रभु जैसे वरिष्ठ रंगकर्मी परीक्षक थे। अरविंद ने ऐसी परिस्थिति में नाटक को पूरा करने के लिए अभिनेताओं की प्रशंसा की और उन्हें विशेष पुरस्कार से भी नवाज़ा।

१९७३ में *रजनीगंधा* की शूटिंग ख़त्म हो चुकी थी पर डेढ़ वर्ष तक वह रिलीज़ नहीं हुई। मैं नाटकों में इतना मग्न हो गया था कि मुझे उसकी कोई सुध-बुध ही नहीं

थी। दो-तीन महीने चित्रा के साथ रिहर्सल करके अगस्त १९७४ में *वासनाकांड* के लगातार तीन शोज़ किए और उसके एक महीने बाद ही *रजनीगंधा* रिलीज़ हो गई। यह सब करते हुए मेरी नौकरी भी चल रही थी। आज उम्र के इस पड़ाव पर मुझे विस्मय होता है कि यह सब मैंने कैसे किया होगा!

स्क्रिप्ट में *वासनाकांड* की जो दृश्यात्मकता है, उसे रंगमंच पर उतारना एक कठिन चुनौती थी। यह नाटक एक वीरान जगह में खड़ी एक हवेली में होता है, जो विशाल पत्थरों से घिरी है, जहाँ सजीव पेड़ों का अस्तित्व ही नहीं है। हेमकान्त नामक पुरुष-पात्र शिल्पकार है। वह आसपास के पत्थरों पर ललिता के रूपों की अलग-अलग स्थितियों की आकृतियाँ और शिल्प कृतियाँ बनाता है। उसकी वासना की सृजनशील अभिव्यक्तियाँ वहाँ उभर आती हैं। उस हवेली के बाहर की खुली जगह पर घटित होने वाले दृश्यों को मैंने सिर्फ़ प्रकाश-योजना के द्वारा उजागर करने का निश्चय किया। उसके लिए मैंने प्रमोद गुरुजी और विनोद गुरुजी द्वारा प्लास्टर ऑफ़ पेरिस की शिल्पकृतियाँ भी बनवा ली थीं। पुरानी हवेली दिखाने के लिए मैंने लकड़ी का एक विशाल दरवाज़ा और उसमें एक छोटा प्रवेश-द्वार बनवाया था और सामने बाईं ओर लकड़ी का एक नक्काशीदार खंभा! उन दोनों को मारने के लिए आई भीड़ को मंच पर न दिखाते हुए, सिर्फ़ वाद्यों की कर्कश ध्वनि और लोगों की हाथ में ली हुई मशालों के प्रकाश के साथ मात्र दृक्-श्राव्य माध्यम से मैंने वह नाट्यानुभव प्रस्तुत करना तय किया। पुरानी हवेली में घुटकर रहने वाले उन दोनों पर बाहरी जगत की आक्रमक प्रतिक्रियाओं का परिणाम, बाह्य दृश्यों से साकार न करते हुए उन दोनों के अभिनय द्वारा खोजने का मेरा प्रयत्न था।

इस नाटक में सगे बहन-भाई के लैंगिक संबंध की मूल कथावस्तु चौंका देने वाली थी और मध्यमवर्गीय नाट्य-रसिकों के लिए असहनीय। स्क्रिप्ट में लिखे हुए ढेर सारे संवाद कम करके हमने नाटक नब्बे मिनट का बना लिया। अभिव्यक्ति की स्वतंत्रता के लिए क़ानूनी झगड़ों के कारण हमारा बहुत समय बर्बाद हुआ। उसके विषय में तो मैंने पहले ही विस्तार से लिखा है।

बग़ैर किसी संदर्भ के कोई महत्वपूर्ण सवाल अचानक पूछकर मुझ पर यॉर्कर डालने में संध्या माहिर है। '*वासनाकांड* करने का विचार कैसे आया? इतनी संवाद पूर्ण स्क्रिप्ट रेडियो पर प्रस्तुत करना क्या अधिक उचित नहीं होता? स्त्री-पुरुष असमानता का पोषण करने वाली, स्त्री को पद-दलित समझकर चलने वाली, स्त्री-पुरुष द्वंद्व के पारंपरिक ढाँचे का उदात्तीकरण करने वाली यह संपूर्ण स्क्रिप्ट तुम्हें कहीं खटकी नहीं?' एक के बाद एक आने वाला सवाल मुझे मेरी उस समय की विचार-प्रक्रिया की तरफ़ ले जा रहा था। एक बात तो पक्की है

कि संध्या की तरह मैं कलाकृति का इतनी निष्पक्षता के साथ विश्लेषण नहीं कर सकता हूँ। बल्कि मैं अपनी 'रंगमंच की प्रवृत्ति' पर भरोसा कर किसी भी स्क्रिप्ट का मूल्यांकन करता हूँ और फिर उसे अच्छे, बुरे क्लासिक या साधारण श्रेणी में रखता हूँ। हमारे आठ-दस शोज़ के बाद *वासनाकांड* की प्रस्तुति के लिए रंगमंच का उपलब्ध होना असंभव हो गया था इसलिए हमने नाटक आगे चलाने का ख्याल छोड़ दिया। इतनी सहजता से और जल्दबाज़ी में क्यों छोड़ दिया यह याद नहीं है। महेश एलकुंचवार ने प्रस्तुतीकरण नहीं देखा था इसलिए उनका इस विषय में न बोलना स्वाभाविक था; परंतु सेंसरबोर्ड के विरुद्ध या अभिव्यक्ति की स्वतंत्रता के संघर्ष के बारे में भी उन्होंने अपने मुँह से एक शब्द नहीं निकाला था।

पुणे में हुए एकमात्र शो ने काफ़ी अनुभव दिए। नाटक के समापन पर कई दर्शक असंतुष्ट नज़र आए, क्योंकि नाटक केवल पचहत्तर मिनट तक चला। वे ठगा सा महसूस कर रहे थे क्योंकि उन्हें विज्ञापन में नाटक की अवधि के बारे में नहीं बताया गया था। किसी ने पैसे वापस मांगे तो किसी ने नाटक के नायक, अमोल पालेकर, से मिलने की मांग रखी। मज़ेदार बात ये थी कि शो के बाद की यह उथल-पुथल सौ मिनट से भी अधिक देर तक चली। पीछे मुड़कर देखता हूँ तो मैं इसका यह कहकर विरोध कर सकता था कि इस ज़बरदस्त बहस के बाद शो की टिकट के पैसों में उन्हें तीन घंटे का मनोरंजन पैकेज मिला था!

सन १९७४ में छबीलदास हाई स्कूल के हॉल को रंगमंच की तरह इस्तेमाल कर सी.टी. खानोलकर के नाटक *प्रतिमा* के पहले शो का आविष्कार नामक संस्था के बैनर तले मंचन हुआ। संपूर्ण मुक्त छंद में लिखा हुआ नाटक, अरविंद देशपांडे का निर्देशन, भास्कर चंदावरकर का संगीत, डॉ. लागू, कुमुद पोवार, दीपा बसरूर और मैं—ऐसी नट-मंडली द्वारा ईमानदारी से बोले गए संवादों के अलावा इस प्रस्तुति से और कुछ हाथ नहीं आया। नाकामयाबी एक बात है, पर हर नाटक में अपना समय देने के बावजूद अगर वांछित परिणाम नहीं मिलता, तो मायूसी छा जाती है। पर उस मायूसी से बाहर निकलने के लिए कोई न कोई घटना मानो अपना हाथ देकर तुरंत ऊपर खींच लेती है।

अनामिका कलकत्ता की एक प्रमुख नाट्य-संस्था थी। स्थानिक बंगाली दबाव का मुक़ाबला करते हुए यह निरंतर हिन्दी भाषा के नाटकों के प्रदर्शन को बढ़ावा दे रही थी। संस्था के रजत जयंती के अवसर पर उन्होंने एक राष्ट्रीय महोत्सव आयोजित किया था जिसमें उन्होंने युवा निर्देशकों के लिए 'संहिता एक, अविष्कार अनेक' नामक एक प्रयोगात्मक परियोजना शामिल की। दुबे ने इस रोमांचक अवसर के लिए मेरा नाम सुझाया जहाँ पूरे देश से युवा निर्देशक साथ आने वाले थे। इस दौरान हमें कलकत्ता में दस दिन रहना था; स्थानिक

कलाकारों को लेकर तीस-चालीस मिनटों की एक प्रस्तुति तैयार करनी थी। महोत्सव के डेढ़ महीने पहले, अशोक मित्रन द्वारा लिखित एक स्क्रिप्ट चुने हुए छह निर्देशकों को भेज दी गई थी जो महोत्सव में हमारी रचनात्मक व्याख्याओं का आधार थी। उस संवादमुक्त एकांकी के साथ नाटककार का एक नोट भी हमें भेजा गया जिसने मार्गदर्शक का काम किया। अशोक मित्रन ने उसमें अपनी एक इच्छा व्यक्त की थी कि उनका यह नाटक *बयान एक बुद्धू का* चाहे मुट्ठी भर दर्शकों के लिए हो, पर उसे पूरे उत्साह और समर्पण के साथ मंचित किया जाए। उन्होंने हमें रंगमंच के दायरे से आगे सोचने को प्रोत्साहित किया। इतना ही नहीं उन्होंने निर्देशकों को प्रस्तुतीकरण की रचना में दर्शक कहाँ बैठेंगे इत्यादि का निर्णय लेने की भी छूट दी।

उनका नाटक आम आदमी के मन के विचार, आसपास की परिस्थिति और कोलाहल, इन सब के कारण उठते हुए द्वंद्व की खोज करने का एक अनोखा प्रयत्न था—वह भी बिना शब्दों, बिना संवादों के! स्क्रिप्ट में पारंपरिक कथा संरचना को त्याग दिया गया था और इसके बजाय अमूर्त दृश्यों, खंडित घटनाओं और पात्रों के व्यक्तित्व को अस्पष्ट रूप से परिभाषित करते हुए दिखाया गया था। निर्देशक चाहे तो संवाद लिखकर उनका उपयोग कर सकता है, यह सहूलियत भी नाटककार ने दी थी। कलकत्ता जाने से पहले स्क्रिप्ट पर विचार और अध्ययन करते समय मैंने निश्चय किया कि स्क्रिप्ट की प्रामाणिकता रखते हुए, मैं उसमें संवादों का उपयोग नहीं करूँगा; बल्कि अभिनेताओं की शारीरिक अभिव्यक्तियों, उनकी सामूहिक शारीरिक भाषा और जीवंत ध्वनि का इस्तेमाल करूँगा; और इस तरह मेरी एक नई शोध-यात्रा प्रारंभ हो गई!

कलकत्ता पहुँचते ही मैं अनजान कलाकारों की भीड़ में से अपनी समझ पर विश्वास रखते हुए दस लोगों को चुनने में सफल हो गया। मैंने योजना बनाई कि सुबह के सत्र में उनके साथ वाचिक-शारीरिक अभिनय का अभ्यास करूँगा और दोपहर के सत्र में स्क्रिप्ट की विभिन्न संभावनाओं को आज़माकर देखूँगा। दो कलाकार उभरकर आए: हृष्ट-पुष्ट शरीर में लचीलापन लिए अजीत बनर्जी और साँवले भावपूर्ण चेहरे और सुरीली आवाज़ वाली यामा अग्रवाल। इस जोड़ी को केंद्र में रखकर मैंने स्क्रिप्ट की घटनाओं को उभारना शुरू किया। अन्य आठ कलाकार भी अपनी सीमाओं को पार कर, अपने छुपे हुए गुणों को ढूँढ़कर बाहर लाने कि लिए बहुत उत्साही थे। स्त्री-पुरुष के आदिम रूप खोजने का जो प्रयत्न *अवध्य* में शुरू हुआ था, वह अब *बयान एक बुद्धू का* में और बाद में जयराम-जुईली के साथ अलग तरीक़े से *गोची* में विकसित हुआ—हर पुनरावृत्ति ने अभिव्यक्ति की नई परतों और स्तरों को प्रकट किया।

सभी छह निर्देशकों ने श्री शिक्षायतन स्कूल के अलग-अलग स्थानों को अनोखे प्रस्तुतीकरण का मंच बना दिया। विमल लाठ ने सूखे हुए स्विमिंग पूल को चुना था और पूल के चारों ओर दर्शकों के बैठने का इंतज़ाम किया था। मैंने लेडीज़ हॉस्टल का बरामदा और वहाँ से ऊपर जाने वाली पुरानी सीढ़ियों का चयन किया था, जिसके तीन तरफ़ दर्शक बैठ सकते थे। सत्यव्रत सिन्हा ने पारंपरिक रंगमंच को ही चुना। विभू कुमार ने मैदान के बीचोबीच प्रयोग का मंच और उसके चारों ओर दर्शकों के बैठने की योजना बनाई थी। एक प्रस्तुति का अंत होने पर दर्शकों का अपनी जगह से उठकर अगली प्रस्तुति के लिए दूसरी जगह जाकर उत्सुकता से प्रतीक्षा करना, यह सभी के लिए एक विलक्षण अनुभव था। एक युवा निर्देशक होने के नाते मैं विशेषरूप से रोमांचित था कि बंगाल और दिल्ली के वरिष्ठ और श्रेष्ठ नाट्यकर्मियों द्वारा मेरे काम की तारीफ़ हो रही है।

अपने पूरे करियर में मुझे बंगाली कलाकारों और नाटक तथा फ़िल्म प्रेमियों से आत्मीयता और प्यार के रूप में आशीर्वाद मिला है। मेरी तीन बंगाली फ़िल्में, *मदर* (१९७९), *कलंकिनी* (१९८१) और *चेना अचेना* (१९८३) बंगाल के सांस्कृतिक परिदृश्य में प्रभाव बनाने में सफल रहीं और इसी करण मेरे चाहने वालों का एक वर्ग कलकता में आज भी बड़े पैमाने पर है।

एक दिन बंबई में एक शूटिंग के दौरान कलकत्ता से नारायण चक्रवर्ती नामक एक बुज़ुर्ग मुझे मिलने आए। उन्होंने बंगाली भाषा में एक सादी सी प्रेमकथा सुनाई। कॉलेज के दिनों में मैंने बंगाली सीखी थी इसलिए मुझे भाषा समझने में कोई परेशानी नहीं हुई। माणिक दा (सत्यजीत रे) ने नारायण जी को प्रशस्ति-पत्र दिया था और सह-कलाकार थीं शर्मिला टैगोर, तो मैंने बंगाली फ़िल्म *मदर* में काम करने के लिए तुरंत अपनी स्वीकृति दे दी। कलकत्ता में शूटिंग के दो-तीन दिनों में ही शर्मिला और मुझे अहसास हो गया कि निर्देशक महाशय को कुछ आता-जाता नहीं है। हम निर्माता से मिलने गए जो एक प्रसिद्ध जौहरी थे। वहाँ जाकर हमें पता चला कि उस जौहरी को संगीत निर्देशक के रूप में ख़ुद को प्रस्थापित करना था, बस इसी वजह से उन्होंने फ़िल्म में पैसा लगाया था। फ़िल्म के अन्य तकनीकी विषयों में उनको कोई भी दिलचस्पी नहीं थी। अंत में शर्मिला, हमारे सिनेमेटोग्राफ़र और मेरे सामूहिक प्रयास और अनुभव से वह फ़िल्म पूरी हुई और सुपरहिट हो गई। उसके गाने भी सुपरहिट हुए। आज भी दुर्गापूजा में वे गाने सुनाई देते हैं। उस दौरान शर्मिला और मेरी दोस्ती इतनी गहरी हो गई कि मैं उसे 'रिंकी' कहकर पुकारने लगा। आज भी हमारी दोस्ती क़ायम है।

कुछ समय बाद मैंने माणिक दा को नारायण दा के साथ हुए अनुभव बताए और उनके प्रशस्ति-पत्र पर आश्चर्य व्यक्त किया। माणिक दा मुस्कुराते हुए बोले,

'तुमने शायद मेरा पत्र ठीक से नहीं पढ़ा था... मैंने उसे फ़िल्म सोसाइटी के आंदोलन में बहुत मेहनत करने वाला व्यक्ति कहा था। सतर्कता बरतना और अधिक जानकारी प्राप्त करने की ज़िम्मेदारी तुम्हारी थी।' सही बात थी, पत्र पर सिर्फ़ 'सत्यजीत राय' नाम देखकर ही मैंने हाँ कह दी थी।

दो साल बाद कलकत्ता से एक और बुज़ुर्ग मुझसे मिलने के लिए आए—सफ़ेद दाढ़ी-मूँछ, गंजा सिर, बिना इस्त्री का कुर्ता-पाजामा, कंधे पर लटका हुआ झोला! *मदर* के अनुभव के बाद छाछ भी फूँक-फूँककर पीने की भूमिका में मैंने पूछताछ शुरू की। पता चला कि वे थे महान निर्देशक ऋत्विक घटक की *अजांत्रिक* और *मेघे ढाका तारा* जैसी अजर-अमर फ़िल्मों के सिनेमेटोग्राफ़र दिनेन गुप्ता! उन्होंने मुझे *कलंकिनी* नामक बंगाली फ़िल्म में प्रमुख भूमिका का प्रस्ताव दिया जिसे वे ख़ुद निर्देशित करने वाले थे। ममता शंकर के साथ काम करने की संभावना पर मैंने भी 'हाँ' कह दिया। मुख्यधारा की उस फ़िल्म की कहानी आज मुझे याद नहीं है पर अनुभव याद हैं।

शूटिंग की शुरुआत होने के बाद फिर मुझे आश्चर्य ने घेर लिया। इतने बड़े सिनेमेटोग्राफ़र होकर भी, दिनेन गुप्ता निर्देशक के तौर पर संघर्ष कर रहे थे। वे बस छोटे-बड़े अभिनेताओं के अहंकार को संभालते हुए पूरी कास्ट को ख़ुश रखने की कोशिश करने वाले एक व्यवस्थापक ही लग रहे थे। फ़िल्म की भाषा पर उनकी पकड़ बिल्कुल नहीं थी। एक गाने में उन्होंने मुझे नायिका के साथ, वह भी ममता शंकर जैसी नृत्यांगना के साथ, नृत्य करवाने की योजना बनाई थी। एक तो मैं नाच नहीं सकता था; *बातों बातों में* और *दामाद* इन दो फ़िल्मों के अलावा मैंने नाचने की हिम्मत भी नहीं की थी। *कलंकिनी* के सेट पर मुझे नृत्य सिखाने वाला कोई नहीं था। मैंने ममता से कहा कि 'मुझे संभाल लेना' और उनके क़दमों के साथ केवल ताल पर झूमकर ही गाने की शूटिंग पूरी की। मैं आश्चर्यचकित रह गया जब ममता ने मेरी प्रशंसा करते हुए कहा, 'क्यों झूठ बोला? अच्छा-ख़ासा तो नाच लेते हो!' *कलंकिनी* ने अच्छा बिज़नेस किया। शामल मित्रा का दिया हुआ संगीत भी बहुत लोकप्रिय हुआ।

उसके दो साल बाद १९८३ में फिर ऐसा ही एक अनुभव हुआ। *चेना अचेना* नामक मुख्यधारा की बंगाली फ़िल्म के लिए निर्देशक पिनाकी चौधरी मेरे पास आए। अपने दो प्रिय स्टार-कलाकारों सौमित्र चटर्जी और तनुजा के साथ काम करने की संभावना के कारण मैंने 'हाँ' कर दी। पूरी शूटिंग कलकत्ता में होनी थी; दो-तीन दफ़ा वहाँ जाना पड़ा। दिनभर शूटिंग के बाद सौमित्र के घर पर साहित्यिक बातचीत और तनुजा के साथ रात को शराब पीते हुए हिन्दी फ़िल्म-

जगत की गॉसिप करना, बस यही दो मेरे अनुभवों के मुख्य अंश रहे। आश्चर्य तो यह था कि उस फ़िल्म को भी बेमिसाल लोकप्रियता मिली।

इस कामयाब हैट्रिक के बाद १९८४ की बात होगी। श्रेष्ठ निर्देशक असित सेन *प्रार्थना* बनाने वाले थे। उनसे मुझे कुछ सीखने को मिलेगा इस आशा से मैंने प्रस्ताव स्वीकार कर लिया। पर पता चला कि उस समय असित दा को शराब की लत लग चुकी थी। तब भी मौसमी, देबश्री रॉय, विक्टर बनर्जी और मैंने मिलकर शूटिंग पूरी की। मेरे बंबई लौटने पर मैं हैरान रह गया जब मुझे पता चला कि निर्माता ने मेरी सहमति के बिना ही किसी और अभिनेता से मेरी डबिंग करवा ली और इतना ही नहीं मेरे बचे हुए पैसे भी देने से मना कर दिया। इस तरह के अव्यावसायिक बर्ताव से तंग आकर मैंने बंगाली मुख्यधारा की फ़िल्मों में काम न करने का निश्चय किया। कहने लायक़ दो मीठी यादें ज़रूर हैं—पर वे दोनों फ़िल्में अधूरी रह गईं।

युवा निर्देशक शंकर भट्टाचार्य ने सन १९८० में मुझे और स्मिता पाटील को लेकर *अश्वमेधेर घोड़ा* नामक फ़िल्म बनाने की योजना बनाई। आर्थिक मुश्किलों की वजह से चार दिन की शूटिंग के बाद वह फ़िल्म ठंडे बस्ते में चली गई। अनेक अपेक्षाओं के साथ मैं और स्मिता कलकत्ता पहुँचे थे, और विशेष रूप से एक सीन याद है—ग्रैंड होटल के बाहर भीड़-भाड़ वाली चौरंगी रोड पर हम दोनों बतियाते हुए जा रहे हैं। कुछ ही समय में कुछ लोगों ने हमें पहचान लिया और हमारे आसपास भीड़ बढ़ने लगी। स्मिता बहुत घबरा गई। मेरा हाथ कसकर पकड़कर उसने कहा, 'चलो निकल चलें', पर मैंने शॉट पूरा करने के बाद ही गाड़ी में बैठने के लिए उसे मनाया। जो शॉट हमें मिला वह इतना ग़ज़ब का था कि मैंने *अनकही* निर्देशित करते समय बंबई के फ़ोर्ट इलाक़े की भीड़-भाड़ में दिलीप कुलकर्णी और देविका मुखर्जी का एक सीन उसी तरह शूट किया। अत्याधिक भीड़ में भी इंसान अपना जीवन केवल अपने लिए जी सकता है—यह विरोधाभास मुझे बहुत अच्छा लगा था।

१९८१-८२ में मुझे तृप्ति मित्रा और अनिल चटर्जी जैसे वरिष्ठ नाट्यकर्मियों के साथ युवा निर्देशक पीयूष गांगुली की फ़िल्म *वृत्त* में काम करने का सौभाग्य मिला। जूट मिल के परिसर में नया नियुक्त किया गया लेबर अफ़सर मज़दूरों के जीवन में किस तरह से जुड़ जाता है, ऐसी दिल को छूने वाली कहानी थी इस फ़िल्म की। मुझे आज भी पसीने-पसीने करने वाली वह गर्मी याद है, जब गंगा किनारे भारी मशीनों वाली दो जूट मीलों, मज़दूर बस्तियों और अफ़सर के शानदार बंगले के इर्द-गिर्द हम शूटिंग किया करते थे। शूटिंग के बाद शाम के

समय हम एक-दूसरे को बंगाली और मराठी कविताएं सुनाया करते थे। इतनी अच्छी शुरुआत होने के बाद भी यह फ़िल्म पूरी नहीं हो सकी।

हालाँकि बंगाली फ़िल्मों में मैंने काम करना बंद कर दिया था, पर कन्नड़ की दो फ़िल्मों *कन्नेश्वर राम* (१९७७) और *शृंगारमास* (१९७८), और मलयालम की एक फ़िल्म *ओळंगल* (१९८२) में, मैंने ख़ुशी-ख़ुशी काम किया। इतना ही नहीं दक्षिण भारतीय निर्माता और निर्देशकों के साथ मैंने *सोलवाँ सावन* (१९७९), *श्रीमान श्रीमती* (१९८२) और *जीवन धारा* (१९८२) जैसी तीन हिन्दी फ़िल्में कीं। अन्य भाषाओं में फ़िल्में स्वीकार करने के पीछे का कारण बहुत अलग था। *अग्नि परीक्षा* (१९८१) में अपनी भूमिका के लिए मेरी सम्मान-राशि न देने की वजह से बी.आर. चोपड़ा जी के साथ जो विवाद छिड़ा था उसका ज़िक्र मैंने पहले किया है। उन्होंने मेरा मज़ाक़ उड़ाते हुए कहा था, 'फ़िल्म इंडस्ट्री से तुम्हें बाहर फेंक देंगे!' उन्हें ग़लत सिद्ध करने के लिए मैंने हर अच्छा मौक़ा लपक लिया और दिखा दिया कि मुझे हिन्दी के अलावा देश की अन्य भाषाओं में काम करने के लिए भी बुलाते हैं। वहाँ दूसरों का आदर करने वाले अनुशासन-प्रिय, सुनियोजित दृश्यों तथा संवादों को पहले ही दिन हाथ में देने वाले पेशेवर थे। उनका साफ़-सुथरा व्यवहार, सम्मानजनक धनराशि और लज़ीज़ खाना, इन सभी वजहों से दक्षिण की फ़िल्मों में काम करने का मेरा अनुभव बहुत ही अलग और सुखदायी रहा।

गरम हवा जैसी अद्भुत फ़िल्म बनाने वाले एम.एस. सत्यू, कन्नड़ भाषा में *कन्नेश्वर राम* बनाने की तैयारी कर रहे थे। श्याम बेनेगल की *अंकुर* के कारण अनंत नाग और शबाना आज़मी की जोड़ी प्रसिद्ध हो गई थी। 'कन्नेश्वर राम' नामक कर्नाटक के रॉबिन हुड की भूमिका, अनंत करने वाले थे, शबाना उनकी नायिका, और नायक के परम मित्र 'चेन्निरा डाकू' की भूमिका के लिए मुझे बुलाया गया था। घनी मूँछें, मोटी-मोटी भौंहें और गाल पर घाव का निशान—एक बहुत ही अलग चेहरा सत्यू ने मुझे दिया। बैंगलोर से ट्रेन का रातभर का सफ़र करने के बाद शिमोगा नामक छोटे से शहर के बाहर पूरी यूनिट के रहने के लिए तंबुओं का इंतज़ाम था। शूटिंग से पहले सहायक निर्देशक मेरे किरदार के कन्नड़ डायलॉग लेकर मेरे पास आए। भारतीय भाषाओं का उच्चारण करते समय मौखिक परंपरा का उपयोग अधिक काम आता है। तीन-चार रिहर्सल करते ही मुझे वो डायलॉग याद हो गए। मेरा उच्चारण सत्यू को इतना अच्छा लगा कि उन्होंने कहा, 'तुम्हारी डबिंग तुम ख़ुद ही करोगे।' आत्मविश्वास से भरी चौड़ी छाती लेकर मैं लोकेशन पर पहुँचा। यह सीन एक पुराने किले के परिसर में ऊँचाई पर बैठे चेन्निरा और सामने के टूटे-फूटे दरवाज़े से आने वाले रामा, के

बीच सवाल-जवाब की शैली में शूट होना था। सत्यू को वह दृश्य गोधूलि के जादुई प्रकाश में शूट करना था इसलिए साढ़े-पाँच के क़रीब हमने तैयारी शुरू कर दी। उस हल्ले-गुल्ले और दौड़-धूप में मुझे यकायक याद आया कि मैंने केवल अपने ही डायलॉग रटे थे। मुझसे बात करने वाला क्या कहेगा, कब मुझे उसको उत्तर देना है, उसके बोलने पर मेरी प्रतिक्रिया कब होनी चाहिए इत्यादि की रिहर्सल तो मैंने की ही नहीं थी। मन ही मन अपनी मूर्खता पर ख़ुद को बहुत फटकारा और भागा-भागा अनंत के पास गया और उनसे उनके डायलॉग बोलने को कहा, ताकि मैं डायलॉग का प्रवाह समझकर अपना जवाब उसी हिसाब से दूँ। मैंने अनंत के डायलॉग बहुत ध्यान से सुनना शुरू किया—उनके 'स्टेशन' कहने के बाद मेरा डायलॉग शुरू होगा, उसके बाद जब वह 'पुलिस' कहेंगे तब मुझे मेरे डायलॉग का दूसरा भाग बोलना है। एक लंबी साँस लेकर मैं अपनी जगह पर जाकर बैठ गया। सत्यू ने जब पूछा, 'अमोल, रेडी?' मैंने ज़ोर से 'हाँ' तो कह दिया, लेकिन मेरे दिल की धड़कन और भी बढ़ गई थी। गोधूलि में शूटिंग करते समय एक-एक पल महत्वपूर्ण होता है, यह मैं अच्छे से जानता था इसलिए अनंत के बोलना शुरू करते ही, मेरा पूरा ध्यान 'स्टेशन' शब्द पर केंद्रित था। मैं और कोई प्रतिक्रिया नहीं दे रहा था, यह समझ आते ही मैंने तुरंत अपने कान में अटकाई हुई बीड़ी निकाली। एक-दो दफ़ा दांत भींचकर होंठों में रखी और 'स्टेशन' शब्द सुनते ही मैंने अपना डायलॉग बिना रुके बोल डाला। फिर माचिस की तीली हाथ में ले ली। अनंत के अगले डायलॉग सुनते हुए बीड़ी सुलगाई और तीली बुझा दी। इतने में दूसरा शब्द 'पुलिस' सुनाई दिया और दृढ़ता से मैंने मेरा अंतिम डायलॉग भी बोल दिया। सत्यू के मैगाफ़ोन पर 'कट!' बोलते ही पूरी यूनिट तालियाँ बजाने लगी। सुनने में आया कि फ़िल्म प्रदर्शित होने पर हॉल में भी मेरे उस डायलॉग के लिए तालियाँ बजा करती थीं। उस फ़िल्म को दर्शकों ने बेहद पसंद किया।

इस वाकये ने दुबे का दिया हुआ मूलमंत्र फिर से याद दिलाया—'सबसे पहले, सामने वाला क्या बोल रहा है, वह ठीक से सुनो।' इसके अलावा, अपरिचित भाषा में काम करते समय अपने डायलॉग्स के साथ-साथ दूसरे के डायलॉग्स का अभ्यास करना भी ज़रूरी होता है, यह सबक़ मैंने सीख लिया था। भविष्य में अन्य भाषाओं की फ़िल्में करते वक़्त ये सबक़ मेरे लिए बहुत फ़ायदेमंद साबित हुआ।

सन १९७८ में पट्टाभिराम रेड्डी, एक प्रतिष्ठित निर्माता, मुझसे मिलने बंबई आए थे। गिरीश कर्नाड को लेकर बनाई गई उनकी फ़िल्म *संस्कार* को अनेक राष्ट्रीय और अंतरराष्ट्रीय पुरस्कार मिले थे। उन्होंने एक ही कहानी पर कन्नड़ में *श्रृंगारमास* और अंग्रेज़ी में *पेपर बोट्स* नाम से दो फ़िल्में एक साथ बनाने की

श्रृंगारमास/ पेपर बोट्स (१९७८), दीपा धनराज के साथ

इच्छा जताई। पूरी फ़िल्म में सिर्फ़ दो ही किरदार थे, मध्यमवर्ग के पति-पत्नी। यह कहानी पत्नी को नैराश्य से बाहर लाने के लिए पति की कोशिश पर आधारित थी। कम डायलॉग और कथानक के प्रस्तुतीकरण में शैली एक-रेखीय रखने के बजाय मोन्टाज पद्धति का प्रयोग किया गया था। स्त्री-पुरुष संबंध के विभिन्न पहलुओं को उजागर कर दिखाने का उनका प्रयास सफल हो, इस भावना से मैंने अपने आपको उस भूमिका में डुबो दिया था। दीपा धनराज ने पत्नी की भूमिका निभाई थी। उन्हें अभिनय का 'अ' भी नहीं आता था। उन्हें संभालने की ख़ास ज़िम्मेदारी पट्टाभिराम जी ने मुझे सौंप दी थी।

बैंगलोर के पास एक फ़ार्महाउस में एक छोटी सी झोपड़ी बनाई गई थी। स्क्रिप्ट में लिखे हुए सीन, दो-तीन विभिन्न पद्धतियों से अभिनीत करके देखना और फिर उनमें से एक का चयन कर उसे शूट करना, इस तरह की एक अलग लचीली पद्धति से काम करने में मुझे बहुत मज़ा आया। शूटिंग की जगह शांतिपूर्ण होने की वजह से लिपसिंक रिकॉर्डिंग का उपयोग किया गया था। डबिंग की ज़रूरत नहीं पड़ी इसके कारण तैयार फ़िल्म देखने का अवसर मुझे नहीं मिला। बाद में मुझे पता चला कि कन्नड़ फ़िल्म *शृंगारमास* काफ़ी विलंब के बाद प्रदर्शित हुई।

शृंगारमास की शूटिंग समाप्त होने पर मैं बंबई वापस आने के लिए बैंगलोर के हवाई अड्डे पर बैठा था। अचानक मेरी पीठ पर किसी ने थपकी दी तो मैं चौंक गया। पहली बार मुलाक़ात होने पर भी बड़ी आत्मीयता से जाने-माने कॉमेडियन, महमूद, मेरी टेबल पर आकर बैठ गए। हम दोनों ही *बिन बाप का बेटा* की शूटिंग के लिए जा रहे थे, यह बात जानते ही उन्होंने सारे सूत्र अपने हाथ में ले लिए। बंबई पहुँचकर उन्होंने मुझे घर नहीं जाने दिया और सीधे चेंबूर के एस.एल. स्टूडियो में ले गए। जब से उनको मिला था, तब से मैंने देखा कि वे लगातार मुट्ठी भरकर गोलियाँ खा रहे थे।

हमारी शूटिंग उस सीन से शुरू हुई, जहाँ हम दोनों को टेबल पर बैठे-बैठे हेलन जी का नृत्य देखना था। पर महमूद उठकर हेलन जी के साथ नृत्य करने लगे। 'कट! कट!' की आवाज़ आई। मुझे ऐसा लगा कि महमूद जी के अनपेक्षित परिवर्तन के कारण शायद शूटिंग रोक दी गई। पर जब वे मेरे पास आकर बैठे तो मैंने देखा, उनका चेहरा ख़ून से लथपथ था और आँखों से ख़ून बह रहा था। उन्हें तुरंत अस्पताल ले जाया गया। अगले दो-तीन दिनों में सिंपल कपाड़िया के साथ मेरे सीन शूट किए गए। कुछ महीनों बाद, शूटिंग के दूसरे सत्र में मैसूर के वृन्दावन गार्डन में भगवान दादा और शशिकला मेरे सह-कलाकार थे। उस सत्र में भी महमूद नहीं आ सके। सुनने में आया कि ड्रग्स की लत की वजह से उनकी तबीयत बहुत ख़राब हो गई थी।

आगंतुक (१९७८),
दत्ता भट, चित्रा पालेकर के साथ

बिन बाप का बेटा (१९७८), महमूद, सिंपल कपाड़िया के साथ

अंकुश (१९७७),
शबाना आज़मी के साथ

सोलवाँ सावन (१९७९),
श्रीदेवी के साथ

उस फ़िल्म के बातूनी निर्देशक मुकुल दत्त ने मेरे साथ दो-तीन फ़िल्में बनाने की कोशिश की। उनमें से एक फ़िल्म शबाना और मुझे लेकर *अंकुश* थी, जो शुरू तो हुई लेकिन वह भी पूरी नहीं हुई।

सोलवाँ सावन मुझे कमल हासन के कारण मिली। उन्होंने मुझे फ़ोन करके आग्रह किया कि तमिल फ़िल्म, *16 वैदनिले,* में की हुई उनकी भूमिका को मैं हिन्दी फ़िल्म में निभाऊँ। यह ग़ज़ब की लोकप्रिय तमिल फ़िल्म मैंने देखी, तो मैंने निर्माता अंजनेयूलू जी से कहा कि उन्हें श्रीदेवी को ही इस फ़िल्म में भी नायिका के रूप में लेना चाहिए। मेरा मानना था कि वे एक सशक्त अभिनेत्री हैं। मूल तमिल फ़िल्म में कमल हासन के सामने उनका सहज और भावपूर्ण अभिनय प्रशंसनीय था। हालाँकि उनकी माँ को थोड़ी चिंता थी क्योंकि उन्हें हिन्दी ज़रा भी नहीं आती थी, पर फिर श्रीदेवी ने यह चुनौती स्वीकार कर ली।

सोलवाँ सावन का जाना-पहचाना कथानक था: एक गाँव की लड़की से मन ही मन प्रेम करने वाला सीधा-सादा, भोला-भाला लड़का और उस लड़की का ग़लत फ़ायदा उठाने वाला खलनायक। मुझे लगा कि कमल के द्वारा साकार की हुई उस भोले युवक की भूमिका को कुछ अलग ढंग से पेश करना चाहिए। इसके बारे में निर्देशक भारती राजा के साथ मैंने विस्तार से विचार-विमर्श किया। 'नायक का भोलापन कुछ प्रसंगों में अविश्वसनीय लगता है,' मेरी इस बात पर उन्होंने गंभीरता से सोचा। वह अगर मंदबुद्धि होता या दिव्यांग होता तो उसका व्यक्तित्व विश्वसनीय प्रतीत होगा, यह मेरा सुझाव सबको अच्छा लगा।

घुंघराले बाल, झुकी हुई मूँछों की वजह से मेरा चेहरा तो बदल ही गया, इसके अलावा शारीरिक भाषा में थोड़ा सा बदलाव किया ताकि अवगुण का अंश लाया जा सके। शारीरिक हाव-भाव बदलने के लिए रिहर्सल्स कीं। आँध्र प्रदेश-तमिलनाडु की सीमा पर विभिन्न स्थानों में लगातार डेढ़ महीने तक योजनानुसार शूटिंग हुई। तमिल सिनेमा में किसी सीन में कमल हासन ने क्या किया था, उसकी याद जब मुझे श्रीदेवी करवा दिया करती थी, तब भारती राजा उन्हें डाँटकर चुप करवा देते थे कि 'यह चरित्र अलग है'। उस समय श्रीदेवी की उम्र बहुत कम थी फिर भी वह बहुत समझदार थीं। उनमें छुपी सहज, सरल अभिनेत्री का नज़दीक से मुझे अनुभव हुआ; परंतु श्रीदेवी का वह सीधा-सादा, लुभावना रूप उसके बाद की हिन्दी फ़िल्मों के उनके करियर में नहीं दिखाई दिया। हालाँकि मेरे साथ हिन्दी में प्रथम फ़िल्म से लेकर १९८७ में *मिस्टर इंडिया* में मादक अदाकारी से प्राप्त स्टारडम के उच्च शिखर पर पहुँचने तक का सफ़र अद्‌भुत रहा। तमिल फ़िल्म में खलनायक की भूमिका रजनीकांत ने अपनी ख़ास शैली में की थी पर हिन्दी में कुलभूषण खरबंदा ने जब धीमी, संयत पद्धति से खलनायक को साकार

करना शुरू किया तो श्रीदेवी के साथ-साथ निर्देशक व निर्माता भी बेचैन होने लगे। कुलभूषण को लेने का सुझाव मेरा होने के कारण इस समस्या को सुलझाने का ज़िम्मा भी मुझ पर आ गया। फिर हम सब मिलकर बैठे। शूटिंग के तीसरे दिन बातचीत के दौरान हमने सबसे पहले इस पर विचार किया कि क्या तमिल फ़िल्म की प्रतिकृति बनाई जाए, या उसको अलग दृष्टिकोण से पेश किया जाए। आख़िरकार इस विचार पर सबकी सहमति हुई कि किसी भी किरदार की नक़ल नहीं करनी है। इसके बाद फ़िल्म की शूटिंग तेज़ी से पूरी हो गई।

फ़िल्म प्रदर्शित होने पर असफल रही, पर श्रीदेवी और मेरे काम की तारीफ़ ज़रूर हुई। बाद में श्रीदेवी को जो ख्याति प्राप्त हुई वह उनकी मादक छवि के कारण थी; भाव-विभोर होने वाली, संवेदनशील नायिका की हैसियत से नहीं, यह बात मुझे हमेशा अखरती रही।

श्रीमान श्रीमती फ़िल्म, दक्षिण भारतीय निर्माता-निर्देशक की जोड़ी बी. नागी रेड्डी और विजय रेड्डी की थी। संपूर्ण शूटिंग मद्रास के ए.वी.एम. स्टूडियो में तीन सत्रों में संपन्न हुई। संजीव कुमार-राखी, राकेश रोशन-दीप्ति नवल और सारिका-मैं—ऐसी मल्टीस्टारर फ़िल्म की शूटिंग सुनियोजित व कलात्मक ढंग से हुआ करती थी ताकि समय बर्बाद न हो। मेरे और सारिका के सीन सुबह शूट हुआ करते थे। संजीव-राखी के साथ हम दोनों के सीन दोपहर में शूट हुआ करते थे। अंतिम सत्र में तो सुबह शूटिंग ख़त्म कर दोपहर के बाद मैंने मेरी डबिंग भी पूरी कर ली थी।

शूटिंग के पहले दिन संजीव कुमार ने मुझे आमंत्रित किया, 'रात को क्या कर रहे हो? आ जाओ मेरे कमरे में।' शूटिंग ख़त्म करके रात के दस बजे उनके वापस आने के बाद मैं जा पहुँचा। कमरे में राकेश रोशन भी थे। ब्लैक लेबल व्हिस्की की बोतल खोलकर संजीव ने तीन गिलास भरे। मुझे 'इप्टा' से जुड़ी रंगभूमि के समय की बातें संजीव से जानने की बहुत उत्सुकता थी परंतु वे दोनों मुझे एक अलग ही दुनिया में ले गए। उन्होंने मुझे विदेशों में अभिनेताओं की हरकतों की कहानियाँ सुनाईं जिससे मुझे अहसास हुआ कि जिन्हें मैं मेरे 'कुकर्म' समझता था, वे उनकी तुलना में कितने छोटे थे! सुबह के तीन बजे तक महफ़िल चलती रही। मेरी शूटिंग सात बजे शुरू होने वाली थी। मैं संजीव की दोपहर दो बजे की शिफ्ट लेने के आग्रह के राज़ को जान गया। शूटिंग के दौरान इस तरह देर रात तक नशेबाज़ी करना और 'कौन सा अभिनेता अपने कपड़े धुलवाने के लिए निर्माता के ख़र्च पर होटल जाता है', इस तरह की गॉसिप में मेरी क़तई रुचि नहीं थी, इसलिए मैंने फिर कभी उनकी महफ़िलों में हाज़िरी नहीं लगाई।

दक्षिण भारतीय सुनियोजित पद्धति का सुखद अनुभव *जीवन धारा* के समय भी हुआ। ऋत्विक घटक की अमर कलाकृति *मेघे ढाका तारा* पर आधारित *जीवन धारा* फ़िल्म, रेखा को केंद्र में रखकर बनाई गई थी। मुख्यधारा की इस फ़िल्म में राज बब्बर, कंवलजीत सिंह, सिम्पल कपाड़िया, सुलोचना जैसे कलाकार थे। लक्ष्मीकांत-प्यारेलाल जी ने मधुर संगीत दिया था। '*गंगाराम कुआँरा रह गया*' जैसा बहुत ही लंबा और उबाऊ गाना, मुझ पर फ़िल्माया गया था। पर वह बहुत लोकप्रिय हुआ। एक सीन था जिसमें मुझे बच्चों को रिझाने के लिए महमूद तथा जॉनी वॉकर की नक़ल करनी थी। जब मैंने निर्देशक को वह सीन करके दिखाया तो उन्हें मेरा अभिनय बहुत ही संयमित और प्रभावहीन लगा। मैंने कहा, 'हूबहू नक़ल करवानी हो तो मिमिक्री आर्टिस्ट को बुलाइए।' अच्छी तरह याद है मुझे कि इस पर वे नाराज़ हो गए थे।

तेलुगु सिनेमा के सुपरस्टार अक्किनेनी नागेश्वर राव के बनाए हुए भव्य वातानुकूलित स्टूडियो में *जीवन धारा* का एक सत्र शूट किया गया था। स्टूडियो की एक जगह पर हमारी शूटिंग और अन्य पाँच जगहों पर जितेन्द्र की अलग-अलग फ़िल्मों की शूटिंग चल रही थी। पहले दिन, सुबह नौ बजे जब मैं वहाँ पहुँचा तब स्टूडियो के बाहर खाली जगह पर जितेन्द्र के गाने की शूटिंग चल रही थी। अपनेपन से मिलते हुए अपनी शुद्ध मराठी में उन्होंने मुझसे पूछा, 'क्या अमोल, और कितने दिन हो यहाँ?' इधर-उधर की गपशप के बाद उन्होंने दोपहर के भोजन पर मुझे आमंत्रित किया। एक जगह पर एक सीन शूट करके दूसरी, तीसरी और फिर वहाँ से निकलकर अगली जगह पर पहुँचना, इस तरह शाम तक वह पाँच-छह फ़िल्मों पर काम कर रहे थे। हर जगह पर सीन के लिए आवश्यक तैयारी पहले से ही पूरी होने की वजह से हर पल का सदुपयोग किया जाता था। बंबई के स्टार्स के इंतज़ार में बैठे रहना, उनकी चापलूसी करना, इस तरह की प्रथाओं से वहाँ एकदम अलग माहौल था।

भोजन करते समय मैंने जितेन्द्र से अचरज के साथ पूछा, 'एक ही समय में पाँच-छह भूमिकाएं, उनके आगे-पीछे के संदर्भ, शूटिंग के विभिन्न मकाम, इतनी सारी बातें तुम इतनी सहजता से कैसे निभा लेते हो, भाई?' इस पर वह दिल खोलकर हँसे और बोले, 'तुम पागल हो क्या? मैं केवल कपड़े बदलता हूँ और लोगों के पसंदीदा "जितेन्द्र" की छवि बार-बार पेश करता हूँ, बस! और फिर कई बार सफ़ेद पैंट और सफ़ेद जूते तो बदलने भी नहीं पड़ते हैं।' उनके अत्यंत मासूमियत और ईमानदारी से दिए हुए जवाब को सुनकर मैं अवाक रह गया, जिसने अनजाने में ही मुख्यधारा के सिनेमा में सफल होने का मंत्र बता दिया था: स्टार सिस्टम को बनाए रखना, लोगों को जो पसंद है उसे ही बार-बार देते रहना और अपनी

एक सी छवि बनाए रखना। जब मैं चुप रहा तो वह एक शरारत भरी मुस्कान के साथ बोले, 'इसके अलावा मैंने एक्टिंग वग़ैरह की ज़िम्मेदारी तो संजीव, तुम्हारे, कर्नाड और नसीर जैसे लोगों पर डाल दी है ना!' जितेन्द्र की बेटी एकता कपूर ने उसी तरह के नियमों का पालन करते हुए धारावाहिक बनाए और टेलीविज़न इंडस्ट्री पर दो दशकों से भी ज़्यादा समय तक राज किया, इस बात की भी दाद देनी होगी।

जब मुझे मलयालम फ़िल्म *ओळंगल* में काम करने का प्रस्ताव मिला तो मैंने तुरंत हाँ कर दी। उसकी बहुत ही प्रभावशाली टीम थी: पूर्णिमा जयराम और अंबिका जैसे कलाकार, इलैयाराजा जैसे प्रतिभाशाली संगीतकार और बालू महेन्द्र जैसे सृजनशील सिनेमेटोग्राफ़र तथा निर्देशक। बालू हॉलीवुड की प्रसिद्ध फ़िल्म *मैन, वुमन एंड चाइल्ड* का मलयालम में रीमेक बनाने जा रहे थे, वहीं नसीर, शबाना और सुप्रिया पाठक के साथ उसी कहानी पर शेखर कपूर भी *मासूम* बना रहे थे। मुझे बड़ी उत्सुकता थी यह जानने की कि उसी विषय को बालू किस तरह साकार करते हैं। पर बालू और शेखर, दोनों ने मूल कथा में कोई परिवर्तन किए बग़ैर ही अपनी फ़िल्में बनाईं।

शूटिंग के पहले सत्र में ऊटी के रम्य परिवेश में आउटडोर शूटिंग करने की योजना थी। सुबह के मंद प्रकाश में और शाम की टिमटिमाती हुई हल्की रोशनी में बिना किसी लाइट या रिफ्लेक्टर के शूटिंग करने की बालू की शैली जितनी अनोखी थी, उतनी ही मज़बूत पकड़ उनकी दृश्य कथाकथन पर भी थी। सुबह दो घंटे और शाम को करीब डेढ़ घंटे के सीमित समय में शूटिंग करने पर भी माहौल शांत रहा, तकनीशियनों तथा लाइटमैन के बीच शोरगुल या गाली-गलौज जैसी घटना नहीं हुई। बालू ने मलयालम डायलॉग्स को याद करने के लिए मुझे उचित समय दिया और सहायता का भी इंतज़ाम किया। पिछले अनुभव से सबक़ लेकर मैंने अन्य पात्रों के डायलॉग्स को भी समझ लिया था।

बंबई की तरह 'सामने स्तुति और पीठ पीछे निंदा' जैसा दोगलापन मुझे दक्षिण में कहीं देखने को नहीं मिला। बंगाली इंडस्ट्री जैसा अहं भाव या कलात्मकता की जागीर मानो उन्हीं के पास है, ऐसी मानसिकता भी दक्षिण में मुझे कभी अनुभव नहीं हुई। अपने सुस्पष्ट विचारों को अत्यंत सभ्य तरीक़े और नम्रता से प्रस्तुत करने के ढंग का अहसास दक्षिण संस्कृति में ऊपर से नीचे तक मुझे बार-बार हुआ। दु:ख की बात है कि इन तीनों इंडस्ट्री के दोष मराठी इंडस्ट्री ने तुरंत अपना लिए। मराठी मिट्टी में एक से एक दिग्गज लेखक, तकनीशियन और अभिनेता होने के बावजूद मराठी सिने-जगत अपनी गर्दन झुकाकर, नज़रें नीची रख, दोयम भूमिकाओं में ही रह गया। सच पूछो तो भारतीय सिने-जगत की नींव

रखने वाले और उसमें बदलाव लाकर एक उन्नत और कामयाब दुनिया बसाने वाले अद्वितीय दादा साहब फाळके जी और वी. शांताराम जी, दोनों ही मराठी थे। यह एक गौरवशाली सच है। शूटिंग के लिए ख़ुद का विशाल स्टूडियो, उसमें रिकॉर्डिंग और एडिटिंग की आधुनिक सुविधाएं, ख़ुद की लेबोरेटरी, वितरण संस्था और फ़िल्मों के प्रदर्शन के लिए ख़ुद के सिनेमाघर जैसी परिपूर्ण दुनिया का निर्माण शांताराम-बापू ने कर रखा था। दुर्भाग्य से उनके इस क्रांतिकारी प्रतिरूप और योगदान की मराठी फ़िल्म इंडस्ट्री द्वारा सराहना नहीं हुई और न ही उनसे प्रेरणा ली गई। इसके बजाय, मराठी प्रभावित हिन्दी के उपयोग और बड़े स्टार्स को छोड़, नए अभिनेताओं को आज़माने पर उनका मज़ाक़ उड़ाया गया। शांताराम जी जैसे महान व्यक्तित्व के प्रति जो सम्मान की भावना बंगाल और दक्षिण में दिखाई देती है, मराठी फ़िल्म इंडस्ट्री में इसका अभाव है, यह दु:ख की बात है।

बंबई में रहने वाले प्रसिद्ध तमिल निर्माता ए.वी. मोहन मेरे बड़े फैन थे। उन्होंने तीन मुख्यधारा हिन्दी फ़िल्मों के लिए मुझे साइन कर लिया: *टैक्सी टैक्सी* (१९७७), *दामाद* (१९७८) और *मेरी बीवी की शादी* (१९७९)। इस क़रार से मेरी तो मानो लॉट्री लग गई!

टैक्सी-टैक्सी के अनेक दिलचस्प पहलू थे। इरशाद नामक नए निर्देशक और हेमन्त भोसले का संगीतकार के रूप में पदार्पण होने वाला था। एक गाना '*लाई कहाँ यह ज़िन्दगी*' अविस्मरणीय है—लता जी और आशा जी के गिने-चुने युगल गीतों में से सबसे सुंदर गाना है। पूरे वाद्यवृंद के साथ आशा जी की रिकॉर्डिंग के वक़्त मैं वहाँ उपस्थित था, मानो एक अनमोल अनुभव मेरी झोली में आया था। पर गाने की शूटिंग और एडिटिंग ऐसी फ़ास्ट-कटिंग शैली में की गई कि गीत के सुरों में छुपा दर्द कहीं खो गया। इतना ही नहीं, संगीत निर्देशक की भूमिका निभाते समय आर.डी. बर्मन जी की नक़ल करने की जलाल आगा की कोशिश नाकाम रही और उनके अभिनय में बहुत कुछ बाक़ी रह गया। आज मुझे ऐसा लगता है कि अन्य स्टार्स की तरह शूटिंग या एडिटिंग प्रक्रिया में अगर मैं हस्तक्षेप करता तो वह नुक़सान टल सकता था।

फ़िल्म की मूल कहानी अच्छी थी, पर नए निर्देशक पर दबाव डालकर उस फ़िल्म का जितना नुक़सान किया जा सकता था, उतना ए.वी. मोहन ने कर दिया। बंबई के एक टैक्सी चालक की ज़िंदगी की एक सीधी सी कहानी थी; मुसाफ़िरों के साथ बिताए रिश्तों की दिलचस्प कहानी! अधिकांश शूटिंग चलती हुई टैक्सी में हुई पर महत्वपूर्ण सीन और गाने स्टूडियो में बैक प्रोजेक्शन की

सहायता से शूट किए गए। मैंने हर अभिनेता के साथ टैक्सी में बैठकर जो विभिन्न विषयों पर गपशप व हँसी-मज़ाक़ किया, वह सब आज भी याद है।

जब *दामाद* की बारी आई तो मैंने ए.वी. को दख़लअंदाज़ी करने का मौक़ा नहीं दिया। मेरी लोकप्रिय छवि के मुताबिक़ मेरे किरदार को पेश करने का उनका उद्देश्य मैं जानता था पर अपने किरदार को कुछ अलग रूप में दिखाने के लिए मैंने निर्देशक की बात मानते हुए छोटे बाल, बड़ी मूँछें और चश्मे के साथ अपनी भूमिका निभाई। *लैला मजनूँ* से ख्याति प्राप्त रंजीता कौर मेरी नायिका थीं। ऋषि कपूर के साथ काम करने के उनके अनुभव के कारण मेरी तरह का संयत अभिनय करने की आदत डालने में उन्हें कुछ देर लगी। एक सह-कलाकार के रोल के लिए मैंने अशोक सराफ का नाम सुझाया। प्रीति गांगुली के साथ काम करने का अनुभव कुछ अलग ही था; मोटापे के चलते उन्हें कॉमेडियन के ही रोल मिलते थे। हालाँकि, एक संवेदनशील अभिनेत्री होने के कारण इस बात से उन्हें बहुत तकलीफ़ होती थी इसलिए मैंने ध्यान रखा कि उन्हें अजीब हरकतें और तड़क-भड़क अभिनय करने पर मजबूर न किया जाए। प्रीति ने उस बात को याद रखकर मुझसे *दामाद* फ़िल्म के बाद भी मित्रता निभाई।

हेमन्त भोसले के एक गाने की रिकॉर्डिंग के वक़्त मेरी आवाज़ में कुछ लाइनें भी रिकॉर्ड करनी थीं। आशा जी जैसी महान गायिका के साथ उसी माइक पर रिकॉर्डिंग करते समय मैं पसीने-पसीने हो गया था। मुझे लगा कि मेरे दिल की धड़कनों की आवाज़ न केवल आशा जी बल्कि पास वाले कमरे में भी सुनाई दे रही होगी। पर आशा जी ने प्यार से मेरी नैया पार लगाई। अंत में *दामाद* सफल फ़िल्म साबित हुई, यह एक अच्छी बात थी।

तीसरी फ़िल्म के लिए ए.वी. विभिन्न कहानियाँ और कलाकारों के नाम सुझा रहे थे; उनमें से ज़्यादातर को मैं नकारता रहा। अंत में, मैंने विश्राम बेडेकर जी के *वाजे पाऊल आपुले* (अपने ही क़दमों की आहट) नाटक के बारे में उन्हें बताया। इस कहानी में नायक को डर है कि वह जल्द ही मर जाएगा, इसलिए वह अपनी पत्नी के लिए नया पति ढूँढ़ने का प्रयास करता है। हॉलीवुड की *सेंड मी नो फ्लावर्स* फ़िल्म का बढ़िया भारतीय रूपांतर तैयार मिल जाने से ए.वी. खुश हो गए। उन्होंने तुरंत ही *मेरी बीवी की शादी* फ़िल्म के निर्माण की तैयारी शुरू कर दी। *दामाद* फ़िल्म की नायिका, निर्देशक और तकनीशियन इस फ़िल्म में भी रहे। संगीत निर्देशन के लिए ए.वी. ने उषा खन्ना का चयन किया। मेरे सुझाव पर दिलीप कुलकर्णी को भी फ़िल्म में ले लिया, जिसके *आपलं बुवा असं आहे* (अपन तो भाई ऐसे हैं) में अभिनय ने इन्हें प्रभावित किया था। गोवा में शूटिंग

के दौरान मैं दिनभर फ़िल्म की शूटिंग किया करता था और रात में *आपलं बुवा असं आहे* नाटक का प्रयोग किया करता था।

एक शाम समुद्र किनारे शूटिंग ख़त्म करके हम सब बैठे थे कि रंजीता मेरे पास आकर बैठ गईं। उन्होंने कहा, 'आपकी पहली नायिका थीं विद्या सिन्हा; उसके बाद आपने ज़रीना, शबाना, रामेश्वरी जैसी एफ़टीआईआई से आई हुई नायिकाओं के साथ काम किया। मैं भी तो वहीं से आई हूँ तो मेरे साथ काम करने से आप मना क्यों करते हैं?' ऐसा सीधा सवाल सुनकर मैं चौंक गया।

'तुम्हें किसने कहा कि मैंने मना किया है? यह झूठ है। नायक, नायिका का चयन निर्माता करता है, मैं उसमें दख़लअंदाज़ी नहीं करता। हाँ, सहायक कलाकारों के लिए कभी कभार मैं कुछ नाम सुझाता हूँ। शायद कोई ग़लतफ़हमी हुई है। कामयाब अभिनेता अपने स्टारडम के बलबूते पर इस तरह के दबाव डालते हैं, यह इंडस्ट्री का उसूल है, पर मैं भी वही करता हूँ यह तुम्हारी ग़लतफ़हमी है। और एक बात, न तो मैं एफ़टीआईआई वाला हूँ, *and I am certainly not in awe of its alumni!'*

मेरे स्पष्टीकरण के बावजूद मुझे लगा कि पूरी शूटिंग के दौरान उनके मन की यह आशंका वैसी ही बनी रही। मज़े की बात है कि कुछ साल पहले जब वह पुणे में मुझसे मिलीं तब हम दोनों उस घटना को लेकर ख़ूब हँसे। अब हमारी बातचीत में किसी तरह की गलतफ़हमी नहीं है। अब हम सोचते हैं कि शायद, एक मध्यम आयु के नायक-नायिका की कहानी और उषा खन्ना के साधारण से संगीत की वजह से दर्शकों को वह फ़िल्म पसंद नहीं आई होगी।

ए.वी. मोहन के चेन्नई चले जाने के बाद भी उनके फ़ोन आते रहते थे। वे नए-नए विषयों और प्रोजेक्ट्स के सुझाव देते थे। हर बार मेरा जवाब होता था, 'अभिनय में मेरी अब रुचि नहीं रही।' पर उन्हें इस बात पर कभी विश्वास ही नहीं हुआ। यूटाह के रेगिस्तान की 'मॉन्यूमेंट वैली' में क्लिंट ईस्टवूड की कई काउबॉय-वेस्टर्न फ़िल्मों की शूटिंग हुई थी। जिस तरह से वहाँ की चट्टानों की अद्‌भुत संरचनाओं को प्राकृतिक रूप से समय और हवा के झोंकों ने आकार दिया है वैसे ही मेरे जीवन को भी कुछ महान हस्तियों ने ढाला है, इनमें निश्चित रूप से एक नाम ए.वी. का भी है।

टैक्सी टैक्सी के साथ ही मैं हिन्दी फ़िल्म *अगर* (१९७७) और मराठी फ़िल्म *तूच माझी राणी* (१९७७) की शूटिंग भी कर रहा था। *चितचोर* के कामयाब त्रिकोण— मैं, ज़रीना और विजयेन्द्र घाटगे को लेकर निर्माता मोहन राव एक मुख्यधारा की फ़िल्म *अगर* बनाना चाहते थे। एक अभिनेता के तौर पर, मेरी मध्यमवर्गीय

छवि से अलग एक अमीर खानदान के व्यक्ति का किरदार पेश करने की चुनौती मुझे मिली थी। इस्माइल श्रॉफ़ नाम के नए निर्देशक का पदार्पण मुझे आश्वासक लग रहा था। लेकिन साधारण संगीत और कादर खान, गुलशन बावरा, जगदीप, किशन धवन जैसे सह-कलाकारों की कर्कश स्वरों में की गई प्रस्तुति—हर कोई दूसरे से आगे निकलने के प्रयास में लगा था—मुझे *अगर* से बहुत दूर ले गई।

नाटक से जो उकताहट कभी महसूस नहीं हुई, वह फ़िल्मों की शूटिंग के दौरान अक्सर महसूस होने लगी थी। *तूच माझी राणी* से मुझे बहुत उम्मीदें नहीं थीं, इसमें जयश्री टी. नायिका की भूमिका में थीं। पर *बाजीरावचा बेटा* के बाद मराठी फ़िल्म करने का यह मौक़ा मुझे नहीं गँवाना था; दादा कोंडके जी की फ़िल्मों में मशहूर कॉमेडी संवाद-लेखक राजेश मुजुमदार ने ही *तूच माझी राणी* के संवाद लिखे थे। मैंने यह तो मान लिया था कि उनके हास्य-लेखन का ढंग अलग होगा; पर हँसी का पूरी तरह से अभाव होगा, ऐसा तो बिल्कुल भी नहीं सोचा था। निर्देशक के साथ बातचीत के बाद मेरे पल्ले निराशा ही पड़ी क्योंकि वे लेखक के काम से ख़ुश थे। शूटिंग के दौरान नायिका जयश्री टी. और बाक़ी सभी नामचीन सह-कलाकार अपनी मर्ज़ी से संवाद बदलकर बोल रहे थे। मुझे वह भी ठीक नहीं लग रहा था। रिहर्सल किए बग़ैर टेक में कुछ करना, यह मेरा तरीक़ा नहीं था और न ही इस तरह का मेरा प्रशिक्षण था। मुझे घुटन होने लगी थी। फिर भी मैंने अपने मूल्यों का पालन करते हुए वह फ़िल्म किसी तरह पूरी की।

मेरे इर्द-गिर्द जमा इस धूल को झटककर वापस उठने की नई राह बताई श्याम बेनेगल की *भूमिका* और भीमसेन की *घरौंदा* ने!

एक दिन श्याम जी ने अपने गामदेवी के पुराने ज्योति स्टूडियो के ऑफ़िस में मुझे मिलने के लिए बुलाया। 'मैं पिछली पीढ़ी की सुप्रसिद्ध नायिका हंसा वाडकर की जीवनी पर लिखी *सांगते ऐका* (सुनो मैं क्या कह रही हूँ) पर फ़िल्म बनाने जा रहा हूँ।' इतना सुनते ही मैं बोल उठा, 'हंसा बाई शिवाजी पार्क में मेरे पड़ोस में रहती थीं, उनकी तीनों बेटियों से मेरी दोस्ती थी; उनके यहाँ मेरा आना-जाना लगा रहता था।' कुछ देर गपशप के बाद श्याम जी मुद्दे पर आए और मुझे *भूमिका* में नायक की भूमिका का प्रस्ताव दिया। मैं कुछ कह पाता, इससे पहले वे फिर बोले, 'मुझे लगता है कि नायक की सीधी-सादी भूमिका की जगह खलनायक की भूमिका तुम ज़्यादा प्रभावशाली तरीक़े से कर सकोगे। पर मेरे इस प्रस्ताव से, दुबे और बाक़ी की मंडली सहमत नहीं हैं।' एक पल का भी विलंब किए बग़ैर मैंने कहा, 'यदि आप मुझे चुनने का मौक़ा दे रहे हैं तो मैं भी खलनायक केशव दळवी की भूमिका ही निभाना पसंद करूँगा।' श्याम जी ने ताली बजाई और सभी को हमारा निर्णय बताया और इस तरह मेरे खलनायक बनने पर मोहर लग गई।

श्याम जी के साथ *भूमिका* करते हुए अभिनेता के तौर पर तो मज़ा आया ही था, उसके अलावा निर्देशक के नाते तकनीक पर उनकी हुकूमत, और कहानी की मांग के अनुसार निश्चित की हुई लय, जैसी न जाने और कितनी बातें मैं शूटिंग करते समय सीखता गया। सिनेमेटोग्राफ़र गोविंद निहलानी के बनाए हुए फ्रेम्स भी बहुत कुछ सिखाते थे। कितनी दफ़ा शूटिंग में चाहे मेरी ज़रूरत हो या न हो, पर मैं वहाँ जाकर बैठ जाया करता था। मुख्यधारा की फ़िल्मों में जिन कलात्मक बातों का अभाव मुझे महसूस होता था, वैसी कई बातें सीखने का मौक़ा उस दौरान मिला। मैं यह बेहिचक कह सकता हूँ कि मेरी निर्देशन यात्रा में श्याम जी का बहुत महत्वपूर्ण योगदान था।

भूमिका में मैं प्रतिभाशाली कलाकारों से घिरा था: एक तरफ़ अमरीश पुरी, सुलभा देशपांडे और बी.वी. कारन्त जैसे रंगभूमि के दिग्गज और समर्थ कलाकार थे, तो दूसरी तरफ़ थे अनंत नाग, स्मिता और नसीर जैसे मेरे समकालीन प्रभावशाली कलाकार। उस पर वनराज भाटिया के संगीत ने चार-चाँद लगा दिए। मेरे ज़्यादातर सीन स्मिता के साथ थे और क़रीब तीन से चार महीनों में मेरे रोल की शूटिंग पूरी हुई।

स्मिता के साथ एक सीन में श्याम जी की अपेक्षानुसार रंग नहीं आ रहा था। दो-तीन रीटेक हो गए फिर भी उन्हें कुछ खटक रहा था; उन्हें लगा कि केशव दळवी की हिंसक छटा मेरे अभिनय में सही से नहीं आ रही थी। 'उसे बिना बताए गाल पर कसकर तमाचा मारो,' श्याम जी बोले। मैंने श्याम जी की इस बात का विरोध किया तो उन्होंने कहा, *'This is an order, Amol!'* और तुरंत 'एक्शन' चिल्लाए। रिहर्सल किए बिना ऐन टेक में कोई अनपेक्षित काम करना मुझे सही नहीं लगता था। और वैसे भी किसी औरत पर हाथ उठाना, चाहे वह अभिनय में

भूमिका में केशव दळवी

ही किया जाना हो, मुझे नहीं पचता था। स्मिता ने रिहर्सल के अनुसार ही भीतर की तड़प और घुटन के साथ अपने डायलॉग बोल दिए। मैंने अचानक उसकी बाँह पकड़ी और दूसरे हाथ से कसकर एक तमाचा जड़ दिया! उसके चेहरे पर जो अविश्वास, फिर पीड़ा और ग़ुस्से के भाव उभरते गए, वे इतने अप्रतिम थे कि आज तक मैं उन्हें भुला नहीं सका हूँ। मंत्रमुग्ध होकर मैं उन्हें देखता रह गया।

श्याम जी के 'कट!' कहते ही सबसे पहले मैंने स्मिता से माफ़ी माँगी। *'Don't say sorry, Amol'* कहकर उन्होंने मुझे कसकर गले लगा लिया और हम दोनों फूट-फूटकर रोए। श्याम जी ने हम दोनों को गले लगाकर ढेर सारी शाबाशी दी; सभी तकनीशियन भी तालियाँ बजा रहे थे। अगले सीन की तैयारी शुरू हो गई, मैं उदास होकर एक कोने में जा बैठा। स्मिता मेरे पास आकर बैठ गई और मेरा हाथ पकड़कर बोलीं, '*Thank you*'।

हिंसक बर्ताव अथवा सामने वाले को बिना बताए हावी होना मुझे हरगिज़ पसंद नहीं था। ऐसी ही चीज़ *कल* (१९८९) फ़िल्म की शूटिंग के समय हुई। नायिका को बिना बताए अचानक उसका चुंबन लेने के लिए जब निर्देशक हैदर अली ने कहा, तो मैंने साफ़ इंकार कर दिया। *भूमिका* के समय मैं कम अनुभवी था यह बात मानने पर भी, क्या मैंने श्याम जी जैसे वरिष्ठ निर्देशक के दबाव में आकर अपने उसूलों के ख़िलाफ़ बर्ताव किया, इसका स्पष्ट जवाब तो आज भी मेरे पास नहीं है। मुझे ऐसा लगा कि श्याम जी को शायद मेरी असहजता और अपराध बोध का अनुभव हो रहा होगा जिससे हम दोनों के बीच एक असहज स्थिति उत्पन्न हो गई थी। इसके अलावा, उन दिनों दुबे श्याम जी के काफ़ी नज़दीक थे और उन्होंने मेरा नाम अपनी लिस्ट में से काट रखा था, शायद इसी वजह से श्याम जी ने फिर मुझे उनकी किसी भी फ़िल्म के लिए नहीं बुलाया। कई सालों बाद 'मामी' महोत्सव में हम दोनों कई बार मिले पर तब भी इस विषय में कभी कोई बात नहीं हुई।

स्मिता को लेकर मेरी बेचैनी कई दिनों तक कम नहीं हुई। शायद हमारी घनिष्ठ मित्रता भी इस बेचैनी का कारण रही हो। उनकी भावनात्मक कमज़ोरी का कोई गलत फ़ायदा न उठा ले, इस बात का मुझे हमेशा डर लगा रहता था। स्मिता मेरे साथ बिल्कुल निश्चिंत और आश्वस्त रहा करती थीं और मुझे अहसास हो गया था कि बाक़ी पुरुषों की अपेक्षा वो मुझ पर विश्वास रखती थीं। मैं इस विश्वास को नहीं तोड़ सकता था इसलिए मुझे अलग तरह की ज़िम्मेदारी का अहसास हुआ करता था।

एक शाम स्मिता चिरेबंदी पहुँचीं। 'मुझे मराठी नाटक *छिन्न* में काम करने का ऑफ़र मिला है। लगातार दो घंटे रंगमंच पर रहने की कल्पना से ही धड़कन

बढ़ गई है। क्या करूँ?' सच पूछिए तो, समानांतर सिनेमा में इतना नाम कमाने पर भी नाटक में काम करने की उनकी इच्छा जीवित थी, यह बात मुझे बहुत सराहनीय लगी। 'वामन तावड़े की स्क्रिप्ट मैंने पढ़ी है, दमदार है। फिर आईएनटी जैसी प्रतिष्ठित नाट्य संस्था सबकुछ ठीक से संभालेगी। सदाशिव अमरापुरकर जैसे निडर निर्देशक और दिलीप कुलकर्णी और आशालता वाबगावकर जैसे प्रतिभाशाली कलाकार दिल से मदद करेंगे। डरो मत, काम करो।' मेरा जवाब सुनकर उन्हें राहत मिली। बाद में उनकी रिहर्सल की जानकारी दिलीप से मिलती रही और जल्द ही सुनने में आने लगा कि रिहर्सल के बाद उनसे मिलने के लिए हिन्दी फ़िल्म इंडस्ट्री के सभी अग्रणी नायकों में स्पर्धा होने लगी है। यह अफ़वाह भी उड़ी कि सितारों से लेकर निर्माता-निर्देशक तक, सभी उनका ध्यान अपनी ओर आकर्षित करने की कोशिश कर रहे थे। *छिन्न* के गिने-चुने मंचनों के बाद स्मिता सिने-जगत में लौट गईं।

अमिताभ के साथ '*आज रपट जाएं*' की शूटिंग के दौरान बारिश में भीगकर नाचने के बाद फूट-फूटकर रोने की कथा सब जगह फैल गई। इसके बारे में बाद में जब मैंने पूछा तो वह बोलीं, 'पारंपरिक नर्तक गुरु पार्वती कुमार जी ने शूटिंग पर जाते समय अपना जनेऊ घर पर ही छोड़ देने की शिक्षा दी थी, जिसे

स्मिता पाटील के साथ

अब मैं बिना भूले निभाने लगी हूँ।' उनकी वह टिप्पणी सुनकर मैं समझ गया कि बचपन में सेवादल के दिए हुए संस्कारों को भुलाकर फ़िल्म इंडस्ट्री के बाज़ारू माहौल को झेलने के लिए वह अभी तक तैयार नहीं थीं।

स्मिता और शबाना के करियर एक ही दिशा में जा रहे थे। दोनों ने समानांतर सिनेमा में बहुत नाम कमाया था। शबाना ने मुख्यधारा की फ़िल्मों में भी बिना किसी दुविधा के बहुत अच्छे तरीक़े से काम किया। उस दौरान कभी ख़ुद की वामपंथी विचारधारा को भी नहीं छुपाया और सामाजिक क्षेत्र में हमेशा सशक्त भूमिका में सरकार के विरोध में खड़ी रहीं। इन सभी कारणों से मेरे मन में शबाना के लिए बहुत आदर है। स्मिता ने मुख्यधारा के सिनेमा में काम करना मन से नहीं स्वीकार किया, इस वजह से उनमें हमेशा ही असहजता बनी रहती थी। इन सब बातों के विषय में यदि उन दोनों के साथ इकट्ठा बात करने का कभी अवसर मिला होता तो शायद मेरी ख़ुद की उलझनों को सुलझाने में भी कुछ मदद मिली होती।

यही सच है कि एक बार दाली के पठार पर यदि किसी पर्वत की रचना हो गई तो आने वाली सदियों में वह क्या रूप लेगा, उस पर उन विशाल पत्थरों का कोई क़ाबू नहीं रहता है। परिवर्तन का भी यही सत्य है, एक चेतावनी कि एक बार चल दिए तो फिर उस बदलाव को पूर्ववत नहीं किया जा सकता।

स्मिता के साथ मेरी दो-तीन फ़िल्में, जैसे *अश्वमेधेर घोड़ा* आर्थिक कठिनाइयों की वजह से अधूरी ही रह गईं। शूटिंग के पहले ही दिन हम मज़ाक़ में कहते, 'यह फ़िल्म पूरी होगी या नहीं?' जिन दिनों हम नहीं मिलते, उन दिनों में क्या-क्या किया, उसके बारे में गपशप भी हुआ करती थी।

आख़िरकार एक दिन हम दोनों की एक फ़िल्म पूरी हो ही गई। राष्ट्रीय व अंतरराष्ट्रीय स्तर पर सुप्रसिद्ध निर्देशक कुमार शहानी मेरे पास *तरंग* की पटकथा लेकर आए। यह १९८३-८४ की बात होगी। वे मेरी लोकप्रिय मध्यमवर्गीय, '*बॉय नेक्स्ट डोर*' की छवि से अलग एक प्रतिष्ठित उद्योगपति की भूमिका करने के लिए मुझे कह रहे थे; स्मिता पहले ही फ़िल्म साइन कर चुकी थीं। निकलते समय उन्होंने झिझकते हुए कहा, 'एनएफ़डीसी की निर्मिती होने के कारण आपकी सम्मानराशि...' उनके आगे कुछ कहने से पहले ही मैं बीच में बोल पड़ा, 'मुझे सवा रुपया दीजिए।'

कुमार की कलात्मक सच्चाई और समझौता न करने वाले बर्ताव के लिए मैं उनका हमेशा आदर करता था। इसी सोच के साथ उनकी दीवानगी में साथ देना मैंने ज़रूरी समझा। दुनिया से अलविदा लेने से पहले क़रीब डेढ़-दो साल वे

हमारे पुणे के ख़ाली पड़े घर में रहे थे। उस दौरान उनके साथ कई विषयों पर विचार-विमर्श हुआ करता था। मुझे लेकर वह महान गणितज्ञ डी.डी. कौसाम्बी जी की अद्‌भुत ज़िंदगी पर एक नाटक बनाने की कोशिश कर रहे थे। बार-बार मेरे 'सवा रुपए' का ज़िक्र छेड़कर, उस नाटक में मेरी रज़ामंदी के लिए वह मेरे गले पड़ जाया करते थे।

तरंग की शूटिंग की पहली सुबह मुझे अच्छी तरह याद है। पुणे-बंबई के पुराने राजमार्ग पर वाशी का पुल बनकर तैयार हुआ था। मेरा और स्मिता का सीन सूर्योदय के पहले शुरू होकर सूरज के क्षितिज पर दिखाई देते ही समाप्त होना था। मुझे सूट और टाई पहने और स्मिता को पौराणिक काल की अलंकृत वेशभूषा में दिखाकर निर्देशक सिनेमा का अतिवास्तववादी चेहरा दिखाना चाहते थे। भोर के अंधेरे में चार बजे, मैं और स्मिता पहुँचे तो कुमार, सिनेमेटोग्राफ़र के.के. महाजन और बाक़ी सभी तकनीशियन वहाँ तैयार थे; रास्ते के एक तरफ़ एक विशाल छह फ़ुट की क्रेन थी, जिस पर कैमरा चढ़ा हुआ था; गाड़ियों को नियंत्रित करने के लिए वहाँ चार-पाँच पुलिस वाले खड़े थे। प्रसिद्ध कॉस्ट्यूम डिज़ाइनर, भानू अथय्या जी ख़ुद हमारी पोशाक लेकर आई थीं। सूट-टाई मेरे हवाले करके वे स्मिता को तैयार करने के लिए जाने लगीं तभी कुमार ने उन्हें रोक दिया। वे बोले, 'अमोल

तरंग (१९८४), गिरीश कर्नाड के साथ

के सूट का टोन वह नहीं है जो तय हुआ था। यह टोन ज़्यादा गहरे रंग का है।' फिर बड़ी शांति से उन्होंने उस दिन की शूटिंग रद्द करने का ऐलान कर दिया। यह देख एनएफ़डीसी के अधिकारी परेशान हो गए। फ़िल्म के किसी भी फ्रेम में कोई क़सर न रह जाए इसलिए चौकन्ना रहने वाले निर्देशक को देखकर मेरे भीतर के चित्रकार ने कुमार को सलाम किया।

तरंग में गिरीश कर्नाड, डॉ. श्रीराम लागू, ओम पुरी, एम.के. रैना और रोहिणी हट्टंगड़ी जैसे मंझे हुए कलाकार थे। कुमार ने हम सभी से संयमित, ग़ैर-नाटकीय रूप से हमारे स्वाभाविक स्वर से भी ज़्यादा धीमे स्वर में अभिनय करने को कहा था। कुमार का हर बारीकियों के प्रति ध्यान, शूटिंग के लिए चुनी हुई जगहों में भी नज़र आता था, हर जगह फ़िल्म के मूड और बनावट के अनुसार ही जगहें चुनी जाती थीं।

तरंग की कहानी मानव संबंधों की जटिलताओं और समाज में वर्ग व्यवस्था के दबाव को दर्शाती है। पटकथा को विविध अंगों से प्रभावी बनाने के लिए कुमार के प्रयास भी मुझे पसंद आए थे। मुट्ठीभर दर्शक होने पर भी निष्ठा और तन्मयता से काम करने का दुबे का दिया मूलमंत्र फिर से दोहराने का मौक़ा मुझे *तरंग* के कारण मिला। ऐसे कई निर्देशकों से मिला हुआ ज्ञान मुझमें धीरे-धीरे रिस गया था, जो मेरे आगे के सफ़र में मार्गदर्शक बना।

मुझे और स्मिता को जैसी उम्मीद थी, *तरंग* पूरी हुई और प्रदर्शित भी हुई। पर लोगों को आकर्षित नहीं कर पाई। वनराज भाटिया का संगीत भी कुछ ख़ास असर नहीं डाल पाया।

तरंग के बाद स्मिता और मैंने फिर कभी साथ काम नहीं किया। विजया मेहता हम दोनों को लेकर अपने मशहूर नाटक *महासागर* पर फ़िल्म बनाने वाली थीं, पर फिर उसका कुछ हुआ नहीं।

सन १९७० में दुबे की कार्यशाला में लेखक शंकर शेष से मुलाक़ात हुई थी। उन्होंने दो कहानियाँ: *घरौंदा* और *दूरियाँ* लिखी थीं। उनके दोस्त भीमसेन खुराना जी मुझे नायक की भूमिका में लेकर उन कहानियों पर फ़िल्म बनाना चाहते थे। एनीमेशन फ़िल्म में काफ़ी योगदान देने वाले भीमसेन जी पहली फ़ीचर फ़िल्म मुझे लेकर बनाना चाहते थे। उन्होंने इसके लिए सुशीला कामत को असिस्टेंट निर्देशक के रूप में लिया था। *घरौंदा* का कथानक सुनकर मैंने भीमसेन जी को डॉ. लागू का नाम सुझाया पर वे थोड़ा झिझके। उनकी झिझक देखकर मैंने उन दोनों को *नटसम्राट* नाटक की टिकटें देकर भेजा। नाटक देखने के बाद उनकी झिझक ग़ायब हो गई। ज़रीना, डॉ. लागू, दीना पाठक, साधु मेहर,

टी.पी. जैन और सुधा चोपड़ा जैसे सह-कलाकारों के साथ मुझे काम करने में काफ़ी मज़ा आया। हम सभी को *घरौंदा* में जयदेव जी का दिया संगीत भी बहुत पसंद आया था। बंबई की विभिन्न लोकेशनों पर शूटिंग करते समय मेरी और भीमसेन जी की दोस्ती हो गई पर सुशीला कामत के साथ मेरी कभी भी नहीं बनी। दो बहसा-बहसी मुझे अच्छी तरह से याद हैं। एक बार शाम के पाँच बजे विले पार्ले के एक घर में शूटिंग के समय कामत जी ने एक लंबा-चौड़ा सीन, डायलॉग सहित मेरे सामने रख दिया। पढ़ने के बाद मैंने कहा कि छह बजे के बाद मैं काम नहीं करता हूँ, इसलिए अभी शुरू किया तो सीन अधूरा रह जाएगा। बेहतर होगा कि हम इसे कल सुबह शूट करें। तो कामत मैडम ने कहा, 'न, आज रात दस बजे तक शूटिंग चलने वाली है।' उन्हें नज़रअंदाज़ कर मैं छह बजे नाटक की रिहर्सल के लिए चला गया। दूसरा क़िस्सा गाने के ऊपर हुआ था। जयदेव जी ने मुझे दो गानों: '*दो दीवाने*' और '*तुम्हें हो न हो*' की रिकॉर्डिंग के लिए बुलाया था। उन्होंने मुझे नई गायिका, रूना लैला जी, से मिलवाया और भूपेन्द्र जी के साथ उनकी रिहर्सल शुरू हो गई। रिहर्सल के दौरान देखा कि गुलज़ार साहब ने 'अस्मानी' जैसे अपरिचित शब्द का प्रयोग किया था। पूछने पर पता चला कि मीटर में बिठाने की वजह से 'आसमानी' शब्द को 'अस्मानी' कर दिया था। मैंने एक सुझाव दिया, 'सवाल-जवाब की शैली के उपयोग से यदि गीत में थोड़ा सा बदलाव किया जाए तो?' कामत मैडम को वह कल्पना क़तई नहीं सुहाई। पर भीमसेन और जयदेव जी को वह इतनी पसंद आई कि उन्होंने दूसरे अंतरे में भी सवाल-जवाब का प्रयोग किया।

जिनसे बात नहीं बनती हो, उनसे बहस करने से बेहतर है अपना रास्ता अलग कर लें, यही मेरा मूलमंत्र रहा है। शंकर शेष की दूसरी कहानी पर आधारित *दूरियाँ* फ़िल्म के लिए जब भीमसेन जी ने मुझे पूछा तब मैंने दो कारणों से मना कर दिया। पहला था, कामत मैडम को दोबारा झेलना और दूसरा था, भीमसेन का झूठा बर्ताव। *घरौंदा* में मैंने शंकर शेष की दोस्ती के कारण बहुत कम मेहनताना लेकर फ़िल्म की पर जब *दूरियाँ* के समय भी 'पैसे नहीं है यार' कहकर भीमसेन ने फिर कम रक़म पर राज़ी होने को कहा। लेकिन तब तक ज़रीना को *घरौंदा* के लिए जो रक़म मिली थी और *दूरियाँ* के लिए जो बढ़ी हुई रक़म मिलने के बारे में मुझे पता चला था, तो मेरी भलाई का फ़ायदा उठाने वाला भीमसेन मेरे मन से उतर गया। इस फ़िल्म के लिए इंकार करने में मुझे बुरा तो लगा क्योंकि मुझे कहानी अच्छी लगी थी। एक गाना जयदेव जी ने पहले ही मुझे सुनाया था, वह भी मुझे पसंद आया था। बाद में उत्तम कुमार और शर्मिला टैगोर के साथ *दूरियाँ* बनाई गई। यह जोड़ी हिन्दी फ़िल्म *अमानुष* के कारण प्रसिद्ध हुई थी। *दूरियाँ* फ़िल्म मुझे बहुत पसंद आई।

घरौंदा को ढेर सारे पुरस्कार मिले और बॉक्स ऑफ़िस पर भी कामयाब रही। अभिनेता की हैसियत से वह मेरी पसंदीदा फ़िल्मों में से एक है; दरअसल उसमें मैंने एक खलनायक की भूमिका निभाई थी। ख़ुद के स्वार्थ के लिए अपनी प्रेमिका को उसके बॉस से शादी करने के लिए कहना, शादी के बाद भी उससे संबंध रखने की उम्मीद पालना, प्रेमिका के पति की मौत की कामना करना—ऐसी बातें एक खलनायक ही तो कर सकता है। लेकिन जिस मासूमियत से मैंने सुदीप का किरदार पर्दे पर उतारा, उससे दर्शकों को उसके लिए हमदर्दी ही पैदा हुई।

पीछे मुड़कर देखता हूँ तो अहसास होता है कि शायद '*द बॉय नेक्स्ट डोर*' की छवि से हटकर अभिनेता के तौर पर अपनी क्षमता दिखाने के प्रयास में मुझे सत् प्रवृत्ति से अलग छटा वाले किरदार अधिक पसंद थे, जटिल किरदार आकर्षित करते थे। *स्पंदन, आदमी और औरत, भूमिका, घरौंदा, आक्रीत, अनकही* और बाद में *खामोश* जैसी फ़िल्मों में यह देखा जा सकता है।

अनकही में विधु विनोद चोपड़ा को एक छोटी, पर महत्वपूर्ण भूमिका के लिए मैंने मजबूर किया था। उस समय वह *खामोश* की कहानी पर काम कर रहे थे। उनकी तत्कालीन पत्नी रेणु सलूजा और सहायक सुधीर मिश्रा के साथ हुई कुछ बैठकों में उन्होंने मुझे भी बुलाया था। इस फ़िल्म में शबाना और मेरे प्रमुख भूमिकाओं में होने के विचार को बहुत सराहा गया। इसके अलावा नसीरुद्दीन शाह, पंकज कपूर, सुषमा सेठ, अजीत वाच्छानी, सदाशिव अमरापुरकर और सोनी राजदान जैसे कुशल और प्रशिक्षित कलाकारों के साथ आने की कल्पना से मेरी उत्सुकता बढ़ गई थी। सब ने स्क्रिप्ट पढ़ी और उसके मज़बूत कथानक और अप्रत्याशित घुमावों की प्रशंसा की।

क्लाइमेक्स की चर्चा करते समय मैंने एक सुझाव दिया। मूल स्क्रिप्ट में एक सीन में मुझे शबाना को खुली जगह पर मारना था, मैंने सुझाव दिया कि छोटी सी जगह में यदि फुसफुसाकर धमकाया जाए तो वह अधिक प्रभावशाली होगा। शेर के दहाड़कर अपने शिकार पर टूट पड़ने के विपरीत बिल्ली खेल-खेल के अंदाज़ में चूहे को मारती है, एकदम उसी तरह का अभिनय यदि खलनायक से करवाया जाए तो कैसा रहेगा? विधु को मेरा सुझाव अच्छा लगा।

फ़िल्म का सीन विधु विनोद और सिनेमेटोग्राफ़र विनोद प्रधान की जोड़ी ने रहस्यमयी परछाइयों और प्रकाश के साथ पहलगाम के कम रोशनी वाले कॉस्ट्यूम रूम में बहुत ही सुंदर तरीक़े से फ़िल्माया। इसने मेरे और शबाना के अभिनय में एक अलग ही चमक जोड़ दी। अंतिम सीन की शूटिंग रातभर चली। इसमें कई तरह के जटिल तकनीकी पहलू थे—कमरे के बाहर मूसलाधार बारिश दिखाने के लिए बारिश की मशीन का उपयोग और अंत में गोली लगने पर ख़ून

की बौछार दिखाना। शूटिंग ख़त्म होते-होते भोर हो गई थी। नींद से बोझिल आँखों से सभी तकनीशियन व कलाकारों ने तालियों के साथ मेरा अभिनंदन किया। इस सफलता के आनंद को साथ लेते हुए मैं बंबई के लिए रवाना हुआ।

फ़िल्म के पहले निजी प्रदर्शन में शाल्मली भी आई थी। उस समय वह लगभग चौदह साल की थी। जैसे-जैसे कहानी गहराई, वैसे-वैसे मेरे हाथ पर उसकी पकड़ मज़बूत होती गई। फ़िल्म समाप्त होने पर हॉल में रोशनी हुई और तालियाँ बजने लगीं, पर उसने मेरा हाथ नहीं छोड़ा। मैंने उससे पूछा, 'कैसा लगा?' उसने हँसकर गर्दन हिलाई और एक क्षण में मेरा हाथ छोड़कर दूर हो गई। उसकी आँखों में उभरी भय की छटा आज भी मुझे स्पष्ट दिखाई देती है—वह भय मेरे अच्छे अभिनय पर मिला सबसे बड़ा पुरस्कार है।

मेरी समझ से *खामोश* हर तरह से उत्तम फ़िल्म थी पर वितरकों ने उसे सीधे नकार दिया। क़रीब दो वर्ष तक सभी दरवाज़े खटखटाने के बाद भी जब निराशा ही हाथ लगी, तो विधु ने १९८६ में ख़ुद ही बंबई में एक सिनेमा हॉल में इसे प्रदर्शित किया। उसके बाद वह फ़िल्म अनेक सप्ताह चली और काफ़ी लोकप्रिय रही। इससे वह स्मृति ताज़ा हो गई जब *छोटी सी बात* को प्रदर्शित करने से बी.आर. चोपड़ा साहब ने इंकार कर दिया था और बासु दा ने अपने बलबूते पर उसे दर्शकों तक पहुँचाने की हिम्मत दिखाई थी। फिर भी, बासु दा और विधु के काम में एक महत्वपूर्ण फ़र्क था। बासु दा ने धर्मेंद्र, अमिताभ, राजेश खन्ना और अन्य बड़े स्टार्स के साथ काम किया फिर भी वो मुख्यधारा के सांचे में पूरी तरह नहीं ढले। उन्होंने अपनी ख़ुद की शैली बनाई। हालाँकि, *खामोश* के बाद विधु के काम की प्रक्रिया बदली हुई नज़र आती है। स्टार-स्टडेड सुपरहिट फ़िल्में बनाते हुए उन्होंने पगडंडी छोड़कर हाईवे पकड़ लिया और मुख्यधारा की रेस में अपनी मज़बूत जगह बनाई। एक बार नसीर ने उन पर कटाक्ष करते हुए कुछ इस तरह कहा था कि विनोद ने उन लोगों को मुड़कर भी नहीं देखा जिन्होंने उन्हें शुरुआती कठिनाइयों पर क़ाबू पाने में मदद की थी। कुछ लोगों के बारे में ऐसी बात मेरे मन में भी थी। मैंने कभी किसी निर्माता या निर्देशक से रोल के लिए गुज़ारिश नहीं की; यह नहीं कहा कि 'यह किरदार मैं अच्छे से निभा सकता हूँ; मुझे बुलाइए।' इस स्वभाव के कारण निस्संदेह मेरा नुक़सान ज़रूर हुआ होगा।

खलनायक की भूमिका निभाने के लिए मैंने कभी भी प्राण, जीवन, रंजीत और प्रेम चोपड़ा जैसे अभिनेताओं द्वारा निभाई गई भड़कीली और एक ही तरह की प्रसिद्ध भूमिकाएं करने में क़तई रुचि नहीं रखी। मैं अधिक गहन और जटिल पात्रों, जैसे मामा पेंडसे (एक मराठी अभिनेता) द्वारा चित्रित *दुरितांचे तिमिर जावो* नामक नाटक के खलनायक से प्रभावित था, जो मैंने बचपन में देखा था। या

फिर खलनायक के अलग ही पहलू को उजागर करती निळू फूले की *सखाराम बाइंडर* में भूमिका—झुके हुए कंधे, हाथों को पीछे बाँधे, फुसफुसाती आवाज़ में बोले गए डायलॉग्स ने मुझ पर गहरा असर डाला! शायद पुनरुक्ति हो, फिर भी मैं कहूँगा कि साफ़ काले-सफ़ेद रोल्स में मेरी रुचि नहीं थी।

हालाँकि वैसी भूमिकाओं के लिए मुझे कभी बुलाया भी नहीं गया था। एक ही अपवाद था, एन.एन. सिप्पी की फ़िल्म, *तीसरा कौन* (१९९४)। एक साधारण सा लगने वाला व्यक्ति अंत में खलनायक के रूप में उभरता है, इसलिए इस भूमिका के लिए मैंने अपनी रज़ामंदी दे दी। मैं अभिनय के विभिन्न पहलू दिखा सकूँ इसके लिए मैंने इस भूमिका के लिए सहमति दी थी, इस बारे में नहीं सोचा था कि इसमें खलनायक की किस तरह की प्रवृत्ति दिखानी होगी। शूटिंग के अंत में ज्ञात हुआ कि इस भूमिका को बेटी का यौन शोषण करने वाले बाप के रूप में भी समझा जा सकता है। इस पर मैं बहुत बेचैन हो गया। निर्माता ने दलील दी कि किसी प्रकार का दुष्कृत्य होते हुए नहीं दिखाया गया था और अंत में केवल डायलॉग्स से ही वह बात सामने आई थी। हर तरह की दलील के बावजूद, मैं उस भूमिका को नहीं करने के लिए अड़ा रहा। हालाँकि, शूटिंग क़रीब-क़रीब पूरी हो गई थी। मैं तब बेमन से इस भूमिका के लिए तैयार हुआ जब 'सगी बेटी' की जगह उसमें 'सौतेली बेटी' का उल्लेख किया गया। ऐसा नहीं करता तो निर्माता का बहुत बड़ा आर्थिक नुक़सान हो जाता। परंतु आज सोचता हूँ तो लगता है कि मुझे वह समझौता नहीं करना चाहिए था। नुक़सान की भरपाई अपने पैसे से कर देनी चाहिए थी। मुझे अचरज होता है कि हर एक शब्द की हर मात्रा और नुक्ते को परखने वाले मुझ जैसे शख़्स से इतनी बड़ी चीज़ रह कैसे गई! इसके बाद मैंने ऐसे किरदार स्वीकार करने बंद कर दिए जिनमें स्त्रियों के प्रति रूढ़िवादी, अनचाही तथा नकारात्मक पुरुष-प्रधान मानसिकता को दर्शाना होता था। मेरा मानना है कि एक संवेदनशील विचारवान कलाकार होने के नाते कुछ नियमों का पालन करना चाहिए। पर इस हिसाब से तो शायद *खामोश* की भूमिका भी मुझे नहीं करनी चाहिए थी।

संध्या की क़ानूनी विशेषज्ञता और प्रगतिशील मूल्यों ने मेरी सोच पर गहरा प्रभाव डाला है। मैंने पिछले दशक में ओटीटी पर आई अनेक सीरीज़ में विभिन्न भूमिकाओं के लिए मना कर दिया। मुझे अभिनेता के तौर पर अपनी समकालीन ज़िम्मेदारियों का अहसास अच्छी तरह से हो गया है। मैंने कई नए ऑफ़र्स प्रतिगामी डायलॉग्स के कारण ठुकरा दिए। हालाँकि, दो फ़िल्में *200: हल्ला हो* (२०२१) और *गुलमोहर* (२०२३) अपवाद हैं। इन दोनों ही फ़िल्मों के निर्देशकों ने मेरे कुछ मुद्दों से सहमत होकर केवल डायलॉग्स ही नहीं बल्कि कुछ प्रतिगामी

सीन में भी बदलाव किए। २०२० में अय्यप्पा के.एम. द्वारा अमेज़न प्राइम के लिए निर्देशित की गई *गोरमिंट* नामक वेब-सीरीज़ में खलनायक की भूमिका विशेष थी। मुझे संदेह है उस रोल को अमित शाह को ध्यान में रखकर बनाया गया था। हालाँकि, अभिव्यक्ति की स्वतंत्रता पर सत्ता में बैठे लोगों का नियंत्रण होने से वह सीरीज़ प्रदर्शित नहीं हुई और शायद होगी भी नहीं।

रंगभूमि पर मुझे खलनायक का किरदार निभाने को नहीं मिला। हाँ, *वासनाकांड* (१९७४), *गार्बो* (१९७८) और *मुखवटे* (१९८३) के किरदारों में बस खलनायक की कुछ छटाएं होने के कारण ही उन्हें खलनायक समझकर मैंने अपने मन को समझा लिया। खल-प्रवृत्ति को जब रंगमंच पर पेश किया जाता है तब वह अधिक असरदार और विस्तृत होती है। वह विभिन्न मानवीय प्रवृत्तियों के अनुरूप विविध रूप धारण करती है। असल में खलनायक के व्यवहार—छल-कपट, व्याभिचार, षड्यंत्र, गुनाहों की प्रवृत्ति, अनैतिकता, शारीरिक-मानसिक हिंसा—इन सबका सम्मिश्रित प्रतिबिंब जब रंगभूमि पर प्रत्यक्ष रूप से उतरता है, तब उसका नग्न रूप दर्शकों के लिए असहनीय हो जाता है। इसीलिए तेंडुलकर के नाटकों ने जिन वर्जित विषयों को सामने लाना शुरू किया, वे प्रस्थापित मूल्यों की सीमा में नहीं आते थे, उन्होंने मध्यम-वर्ग को अपने ही दोगलेपन को स्वीकार करने के लिए मजबूर किया। एक दर्शक की हैसियत से हम हमेशा नकारने की स्थिति में रहते हैं, और इस तरह समाज की ग़लत प्रथाओं और अपनी मानसिक अशांति की सुरक्षा करते हैं।

पुष्पा भावे जी की पुस्तक *रंग नाटकाचे* में निरीक्षण मुझे अचूक लगता है। '*गार्बो* (नाटक) नृशंस हिंसा, तेज़ी से खोने वाली मानवीय सृजनात्मक शक्ति की तलाश, और उस तलाश के बाद हाथ लगने वाली हताशा से उत्पन्न हुई है। नाटककार ने बहुत कुशलतापूर्वक इस हताशा को विभिन्न प्रतिक्रियाओं के माध्यम से अभिव्यक्त किया है।' मुझे यक़ीन है कि डॉ. लागू के निर्देशन में जब *गार्बो* किया तब हममें से किसी को भी उसका जटिल विषय समझ में नहीं आया था। रिहर्सल के दौरान, स्क्रिप्ट में दर्ज मानवीय रिश्तों की गुत्थियों पर और आंतरिक विरोधाभास व जटिलता पर कभी विचार-विमर्श हुआ हो, ऐसा मुझे तो याद नहीं है। १९७८ में जब हमने *गार्बो* का प्रस्तुतीकरण किया था, तब कहानी में निहित स्त्री-पुरुष संबंधों का प्राकृतिक और शारीरिक रूप हम रंगमंच पर प्रस्तुत ही नहीं कर पाए।

बाद में मुझे यह बात अधिक तीव्रता से महसूस हुई जब मैंने मोहित टाकळकर द्वारा निर्देशित *गार्बो* देखा। मूल कहानी की अव्यक्त गुत्थियों और संघर्ष को जिस तरीक़े से कलाकारों ने अपने अभिनय से उजागर किया, वह लाजवाब था और

मुझे वह बेहद पसंद आया। हमारे प्रस्तुतीकरण के नीरस सेट डिज़ाइन की तुलना में प्लास्टिक शीट्स की क्लॉस्ट्रोफोबिक जगह तैयार कर टाकळकर ने एक नया और विचारोत्तेजक दृश्य अनुभव प्रदान किया।

लाभ कमाने के लिए मैंने एक ही नाटक किया था: *आपलं बुवा असं आहे* (अपन तो भाई ऐसे हैं)। मुझे याद है कि बहुत दिनों तक हमने एक ऐड एजेंसी का पैसा नहीं दिया था। उन्हीं दिनों मैं फ़िल्मों में अभिनय कम करके निर्देशन करने का निर्णय ले रहा था। इस संदर्भ में फ़िल्मों में मेरी लोकप्रियता का उपयोग करके एक व्यावसायिक रूप से व्यवहार्य नाटक रंगभूमि पर करने का विचार मन में आया।

सन १९७८ में नाटककार मोहन काटदरे मेरे पास दामू केंकरे द्वारा निर्देशित अपने तीन अंकी नाटक *आपलं बुवा असं आहे* का प्रस्ताव लेकर आए। वह मेरी कंपनी, अनिकेत की ओर से करना तय हो गया। मुझे, चित्रा और दिलीप कुलकर्णी को लेकर दामू ने रिहर्सल शुरू की। दामू के निर्देशन में अभिनय करने पर कुछ महत्वपूर्ण सीख भी मिलीं। भड़कीले, अतिरंजित और अवास्तव शैली के हाव-भाव से हास्य निर्माण का मौक़ा इस नाटक के प्रस्तुतीकरण में बहुत स्वाभाविक लगता। परंतु उसे नकारकर सहज अभिनय की संभावनाएं ढूँढ़ने की दामू की चाहत और निष्ठा का अनुभव रिहर्सल के बाद के बीयर सेशन्स में भी होता था। *वल्लभपूरची दंतकथा* के द्वारा दुबे ने जो फ़ार्स और स्लैप्स्टिक कॉमेडी के अंतर को समझाया था, वह मेरे ज़ेहन में गहरे पैठा था। *आपलं बुवा असं आहे* में युवा प्रेमियों की एक जोड़ी किस तरह मुश्किल में आ जाती है, इसे सीधे सरल मज़ाक़िया तरीक़े से दर्शाया गया था। नाटक के अनोखेपन की बात की जाए तो उसके पहले अंक में युवा के दृष्टिकोण से, दूसरे अंक में युवती के दृष्टिकोण से और तीसरे अंक में केवल चमकदार डायलॉगबाज़ी से लोगों का मनोरंजन किया गया था। किसी गहरे आशय के बिना केवल आकर्षक प्रस्तुतीकरण के बलबूते पर ही लोग ख़ुश हो जाया करते थे।

हम तीनों अभिनेता एक-दूसरे को इतना क़रीब से जानते थे कि हमें लगता ही नहीं था कि हम नाटक में काम कर रहे हैं। पारंपरिक बॉक्स-सेट को बस की छत पर लादकर हमने पूरे महाराष्ट्र में धुआँदार दौरे किए। एक छोटे से गाँव में घुसते ही, 'आ गए! आ गए! आपका दिल चुराने वाले *चितचोर* आपका मनोरंजन करने आ गए!' कहकर गाँव के मुख्य द्वार से लेकर लॉज तक हमारा धूमधाम से भव्य स्वागत किया जाता था। डेढ़ सौ से अधिक प्रयोग हुए; अच्छी ख़ासी पूँजी जमा हो गई। बही-खाते का घाटा हमेशा के लिए ख़त्म हो गया। उस आमदनी से हमने

राशोमोन का निर्माण किया; बादल सरकार के चार नए नाटकों का महोत्सव भी छबीलदास नाट्यगृह में किया।

व्यापारी रंगभूमि पर *आपलं बुवा असं आहे* की बेहिसाब आर्थिक कामयाबी के बाद मेरे मित्र और सह-नाट्यकर्मी, मधुकर नाईक व्यापारी रंगभूमि पर इसी तरह के किसी दूसरे नाटक के निर्देशन और उसमें अभिनय करने के लिए क़रीब साल भर तक मेरा पीछा करते रहे। उसी से *मुखवटे* (मुखौटे) का जन्म हुआ। मेरे करियर में अभिनेता के रूप में मेरा तीसरा नाटक *आधे अधूरे* ऐतिहासिक नाटक था जिसे १९६८ में दुबे द्वारा निर्देशित किया गया था। मेरे मन में कई वर्षों से एक विचार चल रहा था कि उस नाटक के पाँचों पुरुष-पात्रों की भूमिका मैं ही करूँ। उन दिनों हिन्दी में ये सभी भूमिकाएं पुरी साहब और मराठी में डॉ. लागू ने की थीं। दुबे ने मूल हिन्दी और उसके मराठी भाषांतरित नाटक के प्रयोग एक साथ करने का निर्णय लिया था। दोनों भाषाओं में मैंने बेटे की भूमिका की थी। जो नाटक हम प्रायोगिक रंगभूमि पर कर रहे थे उसी को क़रीब दो दशकों बाद दोबारा कर पाना, और वह भी व्यापारी रंगभूमि पर! मैंने मधुकर को उस अवसर से अवगत कराया।

तेंडुलकर जी के द्वारा किए गए मूल भाषांतरण में मामूली बदलाव किए, जैसे दिल्ली के बदले बंबई की पार्श्वभूमि, पंजाबी व हिन्दी पात्रों के बदले मराठी नामों के पात्र इत्यादि। नाटक का शीर्षक *मुखवटे* रखा। सावित्री के लिए भारती आचरेकर, बड़ी बहन बिन्नी के लिए चित्रा, बेटे के लिए मंगेश कुलकर्णी (अथवा कुछ प्रयोगों के लिए विजय केंकरे), छोटी बहन किन्नी के लिए, पहले के कुछ प्रयोगों में पल्लवी जोशी और बाद में निशिगंधा वाड जैसे कलाकारों की मंडली बन गई। साल-दो साल के समय में सौ से भी अधिक शोज़ किए। चाहे महाराष्ट्र के सभी छोटे-बड़े शहरों में आलीशान, वातानुकूलित नाट्यगृह हों या खुले मैदान में कामचलाऊ मंच, सभी जगह हम ढाई-तीन हज़ार दर्शकों को मंत्रमुग्ध करने में कामयाब हुए। मैदान में किए गए शोज़ के दो मज़ेदार क़िस्से हैं: एक शो में पर्दा उठने पर फ़ुटलाइट्स की पंक्ति में रंगमंच के एक कोने से दूसरे कोने तक छोटे बच्चों के सिर दिखाई दे रहे थे। *मुखवटे* जैसे गंभीर नाटक को देखने आए हुए ये छोटे दर्शक नाटक के दौरान कितनी गड़बड़ी मचाएंगे, इस विचार से शुरू से ही मैं कुछ विचलित हो गया। रंगमंच पर प्रवेश करते ही प्रत्येक अभिनेता को वैसा ही अनुभव हुआ। हालाँकि प्रस्तुति बहुत आराम से पूरी हुई और बच्चे भी जल्द उसमें खो गए। दूसरी प्रस्तुति में मैदान के किनारे पर गोटी-सोडा बेचने वाले स्टॉल से बीच-बीच में ढक्कन खोलने की 'थ्च्यूऽऽऽम' जैसी आवाज़ आ रही थी। हर बार हर अभिनेता क्षण भर के लिए चौंक जाता।

मुखवटे से एक और सुखद अनुभव मेरी झोली में आया। पहले दस मिनट में ही दर्शकों को समझ में आ गया कि उन्हें '*द बॉय नेक्स्ट डोर*' वाले अमोल पालेकर की छवि यहाँ नज़र नहीं आने वाली है। इसके बावजूद उन्हें अंत तक रिझाए रखने वाले सामर्थ्य ने मेरी अभिनय क्षमताओं में मेरा विश्वास और मज़बूत कर दिया। मैंने बहुत सोच-समझकर पुरी साहब और डॉ. लागू जैसे दिग्गज अभिनेताओं द्वारा प्रदर्शित की गई भूमिकाओं के प्रस्तुतीकरण की छाया तक अपने अभिनय में नहीं पड़ने दी, और उसमें मुझे कामयाबी भी मिली। विशेषत: उन दोनों से बिल्कुल अलग एक व्याभिचारी बॉस को मैंने साकार किया। मैंने इस किरदार को निभाते हुए कुछ हरकतों को अपनाया, जैसे दोनों पैरों को फैलाकर बैठना, उन्हें हल्के से हिलाते रहना और नज़रें मिलाए बग़ैर महिला पात्र के वक्ष-स्थल को देखते रहना। इस अभिनय को विचारशील दर्शकों ने बहुत सराहा।

मुखवटे ने बेशुमार कमाई करके निर्माता को ख़ुश कर दिया। एक प्रायोगिक नाटक को व्यापारी रंगभूमि पर लाना निश्चित ही एक नया प्रयोग था जो काफ़ी सफल रहा। अपनी पचहत्तरवीं वर्षगांठ पर मुझे लगा था कि अब सबकुछ देख लिया है, पर एक बार फिर *कुसूर* नाटक के निर्माता की हैसियत से मुझे अच्छी ख़ासी रक़म मिली।

अनिकेत द्वारा १९७९ में मधु राय नामक युवा गुजराती लेखक का *कोई पण एक फूल ना नाम बोलो तो* का मराठी अनूदित नाटक *आणि म्हणून कोणीही* प्रस्तुत किया गया जिसका निर्देशन दिलीप कुलकर्णी द्वारा किया गया था। ग्यारह वर्ष बाद १९९० में दिलीप द्वारा निर्देशित गिरीश कर्नाड लिखित *नागमंडल* के साथ 'अनिकेत' ने अपना अंतिम निर्माण प्रस्तुत किया। दोनों में चित्रा को अभिनय दिया गया था और दिलीप कुलकर्णी का निर्देशन था। मैं केवल निर्माता था। पर *नागमंडल* के साथ दिलीप न्याय नहीं कर पाए। कन्नड़ के अलावा उस नाटक को अन्य भाषा में प्रदर्शित करने के अधिकार गिरीश कर्नाड ने फ्रिट्ज़ बेनेविट्ज़ को दिए थे। दुबे ने मराठी के अधिकार दिलीप के लिए और हिन्दी के ख़ुद के लिए माँगे थे। गिरीश के इंकार करने पर दुबे ने ज़ोरदार झगड़ा किया: 'हम प्रयोग करके रहेंगे, इजाज़त गई भाड़ में!' दुबे के इस तरह से कहने पर गिरीश ने उन्हें संदेश भेजा, 'दुबे कुछ तो लॉजिकल बोलो।' इस पर दुबे ने कहा, 'रोकने की कोशिश करके देख लो, *I am not a logical man; I am Satyadev Dubey!*' दुबे की यह प्रतिक्रिया सही नहीं थी। इतनी झगड़ालू बातचीत के बाद इजाज़त लेकर *नागमंडल* का मंचन हुआ परंतु वह असफल रहा। इसका मुझे बहुत अफ़सोस हुआ।

आणि म्हणून कोणीही का एक मज़ेदार क़िस्सा याद आ रहा है। मधु राय के आग्रह पर अहमदाबाद में एक प्रयोग करना निश्चित हुआ। हम सब हवाई जहाज़ से गए। बंबई के हवाई अड्डे पर मेरे बैग में एक पिस्तौल मिलने पर बहुत तनाव हो गया। वहाँ के अफ़सर ने हमें रोक लिया और जब मैंने समझाना चाहा कि वह नक़ली पिस्तौल है, नाटक में इस्तेमाल की जाती है तो उसने पिस्तौल का ट्रिगर दबा दिया। 'ठांय' की आवाज़ के साथ थोड़ी सी चिंगारियाँ और ज़रा सा धुआँ निकलने पर वहाँ भगदड़ मच गई। दो हवलदारों ने मेरे हाथ पीछे से पकड़ लिए। काफ़ी समय तक पूछताछ होती रही; आख़िरकार मेरी बातें उनकी समझ में आईं और हमने हवाई जहाज़ की तरफ़ दौड़ लगाई। यात्रा के दौरान वह नक़ली पिस्तौल पायलट के पास ही रही। हवाई अड्डे पर उतरने के बाद मुझे लौटा दी गई। दीवाली के पटाखों वाली प्लास्टिक की पिस्तौल के बजाय असली लगने वाले खिलौने का प्रयोग करने का मेरा आग्रह मेरे ही लिए आफ़त बन गया था।

उस समय तक मैंने अपना पूरा समय फ़िल्मों के निर्माण व निर्देशन में लगाने का निर्णय लिया था। परंतु अनेक फ़िल्मों के लिए मैं पहले से ही क़रार-बद्ध था; जिन्हें मैंने पूरा किया। *आँचल* (१९८०), *अग्नि परीक्षा* (१९८१), *प्लॉट नं. 5* (१९८१), *रामनगरी* (१९८२), *प्यासी आँखें* (१९८३) पूरी करीं। *वही बात* जिसे बाद में बदल कर *समीरा* (१९७७) कर दिया गया और *निर्वाण* (१९८३), ये दो फ़िल्में भी पूरी करीं परंतु इन्हें निर्माता ने प्रदर्शित नहीं किया। विपरीत परिस्थितियों के बावजूद ये सभी फ़िल्में पूरी हुईं और इनसे जुड़ी कई यादें बनीं। दूरदर्शन के लिए बनाए गए धारावाहिक: *अड़ोस पड़ोस* (१९८४) और *आ बैल मुझे मार* (१९८७-८८) एक नए उभरते माध्यम की शुरुआत थी, इसलिए उत्सुकतावश मैंने ख़ुशी से उनमें अभिनय करना स्वीकार किया था।

उन दिनों फ़िल्म जगत की प्रचलित प्रथाएं आज के माहौल से दूर थीं। किसी भी फ़िल्म को पूरा करने में दो से तीन साल लग जाया करते थे और प्रथा के अनुसार 'चलता रुपैया' के रूप में नामचीन सितारों और संगीतकारों को लेकर बाज़ार से पैसे उठाए जाते थे। उस फंड से आठ-दस दिन की शूटिंग ख़त्म करके थोड़ा-बहुत एडिट कर वितरकों को दिखाया जाता था। उस अधूरी फ़िल्म और गानों के बलबूते पर वितरक देशभर में विभिन्न टेरेटरीज़ के अधिकार ख़रीद लिया करते थे; उसमें से कुछ रक़म निर्माता को देने पर फ़िल्म की शूटिंग फिर से शुरू होती थी। इस तरह कई चरणों में पैसा मिलने पर दो-तीन वर्षों में फ़िल्म पूरी की जाती थी। इस विलंब में कलाकार का भी हाथ हुआ करता था। अभिनेता या अभिनेत्री की जितनी अधिक लोकप्रियता, जितना बड़ा स्टारडम होता, उनका देर से आना क़ाबिले तारीफ़ माना जाता था। मुझे यह प्रथा

अ-व्यावसायिक और अनैतिक लगती थी, इसलिए मैंने इस तरह से कभी किसी निर्माता या निर्देशक को परेशान नहीं किया।

आँचल नामक मल्टीस्टारर फ़िल्म भी बहुत समय तक घिसटती रही। मुझे, राजेश खन्ना, रेखा, राखी और प्रेम चोपड़ा जैसे लोकप्रिय कलाकारों और जाने-माने संगीतकार आर.डी. बर्मन को लेकर प्रसिद्ध निर्देशक अनिल गांगुली, जिन्होंने *तपस्या* और *कोरा कागज़* जैसी सुपरहिट फ़िल्में बनाई थीं, ने यह फ़िल्म बनाई और इस फ़िल्म को लेकर पहले ही हवा बन गई थी। बंगाल के एक छोटे से गाँव के एक अमीर व्यक्ति का, यानी मेरा घर दिखाने के लिए राजकमल स्टूडियो में एक खुली जगह पर भव्य सेट बनाया गया था। उस सेट को अगले दो-तीन वर्षों तक अखंडित रखने के लिए निर्माता को जितना भाड़ा देना पड़ा होगा, उतने में दो-तीन समानांतर फ़िल्में आराम से बन सकती थीं।

आँचल की शूटिंग के लिए मैं समय से सात बजे पहुँच जाया करता था। उसके बाद क़रीब दस बजे राखी और साढ़े ग्यारह के क़रीब राजेश खन्ना आते थे। दो बजे शिफ्ट ख़त्म होने तक जैसे-तैसे पाँच-छह शॉट्स ही हो पाते थे। किसी को भी समय की बर्बादी की परवाह नहीं थी। अभिनेताओं द्वारा निर्देशक के ऊपर रौब जमाकर मनमानी करने की प्रथा भी प्रचलित थी। ऐसी स्थिति में राजेश खन्ना और राखी के नखरे देखकर मैं अपना मनोरंजन कर लिया करता था।

इस फ़िल्म में मैं राखी के पति और राजेश खन्ना के बड़े भाई की भूमिका में था। उन दोनों से मेरी उम्र अधिक दिखने के लिए अनिल दा से काफ़ी चर्चा हुई। उनके कहने पर मैं सफ़ेद बालों की विग और बड़ी सी काली-सफ़ेद मूँछ लगाकर तैयार हो गया। मेरा 'लुक' देखकर अनिल-दा बहुत ही ख़ुश हुए। इसके बाद हम दोनों राखी के मेकअप रूम में गए। मुझे उस रूप में देखकर वह चौंक गईं। उन्होंने निर्देशक को इस क़दर डाँटा कि मुझे बहुत बुरा लगा। उन्होंने डाँटा बंगाली में था पर मुझे सब समझ आ गया था। मेरे प्रौढ़ लगने में उन्हें कोई आपत्ति नहीं थी, परंतु मेरी पत्नी के रूप में उन्हें भी अपनी उम्र बढ़ानी पड़ती, डर इस बात का था। परंतु मुझे अनपेक्षित धक्का तब लगा जब अनिल दा ने पल्टी मारी! राखी की फटकारों की बौछार से अपना फीका पड़ा हुआ चेहरा छुपाते हुए हँसते-हँसते वे बोले, 'राखी जी की एक बात में दम है। आपके अपने बाल इतने अच्छे हैं कि विग लगाने की ज़रूरत ही कहाँ है?' उन्हें उत्तर देने के बजाय मैंने सीधे राखी को समझाया, 'दोनों भाइयों की उम्र में जितना अधिक फ़ासला दिखाया जाए उतना अच्छा होगा; मुझे लगता है कि इस कारण से छोटे भाई की हमउम्र भाभी के साथ उसकी भावनात्मक क़रीबी सहजता से दर्शकों तक पहुँच सकेगी। तो मैं प्रौढ़ लगूँ, तब भी तुम युवा स्त्री ही दिखोगी।' मेरी बात राखी को बहुत पसंद आई।

एक शाम हमारे स्टूडियो के घर में राजेश खन्ना, राखी और मेरे सीन शूट करने की तैयारी शुरू हुई। इस सीन में मेरा छोटा भाई, राजेश खन्ना, शराब पीकर ऊँची आवाज़ में बोलने लगता है। मैं पास ही बरामदे में बैठा हुआ हुक्का पीते हुए ख़ामोश रहता हूँ, इस वजह से चिढ़कर वह मेरी ओर दौड़ते हुए आता है। तब भी मैं शांति से उठकर अपने कमरे में चला जाता हूँ और दरवाज़ा बंद कर लेता हूँ। इस सीन के तीन-चार टेक हुए। एक लंबे-चौड़े शॉट में सभी ने सारी बातों का ख्याल रखकर, कोई ग़लती किए बग़ैर बढ़िया अभिनय किया। अनिल दा ने ख़ुश होकर टेक 'ओके' कर दिया, परंतु राजेश खन्ना ने अचानक एक घोषणा की, 'एक और टेक कर लेते हैं... कुछ अलग तरीक़े से।' उन्होंने मेरे लिए कुछ बदलाव करने के सुझाव दिए कि जब वह मेरी ओर दौड़ते हुए आए तब मैं एकदम से छलाँग लगाकर उठ जाऊँ, फिर कुर्सी के चारों ओर उसका और मेरा पकड़ा-पकड़ी का खेल हो और अंत में मैं भागकर अंदर चला जाऊँ। इससे सीन मज़ेदार बन जाएगा।

इसे सुनकर मैंने अनिल दा की तरफ़ प्रश्नवाचक दृष्टि से देखा। उन्होंने फिर पल्टी मारी, 'वाह! अच्छी कल्पना है!' यह सुनकर मैंने कहा, 'पर मेरे किरदार के अनुकूल नहीं है।' खन्ना ने कहा, 'यार अमोल, ये लॉजिक-वॉजिक छोड़ो... पता है लोग कितना हँसेंगे? तालियाँ बजेंगी! तुम तो थिएटर से हो, तुम्हारी टाइमिंग भी परफ़ेक्ट होगी।' इससे राखी भी सहमत हो गई थी। मुझे क्या और किस तरह से करना था, यह सब उन्होंने मुझे प्रत्यक्ष करके दिखाया। मुकरी, राजेन्द्र नाथ जैसी कॉमेडी करने को कहा जा रहा था।

'चलो अभी ट्राय करते हैं।' उसके यह कहते ही मेरे संयम का बाँध टूट गया। मैंने उनसे नज़रें मिलाकर कहा, 'काका ट्राय करने की बात नहीं है, *my character is such that he would never act like a buffoon* (मेरी भूमिका ऐसी है कि वह कभी भी विदूषक के जैसी हरकतें नहीं करेगा)!' खन्ना को मेरे ऐसे विरोध की अपेक्षा नहीं थी। मेरी तरफ़ घूरते हुए क्षणभर के लिए वह चौंक गए और मुड़कर खड़े हो गए। लेकिन अनिल दा ने कहा, 'एक बार ट्राय करते हैं।' और उठकर आठ-दस रिटेक्स लिए। मैं किसी भी तरह की अजीबोग़रीब हरकत किए बिना, अपनी भूमिका का मान रखते हुए कमरे में चला जाता। अंत में उन दोनों ने अपनी ज़िद्द छोड़ दी और पहले का 'ओके' किया हुआ टेक ही फ़िल्म में ले लिया।

उस शाम, घर लौटते समय मैं बहुत बेचैन था। जो अभिनेता लोकप्रियता के शिखर पर था उसे मेरे जैसे मामूली कलाकार से इतनी असुरक्षा क्यों महसूस हो रही थी? सच पूछो तो पूरे सीन में मैं एक भी शब्द नहीं बोलता था; ध्यान

आकर्षित करने के लिए मैं कुछ भी नहीं करता था। मैंने कभी भी अपने सह-कलाकारों पर हावी होने की कोशिश नहीं की और सिर्फ़ मेरी उपस्थिति से तो उनके प्रभाव पर कुछ असर नहीं पड़ता। तब भी इतनी असुरक्षा क्यों? इस बात का जवाब उस समय मुझे तुरंत नहीं मिला। परंतु कुछ समय बाद राज़ खुला, वह एक अलग ही घटना के कारण।

मराठी नाट्य-जगत के सुपरस्टार डॉ. काशीनाथ घाणेकर के अत्यंत लोकप्रिय नाटक *गुंतता हृदय हे* के छह सौवें मंचन में जाने का मुझे अवसर मिला। 'अनिकेत' के कुछ सहयोगी भी मेरे साथ थे, हमने पूरा नाटक देखा। डॉ. के अभिनय की शुरुआत ऊँचे स्वर में हुई और अधिक ऊँची होते-होते कर्कश हो गई। मैं पहली पंक्ति में बिना नापसंदगी दिखाए बैठा हुआ था।

उनके आग्रह पर मैं उनसे मिलने स्टेज के पीछे की तरफ़ गया। मेरे कुछ बोलने के पहले ही वे मेरी बगल में बैठे मेरे दोस्त और अभिनेता दिलीप कोल्हटकर पर बरसने लगे। 'कुर्सी पर पालथी मारकर बैठे हो? तुम लोगों को रंगभूमि की पवित्रता की कोई समझ है क्या?' इस हमले से बेचारा दिलीप घबरा गया। अब तक नाटक के सेट को उतारने वाले लोग काम रोककर वहाँ जमा हो गए थे। इसके अलावा घाणेकर जी से मिलने के लिए उनके चाहने वाले तो थे ही। डॉक्टर साहब मेरी तरफ़ घूमकर बोले, 'अमोल, मेरे एक नाटक में वैजयंती माला आई थी। पहली पंक्ति में बैठी थी। मूंगफली खाते हुए नाटक देख रही थी। "*तुम्हारे* नृत्य के कार्यक्रम में मैं मूंगफली खाता रहूँ तो क्या तुम्हें अच्छा लगेगा?" मैंने सीधे मंच से ही उससे यह प्रश्न किया!'

अपने गुरु की शिक्षा का स्मरण करते हुए मैंने एक लंबी सांस ली और शांतिपूर्वक कहा, 'सच है डॉक्टर; दर्शकों को कलाकारों का आदर करना ही चाहिए। परंतु कलाकार को भी दोनों के बीच की दीवार न लांघने का संयम रखना चाहिए। यदि मुट्ठीभर लोग भी थिएटर में हों तब भी नाटक होना ही चाहिए, ऐसे विचारों के हैं हम लोग। सामने कौन बैठा है इसका विचार किए बिना, रिहर्सल में जो बातें की थीं उनका शत-प्रतिशत पालन करने में हम विश्वास रखते हैं। ख़ुद के अथवा सह-कलाकार के अभिनय का रूप बिगड़ जाए, ऐसा कुछ भी नहीं करने की गरिमा के प्रति हर क्षण सजग रहने वाले हैं हम लोग; आपकी और हमारी दुनिया में बहुत बड़ा अंतर है।'

अगले कुछ क्षणों के लिए व्याकुल करने वाला सन्नाटा छा गया। नाटक के निर्माता अनंत काणे जी ने आगे आकर कहा, 'डॉक्टर, नीचे टैक्सी तैयार है।' उनकी तरफ़ देखे बिना डॉक्टर अपनी नीली आँखें चौड़ीकर मुझसे मुख़ातिब हुए, 'नहीं, नहीं, आज मुझे अमोल छोड़ेगा, है ना अमोल?' काणे जी ने उन्हें

समझाने की कोशिश की, 'आप वरली जाएंगे, अमोल उल्टी दिशा में... जुहू...' अंत में मैंने हँसते हुए कहा, 'मराठी रंगभूमि के सुपरस्टार के साथ वक़्त बिताने का सुनहरा अवसर डॉक्टर साहब प्रायोगिक रंगभूमि के एक छोटे से कलाकार को दे रहे हैं, *thank you so much!* चलिए।' शिवाजी मंदिर से वरली तक का रास्ता बिना कुछ बोले पूरा हुआ; हम दोनों में से किसी ने कुछ नहीं कहा। गाड़ी से उतरते समय डॉ. ने पूछा, 'ड्रिंक लोगे?' मैंने विनम्र तरीक़े से मना करते हुए कहा कि बहुत दूर जाना है और चला आया।

उन्हें छोड़कर वापस घर जाते समय और उसके बाद भी, अभिनेताओं की भावनात्मक असुरक्षा के विचार ने मुझे फिर घेर लिया। शाम के उस प्रयोग में, जिस डॉ. काशीनाथ घाणेकर के नामोच्चार से भी तालियाँ गूँज उठती हैं, ऐसे सुपरस्टार ने सह-कलाकार आशा काले के साथ क्लाइमैक्स के भावपूर्ण सीन से दर्शकों का ध्यान भटकाने की कोशिश की थी, अस्वाभाविक तरीक़े से हाथों को हिलाकर, आशा जी की कुर्सी पर अँगूठी से 'ठन-ठन' की आवाज़ करके डॉ. ने अपनी तरफ़ ध्यान खींचने के कई तरीक़े अपनाए थे। असल में वह मैलोड्रमैटिक शैली में किए हुए एक घटिया अभिनय का नमूना था। सह-कलाकार के महत्व को कम करके ख़ुद के महत्व को बढ़ाने की किसी भी प्रतिभाशाली कलाकार को ज़रूरत क्यों पड़ती है? क्या डॉ. घाणेकर हो या राजेश खन्ना, उन्हें अंदाज़ा हो गया था कि हाथ से रेत फिसलती जा रही है और अब उनका समय ख़त्म होने जा रहा है? क्या ऐसा व्यवहार उनके ख़त्म होते स्टारडम से चिपके रहने का हताश प्रयास था? सोचते-सोचते मन थक गया, परंतु मैंने क़सम ली कि मैं कभी भी दूसरों के साथ ऐसा बर्ताव नहीं करूँगा।

दूसरे दिन सुबह कॉफ़ी पीते समय याद आया जो दत्ता भट्ट जी ने दिग्गज फ़िल्म-निर्देशक विश्राम बेडेकर जैसे बलवान व्यक्तित्व का एक क़िस्सा सुनाया था। बेडेकर जी के करियर की आख़री फ़िल्म *रुस्तम सोहराब* (१९६३) थी। पृथ्वीराज कपूर और प्रेमनाथ जैसे सुविख्यात कलाकारों को लेकर फ़िल्म की शूटिंग शुरू हुई। पहले सत्र में ही राजमहल का भव्य सेट बनाया गया था। उस भव्य सेट से न इजिप्शियन, न ही मुस्लिम संस्कृति का आभास हो रहा था। हाल ही में विदेश से आए हुए उनके बेटे ने उस सेट को देखकर पूछा, 'बाबा यह सेट कौन से कालखंड का है?' बेडेकर जी ने शांतिपूर्वक उत्तर दिया, 'मेरे ढलते समय का!'

ख़ुद की तरफ़, ख़ुद के काम की तरफ़ अलगाव से देखने की क्षमता गिने-चुने व्यक्तियों में ही होती है। बदलते हुए वातावरण का बोध रखकर ख़ुद को उसके अनुसार नए सिरे से बदलने की क्षमता तो और भी कम लोगों में होती है। मुझे ऐसे कुछ दिग्गजों का साथ मिला; उनसे मैंने जो सबक़ सीखे वे मेरे लिए बेशक़ीमती ख़ज़ाना हैं।

जीवन के इस पड़ाव पर मैं सोचता हूँ कि जितना मैंने कमाया है, उससे कहीं अधिक गंवाया है। ऐसे कितने लोग आज नहीं हैं जिनके साथ काम किया था, इसका दु:ख निरंतर मन के किसी कोने में हमेशा रहता है। *पहेली* फ़िल्म का एक सीन सिंघाड़े की खेती वाले तालाब के आसपास करना तय हुआ था। तीन बार तालाब की फ़ोटो ली गई थी। परंतु जब फ़िल्म की शूटिंग की बारी आई तो वहाँ तालाब का नामो-निशान भी नहीं था। हम आश्चर्यचकित थे। कुल छह महीनों में सरकार ने नहर बनाने के लिए छोटे-छोटे तालाबों को नष्ट कर डाला। उस पर गुज़ारा करने वाले लोग विस्थापित कर दिए गए। उसी तरह हम एक बार नेपाल में एक फ़िल्म शूट करने वाले थे। वहाँ के छोटे-छोटे गाँवों में जाकर लोकेशन्स और विभिन्न भूमिकाओं के लिए वहाँ के स्थानीय लोग नक्की कर लिए थे। अप्रैल २०१५ में नेपाल में सबसे बड़ा भूकंप आया था। न वे गाँव रहे और न ही वे लोग! हमने वह फ़िल्म वहीं बंद कर दी। उस फ़िल्म की रेकी की सारी स्मृतियाँ जिन टेप्स में सुरक्षित हैं, वे ऑफ़िस में आज भी हैं।

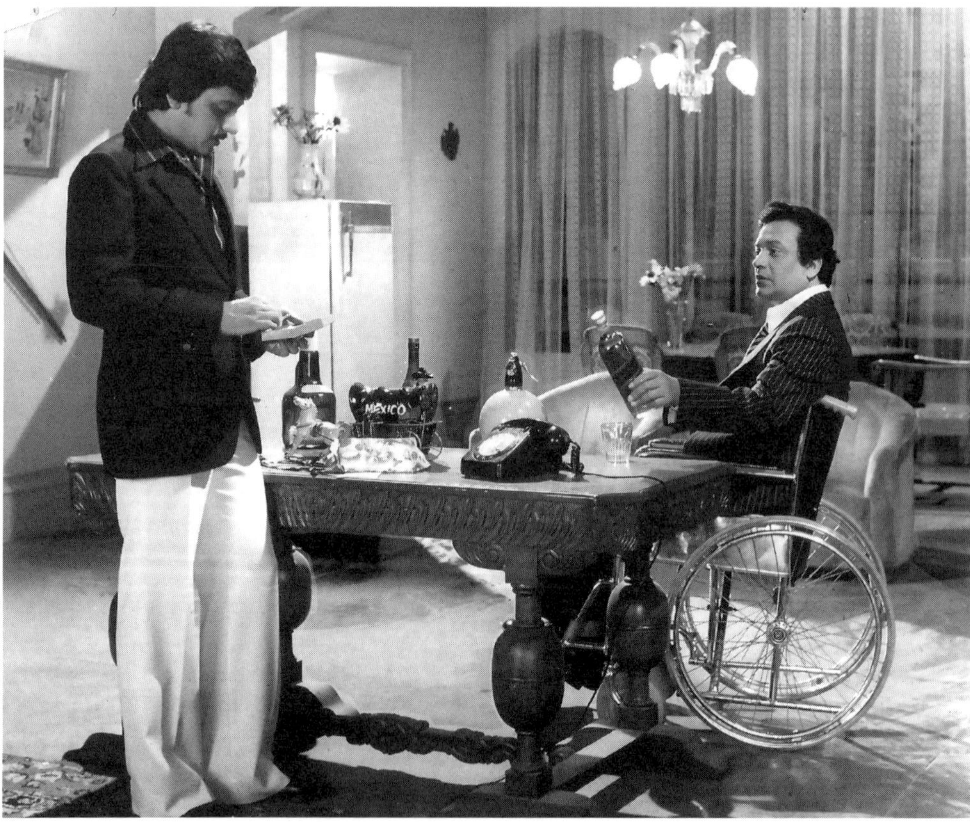

प्लॉट नं. 5 (१९८१), उत्तम कुमार के साथ

सन १९८० में योगेश सक्सेना नामक एक युवा निर्देशक हॉलीवुड की हिचकॉक शैली में एक थ्रिलर फ़िल्म बनाने के लिए *प्लॉट नं. 5* की पटकथा लेकर मेरे पास आए। इसमें प्रदीप कुमार, डॉ. लागू, उत्तम कुमार, विजू खोटे, विद्या सिन्हा और सारिका जैसे कलाकार थे। अमजद ख़ान जासूस की भूमिका में थे! और हमेशा की तरह सफल प्रेम का त्रिकोण नहीं था।

हालाँकि, फ़िल्म में एक भी गाना नहीं था परंतु सलिल चौधरी का पार्श्वसंगीत था। सिनेमेटोग्राफ़र जाने-माने जी. सिंग साहब थे। मुझे भरपूर सम्मान राशि दी जा रही थी। इन सबसे आकर्षित हो मैंने कॉन्ट्रैक्ट पर दस्तख़त कर दिए। इस फ़िल्म के दौरान ख़ाली समय मिलने से मेरी और अमजद ख़ान की दोस्ती गहरी हो गई। वह बहुत ही दिल खोलकर हँसी-मज़ाक़ किया करते थे। एक बार एक सीन में मुझे कोमिला विर्क को उठाना था। उन्होंने मुझे चिढ़ा-चिढ़ाकर परेशान कर दिया। 'इस क्षेत्र में भी नौसिखिया नहीं हूँ। इसके पहले बिंदिया और ज़रीना को उठाने का अच्छा-ख़ासा अनुभव मुझे है।' मेरे इस ताने को सुनते ही उन्होंने सबके सामने कोमिला के शरीर का माप ३६×१६×३६ बताते हुए एक और टिप्पणी जोड़ते हुए कहा, 'यह मामला अलग है।' शॉट 'ओके' होने पर भी अमजद ने शरारती अंदाज़ में दो-तीन बार और शॉट्स लेने के लिए कहा।

शूटिंग के दौरान, मेरी संयत शैली को थोड़ा अपनाकर अमजद ने जो अपनी भूमिका अदा करना शुरू किया, वह एक सुखद आश्चर्य था। दुर्भाग्य से फ़िल्म पिट गई। उत्तम कुमार ने डबिंग समाप्त ही की थी कि उनका निधन हो गया। निर्देशक ने अपनी इस असफलता से निराश होकर आत्महत्या कर ली। इक्यावन वर्ष की उम्र में अमजद हार्ट अटैक से चले गए। शूटिंग के दौरान हँसते-खेलते मैंने इतना कुछ कमाया; परंतु फ़िल्म के अंत में सबकुछ खो गया।

किसी उद्देश्य से स्वीकार की हुई फ़िल्म यदि आशय को ही प्रभावशाली ढंग से पेश करने में असफल हो जाती है, तो सारा प्रयास ही व्यर्थ लगने लगता है। *रामनगरी* के बारे में ऐसा ही हुआ। ज़ात-पात, वर्ण-व्यवस्था जैसी रूढ़ियों और परंपराओं को समकालीन दृष्टिकोण से अचूक तरीक़े से दिखाना और दबाई हुई दलित आवाज़ को कलात्मक और मनोरंजक पद्धति से मुखर करने का एक अच्छा अवसर चला गया। पटकथा में राम नगरकर के जन्म से और पेशे से नाई होने और सेवादल के तमाशा-नाटकों में दिग्गज मराठी अभिनेता निळूभाऊ फूले जी के साथ काम करने की कहानी को अनदेखा कर दिया गया था। ख्यातिप्राप्त निर्देशक कांतिलाल राठौड़ को नगरकर जी की सामाजिक पृष्ठभूमि का आंकलन ही नहीं था। जब वे मेरे पास फ़िल्म के लिए आए थे तब मैं बंबई, मद्रास, हैदराबाद, कलकत्ता के बीच शूटिंग के लिए भाग-दौड़कर रहा था। कांति भाई

के साथ स्क्रिप्ट पर काम करने की फ़ुरसत नहीं थी। उनका एनएफ़डीसी के साथ क़रार हो चुका था इसलिए वे भी रुकना नहीं चाहते थे। सुहासिनी मुळे, सुलभा देशपांडे, निळू फूले जैसे लाजवाब कलाकारों के साथ काम करने का मौक़ा और जयदेव जी के संगीत के आकर्षण से शायद मैंने स्क्रिप्ट की ख़ामियों पर ग़ौर नहीं किया होगा!

मैंने इस किरदार के लिए मेरा लुक बीच में से मांग निकालकर बनाए गए बाल और लंबी कलमों तथा सिर पर टेढ़ी फ़र वाली टोपी के साथ रखा था। पहले की पीढ़ी के नामचीन अभिनेताओं पर जंचने वाली रूपरेखा कांति भाई को बहुत ही पसंद आई। राम नगरकर जी ने भी मेरी वेशभूषा की तारीफ़ की थी। मेरी अभिनय शैली भी संयमित ढंग की होने के बजाय थोड़ी सी ऊँचे सुर वाली रखने का प्रयास मैंने किया था। राम भाऊ की असली आदतों की नक़ल करना, और हूबहू उनके जैसा दिखने की कोशिश करने की बजाय मैंने उनके व्यक्तित्व के सार को दर्शाने पर ध्यान केंद्रित किया।

फ़िल्म पूरी तरह तैयार हो गई, पर वितरकों की नकारात्मक प्रतिक्रिया को देखकर पूँजी देने वालों ने हाथ खींच लिए। इस कारण से फ़िल्म के प्रदर्शन के पहले प्रचार के लिए कांति भाई के पास पैसे बचे ही नहीं। प्रचार नहीं, तो फ़िल्म सही लोगों तक पहुँची नहीं, इसलिए कमाई नहीं, कमाई नहीं इसीलिए फ़िल्म

राम नगरकर के साथ

पर पिट जाने का ठप्पा लग गया। समानांतर सिनेमा को मिला हुआ श्राप यहाँ भी सिद्ध हो गया।

यदि निर्देशक की अपनी तकनीक पर पकड़ नहीं हो या फ़िल्म की भाषा शैली का ज्ञान न हो तो उद्देश्य कितना ही अच्छा हो, उसका अंजाम बेअसर ही होता है। ऐसे कई उदाहरण मेरे पास हैं। जैसे *प्यासी आँखें*, जो कि मराठी की सफल फ़िल्म *एकटी* (१९६८) से प्रेरित एक हिन्दी फ़िल्म थी। इसमें मैं, शबाना आज़मी, आशा सचदेव और वहीदा रहमान, ओम प्रकाश जैसे मशहूर कलाकार थे। कथानक के दो सूत्र थे: एक, नई बहू के घर में आने पर सास-बहू की तू-तू मैं-मैं; और दूसरा, बचपन की सहेली का नायक से एक तरफ़ा अव्यक्त प्रेम। उन किरदारों के लिए राम केळकर जी का कलाकारों का चयन अचूक था। परंतु निर्देशन और संगीत कुछ और ही बयान करते हैं। *एकटी* में राजा ठाकुर के बेहतरीन निर्देशन और सुधीर फड़के के अविस्मरणीय संगीत के विपरीत *प्यासी आँखें* राम केळकर के नीरस निर्देशन और उषा खन्ना के फीके संगीत के कारण असफल रही।

शूटिंग शुरू होने के बाद मैंने देखा कि राम केळकर जी का ध्यान केवल कलाकारों के संवादों पर ही केंद्रित था। कैमरा कहाँ होना चाहिए, कौन सा लैंस लेना है, कलाकारों के हाव-भाव वग़ैरह में उनका ध्यान नहीं था। 'एक्शन!' का हुक्म देने के बाद उनकी नज़र हाथ में ली हुई फाइल में लिखे संवादों को छोड़कर कहीं और जाती ही नहीं थी। यह देखकर मैं बेचैन हो गया। फ़िल्म के सह-निर्माता और वरिष्ठ कलाकार ओम जी को मैंने मेरी चिंता बताई। 'चिंता मत करो, मराठी में वह कितनी सुपरहिट फ़िल्म थी, पता है न? और हमारी तो स्टार कास्ट भी कितनी तगड़ी है!' उसके बाद मैंने इस मुद्दे को वहीं छोड़ दिया।

फ़िल्म के गानों की शूटिंग के दौरान एक मज़ेदार बात हुई। मैं अपने 'नृत्य कौशल' को ध्यान में रखकर हिचकिचाते हुए सेट पर पहुँचा। शबाना की झिझक

देखकर मैं भी निःसंकोच हो गया। हम एक-दूसरे का भरपूर मज़ाक़ उड़ाते और अच्छा करने के लिए एक-दूसरे को प्रोत्साहित करते। शर्म तब आती थी जब अप्रतिम नृत्यांगना वहीदा रहमान के सामने हमारी ख़ामियाँ नज़र आती थीं पर उन्हें भी इस गाने में शामिल करने के मेरे आग्रह ने एक बेमिसाल पल जोड़ दिया। वहीदा जी ने जिस तरह से एक छोटा सा ठुमका लगाया उस पर तालियों और सीटियों की बौछार हो गई और वह फ़िल्म का आकर्षक बिंदु बन गया। फ़िल्म के प्रदर्शित होने में इतनी देर लग गई कि मुझे अब उसके बारे में कुछ भी याद नहीं है।

इस बात का आज भी दुःख है कि मेरी मनपसंद दो फ़िल्में पूरी तो हुईं पर प्रदर्शित नहीं हुईं: जलाल आगा की *निर्वाण* और विनय शुक्ला की *समीरा*।

मुझे, नसीरुद्दीन शाह और सारिका को लेकर जलाल ने *निर्वाण* की पूरी शूटिंग रांची के लोहारदागा नामक छोटे से गाँव में की थी। बहुत ख़ूबसूरत स्थलों के कलात्मक उपयोग से अशोक मेहता जैसे नामचीन सिनेमेटोग्राफ़र ने *निर्वाण* में कमाल की दृश्यात्मकता दी थी। शूटिंग ख़त्म होने के बाद शाम के समय मद्यपान और अन्य व्यसनों पर फ़िज़ूल ख़र्ची और रात में नज़दीक के जंगल में जाकर शिकार करने के शौक पर जलाल के साथ मेरी एक-दो दफ़ा झड़प भी हो गई थी, क्योंकि इस तरह की 'अन्य' बातों का शूटिंग पर प्रभाव नहीं पड़ना चाहिए। इस सबके बावजूद, एक अभिनेता के रूप में कई क्षण ऐसे थे जिनमें मैं कहानी और अपने किरदार में डूब जाता था। एक बार रातभर गाँव के उत्सव में शूटिंग के दौरान मैं ढोल बजाकर नाचने में इतना तल्लीन हो गया कि शूटिंग समाप्त होने तक मेरे दोनों हाथों की उंगलियाँ सूज गईं। इस तरह का बेलगाम अभिनय करना मेरा स्वभाव नहीं है परंतु फ़िल्म के सीधे-सादे, भोले-भाले ग्रामीण के किरदार को मैं बिना मिलावट प्रस्तुत करना चाहता था।

फ़िल्म के महत्वपूर्ण सीन में नायिका को अपनी कामुक देह को अनावृत्त कर सामने आना था और मुझे उसके शारीरिक आवाहन को भावनात्मक रूप से नकारात्मक प्रतिक्रिया देनी थी। सारिका के साथ मेरा वह शॉट 'ओके' होते ही पूरी यूनिट ने उत्सुकता से तालियाँ बजाईं। मैंने सारिका से पूरी यूनिट के सामने अर्ध-नग्न अवस्था में आने के साहस और उसके सहज सुंदर अभिनय की प्रशंसा की। वह थोड़ा हिचकिचाते हुए बोली, 'तुमने बिना बोले इतने जटिल भावों को व्यक्त किया, इसलिए मैंने भी अपने आप को झोंक दिया और बिना किसी संकोच के शॉट दे दिया।' उसने मुझे बड़ी आत्मीयता से गले लगाया और बहुत देर तक थरथर काँपती रही। *निर्वाण* के अर्ध-नग्न सीन ने इंडस्ट्री में हलचल मचा दी। फ़िल्म प्रदर्शित नहीं हो पाई, उसके डिब्बे में ही पड़े रहने का कारण मुझे

आज याद नहीं है। हो सकता है कि नायिका-प्रधान कथानक और प्रेम कहानी के दुखांत की वजह से वह मुख्यधारा के प्रवाह में नहीं समा पाई हो।

'एफ़टीआईआई से आए हुए विनय शुक्ला बड़ी उम्मीदों से कुछ अलग करने का प्रयत्न कर रहे थे। परीक्षित साहनी, शबाना आज़मी, मिथुन चक्रवर्ती और मुझे लेकर उन्होंने *वही बात* फ़िल्म बनाना शुरू किया। स्त्री-पुरुष के संबंधों के बीच स्त्री की घुटन पटकथा का केंद्रबिंदु थी। मुझे कहानी का साहसिक और अनोखा विषय बहुत अच्छा लगा था। इसके अलावा मैं सूत्रधार की भूमिका से बहुत प्रभावित हुआ था जो कहानी को आगे बढ़ाता है। सम्मान-राशि पर ध्यान न देकर मैंने विनय को अपनी स्वीकृति दे दी। महाबलेश्वर में शूटिंग के समय बहुत सी अलग बातें समझीं। परीक्षित जैसा संवेदनशील युवा अभिनेता मॉस्को के फ़िल्म स्कूल से प्रशिक्षण लेकर आया था। अपनी इंडस्ट्री में घुल-मिल जाने पर उसके कई भ्रम दूर हो गए। मृणाल सेन की *मृगया* के बाद अचानक अंतरराष्ट्रीय ख्याति प्राप्त करने वाले मिथुन जैसे युवा अभिनेता की भ्रमित अवस्था देखने को मिली। अपनी भूमिका को बख़ूबी समझकर ख़ुद को उसमें झोंक देने का शबाना का स्वभाव मुझे हमेशा अच्छा लगता था। हालाँकि मैंने ख़ुद को फ़िल्म के मुख्यबिंदु—प्रेम त्रिकोण—से दूर बनाए रखा, फिर भी मुझे सूत्रधार की भूमिका में अनेक छटाएं पेश करने में बहुत मज़ा आया। इस फ़िल्म का मुख्य आकर्षण भूपेन्द्र की आवाज़ में जयदेव जी का लिखा '*ज़हर देता है मुझे कोई दवा देता है*' था, जो मुझे मंत्रमुग्ध कर देता था।

फ़िल्म बनकर तैयार हो गई और वितरकों को दिखाई गई। फ़िल्म का मूल नाम बदलकर *समीरा* कर दिया गया। धीरे-धीरे इंडस्ट्री से नकारात्मक स्वर सुनाई देने लगे। शबाना ने इसे प्रदर्शित कराने के लिए बहुत प्रयत्न किए। अंत में विनय ने निराश होकर अपनी पहली पहल की तरफ़ पीठ फेर ली और डायलॉग और स्क्रिप्ट-लेखक के तौर पर इंडस्ट्री में सम्मिलित हो गए।

उस समय एक बात एकदम से नज़र नहीं आ रही थी, वह थी कि समानांतर सिनेमा की ऐसी फ़िल्मों को जब राष्ट्रीय और अंतरराष्ट्रीय पुरस्कार और समीक्षकों की वाहवाही मिली तो शुरुआत में यह मान्यता मंज़ूर तो थी लेकिन स्थिति में नाटकीय बदलाव तब आया जब ऐसी फ़िल्मों को दर्शकों का समर्थन, आर्थिक सफलता और पूँजी निवेशकों की सक्रिय मदद मिलने लगी। तब से मुख्यधारा की व्यवस्था ने समानांतर आंदोलन का विभिन्न तरीक़ों से विरोध करना शुरू कर दिया। सत्यजित रे और मृणाल सेन की फ़िल्मों की आलोचना करते हुए कहा जाने लगा कि विदेशी दर्शकों के सामने देश की ग़रीबी का चित्रण करने से देश की छवि

मलिन होती है। इस तरह के स्वर सरकार के दरबार में पहुँचाए गए। राज्यसभा में नर्गिस जैसी वरिष्ठ अभिनेत्री ने समानांतर सिनेमा के लिए अपनी नाराज़गी व्यक्त की। हालाँकि जिस *मदर इंडिया* की महान प्रतिमा नर्गिस को समर्पित की गई थी, उसी फ़िल्म ने ग्रामीण जनता की दरिद्रता और स्त्रियों के उत्पीड़न को दर्शाया था। उनके जैसी मुख्यधारा की अभिनेत्री की ओर से समानांतर सिनेमा की ऐसी आलोचना आना विरोधाभासी था। उसके बाद धीरे-धीरे एनएफ़डीसी जैसी संस्था, जो समानांतर आंदोलन का समर्थन करती थी, को कमज़ोर करने की शुरुआत हुई। मुख्यधारा से परे हटकर समानांतर संभावनाओं को टटोलने वाली फ़िल्मों को समर्थन देने के उद्देश्य से ही एनएफ़डीसी की स्थापना की गई थी। परंतु उसकी डोर हेमा मालिनी व रमेश सिप्पी जैसे मुख्यधारा के लोगों के हाथों में थमा देना तो मूल उद्देश्य को ही नष्ट करने जैसा था। प्रस्थापित व्यवस्था के विकल्प खोजने के प्रयत्नों को बाक़ायदा ख़त्म कर दिया गया। यह सच है कि उस समय इसे समझने की अक्ल मुझमें नहीं थी।

एक तरफ़ *भुवन शोम, अंकुर, अर्ध सत्य, जाने भी दो यारो* जैसी स्टार सिस्टम के विरुद्ध जाकर बनाई गई फ़िल्में दर्शकों को पसंद आई थीं, तो दूसरी तरफ़

वही बात/ समीरा (१९७७), परीक्षित साहनी और मिथुन चक्रवर्ती के साथ

मुख्यधारा में रहकर अपनी अलग छवि निर्माण करने वाली *सरस्वतीचन्द्र, रजनीगंधा, मेरे अपने, चेतना, गुड्डी,* चश्मे बद्दूर जैसी फ़िल्में अच्छी-ख़ासी आर्थिक सफलता प्राप्त कर रही थीं। स्त्री-पुरुष के संबंधों को एक रूढ़ दृष्टि से न देखकर समानांतर सिनेमा के विभिन्न दृष्टिकोणों से देखने का सफल प्रयत्न दर्शक मन से स्वीकार कर रहे थे। इसके अतिरिक्त सामाजिक प्रश्नों से सीधे प्रामाणिक तरीक़े से भिड़ना भी लोगों को अच्छा लगता था।

स्वतंत्रता प्राप्ति के बाद के समय में *एक ही रास्ता, बंदिनी, नया दौर, सुजाता, धूल का फूल* जैसी फ़िल्में मुख्यधारा के ताक़तवर निर्माता बना रहे थे। परंतु उस परंपरा को उन फ़िल्मों के लिए किनारे रख दिया गया जो सामान्य जनता को केवल मनोरंजन देने के उद्‌देश्य से बनाई जा रही थीं, जैसे सुपरहिट फ़िल्म *अमर अकबर एंथनी*। जैसे-जैसे भारतीय सिनेमा उद्‌देश्य से प्रेरित फ़िल्मों से सिर्फ़ मनोरंजन के लिए बनाई जाने वाली फ़िल्मों की ओर जा रहा था, उस समय में *निर्वाण, स्पंदन, आदमी और औरत, वही बात* जैसी फ़िल्मों का गुम हो जाना मैं अब समझ सकता हूँ।

सन १९७५ में दूरदर्शन के आने से कहानी और उसे व्यक्त करने के तरीक़े को एक अलग राह मिली। उस माध्यम को लोकप्रिय करने का श्रेय जाता है १९८४ में प्रसारित हुई दूरदर्शन की प्रस्तुति *हम लोग* धारावाहिक को, जिसका निर्देशन किया था, पी. वासुदेव ने और लेखक थे मनोहर श्याम जोशी। उन्हीं दिनों में मुझे सई परांजपे से बुलावा आया। उनके प्रस्ताव *अड़ोस पड़ोस* को तत्काल स्वीकार करने के दो-तीन कारण थे: मेरे और सई के नज़दीकी संबंध होने पर भी मैंने पहले बासु भट्टाचार्य के उस फ़िल्म के निर्माता होने के कारण उनकी फ़िल्म में काम करना टाल दिया था। कलाकारों को सम्मान-राशि न देने की उनकी आदत के कारण मैंने उनके साथ कभी भी काम नहीं किया। साथ ही मेरा दोस्त, अरुण जोगळेकर सई से तलाक़ के बाद अपने बेटे गौतम को लेकर मेरे पास, चिरेबंदी, में रहा था। इस कारण शायद सई ने मुझसे दूरी बना रखी थी। ख़ैर! ऐसे सभी फ़ासलों को ख़त्म करके उन्होंने मुझे काम करने के लिए पूछा और वह भी दूरदर्शन के धारावाहिक के लिए, मानो बादल छँट गए!

सही मायने में देखा जाए तो, शकुंतला परांजपे की बेटी और रैंगलर परांजपे की पोती होने की प्रतिष्ठित विरासत से हटकर उन्होंने अपनी एक ख़ास छवि का निर्माण किया, इससे मैं उनका अत्यंत सम्मान करता था। *अड़ोस पड़ोस* से वह दोगुना हो गया और माध्यम पर उनके अधिकार और विशेष शैली से मेरा क़रीब से परिचय हुआ। लोगों को पसंद आने वाली कहानी के साथ यह धारावाहिक, जो तेरह एपिसोड्स में प्रस्तुत किया गया था, इसमें पैंतीस वर्ष के विधुर के

रजनीगंधा (१९७४), विद्या सिन्हा के साथ

स्कूल में पढ़ने वाले बेटे की परवरिश में आने वाली परेशानियों, और बेटे की अध्यापिका के लिए मन में पनपती प्रेम की भावना को प्रदर्शित किया गया है। यह धारावाहिक अत्यंत लोकप्रिय भी हुआ।

भारत के कोने-कोने में सभी लोगों तक दूरदर्शन की पहुँच होने से वह धारावाहिक अब तक घर-घर में बातचीत का विषय बन गया था। इसका प्रत्यक्ष प्रमाण मुझे अपनी मणिपुर यात्रा के दौरान मिला। वहाँ पर मेरी मीटिंग एक स्कूल के पास ही थी। स्कूल की छुट्टी होने पर न जाने कैसे, पर 'रॉबिन के डैडी' के आने की बात फैल गई और देखते ही देखते वहाँ लड़के-लड़कियों और उनके माता-पिता की इतनी भीड़ जमा हो गई कि बाहर आकर उनसे मिलने के अलावा मेरे पास कोई और चारा ही नहीं रहा। उनसे बातें करते हुए पता चला कि अमोल पालेकर और उसकी लोकप्रियता के बारे में उनकी जानकारी शून्य थी। उनके लिए मैं सिर्फ़ *अड़ोस पड़ोस* वाला 'रॉबिन का डैडी' था।

हाल ही में अपने नाटक *कुसूर* पर काम करने के दौरान मैंने और उस धारावाहिक के मेरे सह-कलाकार, नरेश सूरी, ने साथ बैठकर एक एपिसोड देखा। पूरे सीन में हम दोनों लगातार सिगरेट पीते हुए दिखते हैं। उस ज़माने में बच्चों पर इसका क्या असर होगा, इस बात की न तो किसी को परवाह थी और न ही ऐसी चेतावनी दी जाती थी। अतीत में झाँकने पर, बदले हुए सामाजिक मानकों का अहसास होता है।

निर्देशक के नाते मुझे भी दूरदर्शन का मोह हो गया था। *कच्ची धूप* के निर्देशन और प्रस्तुतीकरण के बाद, लगभग १९८८ में हृषि दा के एक सहायक विनय भाटिया अपने भाई के साथ *आ बैल मुझे मार* धारावाहिक का प्रस्ताव लेकर आए। उन्होंने उसका प्रसारण रात में करने की जगह दोपहर में करने की मंशा बताई। उस पर मेरे चेहरे पर उलझन के भाव देखकर विमल ने कहा, 'आपकी लोकप्रियता दो पीढ़ियों, माँ से बेटी तक फैली हुई है इसलिए हमारा विश्वास है कि दोपहर का समय योग्य रहेगा।' मेरे पास मना करने का कोई कारण ही नहीं था। इसके अलावा *पड़ोसन* जैसी लोकप्रिय कॉमेडी फ़िल्म बनाने वाले निर्देशक ज्योति स्वरूप उस धारावाहिक का निर्देशन करने वाले थे। बातूनी पत्नी के रूप में भारती आचरेकर का चयन किया गया था।

सन १९८५ में हर शनिवार की दोपहर साढ़े तीन बजे प्रसारण शुरू होने पर *आ बैल मुझे मार* को तूफ़ानी लोकप्रियता मिली। इस धारावाहिक की समीक्षा में अक्सर कहा जाता था कि 'माँ-बेटी, सास-बहू, ननद-भाभी सभी मिलकर धारावाहिक देखते हैं, सिर्फ़ अमोल के लिए!' इतना ही नहीं दूरदर्शन की तरफ़

से प्रस्ताव भी रखा गया कि 'क्या आप तेरह नए एपिसोड्स बनाएंगे?' जल्दबाज़ी और आख़री समय की भाग-दौड़ वाली मेहनत जानकर मैंने आगे की शूटिंग के लिए मना कर दिया। आजकल की तरह धारावाहिकों को 'सीज़न्स' में लाने का प्रचलन तब नहीं था।

कोविड के दिनों में दूरर्शन ने अपने पुराने लोकप्रिय धारावाहिकों का लोकार्पण किया था, तब *कच्ची धूप* और *आ बैल मुझे मार,* दोनों धारावाहिकों को लाखों लोगों ने देखकर उतना ही पसंद किया। ऐसी बातें जब कान में पड़ती हैं, तब अपनी कला के द्वारा इंसान की पीड़ा और दु:ख पर फूँक मारकर सहलाने का समाधान मिलता है। ख़ासकर जब पता चलता है कि कैसे महामारी के समय मेरी फ़िल्मों ने लोगों को चुनौतियों का सामना करने में सहायता दी—'आपकी फ़िल्मों को बार-बार देखते रहने से समय जाने कैसे कट जाता था, समझ में नहीं आता था। आपकी वजह से वह असहनीय कठिन समय सहनीय हो गया।'

ऐसी बातें इतनी बार सुनने पर ज़िम्मेदारियों के बोझ से मेरे कंधे झुक जाते हैं।

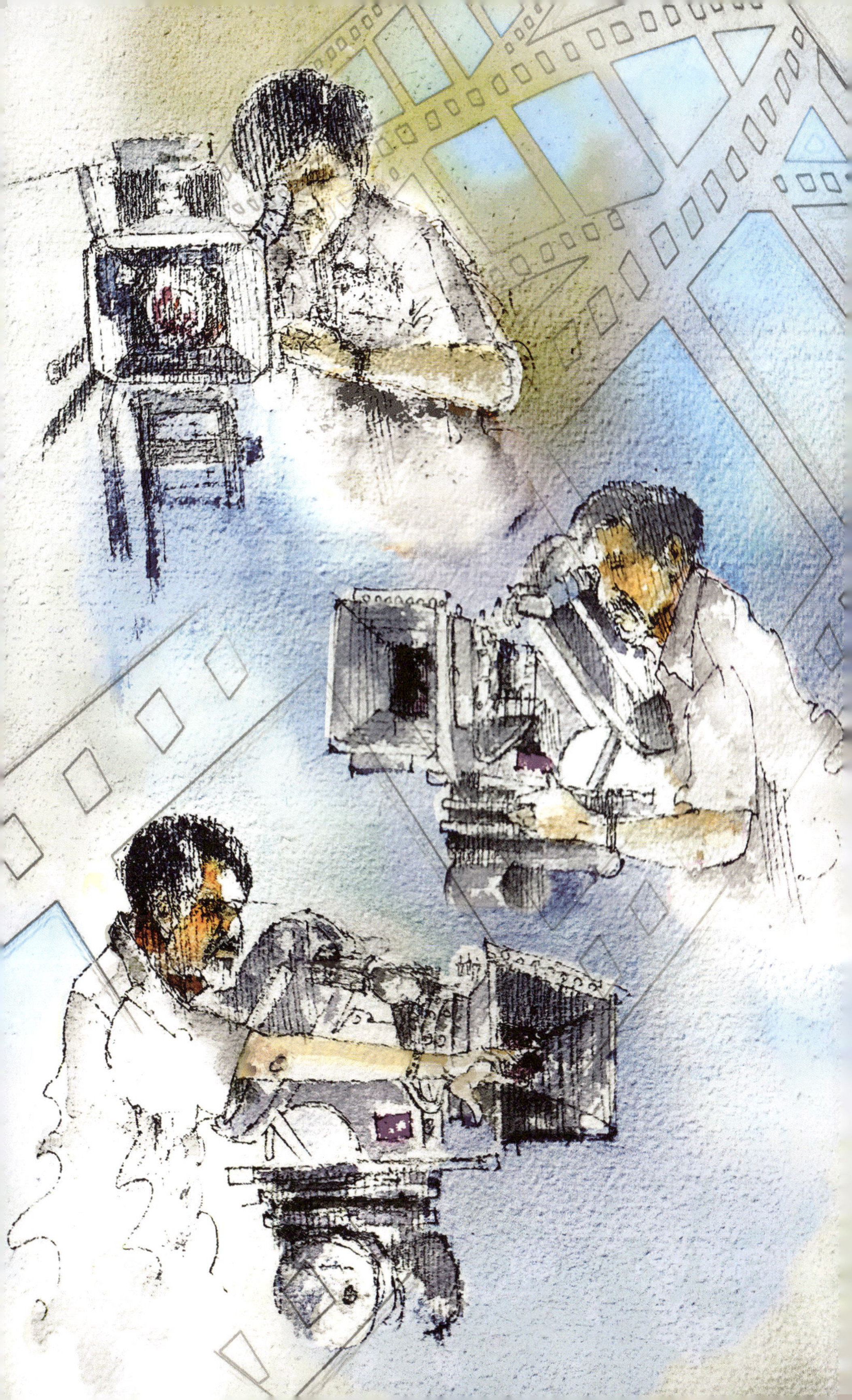

अल्ट्रामरीन ब्लू की बूँदों तले...

तीन-चार महीने हो गए हैं। बीता हुआ कल, सारी घटनाएं, लोग—सबकुछ निकाल रहा हूँ जैसे लोग पुरानी टी-शर्ट निकाल देते हैं।

इस पूरे प्रयास को क्या कहें? खुदाई? नहीं, ऐसा नहीं है... असल में, बहुत सी चीज़ें तो बिल्कुल आँखों के सामने तैरती और चमकती हुई नज़र आ रही हैं।

तो फिर इसे आख्यान कहें या भारुड (मराठी लोककथाओं के प्रकार)? नहीं, वहाँ आध्यात्मिक और धार्मिक संदर्भ आते हैं।

क्या यह बायोप्सी है? ये सभी शब्द नकारात्मक हो जाते हैं। क्या इसे अवलोकन कहा जा सकता है? या फिर '*guarding*' (पहरा)?

अवलोकन अतीत का होता है; 'पहरा' वर्तमान का। लेकिन हमेशा जागृत रहकर, पंचमहाभूतों के द्वारा दिए गए 'पहरे' से जो रिश्ता बना है, वह किसी एक विशेष समय से परे है। 'पहरे' के दो भिन्न संदर्भ याद आते हैं:

एक, कवि ग्रेस (महान मराठी कवि माणिक गोघाटे का छद्म नाम) का 'पहरा'—

धुंधली घरों की क़तारें, आकाश को छूती है पवन,
मेरे ही किनारे पर, आज है लहरों का पहरा।

और दूसरा, नामदेव ढसाळ का 'पहरा'—

मैंने अपनी तक़दीर पर रातभर रखा है पहरा,
किसी सुबह मैं पूरी पृथ्वी का ही रंग बदल दूँगा!

इस अव्यवस्थित फैलाव पर नज़र डालते समय, सिर्फ़ लोग और घटनाएं ही नहीं, बल्कि विज्ञान, सौंदर्यशास्त्र, दर्शन, साहित्य, संगीत, समीक्षा और मनोविज्ञान से मेरी नज़दीकी भी नए सिरे से अनुभव हो रही है।

दृश्यात्मक भाषा में कहें तो, पानी से दस मीटर ऊपर और तीन मीटर लंबे बोर्ड पर सर्फ़िंग करता एक व्यक्ति है; एक विशाल लहर उसकी ओर आती है; वह पूरी ऊर्जा से उस विशाल लहर में गोता लगाता है। उसकी अद्‌भुत छलाँग से छिटका पानी स्क्रीन से बाहर आता है और उसमें मैं भी पूरी तरह भीगकर संतुष्ट हो जाता हूँ। (यहाँ फ्रायड के ज़िक्र की ज़रूरत नहीं।) या फिर, एक रिवर्स स्वीप में मारा हुआ ज़बरदस्त छक्का, स्क्रीन से बाहर आकर सीधे मुझ तक पहुँचता है और मैं कैच पकड़ता हूँ, या अगर नहीं पकड़ पाया, तो घायल हो जाता हूँ। जो गेंद पच्चीस फ्रेम्स प्रति सैकंड में दिखती है, वह अचानक पाँच सौ फ्रेम्स में दिखने लगती है, जैसे हॉक-आई कैमरा किसी पुरानी घटना को तीस साल बाद की किसी घटना से जोड़कर निरंतरता को दर्शाता है। या फिर दो स्थिर बिंदुओं के बीच की हलचल अचानक से नज़र आती है, और अचानक उन घटनाओं के पीछे का रिश्ता दिखने लगता है, जिनका आपस में कोई संबंध नहीं था। उनकी जड़ें दिखाई देती हैं, जो चालीस-पचास साल पहले की किसी घटना की ओर जाती हैं।

'Persistence of vision' led me to believe that I was not Not-Okay.

मैक्स बरदाईमर, वोल्फगैंग कोहलर, कर्ट कोफ्का जैसे गेस्टाल्ट मनोवैज्ञानिक गुरुओं को मेरा सलाम। उन्होंने मुझे बताया कि मेरी पहले से बनी धारणा ही सही थी। छोटी-छोटी बातों को लेकर आधी-अधूरी कहानी में उलझने के बजाय, इंसान को जीवन का समग्र अवलोकन कर ख़ुद के बारे में कोई निष्कर्ष निकालना चाहिए। तभी महसूस होती हैं वो चुभती हुई किरचें—अपनी ग़लतियाँ, गहरी पैठी जटिलताएं और डर, जैसे सदियों से टिके हुए चिले देश के पेंटागोनियन साइप्रस पेड़। जब क्षितिज तक नज़र जाती है, तो अपना जीवन फैले हुए जंगल की तरह दिखाई देता है, जैसे कलकत्ता का ढाई सौ साल पुराना, तीन सौ साठ जड़ों वाला बरगद का पेड़। अगर आज तक कभी अपने नाख़ून नहीं काटे होते, तो दिखाई देते हज़ारों प्रज्वलित दीपक और अकेले उदास शाम के दीयों में थिरकती कोमल लौ, पर क्यों करें इतनी मेहनत इस आर्टिफ़िशियल इंटेलिजेंस की दुनिया में?

मई २००१ में लॉर्ड्स में हुए इंग्लैंड बनाम पाकिस्तान क्रिकेट मैच में, जब पहली बार हॉक-आई तकनीक का इस्तेमाल हुआ, तब हमें कृत्रिम बुद्धिमत्ता (आर्टिफ़िशियल इंटेलिजेंस) का करिश्मा पहली बार देखने को मिला था। मैदान की छह अलग-अलग जगहों पर लगाए गए हाई-स्पीड वीडियो कैमरों में से अगर

पच्चीस प्रतिशत गेंद भी दिखाई देती, तो उसे रिकॉर्ड किया जाता और गेंद की थ्री-डायमेंशनल स्थिति का सटीक पता लगाया जा सकता था। फिर उन कैमरों में से किसी भी दो को लेकर, गेंद की दिशा और उसके ज़मीन से टकराने वाले बिंदु को आसानी से बताया जा सकता था। लगभग छह-सात साल बाद यह तकनीक टेनिस और अंतरराष्ट्रीय क्रिकेट प्रतियोगिताओं में इस्तेमाल होने लगी। इस तकनीक के पीछे बहुत सरल त्रिकोणमितीय सिद्धांत है—त्रिकोण के किसी भी एक पक्ष और दो कोणों की जानकारी हो, तो बाक़ी के दो पक्षों का आसानी से पता लगाया जा सकता है। इस हॉक-आई तकनीक का इस्तेमाल अब हर खेल का अभिन्न हिस्सा बन चुका है।

फुटबॉल प्रतियोगिताओं के लिए जर्मन आर्टिफ़िशियल इंटेलिजेंस विशेषज्ञों द्वारा विकसित की गई 'कायरोज़' तकनीक भी उतनी ही शानदार है। पेनल्टी क्षेत्र और गोल पोस्ट के पीछे पतली तारों का जाल बिछाकर एक चुंबकीय क्षेत्र बनाया जाता है। गेंद में लगे माइक्रोचिप सेंसर की मदद से, मैदान में किसी भी स्थान से गेंद की सटीक स्थिति के संकेत लगातार मुख्य कंप्यूटर को भेजे जाते हैं। २००७ में, फ़ीफ़ा *(FIFA)* ने जापान में इस तकनीक का पहली बार परीक्षण किया। आदिदास ने ऐसी उन्नत गेंदें तैयार कीं, जिनमें माइक्रोचिप लगी होती है और चाहे कितनी भी तेज़ी से किक मारी जाए, चिप को कोई नुक़सान नहीं होता।

जब इतनी उन्नत तकनीकों का उपयोग करके खेलों का सीधा प्रसारण हो रहा हो, तो क्या मेरे लिए अपने घर में बैठकर उन्हें ध्यान से देखना समझदारी की बात नहीं है? लेकिन धूप में जलते हुए, बारिश में भीगते हुए, भीड़ में घुलते-मिलते, वहाँ गला फाड़कर चिल्लाने का जो मज़ा है, वह घर में कैसे आ सकता है! लगभग सभी खेलों के लाइव इवेंट्स, ख़ासकर फुटबॉल, बैडमिंटन, क्रिकेट और हॉकी की प्रतियोगिताएं मैं ज़रूर देखता हूँ। अब तो समीहा भी स्पोर्ट्स इंडस्ट्री में काम कर रही है, तो यह तो सोने पे सुहागा हो गया है! उसने जुलाई २००४ में बर्लिन में होने वाले यूरो कप और २०२४ के पेरिस ओलंपिक की टिकटें मेरे लिए एक साल पहले ही बुक कर ली थीं। अस्सी साल की उम्र में कोई और क्या मांग सकता है?

स्कूल के दिनों में मैं हर रविवार सुबह शिवाजी पार्क जिमखाना में होने वाले कांगा लीग के मैच देखने जाया करता था। सिर्फ़ साढ़े पाँच फ़ुट के क़द वाले रमाकांत देसाई को अपनी तेज़ गेंदबाज़ी से बड़े-बड़े खिलाड़ियों की हालत ख़राब करते देखकर, मैं बाउंड्री पर खड़ा होकर ख़ुशी से उछलता था। उसी तरह, स्टंप के सामने सिक्का रखकर गेंद को बिल्कुल उस पर टप्पा खिलाने की

सटीक गेंदबाज़ी सिखाते हुए पुराने ज़माने के प्रसिद्ध ऑलराउंडर विनू मांकड़ को भी क़रीब से देखा था।

हमारे पड़ोसी धर्माधिकारी जी एक बड़ी सीमेंट कंपनी में उच्च पद पर कार्यरत थे। उसी कंपनी में पॉली उम्रीगर, अजित वाडेकर और रमाकांत देसाई जैसे नामी खिलाड़ी भी नौकरी करते थे। धर्माधिकारी जी मुझे अंतरराष्ट्रीय क्रिकेट मैच दिखाने ले जाते थे, ताकि मैं उस क्रिकेटमय माहौल का 'आँखों देखा' अनुभव ले सकूँ। पहला अंतरराष्ट्रीय क्रिकेट मैच मैंने १९६० में देखा और सोलह साल की उम्र में मुझे अहसास हुआ कि क्रिकेट से मुझे गहरा प्रेम हो गया है। किसी लड़की से प्यार होने से पहले ही मैं क्रिकेट के प्यार में पड़ चुका था। पिछले चौंसठ वर्षों से यह प्रेम लगातार बढ़ता ही जा रहा है। एक बार ऑस्ट्रेलिया बनाम भारत का मैच देखने के लिए लोकल ट्रेन से निकल रहा था, तो बगल में ख़ुद रमाकांत देसाई खड़े थे। मैदान का वो स्टार खिलाड़ी उस भीड़ में शांत खड़ा था। और हर किसी ने उसे पहचान लिया, लेकिन किसी ने परेशान नहीं किया। आज के समय में ऐसा मुमकिन है क्या?

मैच शुरू होते ही, हर गेंद का मेरी चौड़ी आँखें पीछा करतीं। ब्रेबॉर्न स्टेडियम में एक ऊँचा, गोरा खिलाड़ी, मवाली जैसे कॉलर खड़े करके बल्लेबाज़ी करने उतरा। चिलचिलाती धूप में मैच देख रहे ईस्ट स्टैंड का एक दर्शक चिल्लाकर बोला, '*Salim, we want a sixer!*' और अगली ही बॉल पर सलीम दुर्रानी ने उसी दिशा में छक्का जड़ दिया। उसी मैच के आख़री दिन, चाय के समय पवेलियन लौट रहे अब्बास अली बेग को एक युवती ने मैदान में दौड़ते हुए आकर चूम लिया था। दिसंबर १९६० में वेस्टइंडीज़ और ऑस्ट्रेलिया के बीच ब्रिस्बेन में खेले गए इकलौते टाई टेस्ट मैच की पूरी रिकॉर्डेड फ़िल्म, धर्माधिकारी जी ने मुझे अपने कार्यालय में ले जाकर दिखाई थी। जीवन में कितने लोगों का और कितना क़र्ज़ चुकाना बाक़ी रह जाता है, यह सोचता हूँ तो लगता है कि एक जन्म काफ़ी नहीं है।

मैंने अपने क्रिकेट और मैदानी खेलों के प्रेम को दृश्य माध्यमों के ज़रिए दिखाने की दो बार कोशिश की। पहली बार मैं असफल रहा; और दूसरी बार सफल रहा। २०१३ में मैंने एक हास्य-व्यंग्य शैली में मराठी फ़िल्म *वी आर ऑन, होऊन जाऊ द्या,* बनाई जिसमें कई वरिष्ठ कलाकारों ने काम किया था। फ़िल्म के क्लाइमेक्स में होने वाले क्रिकेट मैच की शूटिंग एक हफ़्ते तक चली। उस दौरान कलाकार और तकनीशियन सबने मिलकर बहुत मस्ती की। महान खिलाड़ी दिलीप वेंगसरकर भी पूरा एक दिन हमारे उस मैच में कलाकारों के साथ खेले। हालाँकि हल्के-

फुल्के विषय पर फ़िल्म बनाने का विचार कई सालों से दिमाग़ में था, लेकिन अलग ढंग की फ़िल्म बनाने का साहस मैं जुटा नहीं पाया था। मेरे करियर की उस आख़री फ़िल्म की मेरे साथ जुगलबंदी कुछ ख़ास नहीं जमी। पर कहते हैं न, *in life, you win some, you lose some!*

सन १९८८ में भारत सरकार के खेल मंत्रालय को '*Fitness for Fun, Fitness for Everyone*' जैसी एक मुहिम शुरू करनी थी। इसके लिए कुछ प्रेरक विज्ञापन बनाने के लिए मुझे बुलाया गया। उस वक़्त दिल्ली में खेलों का एक बड़ा महोत्सव मनाया जा रहा था, जिसमें अंतरराष्ट्रीय स्टार खिलाड़ी माइकल जॉन्सन हिस्सा ले रहे थे। खचाखच भरे हुए स्टेडियम में हम शूटिंग के लिए तैयार हुए। उनकी तेज़ दौड़ के जीवंत पल कैमरे में क़ैद करने के अलावा, जॉन्सन का भारतीय युवाओं के लिए दिया गया छोटा-सा संदेश भी मैंने फ़िल्माया। इसके बाद मिल्खा सिंह, ज़फ़र इक़बाल, प्रकाश पादुकोण, पी.टी. उषा जैसे खेल जगत के दिग्गज और फ़िल्म इंडस्ट्री से डिंपल कापड़िया, आमिर खान, नाना पाटेकर जैसे सितारों को खेलते या व्यायाम करते हुए दिखाकर मैंने एक आकर्षक फ़िल्म बनाई। मुझे बहुत हैरानी हुई जब गुलज़ार साहब को उनके पारंपरिक सफ़ेद कुर्ता-पाजामा के बजाय टी-शर्ट और शॉर्ट्स पहनकर अर्ध शीर्षासन करते हुए चित्रित किया। शर्मिला टैगोर, टाइगर पटौदी और उनकी दोनों बेटियाँ भी इस अभियान में हमारे साथ शामिल हुए। मैंने उन सभी लोगों के संदेशों को संकलित करके दो-दो मिनट के छोटे-छोटे खंड बनाए और मंत्रालय को सौंप दिए। अगले ही दिन मंत्रालय से मुख्य सचिव का फ़ोन आया, 'आपकी सम्मान-राशि का ज़िक्र यहाँ नहीं दिख रहा है।' मैंने उन्हें समझाया कि ऐसे अभियानों में मैंने कभी पैसों की अपेक्षा नहीं की। इतना ही नहीं, जितने भी दिग्गज लोगों ने मेरा साथ दिया, उनमें से किसी ने पैसे नहीं मांगे। सिर्फ़ मेरे कहने पर वे इस अभियान में शामिल हुए।'

हमारी शादी से पहले चित्रा राज्य स्तरीय टेबल टेनिस प्रतियोगिताओं में हिस्सा लिया करती थी। शाल्मली ने बैडमिंटन में राष्ट्रीय स्तर तक का सफ़र तय किया। अंतरराष्ट्रीय बैडमिंटन खिलाड़ी, अमी घिया, को अपना आदर्श मानकर उसने कड़ी मेहनत की, हर स्ट्रोक को परफ़ेक्ट करने के लिए घंटों अभ्यास किया। सुबह-सुबह उसे मैदान पर ले जाना मेरी ज़िम्मेदारी थी, भले ही मैं रात को देर से क्यों न सोया हूँ। उसे प्रतियोगिताओं के लिए बंबई से बाहर भी मैं ही लेकर जाता था। सन १९८८ में इंफाल में जब जूनियर्स बैडमिंटन की राष्ट्रीय स्पर्धा हुईं, तो महाराष्ट्र के सभी खिलाड़ियों की हवाई उड़ान का ख़र्च मैंने उठाया था।

शाल्मली के दमदार खेल ने मेरी 'हीरो' वाली छवि को पीछे छोड़ दिया और लोग मुझे 'उसके पिता' के रूप में जानने लगे। इस बात का मुझे आज भी फ़ख्र है।

कड़े मुक़ाबले के बाद जब वह थककर घर लौटती, तो मैं उसे प्यार से गर्म पानी देता ताकि वह अपने पैर आराम से डुबो सके। मैं उसके पैरों की मालिश भी किया करता। वो एक-एक पल, जीती हुई प्रतियोगिताओं के निर्णायक क्षण और हार के दौरान की गई ग़लतियाँ... सबकुछ आज भी मुझे अच्छी तरह याद है। अब वह ऑस्ट्रेलिया में अंग्रेज़ी साहित्य की प्रोफ़ेसर है और हम एक-दूसरे से दूर रहते हैं। यह दूरी मैं उन पलों की यादों में ख़ुद को डुबोकर कम करता हूँ।

मेरी छोटी बेटी, समीहा की मज़बूत क़द-काठी देखते ही समझ में आ जाता है कि वह एक खिलाड़ी होगी। वह फुटबॉल और रग्बी जैसे आक्रामक खेल खेलती है और उनमें उसकी ताक़त साफ़ दिखाई देती है। देर रात तक हम दोनों, चटर-पटर खाते हुए टीवी पर खेलों की प्रतियोगिताएं देखते हैं। ये हमारा एक ख़ास और प्यारा रिश्ता आज भी बना हुआ है। उसके पति के साथ हमारी पहली मुलाक़ात भी लंदन के ओवल स्टेडियम में हुई, जहाँ २०१९ में हमने भारत और ऑस्ट्रेलिया के बीच क्रिकेट वर्ल्ड कप मैच एक साथ देखा था।

एक याद बहुत ख़ास है। स्कूल के दिनों में समीहा हमेशा लड़कों के साथ क्रिकेट खेलती थी। एक बार हमारे ऑल-राउंडर हीरो, कपिल देव, उसके स्कूल में आए थे। समीहा को तब बहुत गर्व हुआ जब उसने उन्हें दो बार आउट किया। उसका खेल देखकर कपिल देव ने उसे प्रोफ़ेशनल क्रिकेट की ट्रेनिंग लेने की सलाह दी थी। फिर क्या था, हमारे घर में मानो बवंडर आ गया। जैसे ही वह घर पहुँची उसने कहा, 'मुझे कपिल देव की अकादमी में जाना है, उन्होंने मुझे बुलाया है।' मन से वह स्कूल छोड़कर अकादमी में पहुँच भी गई थी। उसकी माँ के घर लौटने तक हम दोनों इस बात पर ख़ुश होकर योजनाएं बनाते रहे, लेकिन जैसे ही खलनायिका, यानी उसकी माँ घर आई, पूरा माहौल बदल गया और हमारे घर में ख़ूब झगड़ा हुआ।

'कॉलेज की पढ़ाई पूरी होने तक तुम कहीं नहीं जा रही हो,' समीहा से इतना कहकर बाक़ी का बचा हुआ सारा ग़ुस्सा मुझ पर उतरा! शुरुआत हुई, 'तुमने उसे आठवीं के बाद स्कूल छोड़कर क्रिकेट के पीछे भागने की अनुमति कैसे दी?' और बढ़ते-बढ़ते, 'हर सफल खिलाड़ी के पीछे हज़ारों असफल कहानियाँ होती हैं,' तक बात पहुँची। यहाँ तक कि नारीवाद की तीसरी लहर जैसी बातें भी सुनाई गईं। संध्या के लिए समीहा की शिक्षा पूरी करना और अपने पैरों पर खड़ा होना सबसे अहम था। उसने कभी भी अपनी पसंद का करियर चुनने के लिए अपनी बेटी पर दबाव नहीं डाला। समीहा को खेलने जाने, स्पर्धाओं में हिस्सा

लेने की पूरी आज़ादी दी गई। जब वह सत्रह साल की थी, तब उसे यूईएफ़ए यूरो चैंपियनशिप में वालंटियर के नाते अकेले यूक्रेन जाने का मौक़ा मिला, और हमने उसे पूरे दिल से प्रोत्साहित किया। क़ानून की पढ़ाई पूरी करने के बाद, स्विट्ज़रलैंड में स्पोर्ट्स लॉ में करियर बनाने का फ़ैसला भी पूरी तरह से हमारी इस काबिल बेटी का ही था।

मेरा जीवन खेलों और खिलाड़ियों से भरा होने के बावजूद मैंने ख़ुद कभी कोई खेल स्पर्धात्मक स्तर पर नहीं खेला। मुझे व्यायाम, योग या बॉडी ट्रेनिंग वग़ैरह में बिल्कुल भी रुचि नहीं है। आयरलैंड में गिरकर कंधे की हड्डी टूट जाने के बाद, मैंने सर्जरी या फ़िज़ियोथैरपी के लिए बिल्कुल मना कर दिया और पिछले पाँच साल से अपने कमज़ोर कंधे के साथ आराम से जी रहा हूँ। सिर्फ़ अनिच्छा और आलस! बस एक बार ही मैंने जितनी दिलचस्पी से *आक्रीत* में मुकुटराव की भूमिका के लिए कुछ किलो वज़न बढ़ाया, उतनी ही दिलचस्पी से उसे घटाया भी। बाक़ी समय, मैं सिर्फ़ दर्शक ही बना रहा। इस लिहाज़ से मुझे फ़िल्मों में अभिनय करना ज़्यादा संगत लगता है। निर्देशक और निर्माता फ़िल्म की पूरी गाड़ी खींचते हैं; अभिनेता केवल एक अस्थायी यात्री होता है, जिसके कंधे पर कोई भार नहीं होता। पर मैंने निर्माता और निर्देशक की ज़िम्मेदारी उठाते हुए, १९८० से २०१३ तक कुल मिलाकर पूरी लंबाई की सोलह फ़िल्में, पाँच धारावाहिक और एक डॉक्यूमेंट्री का लंबा सफ़र तय किया।

दूरदर्शन के लिए *कच्ची धूप* (१९८७), *नक़ाब* (१९८८), *मृगनयनी* (१९९१), *पाऊलखुणा* (१९९३) और *कृष्णकली* (२००७) जैसे धारावाहिक बनाने के लिए मुझे नए कौशल सीखने पड़े। एक कथानक को एक फ़िल्म के रूप में कुछ घंटों में प्रस्तुत करने के बजाय, उसे तेरह भागों में बंटे धारावाहिक के रूप में प्रस्तुत करने की कला सीखनी पड़ी। हालाँकि, बेहद सीमित बजट में काम करते हुए, 'एक दिन में एक एपिसोड' जैसे नियम पर धारावाहिक बनाने की 'कला' को मैं कभी नहीं समझ पाया। चारों तरफ़ फैली चमकदार रोशनी या सभी अभिनेताओं को कैमरे के सामने डायलॉग बोलने, और फिर उसके बीच में पात्रों की प्रतिक्रियाओं के क्लोज़अप जोड़ने के आम चलन का पालन भी मैंने कभी नहीं किया। मैं समझ चुका हूँ कि गुणवत्ता बनाए रखने के लिए समझौते किए बिना काम करने पर पैसे कमाना मुश्किल होता है, पर अंत में इससे अपने काम पर अभिमान की अनुभूति और शांति ज़रूर मिलती है।

शाल्मली और फिर समीहा की किशोरावस्था में हमें यह अहसास हुआ कि भारतीय भाषाओं में किशोरों के लिए उपयुक्त साहित्य, नाटक और फ़िल्में बहुत कम उपलब्ध हैं। इस कमी को पूरा करने के लिए मैंने सन १९८७ में टीवी

धारावाहिक *कच्ची धूप* बनाया और बाद में, २००७ में संध्या के साथ *दुमकटा* नामक एक मज़ेदार कॉमेडी फ़िल्म बनाई।

लेकिन अपनी पूरी कोशिश के बाद भी मैं बच्चों के थिएटर के लिए कुछ नहीं कर पाया, यह दर्द मेरे दिल से नहीं जाता। इसके साथ ही, मेरे मन में बच्चों के अंतरराष्ट्रीय नाट्य महोत्सव आयोजित करने की इच्छा थी, लेकिन वह भी अधूरी रह गई। सन २००४ से २००८ के बीच मैंने और संध्या ने पुणे में पाँच नाट्य महोत्सव आयोजित किए थे (बादल सरकार और तेंडुलकर महोत्सव के बारे में मैंने पहले के अध्यायों में लिखा है)। फ़िल्मों के रेट्रोस्पेक्टिव हो सकते हैं, पर एक ही निर्देशक के कई नाटक एक साथ देखने का अवसर रंगभूमि पर कम ही मिलता है। इसीलिए, मणिपुर के रतन थियम के करियर के शुरुआती और बाद के छह नाटकों को एक साथ प्रस्तुत करने का अवसर 'कोरस महोत्सव' के माध्यम से हमने पाया। रतन थियम ने रंगा शक्ति (जिसे कोरस रिपर्टरी थिएटर के नाम से भी जाना जाता है) के ज़रिए स्थानीय युवाओं को तैयार करके, लगातार सामाजिक और राजनीतिक संदेश देने वाले नाटक प्रस्तुत करने का विशाल काम चार दशकों से अधिक समय तक निभाया था, वो भी मणिपुर जैसे अशांत राज्य में। मराठी रसिकों की ओर से उन्हें पाँच लाख रुपयों की धनराशि देते हुए बहुत ख़ुशी हुई।

{२४}

इसके अलावा, हमने महाराष्ट्र और कर्नाटक दोनों राज्यों की संगीत नाट्य रंगभूमि की वैभवशाली परंपरा को सम्मान देने के लिए 'रंग संगीत महोत्सव' मनाया। कर्नाटक के येणगी बालप्पा, जी.वी. मालतम्मा, बी. जयश्री तथा महाराष्ट्र के चंद्रकांत गोखले, जयमाला शिलेदार, भालचंद्र पेंढारकर, कान्होपात्रा किणीकर, सुमती टिकेकर, पं. नारायण बोडस, आशालता वाबगांवकर, रामदास कामत, पं. प्रसाद सावकार और रजनी जोशी जैसी नाट्य जगत की महान शख़्सियतों का सम्मान किया गया।

शब्दातीत रंगभूमि (थिएटर बियॉन्ड वर्ड्स) के सूत्र में गुथे, इरशाद पंजतन, वीनापानी चावला, नीलम मानसिंग, अतुल कुमार, रजत कपूर, रणवीर शौरी, सुनील शानबाग जैसे निपुण कलाकारों की प्रतिभागिता से सजे इस अनोखे महोत्सव के आयोजन का अनुभव भी अविस्मरणीय था। इन सभी क्षणों को आपके साथ बाँटने और उन्हें सुरक्षित रखने के उद्देश्य से इस महोत्सव की रिकॉर्डिंग के संकलन का लोकार्पण यहाँ किया जा रहा है। इसकी खामियों को नज़रअंदाज़ करके इसका आनंद लें।

बच्चों के साथ *दुमकटा* फ़िल्म बनाते समय हमने इतनी मस्ती की कि एक बार फिर से बचपन की यादें ताज़ा हो गईं। *दुमकटा* के अंग्रेज़ी शीर्षक *अ टेल ऑफ़*

अ टेल से कहानी की झलक मिल जाती है। इस फ़िल्म की कहानी एक छोटे परिवार की है जिसमें काम में डूबे हुए माता-पिता, दो बेटे, दादा और घर में काम करने वाली नौकरानी हैं। संध्या को यह कहानी समीहा के कारण सूझी थी। कहानी शुरू होती है जब पिता को छोटे बेटे के शौच में ख़ून की कुछ बूँदें दिखती हैं और वह उसे डॉक्टर के पास लेकर जाते हैं। डॉक्टर मज़ाक़ में बड़े भाई से कहते हैं कि उसके छोटे भाई की पूँछ आने वाली है। इससे घर में जो हँसी-ठिठोली होती है, वह किसी भी परिवार में हो सकती है। ओम पुरी, सचिन खेडेकर, शेरनाज़ पटेल, अंजना बसु, खुश मलिक तथा असीम देसाई ने बेहतरीन काम किया। गुलज़ार साहब के लिखे गानों को शंकर-एहसान-लॉय ने संगीतबद्ध किया। इस फ़िल्म को पूरे परिवार के साथ देखने के लिए तैयार किया गया था, इसलिए इसे बड़े पर्दे पर प्रदर्शित करने के बजाय निजी चैनल पर प्रसारित करने का निर्णय लिया गया ताकि परिवार के सब लोग एक साथ बैठकर इस फ़िल्म को देख सकें, पर यह प्रयास सफल नहीं हुआ। चैनल प्रसारण अधिकार ख़रीदने के बावजूद कई कारण बताकर टालमटोल करता रहा। अंततः हमने प्रयास करना छोड़ दिया। *दुमकटा* न तो लोगों तक पहुँच सकी और न ही हम, निमंत्रण के बावजूद, उसे किसी भी बाल-फ़िल्म महोत्सव में भेज पाए। लेकिन अब इस पुस्तक के माध्यम से *दुमकटा* आप तक पहुँच रही है, यह बहुत ख़ुशी की बात है!

जब हमने तेरह एपिसोड का *कच्ची धूप* धारावाहिक बनाया, तब दूरदर्शन का दौर था। इसलिए यह धारावाहिक छोटे-छोटे गाँवों में भी पहुँचा। लुईसा मे ऑलकोट (*Louisa May Alcott*) के उपन्यास *लिटिल वीमेन* पर आधारित फ़िल्म की स्क्रिप्ट और डायलॉग चित्रा ने अंग्रेज़ी में लिखना शुरू किए। *कच्ची धूप* में चार लोगों के भावनात्मक संसार की झलकी देने की कोशिश की गई है—एक मध्यमवर्गीय माँ की तीन बेटियाँ और पड़ोस में रहने वाले नौसेना के सेवानिवृत्त एक अफ़सर का इकलौता पोता। हिन्दी डायलॉग्स के लिए हमने विज्ञापन लिखने वाले प्रतिभाशाली लेखक कमलेश पांडे से संपर्क किया। मैंने बस तेंडुलकर जी की *कोवळी उन्हे* लेखों का ज़िक्र किया और कमलेश ने तुरंत शीर्षक गीत लिख दिया।

कच्ची धूप, गुनगुनी धूप
अधखिली और चुलबुली धूप
ज़िंदगी के आंगन में, उम्र की दहलीज़ पर
आ खड़ी होती है... इक बार, कच्ची धूप

हमारे पड़ोसी विजय सिंह पटवर्धन ने इन शब्दों को सुंदर धुन देकर सजाया। अनुराधा पौडवाल के साथ शाल्मली, भाग्यश्री और पिंकी पटवर्धन की आवाज़ में गाया गया यह गीत आज भी लोगों की ज़ुबान पर है। हमने पूरे धारावाहिक को संगीतात्मक-शैली में प्रस्तुत करने का प्रयास किया था।

अभिनेता के तौर पर मैं अक्सर नए निर्देशकों की पहली फ़िल्मों में काम करता था और युवाओं में छिपी प्रतिभाओं को सहारा देने की कोशिश करता था। बतौर निर्देशक मैंने कई उभरते चेहरों को पहली बार स्क्रीन पर लाने का काम किया। *कच्ची धूप* में भाग्यश्री पटवर्धन, उसकी बहन और शाल्मली—सभी नए थे और उनके पास अभिनय का कोई अनुभव नहीं था। उनके साथ बिल्कुल कम तजुर्बे वाले आशुतोष गोवारीकर! फिर भी, शूटिंग जल्दी पूरी हो गई।

उस समय की प्रथा के अनुसार, हमने दो एपिसोड बनाकर दिल्ली भेजे। तुरंत स्वीकृति मिल गई और प्रसारण के लिए शुक्रवार शाम का प्राइम टाइम निश्चित किया गया। लेकिन मैंने उनके प्रस्ताव को ठुकरा दिया। मैंने रविवार सुबह पूरे परिवार के साथ मिलकर देखने के लिए वह धारावाहिक बनाया था, और मुझे विश्वास था, इसलिए दूरदर्शन से मैंने रविवार सुबह का नया स्लॉट बनाने की विनती की कि यह एक नई रीत चलाएगा। इस पर भी स्वीकृति मिल गई और *कच्ची धूप* बहुत लोकप्रिय हो गया। जल्दी ही रविवार सुबह का समय सबसे महंगा 'प्राइम टाइम' बन गया। आगे चलकर यही समय रामानंद सागर की प्रसिद्ध *रामायण* के लिए दिया गया।

सन १९८८ में चित्रा की 'ज्ञ फ़िल्म्स' के बैनर तले *नक़ाब* नामक धारावाहिक का निर्देशन मैंने किया। इस बार हम एक भावुक कहानी के साथ आए। इसमें एक अभिनेता के लकवाग्रस्त होने के बाद अपनी विकल अवस्था को दुनिया से छुपाने की कोशिश और एक नर्स का उसे निराशा के गर्त से बाहर निकालने का प्रयास दर्शाया गया था। हमने इस धारावाहिक में इंडस्ट्री की 'कास्टिंग काउच' जैसी कुछ ख़राब प्रथाओं पर टिप्पणी करने की भी कोशिश की थी। वरिष्ठ बंगाली अभिनेता अनिल चटर्जी ने नायक की भूमिका शानदार तरीक़े से निभाई। मुझे लगा कि इस धारावाहिक के लिए पश्चिमी शैली के पार्श्वसंगीत की ज़रूरत है, इसलिए हमने प्रतिभाशाली संगीत-निर्देशक वनराज भाटिया से संपर्क किया। उनके द्वारा केवल तीन दिनों में बनाए गए सिम्फ़ोनिक संगीत ने धारावाहिक को एक नया आयाम दिया। *नक़ाब* भी लोकप्रिय हो गया।

नक़ाब की अधिकांश शूटिंग खंडाला के एक बंगले में हुई और अंतिम कुछ दृश्य चिरेबंदी में शूट किए गए। रात में दस बजे धारावाहिक का काम ख़त्म होने के बाद हमने पूरी यूनिट को पार्टी दी, जो देर रात तक चली। क्रू ने सोचा था कि

कैमरा, ध्वनिमुद्रण की सामग्री और लाइट्स को अगले दिन ले जाएंगे इसलिए सभी चीज़ों को घर के हॉल में ही छोड़ दिया गया था। सुबह उठते ही पता चला कि घर में चोरी हो गई थी। ऐसा लगता था कि हमें बेहोश कर दिया गया था। चोरों ने सभी बेडरूम्स में जाकर अलमारियों और दराज़ों का सामान बाहर फेंक दिया था; कॉर्डलेस माइक, रिकाड्र्स जैसे लाखों रुपयों का सामान बाहर लॉन में फेंक दिया गया था। पर असल में कुछ भी चोरी नहीं हुआ था—न सामान, न पैसा। इस घटना को मज़ाक़ में उड़ाते हुए मैंने कहा, 'चोरों और डकैतों की दुनिया में यह बात फैल गई होगी कि यह बंदा बिल्कुल कड़का है; इसके घर में झांकने का प्रयास भी न करें।' मेरे इस बर्ताव से पुलिस कमिश्नर हैरान रह गए।

पद्मभूषण श्री वृंदावन लाल वर्मा के प्रसिद्ध हिन्दी उपन्यास *मृगनयनी* पर आधारित एक टीवी धारावाहिक बनाने का प्रस्ताव लेकर, अच्युत वझे मेरे पास आए। इस उपन्यास में सोलहवीं शताब्दी के राजा मानसिंह तोमर, गियासुद्दीन खिलजी की सेना का सामना करने वाली गुज्जर जनजाति की 'निन्नी' से मिलते हैं। प्रेम की यह कहानी राजमहल में प्रवेश करती है और निन्नी को राजनीति का सामना करना पड़ता है। निन्नी के सम्मान में दरबार के प्रसिद्ध गायक तानसेन, राग 'गुर्जरी तोड़ी' बनाते हैं।

इस भव्य कथा के लिए भव्य पोशाकें और भव्य सेट की ज़रूरत थी। मोहन भंडारी और पल्लवी जोशी को मुख्य भूमिकाओं के लिए चुना गया। बंबई में नई बनी फ़िल्म सिटी में आउटडोर शूटिंग शुरू की गई और दरबार, रानी के कक्ष, स्नानगृह आदि स्थानों को अंधेरी के सेठ स्टूडियो में बनाया गया। इंडस्ट्री में कला निर्देशक नितिन देसाई का यह पहला काम था। एक होनहार कला निर्देशक से बड़े व्यावसायिक तक नितिन की प्रगतिशील उड़ान को मैंने विभिन्न चरणों में देखा है। पर उनकी अंतिम स्थिति देखकर मुझे बहुत दुख हुआ। संगीत के लिए पंडित जसराज जी के बेटे शारंगदेव को बुलाया। पंडित जी के आलापों से समृद्ध शीर्षक गीत सभी को याद रहा। नायक-नायिका के प्रणय सीन के लिए खड़िया पुरुषी आवाज़ के मांगणियार गायकों के '*केसरिया बालम, पधारो म्हारे देस*' का उपयोग हमने पार्श्वसंगीत के रूप में किया। आदिवासी नायिका के बालों में लगा जंगली पंख निकाले जाने पर उसके खुले लंबे और रेशमी बाल, ज़मीन पर गिरने वाले उसके आभूषण और मानसिंह के राजसी वस्त्र दिखाकर, मैंने उनके उत्कट प्रेम को सांकेतिक तथा आकर्षक दृश्य भाषा के साथ छोटे पर्दे पर साकार किया। इस सीन की प्रेरणा महान निर्देशक के. आसिफ़ की अमर फ़िल्म *मुग़ल-ए-आज़म* में दिखाए गए सलीम-अनारकली के प्रेम दृश्य से ली गई थी। सीन में दिलीप कुमार मधुबाला के चेहरे को बड़े सफ़ेद पंख से सहलाते हैं और

उन्हें प्यार भरी नज़रों से देखते हैं। मधुबाला की शर्म से अधखुली आँखें और प्रणयोत्सुक होंठों का क्लोज़अप; पीछे सुनाई देने वाला अद्‌भुत गीत '*प्रेम जोगन बन*', बड़े ग़ुलाम अली खां साहब की जादुई आवाज़ में सोहनी राग... शरीर के कण-कण में एक अनोखी अनुभूति दे गया था वह सबकुछ। मैं *मृगनयनी* के इस सीन से बहुत संतुष्ट था पर उस क्लासिक अनुभूति का एक अंश भी प्राप्त नहीं कर सका था, यह बात मैं हमेशा मानता आया हूँ।

सौ सालों में मराठी समाज में महिलाओं की छवि में हुए बदलाव को, ख़ासकर साहित्य में, दिखाने की एक बेहतरीन कल्पना वरिष्ठ प्रकाशक रामदास भटकळ जी ने की। इस तरह *पाऊलखुणा* (१९९३) का जन्म हुआ। अलग-अलग समय के महत्वपूर्ण पड़ाव चुनकर, उस समय की प्रमुख महिला किरदारों को उभरते हुए दिखाना बहुत मज़ेदार अनुभव था। दादी (आजी) और पोती की घरेलू बातचीत के ढाँचे में, चित्रा ने एक एपिसोड में साहित्य कृति की एक महिला की छवि को बहुत ख़ूबसूरती से उजागर किया। मेरे बचपन के दोस्त और संगीतकार श्रीधर फडके ने शानदार शीर्षक गीत रचा। बंबई दूरदर्शन पर १४ सितंबर १९९३ से हर मंगलवार रात पॉप्यूलर प्रकाशन निर्मित *पाऊलखुणा* प्रसारित होना शुरू हुआ और जल्द ही इसे हर तरफ़ से सराहना मिलने लगी। महाराष्ट्र के छोटे शहरों के सार्वजनिक पुस्तकालयों में भूले-बिसरे उपन्यासों की मांग बढ़ गई। युवाओं को पुराना साहित्य पढ़ने के लिए प्रेरित करना एक अप्रत्याशित लाभ था।

दूरदर्शन के अधिकारी मुझसे बहुत ख़ुश थे। वे हमेशा मुझसे कुछ न कुछ नया करने की मांग करते थे, लेकिन मेरी रुचि पूरी लंबाई की फ़िल्में बनाने में ज़्यादा थी। उनके लगातार आग्रह पर, मैंने २००५-०६ में आख़री धारावाहिक बनाया। वे शिवानी द्वारा लिखित हिन्दी साहित्य के प्रख्यात उपन्यास *कृष्णकली* पर आधारित धारावाहिक बनवाना चाहते थे। उपन्यास पढ़ने के बाद मुझे विद्रोही और स्वतंत्र कृष्णकली का मुख्य चरित्र पसंद आया इसलिए मैंने इसे बनाने के लिए 'हाँ' कह दिया। कलकत्ता की वास्तविक जगहों पर जाकर शूटिंग करने के कारण, १९६० के दशक को पुनर्जीवित करना आसान रहा। आनंद मोडक ने सुरीला संगीत तैयार किया। *कृष्णकली* के प्रचार के लिए मैंने दूरदर्शन के अधिकारियों को एक अलग सुझाव दिया। शिवानी जैसी वरिष्ठ लेखिका के योगदान को आज की पीढ़ी तक पहुँचाने के उद्देश्य से, उनके समकालीन प्रसिद्ध लोगों का इंटरव्यू सीरियल के हर एपिसोड से पहले दिखाने का सुझाव दिया। इस सुझाव को उन्होंने तुरंत मान लिया। इसके लिए मैंने महाश्वेता देवी, कृष्णा सोबती, शिवानी की बेटी मृणाल पाण्डे और कुछ अन्य जाने-माने साहित्यिक हस्तियों के इंटरव्यू लिए। लेकिन

जब धारावाहिक का प्रसारण शुरू हुआ, तो वे इंटरव्यू दिखाए ही नहीं गए। मैंने भी इस बारे में किसी से सवाल नहीं किया।

निर्देशक के रूप में मैंने अपने संपूर्ण करियर में प्रख्यात साहित्यिक रचनाओं पर आधारित फ़िल्मों या धारावाहिकों को छोटे और बड़े पर्दे पर प्रस्तुत किया है। *अनकही* (१९८५), *थोड़ा सा रूमानी हो जायें* (१९९०), *बनगरवाडी* (१९९५), *कैरी* (२०००), *अनाहत* (२००३), *पहेली* (२००५) जैसी फ़िल्में इस सफ़र के कुछ प्रमुख पड़ाव हैं।

विभिन्न भाषाओं की साहित्यिक कृतियाँ मानव जीवन को कितना समृद्ध करती हैं, इसका कोई मापदंड नहीं है। जब मैं कोई उपन्यास, कहानी या कविता पढ़ता हूँ, तो मेरे मन में उनकी दृश्यात्मक संभावनाएं आकार लेने लगती हैं; काग़ज़ पर लिखा एकमात्र शब्द भी एक चित्र को उकेर सकता है। शब्दों की तुलना में कैमरे द्वारा क़ैद किया गया दृश्य अधिक प्रभावशाली होता है क्योंकि शब्दों में संजोया अमूर्त रूप वास्तविकता में सामने आता है। लेकिन मुझे लगता है कि यह माध्यम की एक अलग तरह की सीमा है। हर पाठक की कल्पना में उभरा दृश्य दूसरे पाठक से नितांत भिन्न हो सकता है। एक उत्कृष्ट साहित्य वही है जो दो वाक्यों और शब्दों के बीच की ख़ामोशी को भी पाठक तक पहुँचाने की और उससे जुड़ने की ताक़त रखता है। जब मैं निर्देशक के रूप में अपनी कल्पनाओं को फ़िल्म के माध्यम से दर्शकों के सामने लाता हूँ, तो विविधता समाप्त हो जाती है और दर्शक मेरे बनाए दृश्य पर ही अटक जाते हैं।

उदाहरण के लिए मेरी फ़िल्म *अनाहत* को ही ले लीजिए। मूल नाटक में, नियोग की आज्ञा मिलने के बाद, रानी अपने पुराने प्रेमी को सहवास के लिए चुनती है। नाटककार ने उनके श्रृंगारिक प्रसंग भी लिखे थे। मेरी नज़र में, यह महत्वपूर्ण नहीं था कि रानी ने किसके साथ शारीरिक संबंध बनाए, बल्कि यह महत्वपूर्ण था कि 'नियोग' के पहले कभी न मिला शारीरिक सुख, उसे पहली बार किसी पुरुष से मिला था। और मेरा मानना था कि इस पहलू पर ध्यान केंद्रित करना आवश्यक है। यदि मैंने मूल स्क्रिप्ट के अनुसार रानी द्वारा चुने गए पुरुष को दिखाया होता, या मान लीजिए कि इसके लिए मैंने ह्रतिक रोशन या अजय देवगन को लिया होता, तो मैंने दर्शकों की कल्पना को बिल्कुल बाँध दिया होता। इसके अलावा रानी के प्रेमी के रूप में स्टार अभिनेता का चयन उचित था या अनुचित, इस पर बेकार की बहस शुरू हो जाती। ह्रतिक और अजय के चाहने वाले उन्हें इतना कम समय देने के लिए मुझसे लड़ने लगते। सामान्य रूप से शूटिंग के दौरान कैमरे का फ़ोकस कहाँ होना चाहिए, या अगर आवश्यक हो तो चल रहे शॉट में उसे कहाँ बदलना है, ऐसे तकनीकी निर्णय लिए जाते हैं। स्क्रिप्ट के स्तर पर भी

यही सोच होनी चाहिए। कौन से दृश्य को सॉफ़्ट फ़ोकस की ज़रूरत है, या कौन सा दृश्य फ्रेम में नहीं होना चाहिए, ऐसे निर्णय स्क्रिप्ट के स्तर पर ही स्पष्टता के साथ किए जाने चाहिए।

'मूल साहित्यकृति के प्रति वफ़ादारी' को बड़ा मानक मानकर समीक्षक और दर्शक अक्सर ख़ुद को सीमित कर लेते हैं। यदि *कैरी* की मूल कृति में लड़का था तो फ़िल्म में लड़की क्यों? *बनगरवाडी* का फिल्मांकन व्यंकटेश माडगूळकर जी के माणदेश में न करके किसी अलग स्थान में क्यों किया? कुछ लोग किशोर कदम को आर.डी. कर्वे की भूमिका में लिए जाने पर प्रश्न उठाते हैं कि कदम जी कर्वे जैसे, मतलब एकारान्त ब्राह्मण जैसे नहीं दिखते। मालती कर्वे का किरदार निभाने के लिए मराठी अभिनेत्री नहीं मिली क्या? इस तरह की मूर्खतापूर्ण आलोचनाओं का मैं पहले जवाब दिया करता था पर आज मैं इस पर ध्यान भी नहीं देता। सन १८८७ में सर आर्थर कोनान डॉयल ने छप्पन कहानियाँ लिखकर शरलॉक होम्स को हमारे सामने पेश किया। पर १९१६ में विलियम जिलेट की फ़िल्म से लेकर २०१० में आए धारावाहिक तक, जिसमें बेनेडिक्ट कंबरबैच ने अभिनय किया था, शेरलॉक होम्स के दो-सौ से ज़्यादा रूपांतर हमारे सामने आए हैं। शेक्सपियर की *रोमियो एंड जूलियट* पर आधारित सौ से ज़्यादा फ़िल्में हैं। यह सभी रूप बिल्कुल असली और अव्वल दर्जे के हैं। माध्यम परिवर्तन के प्रति ग़लतफ़हमी से इस तरह के बेतुके सवाल अक्सर पैदा होते हैं। ऐसा क्यों समझ लिया गया है कि रोमियो और जूलियट का किरदार समलैंगिक नहीं चित्रित किया जा सकता है?

मेरे अनुसार एक फ़िल्म निर्देशक को माध्यम परिवर्तन के दौरान मूल साहित्यिक कृति में परिवर्तन करने का अधिकार होना चाहिए। निश्चित रूप से इसके लिए मूल लेखक की अनुमति लेनी चाहिए। माध्यम परिवर्तन के दौरान निर्देशक की व्याख्या केंद्र बिंदु होनी चाहिए। दर्शकों को इसका विरोध, आलोचना, और बुराई करने का पूरा हक़ होना चाहिए। लेकिन मूल साहित्यिक कृति और फ़िल्म के बीच तुलना करके दोष निकालना बेमानी और समय की बर्बादी है।

विचार-विमर्श, बहस और इसके परिणामस्वरूप भविष्य में होने वाले विवाद, मेरी हर फ़िल्म की पटकथा लेखन के दौरान होते थे। रचनात्मक प्रक्रिया का यह सबसे अद्‌भुत हिस्सा है। इस प्रक्रिया की अप्रत्याशितता, स्वाभाविकता और चमत्कार अभी भी मानवीय अनुभव हैं और फिलहाल तो कृत्रिम बुद्धिमत्ता *(AI)* के दायरे में नहीं आएंगे।

एक दिन जयंत धर्माधिकारी मेरे पास सी.टी. खानोलकर जी के *कालाय तस्मै नमः* नाटक पर एक कमर्शियल फ़िल्म बनाने का प्रस्ताव लेकर आए। तुरंत ही

उस प्रस्ताव में छिपा अंतर्विरोध मेरी समझ में आ गया। कमर्शियल सफलता के लिए सर्वगुण संपन्न हीरो के चारों ओर बुनी गई कहानी आवश्यक होती है। खानोलकर जी के नाटक की कहानी प्रेमिका और पत्नी जैसी दो महिला पात्रों के इर्द-गिर्द घूमती है। इसके अलावा, आम दर्शकों के लिए नाटक के कथानक से जुड़ जाना मुश्किल है। इसे लेकर शुरू से ही मेरे मन में आशंकाएं थीं; मैंने जयंत से उनके विचार पूछे। जयंत के चाचा दत्ता धर्माधिकारी मराठी के जाने-माने निर्देशक थे। हिन्दी के प्रसिद्ध निर्देशक राज खोसला के साथ जयंत सहायक के रूप में काम करते थे। इन दोनों का ही जयंत पर गहरा प्रभाव था। फ़िल्म के अंत में दर्शकों, विशेषकर महिलाओं की आँखों में आंसू होने चाहिए; बॉक्स ऑफ़िस पर सफल होने के लिए 'लेडीज़ अपील' एक महत्वपूर्ण कुंजी है, जैसे विचार उनके मुख्यधारा के समीकरणों से मेल खाते थे। दूसरी ओर मेरा विचार था कि बहते आंसुओं के बजाय, आँखों की कोरों पर रुके आंसुओं की वजह से होने वाली बेचैनी या घुटन अधिक प्रभावी होती है। मेरा यह दृष्टिकोण जयंत के लिए समस्या था। मतभेद के बावजूद, हमने फ़िल्म के सह-निर्माण की शुरुआत की। *अनकही* आकार लेने लगी।

सबसे बड़ी समस्या तब आई जब मैंने कहा कि पटकथा ऐसी नहीं होनी चाहिए जो अंधविश्वास को बढ़ावा दे; एक कलाकार के रूप में हमें प्रगतिशील विचार प्रस्तुत करने चाहिए; दर्शकों को आत्ममंथन करने वाली नई दृष्टि देने का प्रयास करना चाहिए। मेरा मानना था कि कहानी में 'विज्ञान बनाम ज्योतिष' और 'क़िस्मत बनाम इंसान का निर्णय' जैसे द्वंद्व उभारने की आवश्यकता थी। जिन्होंने यह नाटक नहीं पढ़ा है या फ़िल्म नहीं देखी है, उनके लिए मैं कथा का संक्षिप्त सारांश प्रस्तुत करता हूँ।

एक महान ज्योतिषाचार्य का बेटा एक लड़की से प्रेम कर बैठता है और उससे शादी करना चाहता है। उसके पिता शादी का विरोध करते हैं और भविष्यवाणी करते हैं कि ग्यारह महीने में प्रसव के समय उस लड़की की मृत्यु निश्चित है। परंतु बेटा और उसकी प्रेमिका, दोनों अपने निर्णय पर अडिग रहते हैं। उसी दौरान पिता के दोस्त गाँव से अपनी बेटी को लेकर उनके घर आते हैं। उनके उस दोस्त को अकेले बेटी की परवरिश करने में काफ़ी मुश्किलें आती हैं, तो वह झूठी अफ़वाह फैला देता है कि उस लड़की को भूत ने जकड़ लिया है और उसकी मानसिक स्थिति ठीक नहीं है। आत्मविश्वास खोई हुई उस लड़की को देखकर, ज्योतिषी जी का बेटा उससे शादी करके उसे गर्भवती करने का निर्णय लेता है। वह सोचता है कि जब ग्यारहवें महीने में इसकी मृत्यु हो जाएगी तो वह निश्चिंत होकर अपनी प्रेमिका से शादी कर सकता है। परंतु उसकी प्रेमिका को यह निर्णय

क्रूर और स्वार्थी लगता है; किसी और की बलि देकर सुख उसे नामंज़ूर होता है। अंत में प्रेमिका आत्महत्या कर लेती है।

मैं ख़ुद भाग्य और ज्योतिष में विश्वास नहीं रखता और नास्तिक भी हूँ। भाग्य और ज्योतिष की भविष्यवाणी को अंतिम सत्य मानने वाले पात्रों को मैं मान्यता नहीं देता। हमारी उचित चर्चा के बाद जब कमलेश पांडे ने पटकथा को बढ़ाना शुरू किया, तो प्रेमिका की भूमिका का स्वतंत्र, विवेकशील और ताक़तवर होना और भी स्पष्ट होता गया। हमने दिखाना चाहा कि आत्महत्या से पहले उसने जो चिट्ठी लिखी, उसमें उसका चरित्र उजागर हो: 'यह मेरी आत्महत्या नहीं, मेरा इंकार है। उन सारे बंधनों के ख़िलाफ़ जो मुझ पर थोपे गए, कभी प्यार के नाम पर, कभी ममता के नाम पर और कभी अंधविश्वास के नाम पर! इसलिए मेरी यह मृत्यु किसी भविष्यवाणी का परिणाम नहीं, यह मेरा अपना चुनाव है। अपने लिए मौत चुनकर मैं यही कहना चाहती हूँ कि ज़िंदगी हर क़दम पर आदमी का अपना चुनाव है।'

चित्रा और कमलेश द्वारा लिखी गई इन पंक्तियों की स्पष्टता अगर खानोलकर जी जीवित होते, तो उन्हें भी पसंद आती। दीना बेन, डॉ. लागू, देविका मुखर्जी, अनिल चटर्जी, दीप्ति नवल, और मैं—हम एक-दूसरे से परिचित थे इसलिए शूटिंग बहुत ही मज़ेदार और अनौपचारिक माहौल में हुई। इसके लिए मैंने चिरेबंदी के हर कोने का इस्तेमाल किया। मेरे और दीप्ति के ख़ुद के अनुसार *अनकही* में उसने जो अभिनय किया है, वह अब तक का उसका सर्वश्रेष्ठ काम है। आज भी जब हम मिलते हैं तो वह *अनकही* के बारे में पूरे उत्साह से बातें करती हैं। जयदेव जी के अविस्मरणीय संगीत और आशा भोसले जी के अद्भुत योगदान के बारे में मैंने पहले भी लिखा है। भीमसेन जोशी जी द्वारा चिरेबंदी में रिहर्सल के दौरान गाये गए आलाप कई सालों तक उसके वातावरण में गूँजते रहे। जब जयदेव जी और भीमसेन जी को *अनकही* के लिए सर्वश्रेष्ठ संगीतकार और गायक का राष्ट्रीय पुरस्कार मिला तो मुझे फ़ख्र महसूस हुआ।

पुन:रिकॉर्डिंग की महारत रखने वाले प्रसिद्ध तकनीशियन मंगेश देसाई के बिना यह सब संभव नहीं था। जब तक वह हमारे बीच थे, मेरी सभी फ़िल्में उनके जादुई स्पर्श से ही पूरी होती थीं। उनसे जुड़ी एक ख़ास याद आज भी मेरे ज़ेहन में ताज़ा है। खानोलकर जी के मूल नाटक में एक दृश्य था, जिसमें गाँव से आई लड़की को स्विच दबाने पर पंखा घूमता देख डर के मारे ज़ोर का झटका लगता है। लेकिन *अनकही* में, मैं इस सीन को ध्वनि के आधार पर दिखाना चाहता था। मेरा विचार था कि उस सीन में किसी धातु से ख़रोंचने के बाद जिस तरह कठोर आवाज़ सुनाई देती है और शरीर में सिहरन दौड़ जाती है, उस तरह की ध्वनि

सुनाई दे। इसके लिए अभिनेता दोस्त विनोद मेहरा ने मुझे हार्ड-रॉक शैली में एक मेटेलिक संगीत का टुकड़ा बनाकर दिया था। उस ध्वनि के अचानक आघात से नायिका डर जाती है और अपने आप में सिमटकर बड़बड़ाने लगती है, मंत्रोच्चार करने लगती है। मुझे इस सीन में, ज़ोर से बजने वाला संगीत पार्श्व में और कोमल अस्फुट स्वर में बोले गए डायलॉग्स अग्रभाग में चाहिए थे। हालाँकि, जब मंगेश जी ने दीप्ति के शानदार अभिनय वाले इस सीन को देखा, तो उन्होंने रील को बीच में ही रोक दिया। फिर लगभग एक घंटे तक स्टूडियो में चुपचाप इधर-उधर टहलते रहे, किसी से एक शब्द भी नहीं कहा। फिर अपनी कुर्सी पर बैठते हुए उन्होंने मेरे सिर पर हल्की चपत मारी और मुस्कुराते हुए बोले, 'तू न अमोल कुछ न कुछ पागलपन करता रहता है!' उस पल उनकी आँखों की चमक ने मुझे मेरे पिताजी की याद दिला दी। अगले आधे दिन में उन्होंने उस रील की रिकॉर्डिंग बिल्कुल वैसे ही की, जैसे मैं चाहता था।

मंगेश जी के निधन के बाद मैंने उस स्टूडियो में दो और फ़िल्मों की पुन:रिकॉर्डिंग की। हर बार काम शुरू करने से पहले, मैं उनकी ख़ाली कुर्सी को हाथ से सहलाता और फिर काम शुरू करता। उस स्टूडियो में, जहाँ उनकी उपस्थिति हर कोने में फैली होती थी, वहाँ बाद में उनकी एक फ़ोटो तक का न होना मुझे हमेशा खलता रहा। यह स्टार सिस्टम की कुरूपता है कि अभिनेताओं को तो ख़ूब महत्व मिलता है, पर तकनीशियनों को हमेशा पीछे रखा जाता है। यह सोच मुझे हमेशा बेचैन करती रही।

विनोद मेहरा को *अनकही* की कहानी बहुत पसंद आई थी। उन्होंने फ़िल्म में एक तर्कवादी डॉक्टर की छोटी-सी, लेकिन महत्वपूर्ण भूमिका निभाई थी, जिसे उन्होंने दो दृश्यों में बेहद प्रभावी तरीक़े से प्रस्तुत किया। एक दिन मैं उनके साथ फ़िल्म की शूटिंग के लिए अस्पताल जा रहा था कि हमारी गाड़ी ट्रैफ़िक सिग्नल पर रुक गई। उनकी महंगी मर्सिडीज़ देखकर चौराहे पर खड़े आठ-दस बच्चे गाड़ी के पास आ गए और खिड़की से झाँककर अंदर देखने लगे। विनोद ने खिड़की का शीशा नीचे किया और बच्चों को हँसते हुए 'टाटा' बोला। वहीं मैं अपना चेहरा छिपाने की कोशिश कर रहा था। बच्चों ने हमें पहचान लिया और ज़ोर से शोर मचाया। विनोद को मेरी ऐसी प्रतिक्रिया पर काफ़ी आश्चर्य हुआ। उन्होंने मुझसे कहा, 'यार, तू छिपने की कोशिश क्यों कर रहा है? यह भीड़ ही तो हमारी ज़िंदगी है। कल अगर यही न रही, तो पता नहीं हमारा क्या होगा।' विनोद की यह बात मेरे दिल में घर कर गई। फ़िल्म इंडस्ट्री के लोग हमेशा मुझे यही सिखाने की कोशिश करते रहे कि अपनी छवि को और ऊँचा करना चाहिए, स्टारडम बनाए रखना

चाहिए, इसके लिए निरंतर कोशिश करनी चाहिए और हमेशा सुर्खियों में रहना चाहिए। लेकिन ये बातें मुझे कभी रास नहीं आईं, और न ही मैंने इन्हें ज़रूरी समझा। सिर्फ़ लोकप्रियता और आर्थिक सफलता के तराज़ू पर इंसान को आंकने का नज़रिया मुझे कभी सही नहीं लगा।

अब समझ में आता है कि *अनकही* से ही मैंने पुरुष-प्रधान वर्चस्व और उसके पीछे छिपे पुराने विचारों को तोड़ने का काम शुरू किया था। इस प्रयास में मैंने फ़िल्म की दोनों महिला पात्रों को और भी सशक्त और प्रभावशाली बनाने के लिए जान-बूझकर मुख्य पुरुष पात्र को स्वार्थी, धोखेबाज़ और कमज़ोर रूप में प्रस्तुत किया। आगे चलकर मेरी फ़िल्मों की महिला पात्र और भी ज़्यादा परिपक्व, आत्म-निर्भर और मज़बूत होती गईं।

अनकही के बाद, किसी नाटक को फ़िल्म में बदलने का मेरा दूसरा प्रयास *अनाहत* (२००३) था। यह फ़िल्म सुरेन्द्र वर्मा के हिन्दी नाटक *सूर्य की अंतिम किरण से सूर्य की पहली किरण तक* पर आधारित थी। मैंने तीन दशक पहले इस नाटक का मराठी अनुवाद रंगमंच पर प्रस्तुत किया था। 'हालाँकि यह नाटक कमानी रंगमंच में प्रभावी रूप से प्रस्तुत किया गया था, लेकिन वास्तव में यह एक फ़िल्म की कहानी है, और मैं इसे फ़िल्म के रूप में बनाना चाहूँगा।' मैंने सुरेन्द्र वर्मा से कहा और उन्होंने मेरा प्रस्ताव स्वीकार कर लिया।

मैंने मराठी रंगमंच के लिए नाटक के निर्माण के दौरान भी मूल कहानी में बदलाव किए थे। अब इसमें फ़िल्म के अनुसार और बदलाव की अनुमति भी सुरेन्द्र वर्मा जी ने दे दी। *अनाहत* मेरे लिए बेहद ख़ास है, न केवल इसकी बेहतरीन दृश्यात्मकता तथा अंतरराष्ट्रीय ख्याति के कारण, बल्कि इसलिए भी, क्योंकि यह वह पहली फ़िल्म थी जिसे संध्या और मैंने मिलकर बनाया था।

बीसवीं सदी के अंत में, मैंने और संध्या ने एक साथ जीवन बिताने की शुरुआत की। हमारे पास मुंबई में घर ख़रीदने के लिए पैसे नहीं थे। पुरानी यादों को पीछे छोड़ हमने पुणे जाने का फ़ैसला किया; उस घर में जिसे संध्या ने अमेरिका में रहते हुए ख़रीदा था। यह वैसी ही शुरुआत थी जैसी शुरुआत मैंने चित्रा के साथ गामदेवी में की थी। फ़र्क़ सिर्फ़ इतना था कि पहली शुरुआत के दौरान एक शांत नदी के प्रवाह में बह रहे थे; पर इस शुरुआत में संध्या और मुझे एक तूफ़ानी और अनन्त समुद्र में, बिना किसी दिशा या सहारे के अपनी जीवन नैया खेनी थी। मेरे पास जो एकमात्र ताक़त थी वह था संध्या का मुझ पर अटूट प्रेम।

तब चार-पाँच साल तक मैं चाहता था कि संध्या मेरे साथ सृजनात्मक यात्रा करे। और यह तभी संभव था जब वह मुंबई छोड़ती, वरना तो वह दिन-रात अपने

वकालत के पेशे में ही उलझी रहती। इसी दौरान मैंने उसे *अनाहत* की स्क्रिप्ट लिखने के लिए प्रेरित किया।

अनाहत की कहानी एक नपुंसक राजा की है, जो राज्य को उत्तराधिकारी न दे पाने के कारण अपनी रानी को एक रात के लिए किसी अन्य पुरुष के साथ शारीरिक संबंध बनाने की आज्ञा देता है। उस रात के अनुभव से रानी पूरी तरह संतुष्ट होती है। इस नाटक की सरल एकरेखीय (*mono-dimensional*) स्त्री-पुरुष संबंधों वाली कथा को पढ़ते ही संध्या ने कई महत्वपूर्ण सवाल उठाए: भले ही संतान न हो, राजा और रानी के बीच गहरा संबंध तो हो सकता है। राजा की उत्तराधिकारी पाने की इच्छा के पीछे राजनीतिक कारण रहा होगा; एक पुरुष होने के नाते, राजा को अपनी पत्नी को किसी और पुरुष के पास भेजना अच्छा नहीं लगा होगा—फिर उसने यह आदेश कैसे दे दिया? क्या सत्ता के समीकरण उसकी व्यक्तिगत भावनाओं से अधिक महत्वपूर्ण थे? अगर नियोग के बाद भी रानी गर्भवती नहीं होती तो क्या होता? या अगर बेटी का जन्म होता, तो क्या उसे सिंहासन पर बैठाया जाता?

संध्या और डॉ. समीर कुलकर्णी ने मिलकर इस कथा को समकालीन स्त्रीवादी दृष्टिकोण से पेश किया और दर्शकों ने इसे बहुत सराहा। महज़ बत्तीस पन्नों की पटकथा से तेईस दिनों की लगातार शूटिंग के बाद, *अनाहत* जैसी सिर्फ़ नब्बे मिनट वाली बेजोड़ फ़िल्म का जन्म हुआ।

हमने ईसा पूर्व सोलहवीं शताब्दी में हम्पी में बने भव्य पत्थरों के मंदिरों के बीच, वहाँ की विशाल बावली के आसपास शूटिंग करने का फ़ैसला लिया। लेकिन यूनेस्को द्वारा विश्व धरोहर घोषित की गई इस प्राचीन संरचना में शूटिंग की अनुमति पाना बेहद कठिन था। कई शर्तें मानने के बाद हमें इसकी इजाज़त मिली, जैसे कि दीयों में तेल का इस्तेमाल नहीं करेंगे, रंगोली में रंगों के बजाय असली फूलों का प्रयोग करेंगे, खंभों पर कील ठोकने के बजाय अन्य तरीक़े से पर्दों को लटकाएंगे। ताज़ा फूलों के लिए हमें रोज़ाना तड़के ही, बीस किलोमीटर दूर लगने वाले बाज़ार में फूलों की नीलामी में हिस्सा लेकर उन्हें ख़रीदना पड़ता था। पर्दों के सहारे तेज़ धूप को रोकने के लिए, आसपास के गाँवों से हाथ से बुने कपड़े मंगवाए गए। हमारे दिए हुए वचनों और उस संरचना के प्रति सम्मान के चलते हमने अथक मेहनत की।

उस ऐतिहासिक धरोहर की गरिमा को ध्यान में रखते हुए, उस समय के अनुरूप रेशमी वस्त्रों का उपयोग किया गया, जिससे फ़िल्म का सौंदर्य दोगुना हो गया। उस समय की शैली के असली सोने के आभूषणों की व्यवस्था एक युवा जौहरी

दंपति ने की थी, जो फ़िल्म के कुल बजट से दस गुना महंगे थे। चूँकि आभूषणों की देखभाल और सुरक्षा की ज़िम्मेदारी भी उन्हीं पर थी, हम बेफ़िक्र थे।

{ १३ }

सोनाली बेंद्रे ने रानी की भूमिका के लिए पूरी तरह से ख़ुद को समर्पित कर दिया। निस्संदेह यह उनके करियर की सबसे महत्वपूर्ण भूमिकाओं में से एक है। इस भूमिका की गहराई, ठहराव और वह साहस, जिसके ज़रिए वह अब तक अतृप्त रही अपनी इच्छाओं को खुलकर व्यक्त करती है, सोनाली ने इन सभी भावनाओं को बेहद स्वाभाविक और सुंदर ढंग से निभाया। वह दृश्य, जब रानी महल में लौटकर ख़ुद से यह सवाल करती है, 'ऐसा होता है पुरुष?', और अपने शरीर से हल्के से वस्त्र उतारती है, उस पल में उनके द्वारा दिखाए गए समागम के सुख से तृप्त भाव दर्शकों को सम्मोहित कर लेते हैं। हाल ही में सोनाली को ओटीटी पर *ब्रोकन न्यूज़* में देखकर फिर से उनके अद्भुत अभिनय कौशल का अहसास हुआ। *अनाहत* में उनके साथ अनंत नाग और दीप्ति नवल ने भी पूरी निष्ठा से अपनी सहायक भूमिकाएं निभाईं।

संध्या ने उस समय के अनुरूप ध्रुपद शैली के ख़ास रागों को स्क्रिप्ट में बख़ूबी पिरोया था। उदय भवाळकर जैसे महान गायक की गायकी और रुद्रवीणा की गूँजती ध्वनि ने दृश्यों की तीव्रता को अद्भुत गहराई दी। नियोग के लिए जाने का उत्सवी सीन सिर्फ़ पखावज की धुन के साथ टुकड़ों में जोड़कर तैयार किया गया था। *अनाहत* का संगीत उसकी एक बड़ी ताक़त था।

हमने एक महत्वाकांक्षी निर्णय लिया कि फ़िल्म को पारंपरिक सिंगल-स्क्रीन सिनेमाघरों में न दिखाकर केवल नए मल्टीप्लेक्स सिनेमा में ही प्रदर्शित किया जाए। फ़िल्म का विषय, बेहतरीन छायाचित्रण और कलात्मकता को देखते हुए हमें यक़ीन था कि यह जोखिम उठाया जा सकता है। इसके अलावा, ग़ैर-मराठी दर्शकों को भी आकर्षित करने के लिए अंग्रेज़ी सब-टाइटल्स के साथ फ़िल्म को रिलीज़ करने का फ़ैसला किया गया। टिकट की क़ीमत सौ-डेढ़ सौ रुपए तक थी, जोकि तब महंगी मानी जाती थी। फिर भी दर्शकों ने *अनाहत* को अपना भरपूर प्यार दिया। फ़िल्म ने उनतीस अंतरराष्ट्रीय महोत्सवों की यात्रा की और ख़र्च से तीन गुना ज़्यादा कमाई की। *अनाहत* ने कलात्मक और आर्थिक सफलता दोनों हासिल करते हुए साठ हफ़्ते पूरे किए। जया बच्चन के हाथों से सभी कलाकारों और तकनीशियनों को सम्मानित किया गया, साथ ही उन्हें फ़िल्म की कमाई में हिस्सेदारी देकर अतिरिक्त पारिश्रमिक भी दिया गया। यह एक अनोखी परंपरा थी।

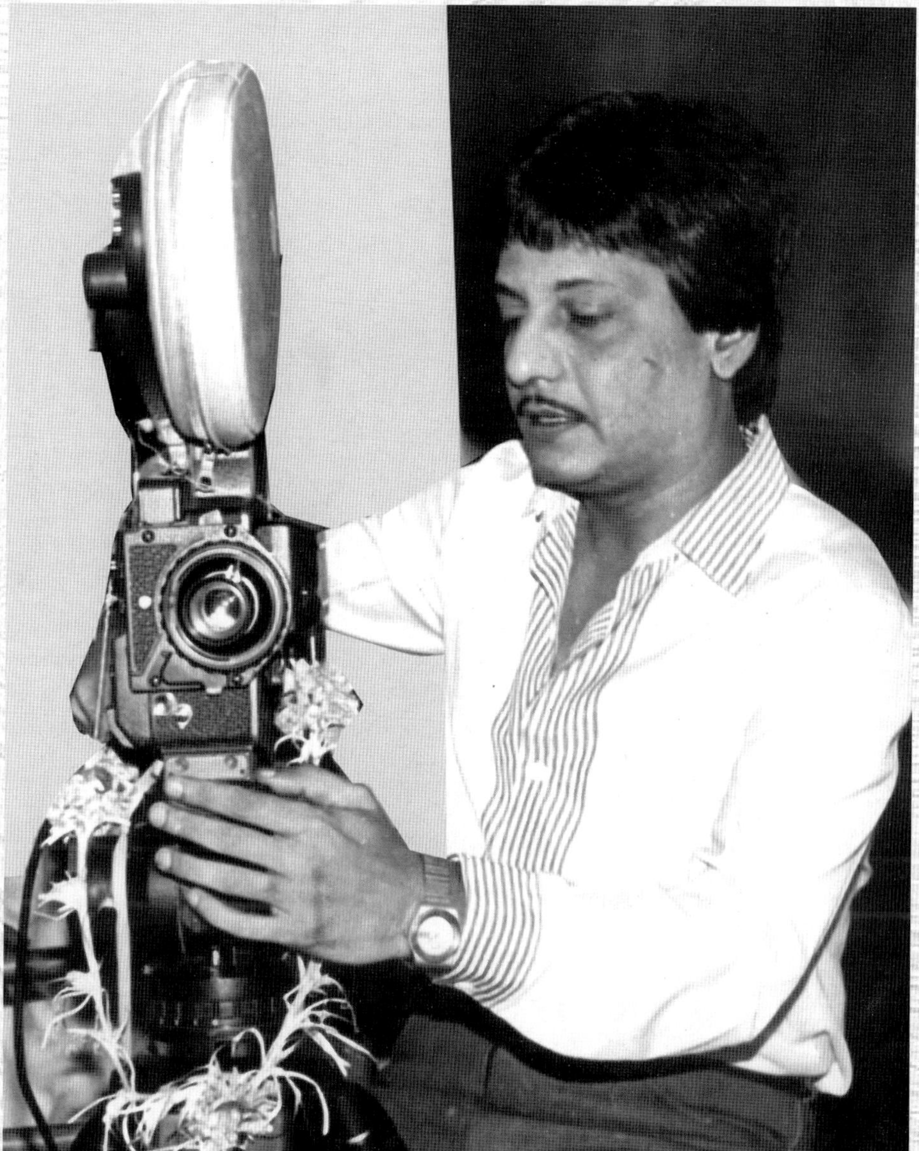

अनकही (१९८५) की शूटिंग में इस्तेमाल हुआ १६ एमएम कैमरा

(२०००)

(२००२)

(१९८०)

(२००६)

(२०११)

(२०१०)

(१९८५)

(२००९)

(२००६)

(२००३)

(२००८)

(१९९०)

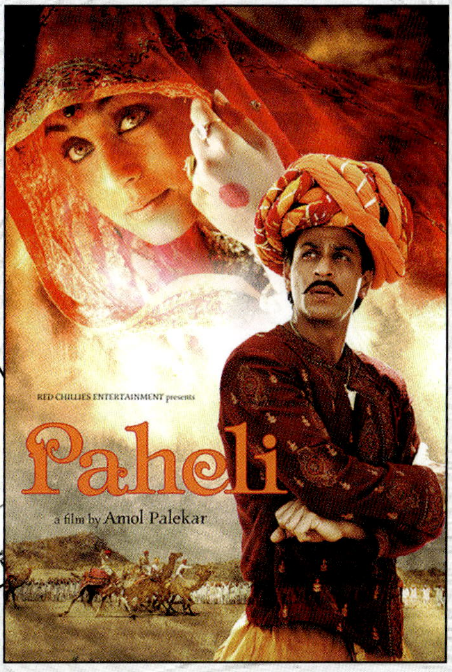

(२००५)

(१९९५)

(१९९६)

(२०१३)

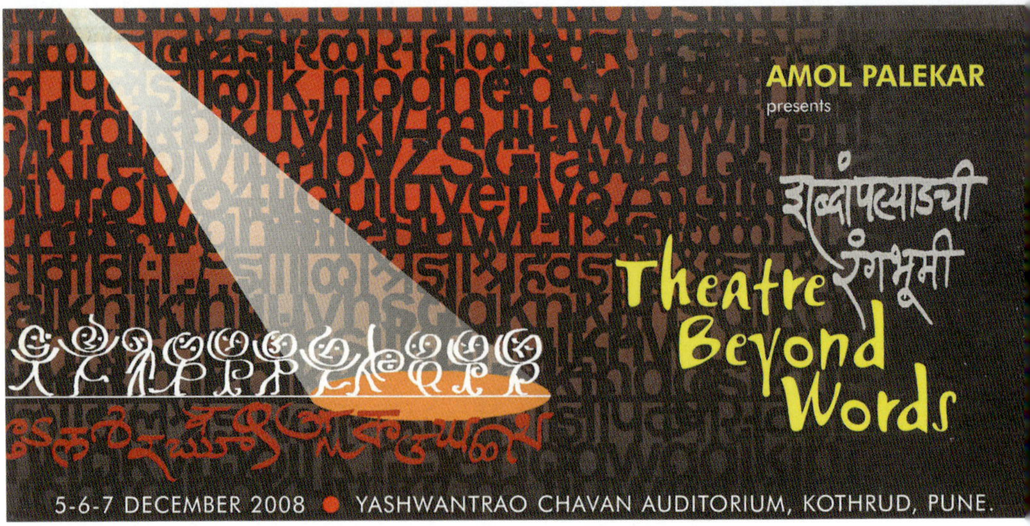

पुणे में थिएटर
फ़ेस्टिवल
(२००४-०८)

बादल सरकार
नाट्यमहोत्सव
पुणे – ऑगस्ट २००४

Amol Palekar presents
RANGSANGEET
MAHOTSAV
रंगसंगीत
महोत्सव २००७
Stall Rs. 150/-

विजय तेंडुलकर और गिरीश कर्नाड के साथ (२००५)

दामू केंकरे और नाना पाटेकर के साथ (२००५)

सत्यदेव दुबे, सुलभा देशपांडे और गोविन्द निहलानी के साथ (२००५)

अनाहत के बाद हमने फ़ैसला लिया कि पिछली फ़िल्म से हुई कमाई को अगले प्रोजेक्ट के लिए निवेश करते हुए अपनी फ़िल्में ख़ुद बनानी हैं। इससे मुझे एक आत्मनिर्भर दिशा मिली। उस दौर को मैं प्यार से 'संध्या-पश्चात युग' कहता हूँ। चूँकि इससे पहले की ज़्यादातर कलाकृतियाँ दूरदर्शन या एनएफ़डीसी की मदद से बनी थीं, यह दृष्टिकोण मेरे लिए पूरी तरह से नया था। तीसरे व्यक्ति पर आर्थिक रूप से निर्भर रहने से आने वाली असुरक्षा कितनी घातक हो सकती है, इसका कड़वा अनुभव मुझे पहले ही हो चुका था। ख़ासकर *अनकही* के दौरान बाज़ार से पैसा उठाने पर मुझे वित्तीय बोझ का काफ़ी ज़्यादा अनुभव हुआ। इसी तरह, *बनगरवाडी* की आधी शूटिंग के बाद निर्माता ने ख़ुद को कंगाल दिखाते हुए अपने हाथ खींच लिए। बाहरी पैसे पर भरोसा करना कलात्मक प्रक्रिया में बाधा डालता है क्योंकि इससे असुरक्षा की भावना आती है और यह कलात्मक स्वायत्तता को कमज़ोर करता है। ये सब घटनाएं मेरे लिए गहरे घाव हैं।

संध्या ने हमारी इस नई शुरुआत में ही आर्थिक ज़िम्मेदारियों का पूरा भार अपने कंधों पर उठा लिया था, जिससे मुझे असीम मानसिक शांति मिली। अब मुझे यह चिंता नहीं रहती कि फ़िल्म के लिए पैसा कहाँ से आएगा, फ़िल्म पूरी होगी या नहीं, या बीच में अटकी फ़िल्म को कैसे आगे बढ़ाना है। इस शांति से मेरी सृजनात्मक क्षमता को नई ऊर्जा मिली। *अनाहत* की कमाई से तुरंत *पहेली* की शुरुआत हुई।

राजस्थानी साहित्यिक जगत में विजयदान देथा को 'बिज्जी' के नाम से जाना जाता था। उनका मौखिक और स्थानीय परंपराओं का संरक्षित व्यापक साहित्य पढ़ने पर हमें एक अद्भुत ख़ज़ाना मिला। उनकी कहानियों में महिलाओं पर हो रहे अन्याय, आर्थिक असमानता के सामाजिक प्रभाव, मानवीय छल-कपट, और पितृसत्ता को बढ़ावा देने वाली परंपराओं पर तीखा प्रहार किया गया था। बिज्जी ने अपनी ख़ास शैली में इन सदियों पुरानी सामाजिक बुराइयों के ख़िलाफ़ जमकर आवाज़ उठाई थी। उनकी पाँच-छह पसंदीदा कहानियों के अधिकार लेने के लिए हम जोधपुर पहुँचे। बिज्जी के साथ छोटे-छोटे गाँवों की यात्रा की। वहाँ की भव्य हवेलियाँ, उनकी दीवारों पर बने चित्र, राजस्थान के प्राकृतिक सौंदर्य और विविधता को देखते हुए *पहेली* की रूपरेखा हमारे मन में निश्चित रूप लेने लगी। राजस्थान का रंग, उसकी महक, वहाँ का संगीत, कला, नक्काशी, संगमरमर की खानें, रेगिस्तान की रेत, आभूषण, वेशभूषा, और वहाँ का चैतन्य से भरा परिवेश—इन सभी तत्वों को आत्मसात करने के लिए हम बार-बार वहाँ जाते रहे और उन अनुभवों को पटकथा में उतारते गए।

दुविधा नामक मूल कहानी पर मणि कौल ने पहले ही एक बढ़िया फ़िल्म बनाई थी, जिसमें उन्होंने गाँव की महिलाओं की व्यथा को उकेरा था। इसके विपरीत, संध्या इस कहानी को 'स्त्री की फंतासी' के दृष्टिकोण से पेश करना चाहती थी। बिज्जी से विस्तार में बातचीत करके, कथा में किए जाने वाले बदलावों की शर्तों के साथ, संध्या ने उनकी अनुमति प्राप्त की।

कहानी में एक भूत बारात के साथ ससुराल आई एक नव विवाहिता के प्रेम में पड़ जाता है। उसी रात व्यापारी पति अपनी नई-नवेली दुल्हन को छोड़ व्यापार के सिलसिले में दूर चला जाता है। पति का रूप धारण कर भूत दुल्हन के पास आता है और अपने प्रेम का इज़हार करता है। पर वह दुल्हन को धोखा नहीं दे पाता और ईमानदारी से उसे बताता है, 'मैं भूत हूँ, तुम्हारा पति नहीं। मेरी प्रीत सच्ची है। अगर तुम न कहोगी, तो मैं चला जाऊँगा।' इस तरह का प्रेम दुल्हन ने कभी अनुभव नहीं किया था, न ही कभी किसी ने उसकी राय पूछी थी। निर्णय लेने की स्वतंत्रता का अनुभव भी उसने पहले कभी नहीं किया था। यह प्रेम और वास्तविकता के बीच का संघर्ष उसे एक पेचीदा स्थिति में डाल देता है, जो कहानी को प्रतीकात्मक ऊँचाई पर ले जाता है। इस ऊँचाई को अंत तक बनाए रखते हुए, कहानी को समकालीन संदर्भ देना संध्या का अहम योगदान था। मूल कहानी में नए पात्रों और घटनाओं को जोड़कर, कई बदलाव करने के साथ-साथ संध्या ने अंत को बदलकर कथा को एक स्वायत्त स्वरूप दिया।

कहानी के दूसरे भाग में एक चरवाहा पति और भूत की असलियत जानने के लिए एक शर्त रखता है। अंत में भूत सच्चे प्रेम के लिए ख़ुद को क़ैद होने देता है। असली पति जब पत्नी के पास वापस लौटता है, तो सब रिश्तेदार दुल्हन को यही दिलासा देते हैं कि, 'भूत ने तुम्हारे साथ छल किया, इसमें तुम्हारा कोई दोष नहीं है।' मूल कहानी में, पत्नी भी इस सांत्वना के पीछे छिपकर वास्तविकता को स्वीकार कर लेती है। गोद में सो रही बेटी की ओर देखते हुए 'बिज्जी' माँ की ओर से लिखते हैं, 'अगर यह बच्ची बड़ी होकर औरत का ऐसा जीवन न जिए, तो माँ की सारी तक़लीफ़ें सार्थक हो जाएंगी। इस तरह तो जानवर भी अपनी मर्ज़ी के ख़िलाफ़ इस्तेमाल नहीं होते; एक बार तो वे भी सिर हिला ही देते हैं। लेकिन औरतों की अपनी मर्ज़ी होती ही कहाँ है?'

पर संध्या द्वारा गढ़ी गई माँ, अपनी बेटी से कहती है, 'तुझमें निर्णय लेने और उसे निभाने की क्षमता हो।' और वह अपने पति के सामने यह भी क़ुबूल करती है, 'भूत ने मुझे धोखा नहीं दिया, बल्कि मैंने ख़ुशी से उसे स्वीकार करने का निर्णय लिया था।' वह झूठ बोलकर भूत के अथाह प्रेम को धोखा नहीं देती। बल्कि, वह सच बोलते हुए अपने निर्णय के परिणाम भुगतने के लिए तैयार एक सशक्त

महिला के रूप में अपने पति के सामने खड़ी होती है। उसकी इस ताक़तवर छवि से मोहित होकर अगर भूत फिर से असली पति के शरीर में वापस नहीं आता तो ही आश्चर्य की बात होती।

पहेली की पटकथा में समाज द्वारा दबाई गई महिला के मुक़ाबले अपने निर्णयों से ख़ुद की ज़िंदगी बदल सकने वाली नई महिला का रूप दिखाया गया है। साथ ही, परंपरागत सोच में पला-बढ़ा एक व्यावहारिक पति बनाम पत्नी के मन में प्रेम बरसाने वाला सच्चा प्रेमी, इस द्वंद्व को बिज्जी ने भी बेहद पसंद किया। उन्होंने खुले दिल से कहा, 'अगर यह मुझे पहले सूझा होता, तो मैं भी मेरी कहानी का अंत इसी तरह करता।' उस समय मुझे बादल सरकार और सदानंद रेगे जैसे महान लेखकों की याद आ गई। अपने शब्दों में नए अर्थ खोजने वाले, दूसरों के प्रति संवेदनशील और विशाल मनोवृत्ति का परिचय बिज्जी ने दिया था। उनकी शाबाशी का तोहफ़ा लेकर, हम आगे की तैयारी में जुट गए।

कहानी की संगीतमय धारा को लोककथा की शैली से जोड़ते हुए, हमने उस समय के प्रसिद्ध संगीतकार इस्माइल दरबार से संपर्क करने का फ़ैसला लिया। लेकिन कुछ ही बैठकों में उनकी सीमाएं स्पष्ट हो गईं। हमें यह संदेह होने लगा कि क्या वाक़ई उन्होंने *हम दिल दे चुके सनम* और *देवदास* जैसी फ़िल्मों की अविस्मरणीय धुनें बनाई थीं। इन दो फ़िल्मों के बाद जब संजय लीला भंसाली ने संगीत निर्देशक के तौर पर अपना ख़ुद का नाम देना शुरू किया, तो बात साफ़ हो गई।

इसके बाद हमने तेलुगु और तमिल फ़िल्मों के प्रसिद्ध संगीतकार एम.एम. क्रीम की ओर रुख़ किया। उन्होंने *बाहुबली* और *RRR* जैसी सुपरहिट फ़िल्मों का संगीत दिया है और '*नाटू नाटू*' गाने के लिए उन्हें ऑस्कर भी मिल चुका है। लेकिन उससे पहले भी हमने उनके भारतीय और पाश्चात्य संगीत के अद्भुत मेल का अनुभव किया था। क्रीम सर को मेरी फ़िल्मों के प्रति गहरा सम्मान था। हमने कई बार उनके साथ बैठकर मराठी गाने याद किए और गाए, उनके द्वारा तैयार की गई नई धुनें गुनगुनाईं।

संध्या और क्रीम सर के बीच की दोस्ती आज भी बरक़रार है। संध्या हिंदुस्तानी रागों पर आधारित गानों के दृश्य समझातीं, तब क्रीम सर हमें हारमोनियम पर दो-तीन अलग-अलग धुनें बजाकर सुनाते थे। मेरी पहले की फ़िल्मों में हमेशा पहले शब्द और फिर धुनें बनाई जाती थीं। यहाँ हमारा सफ़र उल्टा था। हमने शर्त रखी कि सारा संगीत लाइव वाद्य बजवाकर रिकॉर्ड किया जाएगा, और उसमें कोई सिंथेसाइज़र की कृत्रिम ध्वनि नहीं होगी। क्रीम सर ने इसे पहले ही स्वीकार कर लिया था। गानों में कौन-कौन से राजस्थानी वाद्यों का इस्तेमाल

करना चाहिए, इस पर काफ़ी चर्चा हुई। क्रीम सर ने राग जोगकौंस में '*ख़ाली हैं तेरे बिना दोनों अँखियाँ, तुम गए कहाँ?*' गाने में जिस तरह रावणहत्था और चेलो का मेल बैठाया है, उससे उनके संगीत निर्देशन की महानता समझ में आती है। हमारे सुझावों पर सोनू निगम, कलापिनी कोमकली और श्रुति सडोलीकर जैसे प्रसिद्ध गायकों के साथ-साथ बेला शेंडे जैसी नई गायिका को भी उन्होंने चुना। क्रीम सर ने खुले दिल से संध्या से कहा, 'भाभी जी, *पहेली* का संगीत जितना मेरा है, उतना ही आपका भी है।' ऐसी उदारता बहुत कम देखने को मिलती है।

गानों की धुन लेकर हम गुलज़ार साहब के पास गए। उनकी भाषा पर पकड़, शैली, चुने हुए शब्द, नज़ाकत, संवेदनशीलता और परिपक्वता उनके गीतों में स्पष्ट दिखती है। स्क्रिप्ट के हृदयस्पर्शी क्षणों को देखकर उन्होंने लिखा, '*याद है क्या तुझे, राह की बेरियाँ,*' '*तेरे रूप की हल्की धूप में, दो ही पल हैं जीने हैं।*' या '*जा-जा, न डाल पहेली, बरसों के बाद सहेली, जगने की रात आई है/ देखा करती थी सपना, सपने को आख़िर अपना कहने की रात आई है*', इन सुंदर शब्दों ने क्रीम सर की मधुर धुनों को नया जीवन दिया। रिकॉर्डिंग के समय गुलज़ार जी ख़ुद मौजूद रहते और गायकों के उच्चारण पर ख़ास ध्यान देते थे।

वेशभूषा और सेट डिज़ाइन पर भी काम जारी था। अहमदाबाद के कैलिको म्यूज़ियम में जाकर और फिर पुरानी दिल्ली की तंग गलियों में कारीगरों से कपड़े और कढ़ाई के नमूने इकट्‌ठा करते हुए, संध्या और उसकी दोस्त नीना पारिख दिन-रात मेहनत कर रही थीं। तब तक मैं अलग-अलग भूमिकाओं के लिए नए कलाकारों के बारे में सोच रहा था। शुरू में मेरे दिमाग़ में बंगाली अभिनेता जिशु सेनगुप्ता और शर्मिला टैगोर की बेटी सोहा अली खान थे। तभी मुख्यधारा के एक बड़े निर्माता ने इस फ़िल्म को बनाने की इच्छा जताई, लेकिन उन्हें स्टार चेहरों की ज़रूरत थी। संध्या ने स्क्रिप्ट लिखते समय शाहरुख खान और रानी मुखर्जी को ध्यान में रखा था और उनके नाम सुनते ही उस निर्माता ने तुरंत फ़िल्म को अपने हाथ में ले लिया। शाहरुख खान को उनके ऑफ़िस में स्क्रिप्ट सुनाई गई। मैंने कहा, 'डबल रोल की भूमिकाएं काले-सफ़ेद वाली नहीं हैं, बल्कि उन दोनों में सफ़ेद की ही विभिन्न छटाएं हैं। उन्हें साकार कर सकने वाले सक्षम अभिनेता की मुझे ज़रूरत है।' इस पर शाहरुख ने एक और सिगरेट जलाई; फिर हमारा अब तक किया गया काम, गाने और फ़िल्म का ढाँचा देखा, और उनका छिपा हुआ बिज़नेसमैन जाग गया। उन्होंने पूछा, '*Would you mind if I produce this film?*' उनके इस सवाल से मैं स्तब्ध रह गया। इसके बाद, उन्होंने हमारे निर्माता से डील कर फ़िल्म के निर्माण अधिकार ख़रीद लिए और रेड चिलीज़ एंटरटेन्मेंट *पहेली* का निर्माता बन गया। अगली मुलाक़ात में यह साफ़ दिखा

कि उन्होंने स्क्रिप्ट की ख़ूबियों का गंभीरता से और बारीक़ अध्ययन किया था। इतना ही नहीं सभी भूमिकाओं के लिए उन्होंने मेरे पसंद किए कलाकारों का चयन किया।

स्पेशल इफ़ेक्ट्स शाहरुख खान का पसंदीदा विषय था, इसलिए कठपुतलियों के एनिमेटेड प्रसंग, भूत की जादुई हरकतें और अंत में चरवाहे के साथ वाले सीन्स में उन्होंने गहरी दिलचस्पी लेना शुरू किया। मैं भी पुरानी हिन्दी फ़िल्मों में डबल रोल दिखाने वाले सीन सीमित तकनीकों के साथ दिखाना नहीं चाहता था। जब भूत और पति आमने-सामने आते हैं, तो मैंने उन्हें नई शैली में फ़िल्माने का इरादा किया था; हर शॉट का स्टोरीबोर्ड तैयार किया था। वह सब शाहरुख ने मुझसे लेकर बारीक़ियों के साथ समझा। मुझे जो स्वप्निल माहौल चाहिए था, उसे साकार करने के लिए शाहरुख ने निर्माता के रूप में कोई क़सर नहीं छोड़ी। हर कलाकार के बेहतरीन अभिनय के कारण फ़िल्म का हर फ्रेम ख़ूबसूरत बना। शाहरुख की गहरी तन्मयता के कारण फ़िल्म सिर्फ़ छियालीस दिनों में पूरी हो गई।

इस पूरे समय में, एकमात्र असहमति की आवाज़ फ़िल्म की कोरियोग्राफ़र फराह खान की ओर से आती रही। मैंने पारंपरिक राजस्थानी लोक शैली पर आधारित नृत्य की कल्पना की थी, लेकिन बॉलीवुड स्टाइल में गानों की शूटिंग शुरू होते ही मैं परेशान हो गया। इसके अलावा, मुझे बिल्कुल पसंद नहीं कि कोई जूनियर कलाकारों और सहायकों से अपशब्द इस्तेमाल कर बात करे। धीरे-धीरे, फ़िल्म इंडस्ट्री में मेरे बारे में फ़िल्मी गॉसिप फैलने लगी। शाहरुख के क़रीबी दोस्तों को इस 'अलग' फ़िल्म में उनका यह जुड़ाव पसंद नहीं आया था; उनका मूँछों वाला अंदाज़ भी खटक रहा था। फ़िल्म के फ्लॉप होने की बातें की जाने लगीं।

फ़िल्मी पत्रिकाओं में मज़ाक़िया अंदाज़ में नकारात्मक ख़बरें फैलाई जा रही थीं। मेरे शुभचिंतकों और मेरी तकनीकी टीम ने मुझे इसका जवाब देने का सुझाव दिया, लेकिन मुझे इसकी ज़रूरत महसूस नहीं हुई। मेरा उद्देश्य था कि मेरी फ़िल्म मेरे अनुसार, बिना किसी बदलाव के पूरी हो, और ऐसा ही हुआ।

अपने पूरे करियर में मैंने ख़ुद को कभी इंडस्ट्री के पावर प्ले और गॉसिप में शामिल नहीं किया और लगातार अपना संतुलन बनाए रखा। इसी वजह से, मेरे और इंडस्ट्री के बीच की दूरियाँ कभी कम नहीं हुईं। *पहेली* इस बात का प्रमाण थी कि अच्छी योजना के साथ कम ख़र्च में भी इतनी भव्य फ़िल्म बनाई जा सकती है। उस समय की बड़ी-बड़ी ख़र्चीली फ़िल्मों की तुलना में, हमने इस फ़िल्म को इतने कम बजट में बनाया था कि प्रदर्शित होने से पहले ही विभिन्न अधिकारों की बिक्री से निर्माता को दोगुना मुनाफ़ा हो गया था।

फ़िल्म का प्रीमियर बड़े धूमधाम से हुआ। मेरे सभी दिग्गज दोस्तों ने फ़िल्म की भरपूर प्रशंसा की। श्याम बेनेगल और जावेद अख्तर साहब ने तो कहा, 'यह फ़िल्म भारतीय संस्कृति का ऐसा सजीव और दिलचस्प चित्रण है कि यह ऑस्कर जीतने का सपना पूरा कर सकती है।' फ़िल्म ऑस्कर के लिए नामांकित भी हुई। हालाँकि, न शाहरुख ने इसके लिए ज़्यादा प्रयास किए, और न ही हमें इसमें ख़ास दिलचस्पी थी।

पहेली की तरह ही मैंने साहित्यिक कलाकृतियों पर आधारित दो और फ़िल्में बनाईं—*बनगरवाडी* (१९९५) उपन्यास से और *कैरी* (२०००) लघु कहानी से प्रेरित थी। लेकिन दो अन्य प्रयास अधूरे रह गए।

पहला अधूरा प्रस्ताव प्रसिद्ध संगीतकार हृदयनाथ मंगेशकर जी से आया था। उन्होंने नामचीन मराठी लेखक चारुता सागर की कहानी *दर्शन* पर एक मराठी फ़िल्म बनाने का विचार किया था। मुझे भी यह कहानी बहुत पसंद थी। हम दोनों ने निर्णय लिया कि पटकथा व्यंकटेश माडगूळकर जी से (सब उन्हें प्यार से 'तात्या' बुलाते थे) लिखवाएंगे। मैं अपनी जेब से पैसे ख़र्च कर तात्या और चारुता सागर को सौंदत्ती गांव में ले गया। वहाँ दो-चार दिन गुज़ारे। हमने देवी येल्लम्मा की पूजा के लिए समर्पित विभिन्न प्रकार की आध्यात्मिक प्रथाओं और समारोहों का अवलोकन करते हुए इस क्षेत्र के बारे में व्यापक रूप से पता लगाया। जब मैं अपना शेड्यूल लेकर तात्या से बात करने गया तो उन्होंने सलाह दी, 'पहले मंगेशकर जी से लेन-देन की बात कर लो; फिर हम देख लेंगे।' मैं हृदयनाथ जी को संभावित योजना और बजट की जानकारी देने के लिए पहुँचा। उन्होंने कहा, 'लता दीदी के जन्मदिन के शुभ अवसर पर फ़िल्म की घोषणा कर देते हैं।' उन्होंने मुझे एक समारोह में अपने घर 'प्रभुकुंज' आने का निमंत्रण दिया। पर न तो समारोह में और न ही उसके बाद फ़िल्म की घोषणा हुई। जब यह बात मैंने तात्या को बताई तो उन्होंने मुस्कुराते हुए कहा, 'इसीलिए मैंने कहा था कि पहले मंगेशकर जी से बातचीत करो।' उनकी वह मुस्कुराहट काफ़ी कुछ कह गई। बाद में, न तो मंगेशकर जी ने कभी भी हमारी बातचीत के दौरान *दर्शन* पर कोई बात की और न मैंने कभी बात निकाली।

कई साल बाद, *अनाहत* के दौरान मेरे सहायक रहे राजीव पाटील ने प्रसिद्ध लेखक राजन गवस की *चौंडकं* और *भंडारयोग*, के साथ-साथ चारुता सागर की *दर्शन* पर आधारित *जोगवा* नामक एक अद्भुत फ़िल्म बनाई। राजीव ने इसे एक प्रेम कहानी के रूप में पेश किया और बेहतरीन संगीत के साथ इसे प्रस्तुत किया, जिससे *जोगवा* अत्यधिक लोकप्रिय हो गई। निस्संदेह फ़िल्म के लिए मेरे मन में एक अलग दृष्टिकोण था। मुझे लगता था कि जोगत्या या देवदासी की परंपरा

धार्मिक नहीं बल्कि सामाजिक बहिष्कार की एक स्पष्ट और सर्वमान्य प्रथा है। और मुझे यह प्रश्न उठाना था कि क्यों उच्च जाति के परिवार अपने बच्चों को जोगत्या या देवदासी बनाने के लिए नहीं छोड़ते? हो सकता है कि मंगेशकर जी ने मेरे इस 'ग़लत रास्ते' को पहले ही देख लिया हो।

दूसरा अधूरा प्रस्ताव प्रसिद्ध लेखिका गौरी देशपांडे की एक कहानी पर आधारित फ़िल्म बनाने का था। गौरी जी ने ख़ुद उसकी पटकथा भी लिखनी शुरू की थी, हम फ़िल्म बनाने के विचार से उत्साहित हो गए। यह नांदेड में बसने वाले एक सिख परिवार की कहानी है जहाँ पिता की मर्ज़ी के ख़िलाफ़ बेटा परदेस जाता है। उस युवक की विदेशी पत्नी उसके निधन के बाद, दो साल के बेटे के साथ भारत लौटती हैं। इस दिल को छू लेने वाली कहानी में पात्रों की भावनात्मक यात्रा और परिवर्तनों के ज़रिए दिखाया गया था कि कैसे दस दिनों में पारिवारिक संबंध अप्रत्याशित रूप से बन गए। गौरी की पटकथा को संध्या ने और विस्तार दिया। एक चौथाई सीन्स विदेश में शूट होने थे। संध्या और उसके अमेरिकी मित्र गिरीश देशपांडे ने निकोल किडमैन के सहकर्मियों से संपर्क किया और उन्हें मुख्य भूमिका का प्रस्ताव दिया। निकोल और उनकी टीम ने *अनाहत* देखी और उसे पसंद भी किया। हमें आगे बढ़ने के लिए हॉलीवुड के किसी स्टूडियो से बातचीत करने की सलाह दी गई। विदेशी पत्नी के रूप में निकोल किडमैन जैसी अंतरराष्ट्रीय सुपरस्टार के साथ सिख पिता के लिए हमारे दिमाग़ में अमिताभ बच्चन ही एकमात्र विकल्प थे। लेकिन फिर हमें फ़िल्म का निर्माण हमारी पहुँच से बाहर लगने लगा। अगर थोड़ा और उत्साह और संयम दिखाया होता, तो यह फ़िल्म बन सकती थी। लेकिन हमने ख़ूब सोच-विचार के बाद *उधार* फ़िल्म को न बनाने का निर्णय लिया। अपनी मृत्यु से पहले गौरी ने मुझसे कहा, 'कितना अच्छा होता अगर यह फ़िल्म मैं देख पाती। तुम्हें यह प्रयास नहीं छोड़ना चाहिए था।' गौरी की वह कसक आज भी मुझे बेचैन कर जाती है।

सन १९९४ के आसपास पुणे में एक मराठी निर्माता व्यंकटेश माडगूळकर जी (तात्या) के उपन्यास *बनगरवाडी* पर फ़िल्म बनाने का प्रस्ताव लेकर आए। तात्या से मिलने पर उन्होंने मेरे हाथ में अपनी लिखी स्क्रिप्ट रख दी जिसे उन्होंने महान अभिनेता-निर्देशक वी. शांताराम जी के लिए लिखी थी। लेकिन मुख्यधारा में फ़िट बैठने वाली, गानों से भरी वह स्क्रिप्ट मुझे पसंद नहीं आई। मैंने उनसे विस्तार से चर्चा की और उन्हें मेरी अपेक्षाओं के अनुसार स्क्रिप्ट लिखने का आग्रह किया, जिसे उन्होंने स्वीकार कर लिया। उन्होंने एक ही शर्त रखी: उनके लिखते समय मुझे सामने बैठना होगा। कुछ गुनगुनाते हुए एक-एक सीन लिखने के बाद वे मुझे पढ़कर सुनाते और जब मुझे पसंद आता, तभी वे आगे बढ़ते।

इस अनुशासित तरीक़े से काम करने के बाद महज़ बीस-बाईस दिनों में स्क्रिप्ट तैयार हो गई। इस फ़िल्म की कहानी में एक युवा शिक्षक की गाँव में नियुक्ति हो जाती है। वहाँ पहुँचने के बाद वह कैसे अपरिचित वातावरण से भावनात्मक रूप से जुड़ जाता है, यह दर्शाया गया था। कहानी सरल पर भावपूर्ण थी। हमारी निरंतर चर्चाओं का एक बड़ा लाभ यह हुआ कि फ़िल्म की दृश्य भाषा स्पष्ट रूप से उभरने लगी। कम शब्दों का इस्तेमाल करते हुए, घटनाओं के माध्यम से कहानी को बढ़ाने का फ़ैसला लिया गया। युवा शिक्षक जब गाँव में आता है, उसकी टूटी चप्पलों से उड़ती लाल धूल, आसपास हरे-भरे पेड़ और झाड़ियाँ; फिर सूखा पड़ने के बाद चारों ओर दिखने वाली धूसर पृष्ठभूमि—ये बदलते प्राकृतिक फ्रेम्स मेरे ज़ेहन में आकार लेने लगे। तात्या के साथ जाकर माडगूळ गाँव और आसपास के अन्य गाँवों और धनगरों—चरवाहा समुदाय—की बस्तियों को देखा। फिर शूटिंग के लिए एक बस्ती चुन ली। नब्बे की उम्र वाले वरिष्ठ अभिनेता चंद्रकांत मांढरे जी से लेकर रंगमंच के कई नवोदित युवा कलाकारों और स्थानीय निवासियों को भी कलाकारों के रूप में इकट्ठा करके शूटिंग की तैयारी की।

प्रकृति के बदलते रंग-रूप तथा जीवन के विरोधाभास को प्रतीकात्मक रूप से दिखाने के लिए, मैंने एक ही सत्र में पूरी शूटिंग करने के बजाय, विभिन्न मौसमों के दो सत्रों में शूटिंग करने का निर्णय लिया। हमें मई के महीने के गर्म, झुलसते हुए वातावरण में काम करने में कई कठिनाइयाँ आईं। पैंतालीस डिग्री की गर्मी में काम की गति धीमी हो गई; कुछ कलाकारों को गर्मी के कारण अस्पताल ले जाना पड़ा; मुझे भी वेरिकोज़ वेन्स का गंभीर दर्द शुरू हो गया। लेकिन सबसे बड़ा संकट तब आया जब निर्माता ने अचानक बिना किसी कारण आर्थिक मदद बंद कर दी।

{ १४ }

मैंने अपनी जेब से पैसे लगाकर शूटिंग पूरी की और फिर एनएफ़डीसी के चक्कर काटे; उन्होंने उस पुराने निर्माता द्वारा दिए गए पैसे वापस करने और फ़िल्म के वितरण की ज़िम्मेदारी ली। पुराने निर्माता ने एनएफ़डीसी से उसके द्वारा किए गए ख़र्चे को वापस लेने के लिए रक़म इतनी बढ़ाकर बताई कि वह बिना कुछ किए मुफ्त का लाभ प्राप्त कर सके।

इस फ़िल्म में एक भी गाना नहीं था। वनराज भाटिया ने मराठी लोकसंगीत और पाश्चात्य संगीत को मिलाकर पार्श्वसंगीत दिया जो *बनगरवाडी* की ख़ासियत था। सन १९९६ में इस फ़िल्म को सर्वश्रेष्ठ मराठी फ़ीचर फ़िल्म का राष्ट्रीय पुरस्कार मिला, सन १९९७ में सर्वश्रेष्ठ फ़ीचर फ़िल्म और सर्वश्रेष्ठ निर्देशन का राष्ट्रीय

पुरस्कार मिला और साथ ही पाँच विभिन्न श्रेणियों में महाराष्ट्र राज्य पुरस्कार मिले। *बनगरवाडी* ने सात अंतरराष्ट्रीय महोत्सवों में भी धूम मचाई।

इतनी अड़चनों के बावजूद *बनगरवाडी* तेज़ी से पूरी हो गई, पर जी.ए. कुलकर्णी जी की कहानी पर आधारित *कैरी* बनाने में चौदह साल का वक़्त लग गया। पुणे के एक मराठी बिल्डर के आश्वासन पर मैंने पहली स्क्रिप्ट तैयार की। शायद उस बिल्डर को उम्मीद थी कि मैं कमर्शियल फ़िल्म बनाऊँगा, लेकिन जब उसे पता चला कि फ़िल्म में एक भी गाना नहीं होगा तो उसने अपने हाथ खींच लिए। इसके बाद स्क्रिप्ट ठंडे बस्ते में चली गई। कुछ साल बाद, मैंने फिर से एनएफ़डीसी के दरवाज़े पर दस्तक दी। सभी ज़रूरी औपचारिकताएं पूरी कीं; स्क्रिप्ट कमेटी ने ज़ोरदार सिफ़ारिश की और मेरा सीमित बजट भी मंज़ूर कर लिया गया। बस, मुख्य अधिकारी की मंज़ूरी बाक़ी थी। आख़री समय पर, *कैरी* को हटाकर विजया मेहता जी के *पेस्तनजी* को वित्तीय सहायता देने का निर्णय लिया गया। उस समय एनएफ़डीसी के चेयरमैन बी.के. करंजीया थे और उन्हीं की लिखी कहानी पर *पेस्तनजी* आधारित थी। लेकिन हितों के टकराव और वित्तीय निर्णयों को प्रभावित करने वाले अनैतिक मामलों को अनदेखा कर दिया जाता है। मेरा दिल टूट गया और मैंने फ़िल्म के लिए न लड़ने का निर्णय लिया। एक बार फिर *कैरी* को ठंडे बस्ते में रख दिया और मेज़ का ताला बंद कर दिया। एक-डेढ़ साल के भीतर ही जी.ए. कुलकर्णी चल बसे। यदि चुनौती देकर या ज़रूरत पड़ने पर न्यायालय का दरवाज़ा खटखटाकर एनएफ़डीसी का वह निर्णय पलटवा दिया होता, तो जी.ए. के रहते हुए ही *कैरी* फ़िल्म बनाकर उनके साथ बैठकर देखने का अपार सुख प्राप्त कर सकता था।

सन १९९६ में दिल्ली के महिला और बाल कल्याण मंत्रालय ने कुछ चुनिंदा निर्देशकों को निमंत्रण भेजा। नियमित डॉक्यूमेंटरी फ़िल्म के बजाय पूर्ण लंबाई की फ़िल्म बनाने की दिशा में चर्चा की गई। मंत्रालय को *कैरी* की अवधारणा पसंद आई। नए दृष्टिकोण के साथ स्क्रिप्ट पर काम शुरू हुआ। मूल कहानी में लड़के की बजाय लड़की, जो अपनी मौसी के घर आती है, की उपस्थिति मुझे ज़्यादा प्रभावी लगी। इस बदलाव से मैं यह दिखाने में सफल रहा कि पितृसत्तात्मक परिवार द्वारा दबाई गई 'तानी मावशी', इस छोटी सी लड़की को समर्थ बनाने की कोशिश करती है। अपने अंतिम समय में तानी मावशी अपनी भांजी से कहती है, 'क़दम पीछे मत लेना; जीवन में जो चाहते हो वो न मिले तो छीनकर लेने के लिए तैयार रहो।' एक असहाय महिला द्वारा युवा लड़की के हाथ में विद्रोह की मशाल देना, यह भावार्थ मुझे ज़्यादा सच्चा लगने लगा। इसलिए अंत में मैंने एक दृश्य लिखवाकर जोड़ दिया, जिसमें लड़की बड़ी हो

जाती है और गाँव में मुख्य अतिथि के रूप में आती है, और अपनी बचपन की खट्टी-मीठी यादों को फिर से जीती है।

जो घर चौदह साल पहले दक्षिण कोंकण के कोकीसरे गाँव में मैंने शूटिंग के लिए चुना था वही घर इस बार भी हमें शूटिंग के लिए उपलब्ध हो गया। मोहन गोखले, शिल्पा नवलकर, अतुल कुलकर्णी, सोनाली कुलकर्णी, उपेंद्र लिमये, और लीना भागवत जैसे बेहतरीन कलाकारों को एक साथ लाने की हमने योजना बनाई। योगिता देशमुख नाम की एक प्यारी छोटी लड़की ऑडिशन में मिली, जो फ़िल्म के लिए सही साबित हुई।

कैरी की शूटिंग के दौरान, मैंने अपनी निर्देशन पद्धति में बदलाव किया। शुरू में मैं पहले से तैयार किए गए स्केचेस और स्टोरीबोर्ड के अनुसार काम करता था, लेकिन आउटडोर शूटिंग के दौरान सूर्य के प्रकाश और वातावरण में होने वाले बदलावों का सही उपयोग करने के लिए, मेरी कार्यपद्धति में अधिक लचीलापन आने लगा था। बरगद के पेड़ की शाखाओं से छनकर आते हल्के प्रकाश के टुकड़ों का इस्तेमाल करके, तानी मावशी और लड़की के बीच का एक दृश्य सपने जैसा बना दिया। इसी सीन के कुछ और हिस्सों के लिए मैंने कोल्हापुर फ़िल्म सिटी का खुला हरा मैदान चुना। सीन का वह हिस्सा कुछ दिनों के बाद कमर तक उगी घास के पीला होने पर शूट किया जब शाम के सूरज की हल्की रोशनी में वह पीली घास नहा जाती थी। इसी तरह पुराने कुएं की सीढ़ियों पर बैठी हुई वे दोनों, पानी पर तैरती हल्की तरंगें, उनके प्रतिबिंब और परावर्तित प्रकाश से चेहरों पर पड़ा उजाला—इन सब चीज़ों ने उस दृश्य को यथार्थवादी चौखट से बाहर निकालकर दर्शकों को एक बिल्कुल अलग अनुभव दिया।

कैरी हिन्दी में बनी थी। पूरे भारत में वितरण के दौरान श्रृंगार फ़िल्म्स के श्याम श्रॉफ़ जी ने इसे अंग्रेज़ी सबटाइटल्स के साथ प्रदर्शित कर एक नया उदाहरण पेश किया। प्रदर्शन के बाद मिली प्रशंसा अविस्मरणीय थी। यह प्रचलित है कि जापानी अपनी भावनाएं आसानी से व्यक्त नहीं करते पर *कैरी* का प्रभाव जापान के फुकुओका फ़िल्म महोत्सव के दौरान जापानी दर्शकों से खचा-खच भरे सिनेमाघर में नज़र आया। सिनेमाघर से बाहर आते समय दर्शकों की आंसुओं से भरी आँखों ने मुझे भी भावुक कर दिया। फ़िल्म की डबिंग के बाद मोहन (गोखले) हमेशा के लिए हमें छोड़कर चले गए थे, मैंने ऊपर देखकर उन्हें सलाम किया।

सन २००० में मुझे *कैरी* के लिए राष्ट्रीय रजत-कमल पुरस्कार मिला। मैंने दिल से जी.ए. कुलकर्णी को उनकी दमदार कहानी के लिए और अपनी बेटी शाल्मली

को यह समर्पित कर दिया। शाल्मली ने ही मुझे हार के बाद फिर से उठने और मैदान में लौटने की सीख दी थी। जब वह एक महत्वपूर्ण मैच हारी थी, तो फूट-फूटकर रोई थी। फिर बैडमिंटन रैकेट को भुला देने का फ़ैसला किया और दो दिन तक खेल के बारे में सोचा भी नहीं। लेकिन तीसरे दिन सुबह-सुबह मुझे जगाकर बोली, 'प्रैक्टिस के लिए मैदान पर नहीं ले चलोगे?' उसकी ज़िद और नया जोश हमेशा मेरे दिल में बसा है और रहेगा।

रूपांतरणों के साथ अपने प्रयोगों के विषय पर वापस आऊँ तो हॉलीवुड की एक फ़िल्म से प्रेरित *थोड़ा सा रूमानी हो जायें* (१९९०) और अलग-अलग फ़िल्मों से प्रेरित दो नाटकों *राशोमोन* (१९८०) और *कुसूर* (२०१९) का ज़िक्र करना बनता है।

१९९० की बात होगी जब उस समय के दूरदर्शन के निदेशक, भास्कर घोष जी, ने कुछ निर्देशकों को अच्छी फ़िल्में बनाने का आवाहन किया था। मैं पहले ही धारावाहिक *कच्ची धूप* में संगीत शैली का प्रयोग कर चुका था। अब मैं वही प्रयोग फ़िल्म माध्यम में भी लाना चाहता था, जिसे मैंने *थोड़ा सा रूमानी हो जायें* में किया। *द रेनमेकर* नामक प्रसिद्ध हॉलीवुड फ़िल्म को गद्य और पद्य दोनों रूपों में बदलने का कठिन ज़िम्मा चित्रा ने अपने कंधों पर उठा लिया। उसके द्वारा अंग्रेज़ी में लिखी गई भावपूर्ण स्क्रिप्ट और डायलॉग्स को कमलेश पांडे ने शानदार तरीक़े से हिन्दी में अनुवादित किया। प्रवाहपूर्ण गद्य से काव्य और फिर गायन शैली के गीतों तक का सफ़र कमलेश ने ख़ूबसूरती से तय किया। यह नया कथात्मक रूप दर्शकों के लिए नया था, इसलिए मैंने रेडियो पर फ़िल्म का प्रचार एक अनोखे तरीक़े से किया।

'कुछ बातें इस फ़िल्म के बारे में कहना ज़रूरी समझा, इसलिए यहाँ आया हूँ। होना तो यह चाहिए कि जैसे ही आपने कैसेट रिकॉर्डर ऑन किया, गाने सुनाई दें, लेकिन यह फ़िल्म थोड़ी अलग है—म्यूज़िकल है। अब आप कहेंगे इसमें अलग क्या है? अपने देश में हर फ़िल्म म्यूज़िकल ही होती है। हमारी फ़िल्म के पात्र केवल प्यार होने पर गाने नहीं गाते—कभी नाराज़गी में, कभी ग़ुस्से में, कभी आम बातें करते हुए भी गाते हैं, और कभी-कभी गाते-गाते बातचीत करने लगते हैं। बस यहीं हमारी फ़िल्म बाक़ी फ़िल्मों से अलग है। हमारी यह नई कोशिश आपको ज़रूर पसंद आएगी।'

मेरे इस निवेदन के तुरंत बाद शीर्षक गीत की पंक्तियाँ सुनाई देने लगती थीं।

बादलों का नाम न हो अंबर के गाँव में,
जलता हो जंगल ख़ुद अपनी छाँव में।
यही तो है मौसम, आओ तुम और हम,
बारिश के नग़मे गुनगुनायें,
थोड़ा सा रूमानी हो जायें।
मुश्किल है जीना, उम्मीद के बिना,
थोड़े से सपने सजायें,
थोड़ा सा रूमानी हो जायें।

यहाँ मैं आपको जो क़िस्सा बता रहा हूँ वह उस समय की है जब *परिंदा* फ़िल्म के 'अण्णा' के रूप में नाना पाटेकर बस लोकप्रिय हुए ही थे। एक सुबह, ग़ुस्सैल नाना पाटेकर चिरेबंदी आए।

'सुना है आप एक नई फ़िल्म बना रहे हो? आपने मुझे क्यों नहीं लिया?'

'क्योंकि जो पात्र है, वह तुमसे मेल नहीं खाता। वह भूमिका एक सूखाग्रस्त गाँव में बारिश लाने की उम्मीद दिलाने वाले करिश्माई इंसान की है।'

'मैं वह क्यों नहीं कर सकता?'

'अरे भाई, वह एक साधारण, प्यारा सा आदमी है। मारपीट तो दूर, वह ग़ुस्सा नहीं होता; लड़ता-झगड़ता नहीं है, गाली-गलौज नहीं करता।'

'फिर भी मैं कर सकता हूँ। आपके सामने नंगा होकर खड़ा होता हूँ, पूरी तरह समर्पित। आठ दिन के लिए आज़मा लो मुझे।'

अगले ही दिन से नाना ने सचमुच सुबह-सुबह मेरे घर आकर रिहर्सल करना शुरू कर दिया। चार ही दिनों में झगड़ालू और आक्रामक नाना, जिसे मैं जानता था, धीरे-धीरे ग़ायब हो गया और भीतर से कोमल नाना उभरने लगा। यह वह नाना पाटेकर नहीं था जिसे दुनिया जानती थी। उन दोनों में ज़मीन-आसमान का फ़र्क़ था। उस समय उस सच्चे नाना ने मेरा दिल जीत लिया। मैंने उन्हें 'बारिशकर' की भूमिका के लिए यह कहकर निश्चित कर लिया, 'दूरदर्शन ने मुझे निर्माण के लिए पाँच लाख रुपए दिए हैं, उनमें से पाँच हज़ार रुपए तुम्हारे हैं।' शूटिंग के दौरान, नाना ने एक बार भी मुझसे बहस नहीं की, दूसरों के साथ झगड़ा तो दूर की बात थी। उन्होंने विधु विनोद चोपड़ा को *परिंदा* के सेट पर बुरी तरह पीटा था, जिस पर ख़ूब बवाल मचा था। नाना के इस शांत, निर्मल रूप की भी चर्चा होनी चाहिए थी। मगर मीडिया में बने रहने की कला मैं कभी नहीं सीख सका।

आज भी नाना बारिशकर के उस प्यारे रूप को याद करके एक बड़ी सी कविता '*हाँ मेरे दोस्त वही बारिश*' सुना देते हैं।

थोड़ा सा रूमानी हो जायें के कलाकार बहुत ख़ास थे। मुझे ख़ुशी है कि विक्रम गोखले जैसे बेहतरीन कलाकार को इस फ़िल्म में शामिल कर सका।

इसके पीछे भी एक पुरानी याद है। सन १९७६ में, दामू केंकरे जी ने गोवा हिंदू एसोसिएशन संस्था के लिए *बैरिस्टर* नामक नाटक में मुख्य भूमिका के लिए मुझसे पूछा और स्क्रिप्ट भेजी थी। दामू के निर्देशन में मुझे यह भूमिका करना पसंद आता, लेकिन एक ही नाटक के लगातार सैकड़ों शो करने के लिए मैं तैयार नहीं था। इसके अलावा अन्य गतिविधियों के कारण रिहर्सल के लिए समय मिलना भी कठिन हो रहा था। फिर एक साल के भीतर विजया मेहता जी ने विक्रम को लेकर नाटक मंच पर प्रस्तुत किया। मैं शो के बाद विक्रम से मिला और उनके अत्यंत संयमित अभिनय पर उन्हें बधाई दी, तो उन्होंने सीधे कहा, 'हिन्दी फ़िल्म के लिए मेरा नाम सुझा दीजिएगा।' मैंने उन्हें तुरंत ए.वी. मोहन के सेट पर बुलाया और उनका परिचय लाजवाब अभिनेता के रूप में करवाया।

विक्रम ने तत्काल ए.वी. से कहा, 'कोई भी रोल चलेगा; और पैसों की कोई चाह नहीं।'

उनकी इस बात पर मैं इतना ग़ुस्से में आ गया कि उन्हें अलग ले जाकर ख़ूब डांटा, 'मुख्यधारा की फ़िल्मों में कम पैसे में बिल्कुल काम नहीं करना। बेकार की भूमिकाएं भी स्वीकार मत करना; ये भी नहीं भूलना कि तुम सिर्फ़ एक अच्छे अभिनेता ही नहीं, बल्कि एक हैंडसम हीरो भी हो।' विक्रम की मृत्यु से कुछ महीने पहले, पुणे में उनके स्टूडियो में डबिंग के दौरान उन्होंने इन पुरानी यादों को ताज़ा किया। उनकी सेहत ठीक नहीं होने के कारण मैंने उनकी राजनीतिक भूमिकाओं पर बहस नहीं की, लेकिन उनके व्हॉट्सएप पर भेजे गए हर भगवा संदेशों का मैं तुरंत विरोध करता था।

थोड़ा सा रूमानी हो जायें की शूटिंग के लिए हमने मध्य प्रदेश के पचमढ़ी को चुना था। ब्रिटिश कालीन बंगले, ऊपर-नीचे जाने वाली सड़कें, खंडहर जैसा पुराना घर, और सबसे महत्वपूर्ण पत्तों रहित पेड़—यह कहानी के लिए उचित वातावरण था। दिसंबर महीने में रात के चार डिग्री तापमान में शूटिंग की। मज़ेदार बात यह है कि फ़िल्म में कड़क गर्मी और सूखा दिखाया जा रहा था; इसलिए पसीना दिखाने के लिए शॉट्स से पहले चेहरे तथा कपड़ों पर ठंडे पानी का स्प्रे लगाना पड़ता था। इस लोकेशन को चुनते वक़्त एक और बड़ी समस्या ध्यान में नहीं आई थी; फ़िल्म के अंत में मूसलाधार बारिश दिखानी थी, लेकिन पचमढ़ी

की ऊँचाई पर कृत्रिम बारिश की सामग्री पहुँचाना संभव नहीं था। अंत में वहाँ तैनात भारतीय सेना की यूनिट ने अपनी अग्निशामक सामग्री देकर हमारे लिए बारिश करवा दी। पच्चीस दिनों की लगातार शूटिंग के बाद, एक दिल को छू लेने वाली कलाकृति बनाने की ख़ुशी पूरी टीम में थी।

मुझे अभिमान है कि मेरी यह कलाकृति, जिसके लिए मेरे दिल में विशेष स्थान है, आज की पीढ़ी को भी बहुत पसंद आती है। पीछे मुड़कर देखने पर दो बातें महसूस होती हैं: पहली, इस फ़िल्म के प्रदर्शन को जितनी प्रशंसा मिलनी चाहिए थी, उतनी नहीं मिली। और दूसरी, क्या इस फ़िल्म के लिए भास्कर चंदावरकर की जगह मैंने वनराज भाटिया को संगीत निर्देशक के रूप में लिया होता तो सही होता? शायद वे पूरी तरह से अलग और विविध ध्वनि परिदृश्य लेकर आते। मैं वनराज भाटिया को मौक़ा दे सकता था, जो तब तक ज़्यादातर एक पार्श्वसंगीतकार के रूप में काम करते थे, ताकि वे एक संगीतकार के रूप में लुभावने गाने देने के पहलुओं वाली अपनी क्षमता दिखा सकते।

ध्वनि के साथ प्रयोग करने का एक शानदार मौक़ा हमें *क़ुसूर* के कारण मिला। जब मैं अपने पचहत्तरवें वर्ष में पहुँचा, तो कई लोग मेरे पास सार्वजानिक इंटरव्यू या ऑर्केस्ट्रा के साथ मेरे फ़िल्मी गाने गाकर ट्रिब्यूट दिए जाने वाले कार्यक्रमों का प्रस्ताव लेकर आए। लेकिन करियर के किसी भी चरण में मैंने ऐसे नीरस और निरर्थक सम्मेलनों में भाग लेना पसंद नहीं किया था। मेरे लिए लोगों के अपार प्रेम को देखते हुए, संध्या को बुरा लगा कि मैंने उनकी भावनाओं का उत्तर उत्साह से नहीं दिया। 'रंगमंच पर फिर से अभिनय करके इन लोगों के प्यार का जवाब क्यों नहीं देते? वैसे भी नई पीढ़ी ने आपको मंच पर अभिनय करते देखा ही नहीं है। एक ख़ास तरीक़े से, सार्वजनिक रूप से चाहने वालों के साथ पचहत्तरवीं वर्षगाँठ मनाई जा सकती है। उन्हें एक विशेष अनुभव मिलेगा और आपको भी एक चुनौती।' संध्या का यह विचार मुझे पसंद आया। हमने नया नाटक ढूँढ़ना शुरू कर दिया।

एक दिन, समीहा ने हमें *डेन स्कायलिगे* नामक डेनिश फ़िल्म दिखाई। इसमें एक साहसी पुलिस अधिकारी को, जो सड़क पर अपराधियों का सामना करता है, एक सज़ा के रूप में इमरजेंसी सर्विस-कमरे में ड्यूटी दी जाती है। एक ही जगह पर बैठकर आने वाली कॉल्स का जवाब देना और जुर्म का खाता रखना उसका काम था। फिर एक दिन संकट में फंसी एक महिला का फ़ोन आता है। उस पल से वह उस केस में उलझता चला जाता है। देखते-देखते अपहरण से शुरू हुआ केस घरेलू हिंसा, फिर हत्या और उसके बाद और भी बड़े जुर्म में बदल जाता है। हर कॉल के माध्यम से घटना को लेकर उसके पूर्वाग्रह किस प्रकार घटना

का अर्थ बदलते हैं, इससे प्रेरित हो दर्शक अपने भीतर जड़ें जमाई धारणाओं और सामाजिक मान्यताओं पर विचार करने पर मजबूर हो जाते हैं। 'सोशल थ्रिलर शैली की इस फ़िल्म से प्रेरित एक शानदार, अलग नाटक बन सकता है।' यह कहकर संध्या ने *कुसूर* की संकल्पना सामने रख दी। यह संकल्पना सुनते ही मैंने तुरंत इसका रूपांतरण करने का आग्रह किया। पर वकील होने के नाते कुछ भी 'तुरंत' करने के लिए संध्या राज़ी नहीं हुई। उसने छह महीने तक मेहनत करके, मूल लेखकों से अनुमति पत्र प्राप्त करने के बाद ही काम शुरू किया।

इसके बाद दो हफ़्तों में हिन्दी डायलॉग के साथ नाटक तैयार हो गया। जब मैंने देखा कि एक छोटे से बिंदु से शुरू हुई कलाकृति का दायरा कितना बड़ा हो गया है, तो मुझे अभिनेता के रूप में काफ़ी घबराहट महसूस हुई। आईने में दिखाई देने वाले ख़ुद के चेहरे की झुर्रियाँ, आवाज़ में आई थोड़ी सी कमज़ोरी, घटती शारीरिक ऊर्जा—इन सबका मैंने मूल्यांकन किया। मंच पर उतरने के बाद, लगातार अस्सी मिनट तक सेवानिवृत्त पुलिस अधिकारी दंडवते के किरदार में रहना और इस भूमिका के भावनात्मक उतार-चढ़ाव को प्रभावी ढंग से निभाने के लिए आवश्यक शारीरिक ऊर्जा और ताक़त की परीक्षा लेने का यह एक सुनहरा मौक़ा था।

स्क्रिप्ट में मौजूद ऊर्जा को अपने भीतर समाहित करने के लिए मैंने ज़ोर-शोर से रिहर्सल शुरू की और लंबे समय से इस्तेमाल न होने के कारण अपने कौशल पर लगे ज़ंग को हटाने की तैयारी की। उससे भी पहले, नाटक में बीच-बीच में आने वाली कॉल्स, बारिश, एम्बुलेंस, ट्रैफ़िक, मोबाइल की रिंगटोन और अन्य सभी आवाज़ों के ट्रैक्स, मंदार कमलापुरकर नामक कुशल साउंड डायरेक्टर ने तैयार कर लिए थे। जब दूसरे पात्र अपने डायलॉग्स रिकॉर्ड कर रहे थे तब संध्या और मैं ख़ुद मौजूद रहते थे। प्रीता माथुर, आशीष मेहता, और नील चाफ़ेकर, जोकि मुख्य कलाकार होते हुए भी मंच पर नहीं थे, उनकी सिर्फ़ विशेष आवाज़ों के कारण नाटक बहुत जीवंत हो गया। दिल्ली में नेशनल स्कूल ऑफ़ ड्रामा में नाटक प्रस्तुत करने के बाद, वहाँ के स्नातकों ने मुझसे सवाल किया, 'आपको कॉल्स अलग-अलग अभिनेता विंग में खड़े रहकर करते हैं न?' यह सवाल सुनकर मैं चौंक गया; यह साउंड ट्रैक्स की प्रभावशीलता का प्रमाण था।

संध्या ने सेट डिज़ाइन में भी बहुत अलग और ख़ास तरीक़ा अपनाया—एलईडी लाइट्स की झालरों से उकेरी हुई कमरे की दीवारें, ऊपर से लटके हुए बड़े-बड़े गूगल मैप्स, छह फ़ोन, उनके साथ छह लाल बल्ब, एक बड़ा कंप्यूटर टेबल और कुछ कुर्सियाँ। कॉल आने पर फ़ोन की घंटी बजते ही वहाँ का लाल बल्ब जल उठता था, और मुझे फ़ोन उठाने के लिए एक जगह से दूसरी जगह दौड़ना

पड़ता था। पूरे नाटक में पाँच मिनट भी साँस लेने का समय नहीं मिलता था। इस दौड़-भाग में, हर कॉल के साथ फ़ोन पर सुनाई देने वाले पूर्व-रिकॉर्डेड डायलॉग्स को सही समय पर भावनात्मक प्रतिक्रिया देना, यह एक अलग ही क़िस्म का इम्तेहान था।

{ १७ }

२४ नवंबर २०१९ की शाम को एनसीपीए के विंग में *कुसूर* के पहले प्रदर्शन के लिए मैं खड़ा था। रंगमंच की प्रथा के अनुसार काउंटडाउन दर्शाने वाली तीन घंटियों की बेचैनी को दूर करने के लिए मैंने अपनी आँखें कसकर बंद कर लीं और गहरी साँस ली। फिर क्रेडिट्स सुनाई देने लगे; मेरे नाम की घोषणा के बाद तालियों की ज़ोरदार गड़गड़ाहट ने मेरी धड़कनें तेज़ कर दीं। 'अगर मैं सभी की उम्मीदों पर ख़रा नहीं उतर पाया तो?' इस पर मेरी धड़कनें चरम पर गईं, तभी तीसरी घंटी बजी और 'एंट्री' का क्षण आया। उसके बाद केवल एसीपी दंडवते मंच पर प्रकट हुआ। *हयवदन* के समय में अनुभवहीन अमोल पालेकर की पीठ में तनाव के कारण दर्द हो जाता था, तो पुरी साहब धीरे से आकर उसकी पीठ दबाते हुए 'ऑल द बेस्ट, पुत्तर!' कहते थे। उन मंत्रमुग्ध क्षणों से लेकर आज तक की यह यात्रा अत्यंत आनंददायक थी, इसकी याद उन लगातार तालियों की गड़गड़ाहट से आती रही जो पर्दा गिरने के बाद तक बजती रहीं। *कुसूर* के अंत में, जब दंडवते दर्शनी चौखट छोड़कर बाहर निकलता है और अपनी ही विशाल छाया में समा जाता है, तो एक अज़ान सुनाई देती है।

वहाँ अंधेरे में सहारा देने के लिए खड़ी समीहा ने मेरा हाथ मज़बूती से पकड़ लिया और 'एपिक सॉपे!' कहते हुए मुझे गले लगा लिया। मेरे आंसू बहने से पहले ही उसने मुझे फिर से मंच पर ले जाने के लिए मोड़ दिया। मंच पर सह-कलाकार नरेश सूरी, अश्विनी परांजपे, सभी तकनीशियन खड़े थे। फिर मैंने अपनी संगिनी की तृप्त आँखें देखीं। चार महीनों तक छोटे-छोटे विवरणों के लिए संघर्ष करने वाली, मेरी किसी भी समस्या पर क़ाबू पाने के लिए अपार मेहनत करने वाली, और मेरे हर सपने को पूरा करने की क्षमता रखने वाली मेरी सहचरी की आँखों में सराहना के दीये चमक रहे थे।

मैंने सिर्फ़ पच्चीस प्रदर्शन की घोषणा की थी, लेकिन कोविड-१९ महामारी के पहले अट्ठाईस प्रदर्शन भारत के विभिन्न कोनों में किए जा चुके थे। हर प्रदर्शन हाउसफुल रहा। अहमदाबाद जैसे मुस्लिम-विरोधी शहर में भी नाटक को अभूतपूर्व प्रतिक्रिया मिली। संध्या और मैं ख़ुश थे कि हम अपनी कला के माध्यम से धार्मिक सद्भाव का संदेश फैला सके। *कुसूर* से मिले आर्थिक लाभ

से एक और नाटक करने की इच्छा है; अगर यह संभव नहीं हुआ, तो उन पैसों को किसी सामाजिक कार्य के लिए देने की योजना है।

कुसूर की स्क्रिप्ट जिस तरह से समाज के पूर्वाग्रहों को सतह पर लाती है, उसी तरह का प्रयास *दायरा* और *थांग* की पटकथाओं में भी किया गया। पर शाल्मली ने मुझे मेरे अपने पूर्वाग्रहों को परखने का मौक़ा दिया था। जब उसने अपनी समलैंगिक प्रवृत्ति के बारे में पहली बार मुझसे बात की, तो मैंने तुरंत उसे पूरी तरह से समर्थन दिया था। लेकिन एक पिता के रूप में, मेरे भीतर एक अज्ञात डर पैदा हो गया था। कौन सी अनजानी खिड़की उसने खोली है और समाज उसे कैसे स्वीकार करेगा? उसकी निजता, सुरक्षा और सलामती को लेकर मैं चिंतित हो गया। मुझे उसे संभालने के लिए क्या करना चाहिए?

समाज की नासमझी, अस्वीकृति, दूषित पूर्वाग्रह और सबसे महत्वपूर्ण असहिष्णुता के कारण, लैंगिकता पर बुनियादी विचार करने की आदत हमें किशोरावस्था से नहीं होती। जन्म के समय प्राप्त लिंग के आधार पर समाज आपकी भूमिकाएं तय कर देता है, लेकिन यह स्वीकार करना ज़रूरी है कि किसी व्यक्ति का लैंगिक रूप से आकर्षण विभिन्न प्रकार से सामने आ सकता है और ये भी उतना ही वास्तविक, प्राकृतिक और स्वीकार्य है। समय के साथ मुझे किन्नरों, हिजड़ों, तथाकथित छक्कों, और बड़े पैमाने पर ट्रांसजेंडर समुदाय के साथ होने वाले भयानक दुर्व्यवहार का अहसास हुआ। थर्ड जेंडर की जीवन शैली और मान्यताओं की जड़ें इतनी स्थाई और मज़बूत हैं कि उन पर अन्य किसी भी क़िस्म की छाया नहीं पड़ती—चाहे वह शरीर विज्ञान, मनोविज्ञान, विज्ञान या प्रेम हो।

साथ ही, क्या हम विवाह के सामाजिक ढांचे में सड़ते स्त्री-पुरुष संबंधों पर गहराई से विचार करते हैं? आवश्यकताओं, आदतों या स्वाभाविक प्रवृत्ति से परे, क्या हम यौन सुख को एक गहन मानवीय अनुभव के रूप में देखते हैं? क्या हम स्त्री-पुरुष के बीच रिश्तों की उधड़ती सिलाई को ठीक कर उस ताने-बाने को वापस मज़बूत करने का प्रयास करते हैं? अपनी निर्देशन यात्रा में मैंने यही खोजने का प्रयास किया है।

दायरा (१९९६) में दो पात्रों की भावनात्मक दुनिया को दिखाने की कोशिश की है—एक ट्रांस्वेस्टाइट पात्र का नारीत्व को खोजना और दूसरे स्त्री पात्र का पुरुष आक्रामकता के चंगुल से ख़ुद को बचाने के लिए पुरुष वेश धारण करना। *अनाहत* (२००३) ने स्त्री की लैंगिकता के विविध पहलुओं को उजागर किया। मैंने समलैंगिक रिश्तों के पर्दे को हटाकर, विवाह संस्था में स्त्री-पुरुष संबंधों का

स्वरूप समझने की कोशिश *थांग* (२००६) में की। मुझे अभिमान है कि ये तीनों विषय अपने समय से आगे थे।

मुख्यधारा की *चोर मचाए शोर* और *सरगम* जैसी सफल फ़िल्मों के निर्माता एन.एन. सिप्पी के बेटे, प्रवेश सिप्पी ने अपने पिता से अलग फ़िल्में बनाने की इच्छा जताई। वह मेरे पास टिमेरी एन. मुरारी नामक लेखक की स्क्रिप्ट लेकर आए। स्क्रिप्ट का रूप अंतरराष्ट्रीय बाज़ार को लुभाने वाला था, लेकिन उसकी प्रस्तुति बिल्कुल सामान्य और साधारण थी। स्त्री के वेश में अपनी आकांक्षा व्यक्त करने की इच्छा रखने वाले एक युवा पुरुष की कहानी थी जिसकी मुलाक़ात एक ऐसे युवक से होती है जो वास्तव में पुरुष वेश में एक स्त्री है। लेकिन उस कहानी की घटनाओं को किसी भी मिट्टी से जोड़ने की प्राथमिक ज़रूरत टिम ने पूरी नहीं की थी। मैंने पूरी स्क्रिप्ट बदलने की शर्त रखी और उनकी रज़ामंदी के बाद ही काम शुरू किया। सबसे पहले भारतीय दर्शकों को ट्रांस्वेस्टाइट के बारे में शिक्षित करना ज़रूरी था ताकि किसी भी तरह विकलांगता के बिना पुरुष व्यक्तित्व को दर्शाया जा सके। मैंने मूल स्क्रिप्ट के पश्चिमी दृष्टिकोण को बदलकर, उसे भारत के ओडिशा में गोटीपुआ लोकनृत्य की पार्श्वभूमि देने का निर्णय लिया। इसने कहानी को एक व्यापक दृष्टिकोण प्रदान किया। साथ-साथ, स्त्री की वेशभूषा में पुरुष और पुरुष की वेशभूषा में स्त्री के द्वंद्व को उजागर करते हुए, समाज का तीसरा चेहरा भी मैंने सामने रख दिया। उस चेहरे का क्रूर रूप देखकर, उन दोनों की कहानी का सुखांत, जो टिम की कहानी में था, वह असंभव लगने लगा और इसी कड़वी सच्चाई को हमने भी उजागर किया। इन सामाजिक संदर्भों के कारण, यह कहानी वैश्विक मानव मूल्य की खोज करने वाली बन गई।

फ़िल्म की पूरी तरह से इस बदली हुई पटकथा के बाद भी मुरारी ने उनका नाम पटकथा लेखक के रूप में रखने की शर्त रखी। चित्रा, शशांक शंकर और मैंने कुछ सोचे बग़ैर इस पर सहमति दे दी; हमें अतिरिक्त पटकथा लेखक के रूप में क्रेडिट्स सूची में स्थान मिला। कुछ नया करने के उत्साह में श्रेय की उचित मांग नहीं करने की मूर्खता हम कर बैठे। और तो और, बाद में यह भी सुनने को मिला कि मुरारी ने लंदन में इसी विषय पर आधारित एक नाटक बनाया जिसमें राहुल बोस को लिया गया था। यह भी सही है कि मुझे नहीं पता, उन्होंने कौन सी पटकथा इस्तेमाल की—अपनी या हम 'अतिरिक्तों' की?

अब मुख्य किरदारों के लिए भारतीय अभिनेताओं की खोज शुरू हुई। हमने रूपवान और सुडौल, बलवान शरीर वाले मिलिंद सोमन और उस समय की प्रसिद्ध मॉडल मधु सप्रे को चुना। मैंने उनके डायलॉग्स, शब्दोच्चारण और भाव

प्रदर्शन पर रोज़ दो से ढाई घंटे मेहनत करनी शुरू कर दी। मैंने दिग्गज नर्तक केलुचरण महापात्र की शिष्या झेलम परांजपे को नृत्य प्रधान शारीरिक अभिव्यक्ति सिखाने के लिए बुलाया। लेकिन दो हफ़्तों में ही मिलिंद ने आना बंद कर दिया और मधु द्वारा अपनी 'ना' पहुँचा दी। शायद उन्हें समझ आ गया था कि यह उनके बस की बात नहीं है। हालाँकि मधु के मन में उस भूमिका को निभाने की इच्छा प्रबल थी, लेकिन उनके पास कोई विकल्प नहीं था। कुछ सालों बाद, पेरिस में बसी मधु जब मुझसे मिलीं तो उन्होंने *दायरा* को 'ज़िंदगी के सबसे बड़े खोये हुए अवसर' के रूप में याद किया। इस वाक़ये से मुझे स्त्री-पुरुष रिश्ते का एक और पहलू देखने को मिला।

फिर हमने *बैंडिट क्वीन* में छोटी सी भूमिका निभाने वाले निर्मल पांडे को बुलाया। उन्होंने एनएसडी से नाट्य शिक्षा प्राप्त की थी। स्त्री की भूमिका के लिए सोनाली कुलकर्णी को चुना गया और नए सिरे से तालीम शुरू की गई। झेलम ने दोनों का सिर्फ़ बैठते समय पुरुष की आक्रामक और स्त्री की संयमित शारीरिक भाषा का फर्क़ इतने प्रभावी ढ़ग से दिखाया कि निर्मल और सोनाली की शारीरिक तथा भावनात्मक अभिव्यक्तियाँ सही दिशा में जाने लगीं।

निर्माताओं ने आनंद-मिलिंद को संगीत निर्देशन का ज़िम्मा सौंपा। हमारी चर्चा के बाद, येसुदास और आशा भोसले की आवाज़ में दो बहुत ही मधुर गाने तैयार हुए। एक लोरी भी आशा जी की आवाज़ में रिकॉर्ड करनी थी। गाने की धुन सुनने के बाद आशा जी ने कहा कि इसे पुरानी शैली में सभी वाद्यों के साथ रिकॉर्ड किया जाना चाहिए। उनकी बात मानकर, अगले दिन पूरे ऑर्केस्ट्रा के साथ गाना रिकॉर्ड किया गया। विदेशी प्रदर्शनों के लिए नब्बे मिनट की फ़िल्म और भारतीय सिनेमा के लिए दो घंटे की—दो अलग-अलग लंबाई वाले रूपों का मेरा प्रस्ताव निर्माताओं को स्वीकार था। नब्बे मिनट वाली फ़िल्म में गाने कम करने की वजह से, ऋषि कपूर और मीनाक्षी शेषाद्री के साथ फ़िल्माया गाना भी काट दिया गया।

ओडिशा के सुंदर समुद्र तट और गाँवों की सांस्कृतिक समृद्धि का पूरा उपयोग करते हुए हमने फ़िल्म की शूटिंग शुरू कर दी। फ़िल्म के अंतिम सीन से फ़िल्म की शूटिंग शुरू करने का फ़ैसला मैंने लिया था: समंदर किनारे की सफ़ेद रेत पर हीरो हीरोइन की गोद में सिर रखे हुए पड़ा है और कैमरा क्रेन के ऊपर उठते ही समुद्र के विस्तार में उनका अस्तित्व लुप्त हो जाता है।

शूटिंग के दौरान, मुझे शुरू में ही पता चल गया था कि निर्मल हर शाम को रम की एक पूरी बोतल पी जाता था। पर दूसरे दिन के काम पर उसके पीने का कोई असर न दिखने के कारण मैंने कोई आपत्ति नहीं जताई। लेकिन उसके शरीर से पूरे दिन शराब की महक आती रहती थी इसलिए सोनाली के साथ प्रणय दृश्यों

की शूटिंग शुरू होने से तीन दिन पहले मैंने निर्मल को चेतावनी दी कि जब तक वह सीन शूट नहीं हो जाता शराब नहीं पीना और मेरी बात उन्होंने मान ली। सोनाली ने कभी मुझसे इस बारे में शिकायत नहीं की, लेकिन अपनी यूनिट के कलाकारों और तकनीशियनों की देखभाल करना निर्देशक की ज़िम्मेदारी होती है, ऐसा मैंने हमेशा माना है।

दायरा की शूटिंग छब्बीस दिनों में पूरी हो गई। शूटिंग के अंतिम चरण में, चार निर्माताओं के बीच पैसे को लेकर झगड़ा शुरू हो गया। एक निर्माता, प्रवेश सिप्पी, हमारे साथ रोज़ शूटिंग पर मौजूद रहते थे इसलिए उनका यह विवाद हमारे दरवाज़े पर नहीं आया। हमने एक अच्छी फ़िल्म पूरी की, लेकिन मुझे आशंका हो गई थी कि ये लोग इस फ़िल्म को सही तरीक़े से वितरित नहीं होने देंगे। उनकी लड़ाइयाँ अदालत तक पहुँच गईं। ऐसी अलग विषय पर आधारित यह अंतरराष्ट्रीय ख्याति प्राप्त फ़िल्म भारत में कभी प्रदर्शित नहीं हुई। कई सालों बाद इसके गाने उपलब्ध हुए, ऐसा सुनने को मिला।

फ़िल्म के पूरा होते ही हमें टोरंटो, लंदन और फ्रांस के वैलेन्सिए जैसे तीन अंतरराष्ट्रीय महोत्सवों से निमंत्रण मिला। तीनों जगह हाउसफुल प्रदर्शन के बाद, प्रश्न-उत्तर सत्रों में दर्शकों से भरपूर सराहना मिली। विश्व प्रसिद्ध *टाइम* मासिक पत्रिका के समीक्षक रिचर्ड कार्लिस *दायरा* की कलात्मक प्रस्तुति देखकर बहुत

प्रभावित हुए। *टाइम* मासिक पत्रिका में १९९६ की सर्वश्रेष्ठ दस फ़िल्मों की सूची में *दायरा* को शामिल किया गया। जब मैं और सोनाली वैलेन्सिए महोत्सव के लिए पहुँचे, तो फ्रांसीसी पत्रकारों ने हमें घेर लिया। आयोजकों को पुलिस की मदद से हमें अंदर ले जाना पड़ा।

अंतरराष्ट्रीय फ़िल्म प्रतियोगिता में *दायरा* को सर्वश्रेष्ठ फ़िल्म का ग्रां प्री पुरस्कार मिला। 'सर्वश्रेष्ठ अभिनेता' सोनाली कुलकर्णी और 'सर्वश्रेष्ठ अभिनेत्री' निर्मल पांडे का ऐलान फ्रेंच भाषा में किया गया। इसके बाद दुभाषिये ने कहा, 'निर्मल और सोनाली जैसे कलाकारों ने, अभिनेता-अभिनेत्री के पारंपरिक लेबल्स की सीमाएं मिटाकर शानदार अभिनय किया; इसलिए उन्हें विपरीत पुरस्कारों से सम्मानित करने का निर्णय लिया गया है।' ऐसी खबरें आईं कि इन पुरस्कारों का लाभ उठाते हुए निर्माताओं ने लंदन के लीस्टर-स्क्वेअर में *दायरा* प्रदर्शित की और वह अच्छी चली। ४४वें राष्ट्रीय फ़िल्म पुरस्कारों में मुझे स्पेशल ज्यूरी अवार्ड भी मिला। मैंने अपनी प्रसिद्धि के लिए कभी कुछ नहीं किया। मीडिया से ऐसी उपलब्धियों पर स्वाभाविक रूप से ध्यान आकर्षित होने की मेरी उम्मीद हमेशा ग़लत और बचकानी साबित हुई। आईएफ़एफ़आई के भारतीय पैनोरमा विभाग में, सिर्फ़ फ़िल्म में गानों के चलते फ़िल्म का चयन नहीं हुआ। इसके ख़िलाफ़ मैंने आवाज़ उठाई; और इसकी ख़बरें ख़ूब छपीं। हाल ही में एक दर्शक ने *दायरा* को 'रोड फ़िल्म' कहा, तो मुझे यह अच्छा लगा। उन दोनों बहिष्कृत इंसानों की यात्रा की ही तो यह कहानी थी।

लैंगिकता पर आधारित फ़िल्म-त्रयी का तीसरा भाग *थांग* थी। मुंबई में एक सफल महिला वकील और एक पाँच सितारा होटल के शेफ़ के वैवाहिक रिश्ते को अचानक एक झटका लगता है जब पत्नी को पति की छुपी हुई समलैंगिकता का पता चलता है। सभी सह-कलाकार—महिला की माँ, शेफ़ के पिता, उनके साथी और दोस्त—अलग-अलग पहलुओं से विषय की गहरी प्रस्तुति में सहायक थे।

अमेरिका में रहते हुए संध्या एचआईवी/एड्स प्रभावितों, समलैंगिकों के अधिकारों और एलजीबीटी+संबंधों की वकालत के लिए चलाई जा रही बड़ी मुहिम में शामिल थी। जिस क़ानूनी फ़र्म में वह काम करती थी, वह मानवाधिकारों के लिए लड़ने वाली अग्रणी संस्था थी। जब वह भारत लौटी तो अपने अनुभवों का उपयोग करके, उसने समलैंगिक व्यक्तियों के नौकरी में असुरक्षा, असमानता, और शारीरिक अत्याचार के मामलों पर मुंबई उच्च न्यायालय में मुक़दमे लड़े। भारत में पुरुषों की समलैंगिकता को छुपाने के लिए परिवारों द्वारा उनकी शादी करवा कर सब ठीक हो जाने की झूठी उम्मीदें दी जाती हैं। इससे शुरू होने वाली कुंठा उनके जीवन को बर्बाद कर देती है। इसके बाद विवाहेतर संबंधों में अन्य

लोग भी पिस जाते हैं। इस विषय को समझदारी से प्रस्तुत करने की संध्या की इच्छा *थांग* की पटकथा में व्यक्त हो गई। पात्रों के संवादों से प्रस्तुत किए गए प्रगतिशील और मानवतावादी विचार देखने पर २००६ में बनी *थांग* समय से कितनी आगे थी, इसका अंदाज़ा लगाया जा सकता है।

पहेली के तुरंत बाद *थांग* की शूटिंग शुरू की गई। मुंबई की सड़कों, रेलवे ट्रैक के पास वाले छोटे अपार्टमेंट, अस्पताल, अदालत, चर्च और कोंकण के सुंदर समुद्रतट जैसे स्थानों पर शूटिंग की गई। समुद्र की लहरों, बीच-बीच में जहाज़ के भोंपू, लोकल ट्रेनों की आवाज़, रेडियो और यातायात के शोरगुल ने '*claustrophobic*' प्रभाव उत्पन्न करने की कोशिश की। अलग होने के कई वर्षों के बाद, सई अपने पति से मिलने अस्पताल जाती है। संवाद समाप्त हो चुके होते हैं और वे दोनों बिना कुछ कहे, रिकॉर्डर पर सुनते रहते हैं, राग पूरवी, जिसे वे दोनों पसंद करते थे। उस संगीत के सूने सुर दर्शकों को भी उनके दुःख में शामिल कर लेते हैं।

पति द्वारा समलैंगिक संबंधों को छिपाए जाने पर आहत सई का अपने पति के साथ झगड़ा खाने की मेज़ पर फ़िल्माया गया। सेट और हर एक फ्रेम को अर्थपूर्ण बनाने के लिए, संध्या ने मेज़ के पीछे दीवार पर धड़ से अलग हुए बुद्ध के सिर का एक बड़ा सा फ़ोटो लगाया। सन १७६७ में बर्मा की सेना ने थाईलैंड के अयुथिया पर हमला किया था और उस आक्रमण में बुद्ध की विशाल मूर्तियाँ भी नहीं बच पाई थीं। शांति के प्रतीक बुद्ध भी जब हिंसा का शिकार हुए, तो इंसान कैसे बच पाएगा? रिश्तों में हिंसा के विभिन्न पहलुओं को दिखाते हुए कितने लोगों ने उस सूक्ष्म अर्थ को पकड़ा होगा? पर जिस घर में हम शूटिंग कर रहे थे, उस युवा दंपति ने इस अर्थ को समझा और संध्या से पूछा, 'क्या आप उस फ़ोटो को दीवार पर ही छोड़ सकते हैं? शायद उनका सुंदर, शांत चेहरा सामने रहेगा तो हम कम झगड़ेंगे।' उस पल हमें लगा कि संध्या की मेहनत सफल हो गई। वही फोटो हमने पोस्टर के लिए भी इस्तेमाल की।

समलैंगिक संबंधों की कल्पना न करने वाले अधिकांश लोगों को एक दृश्यात्मक लेकिन सांकेतिक अनुभव देने के विचार से फ़िल्म की शुरुआत में ही दो पुरुषों के शारीरिक संबंधों का दृश्य दिखाया गया। शिशिर शर्मा और ऋषि देशपांडे जैसे अनुभवी कलाकारों ने उस सीन में जान डाल दी। फ़िल्म की विशेष स्क्रीनिंग के बाद दो वरिष्ठ फ़िल्म समीक्षक हमारे पास आए। फ़िल्म की प्रशंसा करने के बाद, उन्होंने पूछा, 'उस सीन को आपने छोटा क्यों फ़िल्माया, जबकि आप एक ऐसे निर्देशक हैं जो बेहद कुशलता और ख़ूबसूरती के साथ उस प्यार की प्रगाढ़ता को और लंबे समय तक दर्शा सकते थे?' यह वाक़ई एक अजीब

आलोचना थी क्योंकि उन्हें यह पता था कि उस दृश्य के लिए हमें सेंसर बोर्ड के साथ कितना लड़ना पड़ा था। आज कल ओटीटी प्लेटफ़ॉर्म पर ख़ुलेआम दिखने वाले प्रेम दृश्यों को देखकर लगता है कि हमारे कलात्मक चित्रण को तो ज़ीरो मिलना चाहिए।

{ १८ }

मृणाल कुलकर्णी, अमृता सुभाष, सचिन खेडेकर और विजया मेहता जैसे महान कलाकारों के साथ जी.पी. देशपांडे जैसे महान लेखक को *थांग* में नायक के पिता के रूप में शामिल करने के लिए मनाया। पर हमारी प्रोडक्शन टीम के लोगों को काफ़ी मेहनत करनी पड़ी। हमने उन्हें कुछ निर्देश दिए थे: 'एक्शन' कहने पर पहले चश्मा उतारना और अपने सामने रखी हुई प्लेट में कटोरी रखना; फिर पानी पीना और एक लंबी सांस छोड़ना; फिर अपने सह-कलाकार को देखना; फिर खाना और चश्मा वापस पहन लेना। पर जी.पी. इन निर्देशों में से आधे भूल जाते थे। रीटेक पर रीटेक होते रहते और फ़िल्म निगेटिव की रीलें घटती जातीं। मज़ेदार बात यह है कि फ़िल्म प्रदर्शित होने के बाद जी.पी. के काम की बहुत सराहना हुई। उन्होंने उस प्रशंसा को दिल से स्वीकार किया; मानो शूटिंग के समय की समस्याओं को वह भूल ही गए थे।

आनंद मोडक द्वारा संगीतबद्ध किए गए गीतों में विशेष रूप से कवि ग्रेस द्वारा लिखा और रवीन्द्र साठे का गाया '*पांढऱ्या या शुभ्र हत्तींचा रानातून कळप निघाला*' (जंगल से निकला सफ़ेद हाथियों का झुंड), गीत मुझे बहुत पसंद है।

जब *थांग* की पटकथा पत्रकार दंपति राधिका और प्रणॉय रॉय को पढ़कर सुनाई गई, तो उन्होंने यह आग्रह किया कि इस विषय को अंतरराष्ट्रीय दर्शकों के सामने भी प्रस्तुत किया जाए। तो इसे अंग्रेज़ी में *क्वेस्ट* के नाम से भी साथ में बनाना शुरू किया गया और निर्माण के लिए उन्होंने वित्तीय सहायता प्रदान की। इस तरह एक ही समय में दो भाषाओं में दो स्वतंत्र फ़िल्में बनाई गईं। दोनों फ़िल्मों के कलाकार वही थे, इसलिए एक शॉट पहले मराठी में और फिर तुरंत ही अंग्रेज़ी में फ़िल्माया जाता था। जैसे प्रभात कंपनी ने पहले इस तरह से दो फ़िल्में बनाई थीं—*माणूस* मराठी में और *आदमी* हिन्दी में और *कुंकू* मराठी में और *दुनिया न माने* हिन्दी में। मैंने भी *ध्यासपर्व* और *कल का आदमी* (२००६-०७) इसी तर्ज पर बनाई थीं।

फ़िल्म के प्रदर्शन के बाद *थांग* को एलजीबीटी समूहों से भरपूर सराहना मिली। उन्होंने इसे अपने अनुभवों और संघर्षों के एक शक्तिशाली और तर्कसंगत प्रमाण के रूप में देखा। इसे कलात्मक और सहानुभूतिपूर्ण तरीक़े से दर्शाया गया था। कई युवा संध्या के पास अपनी लैंगिकता को लेकर भ्रम व्यक्त करने और मार्गदर्शन तथा सहायता के लिए आए। फ़िल्म ने अपनी रिलीज़ के कई वर्षों बाद

भी लोगों को प्रेरित किया। कई अभिभावकों ने कहा कि समलैंगिकता को लेकर फ़िल्म की संवेदनशील और वास्तविक चित्रण से उनका दृष्टिकोण बदला। इससे वह समलैंगिकता को एक प्राकृतिक प्रवृत्ति के रूप में देख पाए।

{ ११ }

राष्ट्रीय पुरस्कारों में मराठी और अंग्रेज़ी दोनों ही भाषाओं में सर्वश्रेष्ठ फ़िल्म के लिए चुने जाने के बावजूद, केवल *क्वेस्ट* को ही पुरस्कार मिला, क्योंकि एक ही फ़िल्म को दो पुरस्कार देना अनुचित माना गया। अंतरराष्ट्रीय महोत्सवों में फ़िल्म को मिली अपार प्रशंसा यह दर्शाती थी कि फ़िल्म में उठाए गए प्रश्न दुनिया के सभी देशों में प्रासंगिक हैं। सेंसर बोर्ड द्वारा 'ए' सर्टिफ़िकेट दिए जाने के कारण इसे टीवी पर प्रसारित नहीं किया जा सका, जिससे इसे देखने का अवसर भी सीमित हो गया। मुझे ख़ुशी है कि मैं इस किताब के ज़रिए इसे आप तक पहुँचा रहा हूँ।

फ़िल्म की भाषा का चुनाव मैंने कभी भी दर्शक और बॉक्स ऑफ़िस का ध्यान रखते हुए नहीं किया। अगर ऐसा होता तो *अनाहत* हिन्दी में बननी चाहिए थी। *क्वेस्ट* अंग्रेज़ी में बनी इसका अर्थ यह नहीं कि उसके दर्शकों की संख्या में कोई ख़ास बढ़ोतरी हुई, पर हाँ, ग़ैर-मराठी दर्शकों तक पहुँचने की संभावना ज़रूर बढ़ी। मुझे लगता है कि हर विषय, अपनी भाषा और दर्शकों को साथ लेकर आता है। *कैरी* मेरी एकमात्र ऐसी फ़िल्म है जिसे मैं मराठी में बनाना पसंद करता, लेकिन चौदह वर्षों का इंतज़ार करने के बाद इसे हिन्दी में बनाने के मौक़े को मैं खोना नहीं चाहता था। *पहेली* के समय, कुछ आलोचकों ने शाहरुख और अमिताभ को लेकर फ़िल्म बनाने पर कहा, 'यह मुख्यधारा की फ़िल्म बनाकर भ्रष्ट हो गया है।' लेकिन मैंने शाहरुख और अमिताभ को उनकी बेहतरीन कला के लिए चुना था न कि उनके स्टारडम से कितना फ़ायदा होगा, इस वजह से। मैं अपने कलात्मक नज़रिए के प्रति वफ़ादार रहा, और एक तरफ़ इसे मुख्यधारा से हटकर फ़िल्म का तमगा मिला, वहीं ओटीटी के माध्यम से पिछले पंद्रह वर्षों में इसका दर्शक वर्ग बढ़ता रहा। केवल बड़े स्टार्स और छह गाने होने के कारण फ़िल्म सफल नहीं होती। संक्षेप में, जब विषय पसंद आया, तो फ़िल्म बनती गईं; मेरी शैली में ही बनती गईं, और अपना दर्शक वर्ग भी साथ लाती गईं। अब तो देश-विदेश की किसी भी भाषा की फ़िल्म को विभिन्न भाषाओं में डब करना आम बात हो गई है, जिससे कलाकृति को अधिक से अधिक लोगों तक पहुँचाना आसान हो गया है।

संध्या ने एक शानदार विषय पर पटकथा लिखी, जो मुझे बहुत पसंद आई। हमें लगा कि उस फ़िल्म को अंग्रेज़ी में ही बनना चाहिए और इस तरह *एंड वन्स अगेन* अस्तित्व में आई। कंचनजंगा को देखते हुए हम कई दिनों तक सिक्किम

के शांत और रमणीय पश्चिमी भाग में रहे थे। वहाँ जो भी गतिविधियाँ होती थीं, वे केवल छोटे बच्चों से लेकर वृद्ध बौद्ध भिक्षुओं तक सीमित थीं। वहाँ कई बौद्ध भिक्षुणियाँ भी थीं, जिनके सिर मुंडे हुए थे, वे मरून रंग के वस्त्र पहने हुए होतीं और घंटों तक मठ में ध्यान करती थीं। सही बताऊँ तो मुझे वहाँ का वातावरण बहुत ही क्लांत और उदास लगता था। कल को अगर की हुई तपस्या अर्थहीन लगी तो?

संध्या मठ में कई घंटे घूमती और लोगों से बातें करती रहती थी। वह कई सवालों से जूझती: क्या होगा अगर इनकी तपस्या और प्रयास निष्फल हो जाएं? सब कुछ दाँव पर लगाने के बावजूद कुछ भी हासिल नहीं हुआ तो? भिक्षुणी के वस्त्रों में लिपटी हुई आठ साल की बच्ची, जिसका जीवन उसके सामने अनंत कैनवास की तरह फैला हुआ था, उसे देखकर संध्या बहुत कसमसाई थी। वहाँ से लौटने के बाद भी उन विचारों से बाहर आना उसके लिए मुश्किल हो गया। इस बेचैन अवस्था में ही *एंड वन्स अगेन* की पटकथा विकसित हुई।

सिक्किम की ख़ूबसूरत प्राकृतिक छटा में, बौद्ध मठों की पवित्रता को बनाए रखते हुए, हमने उन क्षेत्रों में भी शूटिंग की अनुमति प्राप्त की जहाँ शूटिंग करना मना था। हमने बौद्ध मठ के अंदर भी सही ढंग से अनुमति लेकर शूटिंग की। उस दौरान हमें कई अनपेक्षित समस्याओं का सामना करना पड़ा। बैंक केवल राजधानी गंगटोक में ही था इस वजह से हमारे लिए अन्य जगहों पर रोज़ चेक के माध्यम से पैसे निकालने का विकल्प नहीं था। लाखों रुपए नक़द छब्बीस दिनों के लिए साथ लेकर चलना भी संभव नहीं था। इसके अलावा, लेन-देन को पारदर्शी और साफ़-सुथरा रखने के लिए हम अपनी यूनिट के लोगों को नक़द पैसे नहीं देते थे। अंततः हमने मुख्यमंत्री से मिलकर एक चलते-फिरते बैंक की व्यवस्था करने का आग्रह किया, और अब यह सेवा वहाँ सभी के लिए उपलब्ध है।

वहाँ दिन की रोशनी का पैटर्न भी अलग था इसलिए हमें शूटिंग के समय में बदलाव करना पड़ा। फ़रवरी की ठंड में सुबह पाँच बजे भोर होती थी। शूटिंग के स्थान पर पहुँचने में दो घंटे लगते थे। लाइट्स और कैमरा सेटअप और कलाकारों की बुनियादी तैयारियों के बाद, पहला शॉट पाँच बजे लेना होता था, इसलिए हमें सुबह दो बजे निकलना पड़ता था। दोपहर दो बजे अंधेरा हो जाता था, तो सबकुछ बंद करना पड़ता था। फिर हम सब वापस होटल जाकर सो जाते थे।

एक और समस्या यह थी कि आसपास की शांति को देखते हुए, फ़िल्म का साउंड सिंक करना तय किया गया था। लेकिन असल में, दिन भर 'किर्रर्र-किर्रर्र'

आवाज़ें आती रहती थीं। दिन के दृश्यों में रात के झींगुरों की आवाज़ें सुनकर दर्शकों को लगता कि यहाँ कुछ ग़लती हुई है, इसलिए हमने सभी डायलॉग डब करने का निर्णय लिया।

इन सभी कठिनाइयों का सामना हम सिर्फ़ क्रू और कलाकारों के सहयोग से कर पाए। अंतरा माली, रजत कपूर, और ऋतुपर्णा सेनगुप्ता ने शानदार अभिनय किया। अंतरा द्वारा निभाई गई बौद्ध भिक्षुणी की भूमिका वहाँ के मठ के लोगों को भी बहुत पसंद आई। अन्य कुछ फ़िल्मों के साथ-साथ यह फ़िल्म भी यहाँ उपलब्ध करवा पाना, मेरे लिए बहुत संतोषजनक है।

ध्यासपर्व भी मेरे द्वारा महिलाओं की लैंगिकता के मुद्दे पर काम करने का एक प्रयास था। मैं अभिमान महसूस करता हूँ कि मैंने रघुनाथ धोंडो कर्वे जैसे समाज-सुधारक पर फ़िल्म बनाई, जिन्होंने जीवनभर संतति नियमन का सार्वजनिक समर्थन और प्रचार किया। राजनीति में सक्रिय बड़े व्यक्तियों पर फ़िल्म बनाने की होड़ में मैंने ख़ुद को पीछे रखा था। महाराष्ट्र की सुधारक परंपरा में भी उपेक्षित रहे इस महान अराजनीतिक नायक को मैंने चुना। १९२१ में सार्वजनिक रूप से दिए अपने क्रांतिकारी बयान, 'संतान चाहिए या नहीं, या कब चाहिए और किससे चाहिए, यह तय करने का अधिकार केवल महिला का होना चाहिए,' के चलते उन्हें बहिष्कृत कर दिया गया था। उन्होंने *समाज स्वास्थ्य* के नाम से अपनी एक पत्रिका के माध्यम से १९२७ से १९५३ तक यौन शिक्षा देने का निरंतर प्रयास किया और स्वस्थ भारतीय समाज के निर्माण के लिए समाज की आलोचनाएं झेलते हुए अपना जीवन समर्पित कर दिया। उनके जीवन में कई नाटकीय घटनाएं भी हुईं।

उनके विवाह में दिग्गज गायक अब्दुल करीम खां, जो उनके क़रीबी दोस्त भी थे, शामिल हुए। जैसे ही वे ब्राह्मणों की पंगत में खाने के लिए बैठे, तो विवाद हो गया। इस पर आर.डी. कर्वे के पिता, महर्षि कर्वे जी ने सभी से माफ़ी मांगकर मामला सुलझा दिया। इस घटना को लेकर बाप-बेटे के बीच भी तीखी बहस हुई। फ़िल्म बनने के बाद भी इस घटना की एक ख़ास याद है। राज्य पुरस्कार मिलने के बाद, दूरदर्शन में मुझे एक इंटरव्यू के लिए स्टूडियो बुलाया गया। इंटरव्यू के बीच दिखाने के लिए दूरदर्शन ने मुझसे फ़िल्म के कुछ अंश मांगे और भोजन का वह सीन हमने दिया। पर दूरदर्शन ने दूसरा अंश यह कहते हुए मांगा कि आपके दिए गए अंश दिखाना संभव नहीं है क्योंकि उसमें ब्राह्मणों की पंगत में मुसलमान को बैठाने का उल्लेख है और यह उकसाने वाला हो सकता है। मतलब सेंसर

बोर्ड की अनुमति मिलने के बाद भी फ़िल्म का एक सीन दूरदर्शन को अस्वीकार था। अंत में, मेरा इंटरव्यू बिना फ़िल्म के अंशों को दिखाए प्रसारित किया गया।

दीवाली के पहले दिन रघुनाथ धोंडो कर्वे की पत्नी, मालती बाई, का निधन हुआ। उनके पार्थिव शरीर को कर्वे ने ख़ुद आर्य समाज की हाथगाड़ी मंगाकर श्मशान पहुँचाया। वहाँ भी उनका झगड़ा हुआ। वहाँ मौजूद ब्राह्मणों के आग्रह पर कि कर्वे होने के कारण अंतिम संस्कार ब्राह्मण विधि से संपन्न होना चाहिए, उन्होंने इसे ठुकराकर ऐसा करने से इंकार कर दिया। रघुनाथ पर लैंगिक मामलों पर लेख लिखने के कारण, अश्लील लेखन के दो मामलों में क़ानूनी कार्रवाइयाँ हुईं, जिनमें उनके वक़ील, बैरिस्टर भीमराव आंबेडकर रहे। उनकी तर्कसंगत दलीलों ने अश्लीलता की परिभाषा की बारीक़ियों को उजागर किया।

इतने नाटकीय घटनाक्रमों के बावजूद, चित्रा ने फ़िल्म की पटकथा बेहद संयमित, परिपक्व और वस्तुनिष्ठ शैली में लिखी थी। किशोर कदम और सीमा बिस्वास ने आर.डी. कर्वे और मालती बाई की भूमिकाओं को जीवंत किया। इन तीनों को उनके योगदान के लिए राष्ट्रीय पुरस्कार मिलने चाहिए थे।

छोटे-छोटे किरदारों को बेहतरीन तरीक़े से प्रस्तुत करने के लिए कई नामचीन कलाकारों ने मुझे हमेशा सहयोग दिया। *ध्यासपर्व* में उनके सहयोग के लिए मैं डॉ. लागू, हेमू अधिकारी, सचिन खेडेकर, अतुल कुलकर्णी और संजय मोने के प्रति हमेशा कृतज्ञ रहूँगा।

फ़िल्म में आर.डी. कर्वे के बचपन के समय को *ब्लैक एंड व्हाइट* में शूट किया गया। यह वैसा ही था जैसे किसी उपन्यास की प्रस्तावना हो। महंगी *ब्लैक एंड व्हाइट* फ़िल्म शूट करना तो हमारे बजट में मुमकिन नहीं था, इसलिए पहले वह भाग रंगीन ही शूट किया गया, फिर कलर करेक्शन करके उसे *ग्रे स्केल* में प्रिंट किया। उस दौर को जीवंत करने के लिए भानू अथय्या जी जैसी ऑस्कर विजेता ड्रेस डिज़ाइनर ने आवश्यक कपड़े सीमित बजट में शानदार तरीक़े से तैयार किए। सीमा बिस्वास नौ-गज वाली साड़ी पहनकर और किशोर सूट और जूते पहनकर चलने पर मेहनत करते। नितिन देसाई ने उस काल के अनुसार सेट डिज़ाइन किया। अंजन बिस्वास का दिया हुआ पार्श्वसंगीत फ़िल्म समाप्त होने के बाद भी ज़ेहन में गूँजता रहता है।

{२१}

महाराष्ट्र सरकार के लिए मराठी में *ध्यासपर्व* और केंद्रीय सरकार के लिए हिन्दी में *कल का आदमी* नाम से एक ही पटकथा पर बनी दो फ़िल्में दो भाषाओं में २००१ में बनाई गईं। महाराष्ट्र के हर गाँव में ज़्यादा से ज़्यादा लोग इस फ़िल्म को देख पाएं इसके लिए मैंने

बहुत मेहनत की। ख़ुद प्रिंट ले जाकर बैंकों, स्कूलों, शिक्षकों-छात्रों, कारखानों के मज़दूरों और स्थानीय संगठनों के सदस्यों को एकत्रित कर मैंने फ़िल्म दिखाई; फिर प्रश्नोत्तर सत्र के लिए प्रेरित किया। लगभग एक साल तक यह मेरे लिए व्रत जैसा था। दोनों फ़िल्मों को राष्ट्रीय और राज्य स्तर पर कई पुरस्कार मिले। पारंपरिक लोगों को भी, जिन्होंने इस अनजाने नायक को पहले स्वीकार नहीं किया था, उसका लोहा मानना पड़ा।

ध्यासपर्व के लिए मिली प्रशंसा एक जीत थी पर उस विषय वस्तु पर गहराई से काम करने पर मेरा दिल भारी हो गया। दो अन्य फ़िल्मों के बाद भी मुझे इसी तरह की मिश्रित भावनाएं महसूस हुईं।

{ २२ }

२०११ में मैंने *धूसर* नामक फ़िल्म बनाई जोकि अल्ज़ाइमर जैसी मानसिक बीमारी पर आधारित थी। एक ओर, इस बात का संतोष था कि इस विषय को लेकर भारतीय भाषा में पहली फ़िल्म हमने बनाई, पर दूसरी ओर, इस बीमारी की जटिलताओं के विषय में गहराई से पढ़ने पर यह अहसास भी हुआ कि इस असाध्य रोग के कारण दूसरों पर निर्भर रहकर जीने की सज़ा से कम तो सिर्फ़ मृत्यु की वास्तविकता है।

धूसर और *समांतर*, ये दोनों अलग-अलग विषयों पर आधारित फ़िल्में एक ही विचारधारा से प्रभावित होती हैं। संध्या और मैं दोनों ही 'दयामरण' के साथ-साथ 'इच्छामरण' की संकल्पना को भी समर्थन देते आए हैं।

ये दोनों ही फ़िल्में संध्या ने लिखी थीं। *समांतर* में, साठ साल की उम्र में जीवन से तृप्त एक उद्योगपति इच्छामरण की अनुमति के लिए स्विट्ज़रलैंड सरकार से अपील करता है। *धूसर* में, अल्ज़ाइमर से जूझ रही माँ अपनी बेटी से यह बात छुपाती है और उसकी कविताओं के माध्यम से भविष्य की चिंता व्यक्त होती है। जीवन के अनसुलझे प्रश्नों को हल करते समय, संध्या ने इन दोनों फ़िल्मों में मानवी संबंधों और भावनात्मक रिश्तों के विभिन्न पहलुओं को उजागर करने की कोशिश की है।

समांतर में संध्या ने नायक के लिए गिरीश कर्नाड को ध्यान में रखते हुए स्क्रिप्ट लिखी थी। लेकिन मेरे भीतर छिपा हुआ अभिनेता जाग गया और मैंने तय किया कि मैं स्वयं वह भूमिका निभाऊँगा। मैंने संध्या से यह भी कहा कि मेरा 'केशव वझे' गिरीश कर्नाड से बेहतर होगा! शर्मिला टैगोर को यह विषय बहुत पसंद आया और उन्होंने मेरे साथ मराठी फ़िल्म में भी काम करने की स्वीकृति दे दी। पूरी शूटिंग पुणे और कलकत्ता में की गई।

जबकि *धूसर* पूरी तरह से गोवा में फ़िल्माई गई। शुरू में शेफाली शाह ने प्रमुख भूमिका के लिए सहमति दी थी और गानों की रिकॉर्डिंग में भी भाग लिया था, लेकिन शूटिंग के दो हफ़्ते पहले उन्होंने मना कर दिया। अब वह कई टीवी शोज़ और फ़िल्मों में काम कर रही हैं। शायद उस समय बड़ी उम्र की महिला की भूमिका, वह भी मराठी फ़िल्म में, निभाने में उन्हें संकोच हुआ हो। पर अच्छा ही हुआ—इस भूमिका में रीमा लागू का अभिनय बेजोड़ था। आनंद मोडक और अविनाश चंद्रचूड़ का संगीत अविस्मरणीय है। *धूसर* को सर्वश्रेष्ठ संगीत और सर्वश्रेष्ठ फ़िल्म के राज्य पुरस्कार भी मिले।

किशोर कदम उर्फ़ सौमित्र के लिखे दिल को छू लेने वाले गाने मुझे विशेष रूप से पसंद आए। ये श्रेया घोषाल, शंकर महादेवन और सुदेश भोसले की आवाज़ में गाये गए थे। गानों के बोल, धुन और वाद्य-संगीत सभी दृष्टिकोणों से ये गाने बेहतरीन थे। आनंद की आँखें ख़ुशी से चमक उठीं जब शंकर ने मुझसे कहा, 'अमोल जी, यह तो कमाल की कंपोज़िशन्स हैं, लगभग पंचम जी [आर.डी. बर्मन] जैसी।'

'*नुसते नुसते*' गाना शूट करते समय मुझे बहुत ही उत्साह और ख़ुशी महसूस हो रही थी। कलकत्ता से लगभग एक सौ दो किलोमीटर दूर वर्धमान ज़िले में एक अद्‌भुत मंदिर है, जिसमें एक सौ आठ काली और सफ़ेद पिंडियाँ—शिव लिंग—थीं। इस मंदिर की आकर्षक तस्वीरें हमने एक बार एक एयरलाइन की मैगज़ीन में देखी थीं। वहीं पर इस गाने की शूटिंग करने का निर्णय हमने लिया। शूटिंग शानदार तरीक़े से पूरी हुई और हमारी गाड़ियों का क़ाफ़िला तुरंत कलकत्ता की ओर रवाना हुआ। रास्ते में ऊँचे-ऊँचे सफ़ेद घास के ढेर लगे हुए दिखे और पीछे सूर्यास्त का धुंधला आकाश था। संध्या ने सबको रोका और कैमरे की सेटिंग पूरी होने तक मुझे और शर्मिला को जल्दी से निर्देश दिए कि कहाँ जाएं और क्या करें। फिर गाने का अंत बेहद ख़ूबसूरत तरीक़े से शूट करने में हम सफल रहे।

समांतर रिलायंस प्रोडक्शन की निर्मिती थी इसलिए यह ओटीटी प्लेटफ़ॉर्म प्राइम वीडियो और एयरलाइन्स में देखने के लिए उपलब्ध हो गई और कई लोगों तक पहुँची। इसकी प्रशंसा करते हुए कई ईमेल आज भी मुझे दुनिया के कोने-कोने से आते हैं। मेरी इच्छा है कि मेरी सभी फ़िल्में ओटीटी प्लेटफ़ॉर्म्स पर उपलब्ध हों ताकि वे ज़्यादा से ज़्यादा लोगों तक पहुँचें। लेकिन सच तो ये है कि सिर्फ़ मेरी ही फ़िल्में नहीं, बल्कि नए और उभरते निर्देशकों की पुरस्कार प्राप्त फ़िल्मों को भी ओटीटी प्लेटफ़ॉर्म्स नज़रअंदाज़ कर देते हैं। अच्छी फ़ीस की बात तो छोड़िए, वे मराठी फ़िल्मों को ख़रीदने के लिए भी तैयार नहीं हैं। इसकी वजह से उत्कृष्ट

समांतर (२००९)
शर्मिला टैगोर,
संध्या गोखले के साथ

पुरस्कार-विजेता फ़िल्में कम प्रचार के कारण सामने नहीं आ पातीं। ऐसा भी सुना है कि कुछ प्लेटफ़ॉर्म्स मुफ़्त में भी पुरानी या क्षेत्रीय फ़िल्में लेने की इच्छा नहीं रखते। यह सारा मामला कला के मानकों पर नहीं बल्कि 'कौन-किसे-कितना जानता है' की कसौटी पर आधारित है। मैंने कभी इस रास्ते पर चलना पसंद नहीं किया। मुझे लगता है कि जब सभी विकल्प समाप्त हो चुके हैं तो निर्माताओं को अपनी फ़िल्में मुफ़्त में ही सबके लिए ऑनलाइन उपलब्ध करवा देनी चाहिए।

ध्यासपर्व के अंत में, भीड़ की पृष्ठभूमि में मराठी में नाना पाटेकर और हिन्दी में गुलज़ार साहब की आवाज़ में जब यह पंक्तियाँ सुनाई देती हैं, तो हर दर्शक के मन में एक टीस सी उठती है:

'१४ अक्टूबर १९५३ को रघुनाथ का निधन हो गया।
उनके जीते जी उनकी आवाज़ उनके देशवासियों तक नहीं पहुँची।
कम से कम आज, क्या वह पहुँच पाएगी?'

यह जीवनभर धारा के विपरीत चलने की ताक़त आर.डी. कर्वे में कहाँ से आई? समाज के तौर पर हम उनके साथ इतना असभ्य व्यवहार क्यों करते रहे? एक द्रष्टा के रूप में हमने उन्हें क्यों नकारा? फ़िल्म बनाने के बाद भी इन सवालों के जवाब मुझे नहीं मिले। निर्देशक के रूप में गौरव महसूस हुआ, लेकिन एक इंसान और इसी समाज के एक हिस्से के रूप में मुझे शर्म भी आई।

१९२० में आर.डी. कर्वे ने भविष्यवाणी की थी कि 'निकट भविष्य में स्त्री-पुरुष संबंध और प्रजनन यह दोनों बातें अलग-अलग हो जाएंगी। इस कारण धर्म का प्रभुत्व समाप्त होना अनिवार्य है। बीसवीं सदी विज्ञान और तर्कवाद का युग होगी।' और आज एक शताब्दी बाद विज्ञान ने कितनी भी तरक्की की हो, फिर भी धर्म का वर्चस्व समाप्त नहीं हुआ है।

आज के समय में, दुनियाभर में इतनी शर्मनाक घटनाएं हो रही हैं कि सारी संवेदनाएं जैसे सुन्न हो गई हैं। घर या राज्य छोड़कर काम के लिए आए श्रमिकों की कोविड-१९ के समय लंबी क़तारें अपने अस्तित्व का बोझ ढोते हुए वापस जा रही थीं और हम उन्हें रोक नहीं सके; चौबीस घंटे झूठ और नफ़रत उगलने वाले लोगों के मुँह बंद नहीं कर सके; जघन्य अपराध कर बिना किसी डर के घूमने वालों को अपराधी ठहराने में असमर्थ रहे; अनाथ बालिकाओं का शोषण रोकने में नाकाम रहे; धर्म के नाम पर देश को बांटने की कोशिश करने वाले नेताओं के मुखौटों को हटा नहीं सके।

तो फिर हमने अब तक किया क्या है?

पहले कभी महसूस नहीं हुई एक डर की भावना आज महसूस होती है—क्या आसपास का अंधेरा मेरा गला दबा रहा है? क्या मेरे भीतर का अल्ट्रामरीन ब्लू फीका पड़ रहा है?

ग्राम्स्की *(Antonio Gramsci)* का कहा मुझे बहुत सही लगता है, *'I am a pessimist because of intelligence, but an optimist because of will.'*

जहाँ तक याद है, था मैं हमेशा
एक अल्ट्रामरीन ब्लू की बूँद जैसा,
दूर-दूर तक
फैला हुआ...
बिखरता हुआ...
टपकता हुआ...

तब सूरज उगता था और मुझे दिखता भी था,
उस समय आसमान साफ़, नितांत था।

आज जब ऊपर देखता हूँ
तो आसमान ही नहीं होता माथे पर,
न सूरज दिखाई देता है, न किरणें!
पर दिखता है अस्सी साल पुराना अतीत...
कहीं बिखरा हुआ, कहीं बलखाता,

और अब आकर थमा हुआ
एक गहरी, अल्ट्रामरीन ब्लू बूँद के पास।
यहाँ से आगे गहरा, और गहरा हो जाएगा,
भविष्य के चकमक कणों से
रिसता हुआ...
टपकता हुआ...
पर कितना दूर?

संभव होगा जहाँ, एक बार थम जाएगा
एक गहरी, गाढ़ी बूँद बनकर
शांत... ठंडा...

अब ऑक्सीजन ५० हो चुकी है।
आँखों की पुतलियाँ कमज़ोर हो गई हैं,
फिर भी हाथ के व्यूफ़ाइंडर में दिखाई दे रहा है
सूरज की ओर सीधा देखने वाला 'हायसिंथ'
मेरी गर्भनाल है उसकी मुट्ठी में।
मेरा स्वर गूँजता रहेगा—
जब तक अल्ट्रामरीन ब्लू रंग की रहेगी मेरी गर्भनाल!

मराठी में

अंग्रेज़ी में